高等学校法学教材
GAODENG XUEXIAO FAXUE JIAOCAI

法律职业伦理

马长山 主编
蒋传光 陈景辉 副主编

人民出版社

目　录

前　言 …………………………………………………………………… 1

绪　论 …………………………………………………………………… 1

第一节　法律职业“软约束”的“硬支撑” …………………………… 1
第二节　司法职业伦理的问题 ………………………………………… 6
第三节　重建法律职业伦理　构筑法治底线 ………………………… 11

第一编　法律职业伦理总论

第一章　法律职业伦理概述 …………………………………………… 19

第一节　概念解析 ……………………………………………………… 19
第二节　法律职业伦理的实践发展 …………………………………… 33

第二章　中国法律职业伦理的历史源流与发展 ……………………… 40

第一节　古典中国的法律职业伦理 …………………………………… 40
第二节　中国法律职业伦理的近代转型 ……………………………… 49

第三章　法律职业伦理的基本理论和原则 …………………………… 58

第一节　相关理论论辩概述 …………………………………………… 58

第二节　法律职业伦理的必要性 …………………………… 65
第三节　法律职业伦理的理论类型 ………………………… 71
第四节　法律职业伦理的性质与原则………………………… 76

第四章　法律职业伦理、规范与责任……………………………… 86

第一节　法律职业伦理中的基本概念………………………… 86
第二节　"大众"与"职业"伦理道德的冲突 ………………… 92

第二编　法律职业伦理分论

第五章　法官职业伦理……………………………………………… 109

第一节　法官职业伦理概述 ………………………………… 109
第二节　确保司法机关独立行使职权 ……………………… 120
第三节　保障司法公正 ……………………………………… 129
第四节　提高司法效率 ……………………………………… 135
第五节　确保司法廉洁 ……………………………………… 138
第六节　加强修养与提升礼仪 ……………………………… 141
第七节　严格约束业外活动 ………………………………… 145

第六章　检察官职业伦理…………………………………………… 153

第一节　检察官的角色与职能 ……………………………… 153
第二节　检察官职业伦理 …………………………………… 166
第三节　中国检察官的评鉴与惩戒机制 …………………… 179

第七章　监察官职业伦理…………………………………………… 191

第一节　新中国监察制度的发展与监察官制度的确立 …… 191
第二节　监察官职业特点及其职业伦理内涵 ……………… 197

第三节　建构落实监察官职业伦理的难点 …… 205
第四节　建构落实监察官职业伦理的对策 …… 207

第八章　律师职业伦理 …… 214

第一节　律师职业概述 …… 214
第二节　律师职业伦理的一般理论 …… 220
第三节　律师执业的具体规范 …… 224

第九章　公证员职业伦理 …… 253

第一节　公证员职业伦理概述 …… 253
第二节　公证员职业中的行为准则 …… 263
第三节　公证员的职业责任 …… 280
第四节　公证员职业伦理的培养 …… 286

第十章　仲裁员职业伦理 …… 295

第一节　仲裁员职业概述 …… 295
第二节　仲裁员职业伦理的基本内容 …… 300
第三节　仲裁员违法违规行为惩戒 …… 306

第十一章　立法人员职业伦理 …… 312

第一节　立法人员职业伦理概述 …… 312
第二节　立法人员职业伦理的原则与内容 …… 318
第三节　立法人员职业伦理的养成 …… 322

第十二章　执法人员职业伦理 …… 328

第一节　执法人员职业伦理概述 …… 328
第二节　行政执法的行为准则与行为规范 …… 333

第三节　当前执法人员职业伦理现状 …………………………… 339
第四节　执法伦理的影响和塑造因素 …………………………… 345
第五节　执法人员职业伦理的建设路径 ………………………… 353

第十三章　人民调解员职业伦理 ………………………………… 362

第一节　人民调解制度的功能 …………………………………… 362
第二节　人民调解活动的特殊性 ………………………………… 365
第三节　人民调解员的职业伦理规范 …………………………… 369

第三编　法律职业伦理的培育和保障

第十四章　法律职业伦理的法治功能 …………………………… 389

第一节　完善法学教育 …………………………………………… 389
第二节　巩固法律职业共同体 …………………………………… 393
第三节　捍卫法律权威 …………………………………………… 398
第四节　维护公平正义 …………………………………………… 403

第十五章　法律职业伦理的培育机制 …………………………… 410

第一节　法治建设与法律职业伦理缺失 ………………………… 411
第二节　法律职业伦理养成与法律职业伦理教育 ……………… 421
第三节　法律职业伦理课程的设计 ……………………………… 428

第十六章　法律职业伦理的保障机制 …………………………… 437

第一节　为何需要法律职业伦理的保障机制 …………………… 437
第二节　保障法律职业伦理实现的主要机制 …………………… 441

后　记 ……………………………………………………………… 467

前　言

法治是人类的一项伟大治理发明，承载着人类的卓越智慧。其机制运行和秩序塑造，不仅凭借外在的规则设定，更需要内在的精神驱动。事实表明，“这种法律精神，使法院脱离国王个人，以正当程序取代了过往的特权；这种法律精神，在成文宪法的基础上设立了新政府，为正义对抗权力提供了保证。正是实现了诸多进步的法律精神，教会了我们如何理解法律的力量和价值。”①这也恰是法律职业伦理的功效与魅力所在。

随着全球化、信息化时代的到来，一方面全球法治一致性与各国多样性的矛盾日渐凸显；另一方面，各国的法治变革发展也面临着诸多挑战，法律精神也出现了某种危机——“法律人的数量是空前的，但是法律的精神沉睡了。”②这不仅造成了法治运行的困境，也使得司法正义受到侵蚀。因此，法律职业伦理建设就成为重要的时代课题。

在我国，党的十九大对“建设社会主义法治文化”提出了明确要求，而法律职业伦理也恰是社会主义法治体系建设的重要组成部分。2018 年初，教育部发布实施《法学专业类教学质量国家标准》，明确将“法律职业伦理”课程列入 10 门法学专业核心必修课程之一。目前，各法律院校和法学专业基本都开设了该门课程，“法律职业伦理”课程的相关教材也各具特色。然而，随着全面推进依法治国和“法治中国”建设进程的加深加快，既有的法律职业伦理教

---

① [美]罗伯特·N.威尔金：《法律职业的精神》，王俊峰译，北京大学出版社 2013 年版，第 146 页。

② [美]玛丽·安·格伦顿：《法律人统治下的国度——法律职业危机如何改变美国社会》，沈国琴、胡鸿雁译，中国政法大学出版社 2010 年版，第 290 页。

育已经难以满足需要，亟须进行必要的更新和发展。为此，在人民出版社的鼓励和支持下，我们组建了来自华东政法大学、中国人民大学、清华大学、浙江大学、山东大学、南京大学、吉林大学、上海交通大学、厦门大学、西南政法大学、中南财经政法大学、西北政法大学、浙江工商大学、上海师范大学、上海政法学院（排名不分先后）十五所院校的优秀青年骨干教师编写团队，编写了本部《法律职业伦理》教科书。

本教科书具有以下突出特点：其一，编写队伍是充满活力、成果突出的青年骨干教师群体，他们对法律职业伦理都颇有研究，他们在该领域最为活跃、创新能力最强，也最能代表学术研究的未来，因此，编写质量具有可靠的保证；其二，反映了前沿理论动态和实践走向，如监察官职业伦理、算法决策对司法伦理的挑战等，展现了最新的研究成果；其三，设置了“法治故事”“典型案例”“问题与思考”等小栏目，教材内容更加丰富多元、富有反思深度，反映了启发式教育的时代要求；其四，教科书编写团队来自十五所主流法律院校，具有较好的广泛性、代表性和共享性。总之，本教科书进行了很多富有成效的探索，希望能够为广大师生和读者提供一本有价值的学习资料和参照样本。

法律职业伦理可谓博大精深，它不仅仅涉及法学，还涉及伦理学、哲学、政治学、史学、社会学、心理学、教育学等多学科理论和知识，它所面临的理论和实践问题也错综复杂，很多问题都没有一个确定的、一劳永逸的答案，而是需要长期的深入分析和系统探究，属于一个未竟的事业。因此，尽管编写组十分谨慎敬业，但仍难免有挂一漏万之处，还祈望广大师生和读者批评指正。

编　者

2020 年 6 月 9 日

绪　论

随着四十多年来改革开放的不断深化，建设中国特色社会主义法治体系已成为新时代的重要战略目标。它无疑是一个系统工程，无论是其中的法律规范体系、法治实施体系、法治监督体系、法治保障体系，还是党内法规体系，都不仅仅是一个可以简单执行的规划，也不是可以按照图表来操作的规程，它涉及政治、经济、文化、习惯甚至民族性格等诸多复杂因素。如果说制度机制是法治体系建设的"硬件"的话，那么，法治文化则是它的"软件"，基于此，党的十九大把法治文化置于法治国家建设的重要战略地位。其中，法律职业伦理尤为重要，对法治体系建设具有十分关键的底线支撑作用。这就要求从习近平新时代中国特色社会主义思想出发，在深化改革中对法律职业伦理进行时代重建，进而推进中国特色社会主义法治体系建设，最终实现国家治理体系和治理能力现代化。

第一节　法律职业"软约束"的"硬支撑"

在中国，自古就有"徒法不足以自行"之说；而在西方，也早有"长官是能言善辩的法律，而法律是沉默寡言的长官"这样的名谚。它意味着，司法运行需要大量的专业人员，甚至有时司法者被看作是法律的化身，"是客观、公平、公正的化身"。[①] 然而，每一个司法者都是一个个活生生的人，而不是神。虽

① ［美］杰弗瑞・A.西格尔、哈罗德・J.斯皮斯：《正义背后的意识形态——最高法院与态度模型》（修订版），刘哲玮译，北京大学出版社2012年版，第5页。

然他们法袍加身、庄严宣示、手执法槌，但这“并不意味着法官的思维要变成一部制造判决的简单机器；法官的思维仍然是人的器官功能，运转如同他人，尽管它毫无疑问地有一些特殊的思路，而且经常地会留下法官个人人格特性的显著特征，其中有的令人着迷，有的正好相反”①。因此，能让司法者保持其“法律化身”“公正化身”角色的，除了制度上的“硬约束”外，就是职业伦理上的“软约束”。“因为一个人的人格或道德若是不好，那么他的学问或技术愈高，愈会损害社会。学法律的人若是没有人格或道德，那么他的法学愈精，愈会玩弄法律，作奸犯科。”②事实也表明，法律职业伦理上的“软约束”其实并不软，它恰恰能够为法律制度的制定实施和司法机制的常态运行提供不可或缺的“硬支撑”。

其一，它是职业技能的支撑与行业自律的基石。人类很早就认识到，法律是一门“关于正义与非正义的科学”③，是“善良和公正的艺术”④。因此，它既是一种高智慧的系统知识，也是一种复杂的实践技艺。这些法律知识是人类理性的提炼和升华，是人类的伟大发明，“别的发明让人类学会驾驭自然，而法律的发明，则令人类学会如何驾驭自己”⑤。对于那些实践技艺，无疑是法律知识在生活中的展开，是人们驾驭自己、定分止争的规程操作。因此，法律职业技能一直是法律走进生活、转化成社会秩序的重要桥梁和通道。

然而，法律职业技能并不是机械化的思维定式和技术性的逻辑推演，而是趋向正义的规则理解、阐释和运用，或者说是一种旨在“理解法律的力量和价值”的“法律发现”过程。⑥ “在现代法律体系中，正义不是发生在被理解为社

---

① [美]杰罗姆·弗兰克：《初审法院——美国司法中的神话与现实》，赵承寿译，中国政法大学出版社 2007 年版，第 457 页。

② 孙晓楼：《法律教育》，中国政法大学出版社 1997 年版，第 164 页。

③ [罗马]查士丁尼：《法学总论——法学阶梯》，张企泰译，商务印书馆 1989 年版，第 5 页。

④ [罗马]乌尔比安：《学说汇纂——正义与法·人的身份与物的划分·执法官》（第一卷），罗智敏译，中国政法大学出版社 2008 年版，第 5 页。

⑤ [美]E.博登海默：《法理学：法律哲学与法律方法》，邓正来译，中国政法大学出版社 1999 年版，第 219 页。

⑥ 参见[美]罗伯特·N.威尔金：《法律职业的精神》，王俊峰译，北京大学出版社 2013 年版，第 146 页。

会现象的规则中，也不是发生在可以超越规则的社会因素中。正义的可能性存在于规则的‘背后’——在当人们需要采取行动时确立必须做什么的法律中。”①显而易见，这一发现过程承载着法律价值的弘扬与传递，它须臾离不开“法律人”的职业伦理支撑和维护。这诚如民国时期法学教育家孙晓楼所言，法律人才“一定要有法律学问，才可以认识并且改善法律；一定要有社会的常识，才可以合于时宜地运用法律；一定要有法律的道德，才有资格来执行法律”。因此，“只有了法律知识，断不能算作法律人才；一定要于法律学问之外，再备有高尚的法律道德”。②

另一方面，法律职业群体属于“社会治理阶层”，也是法治建设的表率。他们固然要带头信奉法律、遵从司法程序、维护社会正义，履行“刚性”规则的义务；同时，也需要在社会公众面前塑造“法律人”这一职业共同体的“正义形象”和“公共身份”。特别是在法律的“刚性”约束之外——抽象的规则适用于具体生活场景时，存在着广泛的自由裁量空间，此时，“刚性”的规则已经无能为力，起主要作用的则是“柔性”约束的内心价值观、职业精神和职业伦理。如果说法律规则是一种外在规约，那么，法律职业伦理就是一种内在规约；如果说法律是一种“硬法”，那么，法律职业伦理就是一种“软法”。恰恰是这种“软法”的内在规约，构建起了法律职业共同体的行业自律秩序，从而确保“法律人”群体能够相互监督、相互激励、相互提高，共同来坚守底线、不负社会期待。可见，法律职业伦理是实现行业自律的重要基石。

其二，它是规则续造的源泉和机制运行的保障。法律规则是高度概括的行为指引，而生活中的案件，却总是复杂多样的事实具象。正因如此，“世界历史上任何法律制度都存在巨大的裁量权，这一点概无例外。对于个别化的正义、创造性的正义、没有人知道如何制定规则的新项目以及某些方面无法化约为规则的老项目而言，裁量都是必不可少的。取消裁量权会使政府的进程

① ［美］玛丽安·康斯特布尔：《正义的沉默——现代法律的局限和可能性》，曲广娣译，北京大学出版社 2011 年版，第 157 页。

② 孙晓楼：《法律教育》，中国政法大学出版社 1997 年版，第 12—13 页。

瘫痪,并且窒息个别化的正义”[①]。也就是说,在司法裁判过程中,很多时候都“没有办法事前就给定法官可以机械适用的规则,而必须由其来创制规则”[②]。这样,司法裁判中的规则续造也就成为一种客观的必然。但这种规则续造并非是一种不受拘束的司法肆意,而是要受到合宪性、合法性、合理性、合技术性的限制,[③]因此,如何在创制和限制之间、在规则和正义之间来续造规则,便是一种高级的司法实践艺术。其中,法官的价值观念、职业操守、伦理道德、兴趣爱好等,都会深刻影响着规则续造的数量和品质,乃至成为规则续造的价值源泉。事实也表明,“能够酝酿法律的人一定很留心生活的道德力量。”[④]而且,一些“经验正义”理念、律师和基层法官的相对自主性,确实抵消了“不断增多的普遍性规则可能产生的僵化行为”[⑤]。

同样,法律职业伦理也会对司法机制的运行产生重要作用。在大量的案件审理和裁判过程中,会遇到各种各样意想不到的复杂情况和难题。而“当法官要在充满不确定性的条件下对案件进行裁判的时候,他没有办法摒弃先入之见,除非他决定用抛硬币的方式来判案,或者他可以一直将案件拖着不判,直到这样的不确定性消失。而事实上法官是不可能那么做的”[⑥]。此时,法官的职业道德水准,无疑就成为公正裁判案件、维护司法机制健康运行的一个重要条件。也就是说,法官的正义品格、忠诚的法治精神、没有偏私的职业判断、追求客观公正的职业信念、清正廉洁的道德自律等,都是在“不确定性”条件中寻找、发现“确定性”裁判的重要动力和凭借,进而有效保障司法机制的有效运行。否则,如果法官的职业伦理低下,就会反过来借机钻法律的空

---

① [美]肯尼斯·卡尔普·戴维斯:《裁量正义》,毕洪海译,商务印书馆 2009 年版,第 246 页。

② [美]李·爱泼斯坦等:《法官如何行为——理性选择的理论和经验研究》,黄韬译,法律出版社 2017 年版,第 25 页。

③ 参见梁兴国:《法律续造:正当性及其限制》,载《法律方法与法律思维》第 4 辑,法律出版社 2007 年版,第 200—204 页。

④ [美]罗伯特·N.威尔金:《法律职业的精神》,王俊峰译,北京大学出版社 2013 年版,第 149 页。

⑤ [美]欧文·费斯:《如法所能》,师帅译,中国政法大学出版社 2008 年版,第 96 页。

⑥ [美]李·爱泼斯坦等:《法官如何行为——理性选择的理论和经验研究》,黄韬译,法律出版社 2017 年版,第 41 页。

子,放大法律漏洞和侵蚀法律规则,使司法机制发生方向扭曲和功能变异,进而导致司法腐败和丧失公信力,法治也就难以维系了,这足见法律职业伦理对司法健康运行的重要性。

其三,它是制度转化的动力和秩序实现的途径。法律制度是根据社会需要、行为规律和生活经验而人为设计出来的抽象规范,其目标在于调整社会关系、指引人的行为、维护社会秩序。但这一目标则需要通过法律的运行,特别是法律共同体在立法、执法、司法等各环节的职业操作来完成,通过他们对法律的设定、阐释、理解和运用来进入生活。因此,霍姆斯大法官才说:"法律的生命不是逻辑,而是经验。一个时代为人们感受到的需求、主流道德和政治理论、对公共政策的直觉——无论是公开宣布的还是下意识的,甚至是法官与其同胞们共有的偏见,在决定赖以治理人们的规则方面的作用都比三段论推理大得多。"① 这意味着,他们的法律职业伦理,是把"死"的法律变成"活"的法律的重要基础,是把书面上的法律、抽象的制度转化成即时反应并随时处理的生活准则的基本动力。

换个角度来看,从法律制度的运行到法治秩序的形成,中间不仅需要法律实施的各种基础设施,也需要"法律人"的大量行动,甚至可以认为"法官的话就是法律"②。因此,人们便期待"法官应当被视为两个世界永恒的杠杆:应然的世界和实然的世界,公共价值的世界和主观偏好的世界,宪法的世界和政治的世界。法官在其中之一寻求合法性,但必须在另一个中认识自身"③。这就需要"法律人"能够最大限度地克服自身的价值偏好和人性局限,以忠诚于法律的职业伦理来执行规则、适用规则、处理案件,进而促进法治秩序的形成。可见,法律职业伦理也是促进法治秩序实现的一个关键因素和重要途径。

综上所述,法律职业伦理看似是一种"软约束",但它在功能上却发挥着坚实的"硬支撑"作用,是法治变革发展的深层内驱力。特别是对于后发现代化国家的法治进程而言,其"硬支撑"的角色更为关键。

---

① [美]小奥利弗·温德尔·霍姆斯:《普通法》,冉昊、姚中秋译,中国政法大学出版社2006年版,第1页。

② [美]杰弗瑞·A.西格尔、哈罗德·J.斯皮斯、莎拉·C.蓓娜莎:《美国司法体系中的最高法院》,刘哲玮、杨微波译,北京大学出版社2011年版,第3页。

③ [美]欧文·费斯:《如法所能》,师帅译,中国政法大学出版社2008年版,第60页。

第二节　司法职业伦理的问题

改革开放四十多年来，从补足制度建设的“短板”开始，中国法治建设所取得的成就有目共睹。然而，随着从建设“中国特色社会主义法律体系”向建设“中国特色社会主义法治体系”的深度转型，法治文化建设不足的诸多问题逐渐暴露出来。其中，法律职业伦理建设尤显滞后，并对法律制度的实施产生了明显的制约作用，形成了一定的问题。

其一，行政化因素的嵌入。司法机关独立行使职权是近代法治的基本特征和主要原则，但司法活动从来没能完全脱离过政治，因为它本身就是国家制度构架的一部分，且彼此影响。即便是在作为西方国家“典型”的美国，在某些情况下法院也不得不处理社会政策问题，但“这并不是因为人们特别希望他们这么做，而是因为通常情况下法院没有别的选择”①。因此，“隔绝于政治影响比起对当事人保持中立和法官的自主性受到更多的限制。一些州的法官通过民选产生，即便是联邦法院法官这种长久以来被公认为世界司法体系中最独立的法官之一，也不是完全与政府部门隔绝，而是作为政治体制中相互依赖的分支”②。而在对政策的应对和处理过程中，大法官和所有人一样，“都只遵从自己赞同的理念和制度”③，此时，政治性、行政化的因素必然会发生作用。比如，像“布什诉戈尔案”那样的司法裁决，就不是一种单纯的司法行为，它带有明显的政治考量和意识形态影响。④ 与此相应，如同世界上任何机构的官僚化一样，“法官的官僚化”也不可避免。⑤

在我国，由于历史和文化的因素，权力本位、官僚主义、形式主义等积习较

---

① ［美］李·爱泼斯坦等：《法官如何行为——理性选择的理论和经验研究》，黄韬译，法律出版社2017年版，第22页。

② ［美］欧文·费斯：《如法所能》，师帅译，中国政法大学出版社2008年，第77页。

③ ［美］杰弗瑞·A.西格尔、哈罗德·J.斯皮斯：《正义背后的意识形态——最高法院与态度模型》，刘哲玮译，北京大学出版社2012年版，第386页。

④ 参见韩显阳：《美国最高法院大法官席位争夺战开打》，《光明日报》2016年2月17日。

⑤ 参见［美］欧文·费斯：《如法所能》，师帅译，中国政法大学出版社2008年版，第93页。

为严重。加之我国司法体制的框架安排,行政性因素的影响就不言而喻了。近年来,司法改革中设定了“去行政化”的目标,但效果并不明显。这将会助长党政机关对司法过程的干预,不仅会侵蚀司法权的独立行使,也会加剧权力本位和官僚主义倾向。而这些倾向深刻影响了法律职业伦理,渗入了不良价值偏好,并成为司法腐败的激发因素。为此,党的十八届四中全会要求完善确保依法独立公正行使审判权和检察权的制度,并强调“任何党政机关和领导干部都不得让司法机关做违反法定职责、有碍司法公正的事情,任何司法机关都不得执行党政机关和领导干部违法干预司法活动的要求”①。只有这样,才能克服司法行政化和政治性因素的干扰,塑造符合法治精神的法律职业伦理。

其二,公众道德因素的混同。法律是定分止争、维护秩序、促进正义的根本尺度和基准,因此,无论是否身为案件当事人,案件的司法结果都可能会触及人们心中的正义感。因此,自古以来重大的司法案件都会引起社会舆论关注,甚至形成重大的舆情公案。在美国等西方国家,“某些要面对下一次选举的州法官将积极地回应公众意见”②,即便是不受选举约束的最高法院的委任制大法官,也不可能完全忽略社会舆论关注。对特定情境下的司法案件,“大法官必须参考公众意见,以避免裁决结果被代表民意的议员们推翻”③。在这些公众意见中,既有朴素的正义情感,也有专业化的看法;既有理性的呼声,也有非理性的宣泄,但大部分都属于道德价值判断,且是一种日常的道德价值判断。

其实,在正常情况下,很多司法裁判也是需要借助道德判断的。即相当比例的案件恰恰“是无法通过法条主义的方法来作出裁判的,而需要用到他所称的道德和政治推理”④。但它不是日常的道德判断,而是基于法外之“法”——法治伦理的价值衡量。而且,它也要受到严格的条件限制,否则,

---

① 《中共中央关于全面推进依法治国若干重大问题的决定》,《人民日报》2014 年 10 月 29 日。

② [美]杰弗瑞·A.西格尔、哈罗德·J.斯皮斯:《正义背后的意识形态——最高法院与态度模型》,刘哲玮译,北京大学出版社 2012 年版,第 385—386 页。

③ [美]杰弗瑞·A.西格尔、哈罗德·J.斯皮斯:《正义背后的意识形态——最高法院与态度模型》,刘哲玮译,北京大学出版社 2012 年版,第 383 页。

④ [美]李·爱泼斯坦等:《法官如何行为——理性选择的理论和经验研究》,黄韬译,法律出版社 2017 年版,第 59 页。

"如果法官们偏离法律过于频繁,从而违反了选择最优化,则法治便无法存活"①。这就意味着,司法裁判对公众意见的回应是十分有限的。而对于律师而言,"如果不对法律进行灵活操作,律师就不能实现党派性原则所要求的'最大化当事人获胜的可能性'"②。但同时,也要遵从"忠诚法律"的职业伦理,代理律师旨在"确立客户的法律权利,而不是客户的利益,也不是抽象的法律规范(比如正义)的普遍道德考量",进言之,"律师不是生活在一个'简化的道德世界',他们实际上栖息于一个需要忠诚于法律的道德义务的世界"。③上述这些表明,法律职业伦理所要求的是立足法治精神、基于"法律忠诚"的理性诉求,不是对日常道德的简单回应。

在中国,自古就有浓重的儒法传统和德治基因。改革开放四十多年来,虽然法治建设成就显著,但法治理念和精神仍显不足。"道德审判""舆论审判"的情况时有发生,如邓玉娇案、许霆案、药家鑫案等的社会舆情中,就分别被描述成"酷吏与烈女""官商与平民""官二代与村妇"的等差阶层对立,内含着明显的"身份识别"和"道德叙事",④并对相关案件的处理带来了不同程度的影响。类似的还有张金柱案、唐慧案、彭宇案等。这其中,"法律人"的职业伦理难免也受到了日常道德的过度浸润,或者说存在着被社会舆情所促动的、所诱导的法律判断与道德判断的混同,进而出现了道德判断渗入法律判断,甚至替代法律判断的问题,从而危及公平正义和司法公信力。这也是当下法律职业伦理所面临的一个难题。

其三,世俗功利因素的侵扰。司法腐败一直是个世界性的难题,即便是在法治社会也是如此。"法律人"也是人,具有一般人的人性弱点和局限,也面临着各种诱惑;而法律制度、法治机制也并非天衣无缝,存在着各种不足和漏洞。这样,一旦法律职业伦理不高,自律约束不强,那么就会加剧司法腐败的

① [美]杰弗里·布兰德:《法治的界限——越法裁判的伦理》,娄曲亢译,中国人民大学出版社 2016 年版,第 313 页。

② [美]戴维·鲁本:《律师与正义——一个伦理学研究》,戴锐译,中国政法大学出版社 2010 年版,第 18 页。

③ [美]W.布拉德利·温德尔:《法律人与法律忠诚》,尹超译,中国人民大学出版社 2014 年版,第 41 页。

④ 参见马长山:《公共领域兴起与法治变革》,人民出版社 2016 年版,第 133—177 页。

发生。诚如西方学者所言,“宪法只不过是古老的文本而已,因此文本的含义应由现在的法官进行解释;所有的规则(包括职业道德规则)都是可人为操控的;法律也只不过是一种交易而已,并且这种交易是对个人私利的无限追求——曾经只是弱小的分支流派,但现在已为人所尊重,并且在主流法律文化中占据显著地位,即使尚未占据支配地位”①。这样,司法腐败现象也就在所难免了。问题的关键是,如何从制度上预防和控制腐败。

基于我国的特殊国情、文化历史和现实环境,以及法治不是非常完善等因素的影响,司法腐败现象仍然在一定程度上存在。一些“法律人”的职业道德受到了世俗价值观的腐蚀,一再被利益诱惑,直至被拉下水,他们的职业活动成为利益交换的“名利场”。仅 2012 年上半年,全国检察机关立案查处执法不公、为黑恶势力充当“保护伞”等司法人员职务犯罪案件就达 1405 人。② 可见,法律职业伦理面临着世俗功利的侵蚀和挑战。为此,2016 年全国政法队伍建设工作会议就明确要求,“决不办人情案关系案金钱案,自觉做社会主义法治维护者”。这也成为我国法律职业伦理建设的重要任务。

其四,新兴技术因素的挑战。随着信息革命的到来,网络化、数字化、智能化对人类社会的变革和颠覆程度,已经超过了包括农业革命和工业革命在内的以往任何时代——在社会生活上,形成了现实/虚拟的双重空间;在存在方式上,形成了人的生物/数字两种面向;在劳动关系上,形成了人/机互动协同的合作常态。此时,它不仅仅是人类生活上的一种技术进步,也是超出传统政治、经济、社会、文化之外的推动司法变革的巨大新兴力量,推动工商社会的传统司法机制快速地转向数字社会的智慧司法机制,并进入了“可视正义”时代,法律职业伦理也必然会遇到新的时代挑战。

具言之,随着司法人工智能的广泛应用,“在诉讼服务上,形成多功能、集成性、智能化、线上线下融合的一站式诉讼服务模式;在案件办理上,支持全流程在线审理,办案全过程智能辅助,审理信息全方位在线公开;在监督管理上,

---

① [美]玛丽·安·格伦顿:《法律人统治下的国度——法律职业危机如何改变美国社会》,沈国琴、胡鸿雁译,中国政法大学出版社 2010 年版,第 4—5 页。

② 参见中新网:《近 5 年来十大领域内腐败案件盘点:54 万人被查》,http://www.chinanews.com/fz/2012/10-11/4241512.shtml,访问日期:2020 年 5 月 27 日。

实现重点案件自动化识别、标签化处理,节点化控制,建立智能化、自动化、精准化监管机制;在平台载体上,实现内部平台整合对接,外部数据互联互通,形成系统集成、集约高效、信息共享的平台建设模式"①。这样,算法决策就日渐成为司法办案不可或缺的重要辅助和参考。一方面,高度一致性、客观性的算法决策有助于提高司法效率,限制法官自由裁量权,进而促进司法公正;另一方面,算法决策也存在着一定的问题和风险。首先,机器人没有道德观,只是"被灌输了程序员为达到特定目的而编写的代码"②。然而,由于"算法黑箱"的存在,它们也会出现偏见、偏差和错误。这就意味着算法决策的一致性、客观性是相对的,而一旦出现算法偏见或算法错误,它就会把这种偏见或错误机制化、常规化了,"其造成的后果就很有可能是骇人听闻的"。③ 其次,法官裁判案件一旦遇到无法可依或者法律漏洞情况时,他(她)"不能以狭义的'法律'没有告诉他如何判决为由来两手一摊、拒绝裁判"④,这时就不得不求助于自由裁量的经验和直觉,从而实现"创造性正义"。而算法决策则是一种程式化的运算过程,这种计算理性带来的只是"机械化"司法,它不能做到因时因地、因人因事的平衡裁量,这就很可能以"正义"之名制造了非正义。最后,在现实司法正义的过程中,"法律人的'情怀'和'匠心',是无法被复制和替代的"⑤。但算法决策却无法计算情感,也没有人文关怀,这无疑需要"法律人"的纠偏和填充,才能保证算法裁判的公平正义。信息革命引发的这些问题和挑战,不仅对司法体制和机制运行产生了重要影响,也对司法伦理形成了重塑作用。主要表现在:一是压力性适用,即基于人们对算法决策一致性、客观性的期待,一旦作出了算法裁判,司法办案人员就会面临一种艰难选择,要么服从算法决策可以免责,要么违背算法决策来承担风险。很多时候,一些办案人员难以判断自己是

---

① 最高法院网:《为网络社会治理贡献法治智慧》,http://courtapp.chinacourt.org/fabu-xiangqing-182952.html,访问日期:2020 年 4 月 15 日。

② [美]约翰·C.黑文斯:《失控的未来》,仝琳译,中信出版社 2017 年版,第 22 页。

③ [美]卢克·多梅尔:《算法时代:新经济的新引擎》,胡小锐、钟毅译,中信出版社 2016 年版,第 136 页。

④ [美]李·爱泼斯坦等:《法官如何行为——理性选择的理论和经验研究》,黄韬译,法律出版社 2017 年版,第 25 页。

⑤ 何帆:《人工智能时代,为何还要打造这样一本刑法工具书》,https://new.qq.com/omn/20190508/20190508A0708Q.html,访问日期:2020 年 4 月 6 日。

否比算法决策更正确，因此，就在算法的“科学决策”压力面前，不得不尊重算法决策的结果。二是选择性适用，即面对人工智能的算法裁判，一些“法律人”觉得对自己的办案意向有利，就选择同意算法裁判，如果对自己的办案意向不利，就选择不适用。三是规避性适用，即一些司法办案人员，明知算法决策并不正确，但恰好符合自己意欲追求的结果，这就给他们提供了一个作出违背正确司法结论的理由和借口，从而进行不恰当甚至错误的裁判。于是，算法决策在某些情况下就成为推脱责任、功利办案和规避法律的挡箭牌，法律职业伦理自然随之遭遇技术性的消解和重建，特别是在我国的法律职业伦理构建尚不成熟、尚不厚重的条件下，这种技术性的侵蚀作用会更加明显，挑战也更为严峻。

总之，在行政化、公众道德、世俗功利和新兴技术等因素的影响下，我国的法律职业伦理建设任务仍十分艰巨，无论是其“软约束”还是“硬支撑”作用，都未能得到有效发挥，严重制约中国的法治体系建设和法治进程，因此，亟须采取系统化策略予以有效应对和重建。

第三节　重建法律职业伦理　构筑法治底线

改革开放四十多年来，从法律体系建设到法治体系建设，我国的法治建设战略不断深化和升级，并被纳入国家治理体系和治理能力现代化的总体战略之中。法律职业伦理无疑是法治体系的重要组成部分，并在自主性法治道路与法治底线的框架下发挥其重要支撑功能。

毋庸讳言，当今世界呈现出多元现代性的发展格局，其间并不存在一个普世通用的法治模式，也没有哪一种法治模式是完美的。事实也表明，那些简单照搬一国“模式”的各类尝试，都常常会遭遇“水土不服”甚至挫折失败。这意味着，“每个国家都必须要在制度发展上找到符合自己需要的条件内容与次序安排”①。包括中国在内的后发现代化国家，都只能选择“现代化但不是西

① ［美］德里克·W.布林克霍夫：《冲突后社会的治理：重建脆弱国家》，赵俊等译，民主与建设出版社 2015 年版，第 44、63 页。

方化"的自主性法治道路。[①] 然而无论如何，这都不能成为固守传统、反对法治或者以"法治"之名而行专权之实的理由和借口。也即法治多样性绝不意味着它失去了可通约性，也绝不意味着它没有最基本的准则。恰恰相反，全球法治进程体现了法治规律孕育了的普遍的法治精神和底线原则。[②] 这些底线原则包括：一是公权力要受到法律的约束控制，"作为最低标准，法治要求建立一个使政府和人民都平等地受到法律的有效约束的体制"，这是法治的核心和基石；[③]二是尊重和保障基本权利与人权，"只有被治者基本上是自由的，'法治'才有意义"[④]；三是一切依法办事，尊重规则与程序，这样，法治才是一种"普遍的人类善"[⑤]。凡是能够被称作是"法治"的，那它们就都离不开现代法治的这些核心要素和底线原则，都必须体现控制公权力、保障公民权利、尊重规则与程序等法治价值。

社会主义法治体系正是这种自主性法治道路与法治底线的有机构架和互动融合，法律职业伦理也必然会通过"法律人"的共同体行动，在法治体系构建和运行中发挥其应有的功能。它会形成一种职业共识，那就是"组成法律体系的制度和程序不孤立于道德和正义而存在，相反，它们反映我们对强大的行动者采取的一个道德立场。如果法治意味着什么，那就是专制权力是不可容忍的，并且权利主张必须在某种程度上是合理的，给予所有受影响的公民以

---

① 甘阳：《从"民族—国家"走向"文明—国家"》，《21世纪经济报道》2003年12月29日。

② 无论是富勒、拉兹、菲尼斯分别提出的法治八原则，中国学者提出的法治十原则，还是《法院卓越业绩国际框架标准》的司法十原则，都是在探索法治的共同要素和底线原则。参见夏勇：《法治是什么——渊源、规诫与价值》，《中国社会科学》1999年第4期；中国法院网：《"卓越法院"的国际评价标准》，林娜编译，https://www.chinacourt.org/article/detail/2013/03/id/904275.shtml，2020年6月1日访问。

③ 参见[澳]切丽尔·桑德斯：《普遍性和法治：全球化的挑战》，毕小青译，载夏勇、李林、[瑞士]丽狄娅·芭斯塔·弗莱纳主编：《法治与21世纪》，社会科学文献出版社2004年版，第273页。

④ [德]埃尔哈特·丹尼格：《新世纪初期的法治：关键问题、主要趋势与未来发展》，李忠译，载夏勇、李林、[瑞士]丽狄娅·芭斯塔·弗莱纳主编：《法治与21世纪》，社会科学文献出版社2004年版，第292页。

⑤ [美]布雷恩·Z.塔玛纳哈：《论法治——历史、政治和理论》，李桂林译，武汉大学出版社2010年版，第173—174页。

尊重”①。正是“法律人”能够发自内心地信奉这些底线原则，在日常职场上自觉坚守这些底线原则，并依据这些原则来理解法律、阐释法律、遵守法律、适用法律，才能抵御行政化、公众道德、世俗功利和新兴技术中的不良因素影响，进而更好地维护法治底线并发挥底线支撑作用。就是说，当下中国的法律职业伦理，具有超出一般意义上“软约束”和“硬支撑”的特殊境遇，形成了新时代的独有功能定位，因而亟须采取系统化的策略，大力加强法律职业伦理建设，从而使其担当起应有的时代使命。

其一，推进去行政化进程，确保独立行使司法职权。司法权不受干预和独立审判是确保司法公正的根本条件，也是法治理念的核心所在。为此，一些西方国家把这些法治理念看作一个调节器，“不仅用它检测法官的行为，而且用它检测社会的品质”②。我国并没有西方式的“三权分立”和“司法独立”，但司法权不受干预的原则是一贯坚持的。事实表明，只有在体制机制和制度环境上确保司法职权不受干预、独立行使，才能让法官、检察官、律师等“法律人”能够排除干扰“噪音”，恪守法治精神，养成只忠诚于法律的思维定式，进而形成严格依法办案的自觉职业行动。这样，才能克服官本位、权力本位和其他不当因素影响，促进法律职业伦理的形成和法治底线支撑功能的正常发挥。

其二，加强职业伦理建设，促进行业有效自律。“法律人”共同体是一个高素质、高能力、高水平的专业化群体，他们的职业行为和职业伦理会直接影响到司法的运行状况，进而影响到法治秩序。因此，法律职业伦理建设也必然是一个复杂的系统工程。具言之，首先，在法律人才培养上，改变只注重专业学习而忽视职业伦理教育的思路，强化高校法科学生的职业伦理学习和训练，提升法律专业人才的职业技能和职业伦理水平。其次，在法律职业继续教育上，改变只注重业务培训和政治学习而忽视职业伦理培训的做法，强化法律职业伦理的持续塑造。再次，在法律行业治理上，改变过于注重治理形式而忽略治理实效的积习，加强行规建设、行业惩戒和行业自律质效，促成良好的法律

---

① ［美］W.布拉德利·温德尔：《法律人与法律忠诚》，尹超译，中国人民大学出版社 2014 年版，第 170 页。

② ［美］玛丽·安·格伦顿：《法律人统治下的国度——法律职业危机如何改变美国社会》，沈国琴、胡鸿雁译，中国政法大学出版社 2010 年版，第 9 页。

职业伦理行风。最后，在法治文化上，改变只注重法制宣传而忽略法治精神培养的策略，加快落实《青少年法治教育大纲》，推进从小学一直到大学非法律专业学生的通识性法治教育，培养青少年的法律素养和法治精神；同时，推进全国“普法规划”目标从法律知识宣传到法治精神塑造的转向，构筑全社会的法治文化。这样，通过多层级、立体式的法律职业伦理培养和法治文化塑造，一方面能够更好地抑制日常道德与法律职业伦理的混同，提升法律职业伦理的水平；另一方面也能够化减公众舆论的非理性情绪和道德叙事，形成舆论监督与司法机关独立行使职权的良性互动，形成支持和维护法律职业伦理的社会力量，塑造全社会的法治底线共识。

其三，强化规范制度建设，为法律职业伦理提供可靠保障。法律职业伦理建设不仅需要素质培养和理念塑造，也离不开刚性的制度约束和严密的机制防范，从而有效遏制世俗功利因素的侵蚀，杜绝人情案、关系案和金钱案等腐败不公现象，形成“不能腐、不敢腐”的法律职业环境。这包括权力控制的法律制度、司法公正的制度机制、法律职业的行纪行规等，从而维护司法公正和法治底线。

其四，嵌入技术性规制，促进司法公正和可视正义。网络化、数字化、智能化技术的司法应用，大大推进了智慧司法的进程。但同时，也带来了前文所述的对算法决策压力性适用、选择性适用和规避性适用等职业伦理挑战。然而，如果我们审慎观之，这些挑战并不是新兴技术本身的问题，其根本上乃是技术应用尚不成熟，且与现有司法运行机制的衔接融合度不够所致。随着法律知识图谱、代码编写和算法建模的日臻成熟与完善，以及司法过程中人机协同场景的逐渐制度化，这些问题都会得到改进和解决。从数字时代的未来发展看，无论是司法过程还是法律服务市场，新兴技术的应用和重塑程度将会不断加深。通过技术性的过程规制来解决法律僵化与自由裁量之间的张力矛盾，进而克服人性的局限和提升司法效率，是一个必然选择和趋势。事实上，在卡夫卡的“法律之门”隐喻中，“法律之门”之所以可以很难接近，即便接近了也看不到门内的正义，关键就在于交通成本、诉讼费用、烦琐程序、官僚体制等物理时空和制度机制上的条件限制。而新兴技术则打破了这些条件“围墙”，如广州中院的“微信加法”、浙江的“移动微法院”、北京法院的手机端律师电子调查令等，通过借助人脸识别、电子签名和远程音视频等技术，整合网上立案、案件查询、在线送达、在线调解、在线庭审、申请执行、网上缴费等20余项功能。① 上海的"206系统"的功能则更为强大，②对司法质效提高优化的程度更为全面。此时，把建模算法、区块链等技术应用嵌入到司法过程中，就实现了在线庭审、算法裁判、自动化的平台运行、跨时空链接和全要素可视，极大地克服了官僚主义、道德判断、司法腐败等因素的影响，促进了司法公正和可视正义。这样，就能为法律职业伦理提供更为净化的司法环境，从而更好地发挥其法治底线的支撑作用，推进新时代的法治体系建设，最终实现国家治理体系和治理能力现代化。

【问题与思考】

1. 法律职业伦理是一种"软约束"，但为什么却有"硬支撑"作用？
2. 我国法律职业伦理存在哪些亟须化解的问题？
3. 如何塑造法律职业伦理，推进中国特色社会主义法治体系建设？

① 参见何晓慧：《将来已来 未来可期——第二届数字中国建设峰会"智慧法院建设成果展"综述》，《人民法院报》2019年5月10日。

② 即2017年受中央政法委委托开发，并作为全国典型推广使用的智能辅助办案系统。

第 一 编

法律职业伦理总论

第一章　法律职业伦理概述

第一节　概念解析

一、法律职业

顾名思义，法律职业很容易被理解为“从事法律工作的行业”；而法律职业者也会被简单地认定为“就是指从事法律行业的工作者”。在 2000 年之前，我国长期存在着用“法律工作者”来指称“法律职业者”的现象。依据这样的理解，中国历史上的讼师、刑名师爷、承担司法审判职能的中央和地方各类行政长官，甚至在街头巷尾摆摊为他人代写书状的代笔人，也可能会被理解为法律职业者中的一员。由于法律职业的概念，对于理解法律职业伦理有着重要的指引意义，我们有必要在此对其进行展开阐述。

如果追根溯源，西方意义上的职业（Profession；拉丁语词根 profess）主要是指具有某种深厚学识、采取严格职业准入并承担某种特殊角色责任的某些特定的服务性行业。在其他一些西方国家的语言里，类似于“职业”的词的含义却不尽相同。例如，在德语里，用以描述职业的词语是 akademischer Berufsstand——Beruf 意味着一种宗教的感召（calling），而这种感召在 19 世纪被转化为一种内在的职业观念；在社会与政治语境里，Beruf 经常与封建制度里的地产权（Stand）相联系而形成 Berufsstand，意味着行业；而当 Berufsstand 被意味着学术研究的形容词 akademischer 所修饰的时候，就意味着职业。可见，德语里职业的概念与英语相比更强调基于宗教的伦理观念以及对特定工作领域的占有，但与英语中的职业概念类似，akademischer Berufsstand 也强调了学术知识在职业生活中的意义。然而，这种对具有高度专业化知识的“职业”与一般“行业”的区分并非在每个西方国家的语言里都存在。例如，在法语里，“职业”(profession)与“行业”(occupation)二词的意涵是基本相同的。在涂尔干对职业团体在社会分工与公民生活中的意义的经典论述里，“职业团体”(professional groups)的范围并非仅限于英美国家中的“职业”，而是包括所有的行业，这样每个人才能够从他的职业中获得社会团结。因此，“职业”的概念在各种不同社会语境下的意涵有着很大的区别，而这对职业社会学对这一基本概念的界定产生了很大的挑战。①

在传统社会里，只有医职、神职以及法官和律师才有资格被称为职业者(professionals)。后来随着科学理论或者学术体系应用于实践的扩展，特别是分工的细化，职业的概念也不断拓展，教师、军官等逐渐被纳入职业的行业。同时，在这些职业所涉的相关辅助性工种，比如护士、麻醉师、书记员、事务律师、公证员等也逐渐被承认为“一门职业”。进入 20 世纪之后，特别是第二次世界大战以后，“职业”的概念不断扩展，职业外交官、职业体育运动员、职业会计师，甚至职业面包师、职业理发师等无数原先被称为“vocation”(行当)的行业，都开始被承认或者自称为一门职业。

在西方社会学中，对职业有很多定义，对其特征做了诸多的概括。总体而言，较为有共识性的特征至少有三个：

第一，相关的服务性工作建基于一套能够逻辑自洽且能够应用到实践之中的深奥理论体系。这一深奥的理论体系以及相关实务应用，需要经过长期训练(区别于自主性学习)与实践才能被从业者所掌握。它与仅满足于实用技巧的工匠型专才的区别在于，职业者可以对自己的相关工作成果或者决断，运用一定的理论或者逻辑体系进行解释并能够为被服务者所信服。也正是在这个意义上，医生、牧师以及法官与远古社会的巫师有了清晰的区分。

第二，职业工作有别于追逐私利的商业(business)，其根本价值在于为公众服务。尽管职业者跟其他行业一样提供有偿服务，甚至可以获得更高的收

---

① 参见刘思达：《职业自主性与国家干预——西方职业社会学研究述评》，《社会学研究》2006 年第 1 期。

入，但是高收入不是其首要目的，而只是一种附带的结果。或者说，当事人给予的报酬只能被理解为礼物。因此，职业者与其被服务者之间不是简单的商业对等关系。即使在当代西方，对于传统的职业者，比如医生、牧师，甚至律师而言，公开宣称自己的工作是一门生意的说法，会很容易受到同行及社会的严厉批判。

第三，与国家、资本等之间的关系，具有较强的独立地位。具体包括职业群体具有对自身成员的资格认定和纪律惩戒的自治权力，可以制定有别于国家法律法规体系的规章制度，其身份则受到了国家权力的有效保障。比如，教会任命神职人员，在理论上是不允许国家权力横加干涉；医师协会自主确定资格认定的标准，自主组织相关准入考核，同时可以自主对自己的成员进行包括禁止从事该职业的惩戒措施。甚至，在一些英美国家，行业协会还可以对相关的职业教育机构进行有效的规制。比如，美国各州医师协会、律师协会对各个医学院、法学院的教育质量评估。

由此，我们也可以进一步将职业的概念定义为：一种服务行业对自己的成员及其产品或者学术和专业技能进行有效自我控制的一种社会存在形式。依据此种定义，也可将职业的特征归纳为：

1. 拥有一个包含着深奥知识和技能的科学知识体系；

2. 一个传授、获得这些知识和技能的完善的教育和训练机制；

3. 拥有专业的组织和团体，如律师协会；

4. 一套系统的、与大众道德有所区别、对其成员相对有效的伦理规范；

5. 因高度的社会认同，而获得国家特许的市场保护。①

在历史上，并不是所有的法律行业从一开始就有资格被称为法律职业。以起源于古罗马辩护人制度的英国律师职业为例，在传统的社会里，只有那些承担辩护功能的诉状律师才有资格被称为职业人士。按照传统的说法，律师（lawyer）的功能主要表现在三个方面：代理、辩论和顾问。② 在律师制度的初

---

① 参见赵康：《专业、专业属性及判断成熟专业的六条标准——一个社会学角度的分析》，《社会学研究》2000年第5期。

② See Roscoe Pound, *The Lawyer from Antiquity to Modern Times*, West Publishing Co. (Minnesota), 1953, p.23.

创时期乃至更早，律师的这三项功能的承载者一般是分离的，如中世纪，因承载功能的不同，形成了三类人：代理人（agent）、辩论人（advocate）和法律顾问（jurisconsult）。① 在古罗马前期和中期，辩论人则往往是由 oratoria forense（法庭演说家）或 avvocato（律师、辩护人）或 Procurator（出庭律师，有一定的检察官的职能）充当，而法学者的这种角色则由 giureconsulti（法律顾问）行使。②“职业”的荣耀最初只属于辩论技术出众的辩护士（古罗马）和辩护律师（如英国）、饱学多识的法学者（法律顾问）。即使事实上精通法律技术的“代理人”（如诉状律师），他们一直到现代早期，仍被排除在律师（法律人）的范围之外。

套用上述职业社会学的理论，一国的法律行业能否被确认为一门法律职业，也应满足五个标准，这五个标准可以具体化为这样五个载体，即法律知识、法学院、自治的行业组织、法律伦理、国家法的保障。具体而言，它应该满足以下五个特征：

第一，形成一门逻辑自洽或者学科独立的法学学科，相应的理论在实践中能够得到有效应用。

---

① See Steven Vago, *Law and Society*, New Jersey: Pearson Education, (Prentice Hall) Upper Saddle River, Inc., 2002, p.341. 西班牙的相关资料也可以参见[英]波雷斯特：《欧美早期的律师界》，傅再明、张文彪译，中国政法大学出版社 1992 年版，第 140 页。在欧洲中世纪，多数国家废除了古典控诉式的诉讼，改用纠问式诉讼。在民事诉讼中，当事人的诉讼权利受到多种限制，不能聘请诉讼代理人提供法律帮助或者参加诉讼。在刑事诉讼中，实行以刑讯逼供为主要特征的纠问式诉讼，被告人是被追究、被拷讯的对象，而不是有辩护权的当事人。有的国家，如中古初期的法国，虽保留律师制度，但主要只适用于宗教法院，而且律师职务由僧侣充任。世俗法院有时也允许辩护，但也只有僧侣才能执行这一职务，其任务还是协助审判官说服被告人认罪，使辩护人变成国家机器的附庸。不过，公元 12 世纪以后，法国从封建割据向等级代表君主制过渡，王权日益强大，逐步限制直至禁止僧侣在世俗法院充当辩护人，代之以受过封建法律教育，经过律师宣誓，登记入册的职业律师，但其权限受到很大限制，甚至形同虚设。一般而言，谈论中世纪的律师制度往往是从 12 世纪以后开始的。See Amelia J.Uelmen, "A View of Legal Profession from a Mid-Twelfth-Century Monastery", *71 Fordham L.Rev.1517(2003)*。

② 在古希腊和古罗马，代理人往往都被允许代理其他人出庭。然而，在法国，某人必须亲自出庭。在英国，他必须从国王那里获得一个特许，才可以让他人代理。在法国，在 1356 年，有 105 位被称为 legistes 的“法律人”在法庭上代理顾客出庭。代理人和辩论人之间的区别出现在当事人到法庭上帮助他去处理案件。另外，从法律上来说，辩护人必须受过诡辩术的训练。在英国，代理人的功能逐步演化成事务律师，而辩护人则演化成出庭律师。法学者的角色，则分别由法律顾问、文书者和法学教师代替。See Steven Vago, *Law and Society*, New Jersey: Pearson Education, (Prentice Hall) Upper Saddle River, Inc., 2002, p.341。

第二,形成一个或者若干个不同程度独立于国家权力和资本力量的自治性组织。这一组织能够有效地控制职业成员的准入及其行为。比如,对于法官而言,即使其提名和任命过程是一种典型的政治过程,但是,任命的对象基本都是受过法律训练或者有法律实务经验的人员,或者只能是有律师执业资格的人员,这就是法律职业的行业组织有效控制自己成员行为及其准入资格的一种标志。

第三,依据法律职业的角色责任,形成一套不同于大众道德的职业伦理规范体系。比如,法官"可以六亲不认""避免卷入政治纷争"的中立性伦理、律师需要秉持"代表当事人利益的党派性伦理"等。

第四,形成一套独立的法学教育或者法律技术培训体系。在这个体系中,职业技能的培训和考核使得其不同于其他的通识教育或者专才教育。

第五,通过国家立法或者司法判决等形式,对法律职业的"垄断性地位"等地位予以保障。

对于没有职业传统的我国而言,在进一步推进全面依法治国、建设社会主义法治国家的背景下,需要结合我国的实践及我国法治建设所引导的意识形态本质,同时,也需结合经济和法律全球化背景下,法律职业结构和实践所发生的革命性变迁,在此基础上,对法律职业进行概念的重建。直言之,即在我国,对于法律职业的理解,不可以简单地套用西方特别是英美法系的法律职业概念。然而,由于法律工作的特殊性所致,特别是法解释学的理论本质,对于法律职业的概念,采用"底线式"或者"种属性"的定义方法,其特征应该包括以下几方面:

第一,建基于一门逻辑自洽或者学科独立的法学学科,相应的理论在实践中能够得到有效应用。这就意味着:鉴于其他的跨学科研究成果在法律实践中的应用仍然是辅助性的,所以,中国的法律职业仍依赖于一个在实践中能够得到有效应用的法解释学理论体系。或者说,是否受过良好的法解释学训练并具备相应的法律思维,是一个从业人员能否被认定为法律职业者的一个重要判断标准。

第二,由于法律的确定性及其技能性特征,使得法律从业者群体拥有某种类似于高等学校学术权力的"职业权力"。这种职业权力既可能是通过法律程序的设计,在诉讼或者类诉讼等对抗式过程中由受过法律训练的人员垄断性行使(比如法官、检察官、监察官、律师、仲裁员、行政复议委员会委员),也可能通过机构设置和内部流程等方式让受过法律训练的人员前置性行使(比如企业和公司中的法务人员对某些重大决策的前置性签字同意等权力)。

第三,由于法律从业者行使职业权力的特性(主要通过对抗式程序或者前置性规程),以及其承担工作对于国家和社会的重要性,因此,为了令其更好地承担角色责任,会形成一套不同于大众道德的职业伦理规范体系。在这其中,既可能是统一性的职业伦理要求,也可能是一些特定的法律子职业的伦理规范。这些职业伦理的规则体系总体来说,一方面源自于一种美德伦理观,另一方面源自于诉讼法等程序性法律法规的规定。

第四,为了保障法律职业制度的有效运转,以最终实现法律职业服务于法治的功能,国家有必要通过相关的立法和行政许可制度,比如有关于法律职业资格统一考试、相关法律子职业的专门立法,甚至法律职业伦理的相关立法。

依据上文所述的定义,我们这本书中所提及的法律子职业,不仅包括传统西方法律职业概念所包含的律师、法官、检察官等,还包括监察官、立法人员、公证员,甚至政府部门和企事业单位中从事法律的专业性人员。

二、职业共同体

(一)群体与共同体

显然,法律职业伦理是针对"法律职业共同体"的伦理道德要求,那么什么是法律职业共同体?"精通法律专业知识"是不是它的最小条件?如果不是,那么法律职业共同体的最小条件是什么?

一群人聚集在一起,并不意味着他们是一个共同体;否则,机场候机室里面的人,就会被归入"候机人"这个"共同体"。如果是这样的话,那么只要超过一个人的两人或者两人以上的聚合,就都被叫作"共同体"了,他们最多只能被叫作群体。一群人或一个群体,要被合理的称为一个共同体,至少需要满足以下条件:第一,他们不能只是偶然的联合,而必须是相对固定的一群人,在一段时间内持续的共处在一起,或者共同参与同一个实践。就此而言,共同体,首先,必须得有一群相对固定的人员或成员;也就是说,共同体的成员大致上知道其他成员的存在，并且其他成员与自己拥有某些共同的特点或者标识。例如，你参加一个读书会这样的小型共同体，那么你会知道这个共同体的其他成员；如果你参加的是党组织，那么你就知道“信仰共产主义”是你所在的共同体的成员的标识。其次，你们必须得在相当长的时间内共处在一起，而不能只是偶然或短暂地一起共处；否则你和某些人，只要在同一个菜市场买菜、在同一家饭馆吃饭、在同一家电影院看电影等等，就会形成一个真正的“共同体”。

第二，你作为一个共同体中的成员，必须与共同体的其他成员正在共享着同一个实践。所谓“共享同一个实践”是指，共同体中的成员，所参与的不仅仅是一个自己重视的实践，而且也是其他成员同样有理由重视的实践；并且，由于这个实践是所有成员都有理由参与的，他/她们的行动是相互呼应的，所以它不能被分解为共同体每个成员自己的实践。例如，同一个小区的居民在同一个菜市场买菜，并不能被视为共享着买菜的“实践”，因为这可以被分解为每个居民单独的买菜行动。相应地，合唱团的实践才是真正共享的实践，如果每个成员都像领唱一样，拼命发挥自己的最佳能力，那么这个合唱团根本就称不上是合唱团。简单来说，共同体中的任何一个成员，都希望自己参与的那个共享的实践以最佳的方式展现出来，而不是自己（的能力）以最佳的方式展现出来；或者最多，是在满足前者的条件下，展现自己能力的最佳面。

第三，一群人所共享的那个实践，必须有一个值得尊重的共同道德目标。显然，一个长期持续从事某类犯罪的犯罪团伙，同样会满足以上那两个条件：相对固定的成员、长期相互配合地从事“犯罪”这个实践。此外，除了人的因素之外，蚂蚁、蜜蜂好像也满足共同体的要求。犯罪团伙、蚂蚁或者蜜蜂，显然不能以“共同体”来称呼他们，这是因为一个共同体所从事的实践，必然是某种致力于实现特定道德目标的共享实践。这样的道德目标，可以是多种多样的，可以是关于政治的，例如政党；可以是关于知识的，例如读书会或者各种学术共同体；可以是关于审美的，例如合唱团或交响乐团。但无论如何，它都不能是违反道德的，例如犯罪团伙；也不能是跟道德无关的，例如蚂蚁和蜜蜂的实践。

总结而言，可以将前两个条件，称为共同体的“实践”条件，可以将最后一个条件，称为共同体的“道德”条件。并且，相比较而言，道德条件的重要性明显更强，它是区别群体和共同体的关键。

（二）共同体与职业共同体

显然，刚才的讨论，只能说明“共同体”的基本含义，并不足以说明“职业共同体”这种特殊类型共同体的基本含义。并且，显然法律共同体，不仅仅是一种共同体，而且还是职业共同体。不过，读书会的共享实践与合唱团的共享实践这两个例子，已经初步展示了职业共同体的某些特点。仅从表面上看，读书会这种共同体，显然不太容易是“职业”共同体，它与法律职业共同体的距离更远。然而，合唱团这种共同体，有可能呈现为不同的类型。其中的部分类型依然可能不是职业共同体，例如退休职工自发组织的合唱团；但是，其他类型的合唱团，也是最为人所熟知的合唱团类型，却足以被叫作职业共同体，与法律职业共同体的性质非常相近。

这是因为，所谓的职业共同体，相比于一般的共同体而言，通常具备两个额外的条件：第一，职业共同体的成员或者该共享实践的参与者，将这个实践作为谋生的手段，或者参与该共享实践并获利，是其生活的主要来源。因此，读书会和退休职工自发组织的合唱团，由于不具备谋利的色彩，所以它们只是共同体而不是职业共同体。另外，也要注意，通过参与一个共同的实践而谋生，并不必然会形成一个职业共同体，例如你和另外一人做生意，你们均会从中获益，但是你们之间并不会形成一个职业共同体。这是因为，职业共同体是共同体的特殊类型，即它必须先得是个共同体，然后才有可能是个职业共同体；共同做生意的实践，由于可以被分解为单个人的谋生行为，所以生意伙伴双方，在一开始没有形成一个共同体，它当然也就不可能成为一个职业共同体。如果它连共同体都称不上，就更称不上职业共同体了，所以虽然犯罪团伙透过犯罪谋生，但它仍然不是职业共同体。

第二，职业共同体中的“职业”二字，除了被理解为“由此谋生”的意义之外，还可以被理解为“专业”的含义。也就是说，专业知识的要求，对于职业共同体而言，是必要条件：拥有专业知识并不必然会形成职业共同体；但是，如果存在一个职业共同体，那么其成员一定会拥有某种专业知识。有三个要点值得进一步说明：其一，专业知识，当然是建立在学科分立基础之上的概念，所以职业共同体一定是近代以来的概念，它不可能存在于学科分立之前。其二，专业知识不同于日常习得的知识，因此仅依靠日常知识而获利的共同体，依然无法称之为职业共同体。例如火车站搬运行李的劳工团体，由于其成员所依赖的并非专业知识，所以并非职业共同体。其三，专业知识是用来区别职业共同体之成员与非成员的基本标志，或者说，专业知识决定着职业共同体的成员身份。所以，一个医生虽然不会认识所有的医生，但是只要另一人以合适的方式展现专业知识，那么就会被认为是同一个职业共同体的成员。

必须注意，谋生的条件与专业知识的条件之间，是有明显联系的，即职业共同体的成员通过专业知识而谋生。现在，可以将本节的讨论结合起来，给出一个职业共同体的定义：所谓职业共同体，就是掌握某种专业知识的群体成员，共享着一个由专业知识塑造的特定实践，并且该实践拥有与专业知识有关的道德目标的共同体。很明显，共同体的职业与否，不但取决于共同体的实践条件和道德条件，更重要的是，实践条件和道德条件也必须依赖专业知识来加以理解，所以专业知识才是“职业”共同体的核心。由此才可以理解，为什么今天所言的职业共同体，主要是法律的职业共同体、教师的职业共同体和医生的职业共同体，因为这些行业的专业知识要求最为明确。

三、法律人

（一）法律职业共同体

有了这些准备，现在就足以回到“法律职业共同体”这件事情上。如果存在法律职业共同体，那么也就意味着，掌握法律专业知识的人们，通过共享着一个关于法律的实践而谋生，并且该实践具有与法律有关的道德目标。此处需要进一步说明的是，法律职业共同体的共享实践所拥有的是一种什么样的与法律有关的道德目标？答案很简单，在本节一开始讨论的“法治”这个关于法律的理想，就是法律职业共同体所欲实现的道德目标。所以，法律职业共同体的成员，才担负着额外的道德责任，即他们的行为将关系到法律职业共同体的道德形象。他们当中的某个人做了道德上错误的事情，将会贬损和败坏整个法律职业共同体的道德形象，甚至会引发对于法治的质疑。相应的，一位农民、一位工人、一位售货员的道德错误，通常不会带来对整个农民、工人、售货员群体形象的贬低。

依据这个条件，可以将中国古代的讼师和今天的律师做明确的概念区分。虽然与今天的律师一样，古代的讼师也掌握了一定的专业知识，并通过运用专业知识而谋生，或许除此他们还结成了一个共同体；但是由于他们并不必然以“法治”作为道德目标，因此仍然可以明确地区别于今天的律师。这在理论上意味着，对于讼师的研究与对律师的研究，在性质上是不同的。由此出发也可以理解，将今天的某位律师称为“讼师”，这必然是对他的一种贬低式的称呼。

（二）法律人：广义和狭义

法律职业共同体的成员，通常被叫作法律人。在概念上，法律人，就是以法治作为道德目标的、掌握法律专业知识的法律实践的从业人员。因此，法律职业共同体，就是由法律人所组成的共同体。从这个角度讲，是否掌握法律专业知识，就是法律人的主要定义性条件。依据这个条件，无论是法律专业的学术研究者，还是法律的实践参与者——法官、检察官、律师等，同样都是法律职业共同体的成员——法律人。

不过，此处显然存在一个问题：依据共同体的实践条件，法律人之间必须共享法律实践，即法律人必须是法律实践的参与者，才可能是同一个共同体的成员。然而，对于法律学术研究者而言，他们在多大程度上参与了法律实践，这将成为一个问题。比较明显的例证是，对法律职业的伦理要求，通常并不将法律学术研究者包含在内。

一个方便的做法是，虽然可以承认法律学术研究者掌握了法律专业知识，他们也将法治跟自己的工作联系起来，而且他们的研究同样事关法律实践；但是，由于他们的工作与法律实践的关联是间接的，因此将他们与法律实践的参与者，共同称为“广义的”法律人。相应地，法律实践主要的参与者——最常见的法官、检察官、律师，将被叫作“狭义的”法律人；并且，由于狭义的法律人是最没有争议的法律人，因此本章所说的法律人，如果无特殊说明，指的就是这种狭义的法律人。

将法律人限定为狭义的领域，同样存在疑问。这是因为，律师与法官、检察官之间存在某些重要的区别，这在两个方面表现明显：第一，在身份上，律师通常是以私人身份参与法律实践，而法官和检察官则是以公共身份参与法律实践。第二,在目的上,律师参与法律实践的目的,通常只是获利或者谋生;虽然法官和检察官也是通过参与法律实践谋生,但是仅用谋生于此并不足以形容他们的全部工作目的,承担某些公共责任应当也在他们的目的之中。这就导致了如下问题:狭义法律人的范围,是不是仍然需要进一步限缩?或者将律师排除,或者将法官和检察官之类的公共角色排除?如果最终的选择是后一种,那么"法律人"(lawyer)就真的只是"律师"(lawyer)了。

这个问题不难解决,只要引入"制度化"的概念即可。也就是说,必须认识到,法律职业共同体所从事的实践,是一种制度化的实践。一个实践被称为制度化的,通常需要满足以下一些条件:其一,角色分派或者分工的制度化安排,其中可能会形成某种等级制的结构;其二,某种程序性的安排,以规范该实践的参与和退出机制,以及该实践得以展开的过程和方式;其三,存在一套用以明确角色分派和程序性安排的相关的规则体系。依照这样的标准,由法律人所组成的法律职业共同体,就成为一种制度化的共同体。

认识到法律实践是一种制度化的实践,那么法官、检察官、律师、公证员、仲裁员等身份,都将是同一个法律实践之下的角色分派而已,他们都是法律实践的合格参与者。这个认识带来两个结果:其一,狭义法律人的概念是足以成立的,"法律人"不仅仅只是"律师"的另外一个称呼而已。其二,从另外一个侧面理解统一的法律考试的必要性,即由于特定法律人在法官、检察官和律师等角色之间,存在角色转换的可能性,所以他们必须实现获得同样的专业资格。相应地,虽然法律学术研究者的工作与制度化的法律实践密切相关,但是这仍然只是一种间接的关联,而并非法律实践的直接参与者。因此,一方面,与其他社会角色相比,法律学术研究者与法律实践关联更近,所以也有部分理由称之为法律人;但另一方面,他们又不是法律实践真正的参与者,统一的法律资格考试并不是从事法律学术研究的前提条件,所以最多只是"广义的"法律人。

四、法律职业伦理

(一)角色责任与职业伦理

人们在社会生活中都要扮演一系列角色,如父母或者子女、教师或者学生、雇主或者雇员、服务者或者顾客、上级或者下级,以及公民、士兵、会计师、法官、律师等。在这一系列角色的背后,都承载着各不相同的伦理责任。[①] 比如“士兵的天职是服从命令”“国民有爱国的义务”“法官应当忠于法律”等,都体现了一种社会或者制度对某个角色扮演的义务附加。不幸的是,很多角色伦理总是处于一种模糊或者可辩论的状态;人们对于与该角色相连的责任的界分各持己见,意见不一。在这个事实上越趋伦理多元的世界里,怎样做才算是负责任的父母?有责任心的配偶、公民、政治家、医生、法律人乃至教师又该意味着什么?这些问题的答案已经变得五花八门,令人无从适从。

如果说这些角色责任都能够通过方式确立共识,从而拥有确定性和可操作性,问题还是会接踵而来:在现代社会,从家庭到社区,从社区到社会,人们扮演的角色实在太多了,而且与高速的生活节奏相关的是,人们在社会交往中的角色转换十分频繁。每一种角色的背后都附带着一定的义务,夹杂着私人利益,相互之间经常发生冲突,很容易将扮演者置于尴尬、矛盾之中。英国小说家萨曼·拉什迪(Salman Rushdie)对这种现代性角色现象作了深刻的描述:

> 在现代社会,我们倾向于将自己理解为各种角色的混合体,然而,常常矛盾的是:这些角色本身却并不相容。我们将自己理解为许多不同的人,年轻的自我异于年老的自我;在陪伴情人时无拘无束而在雇主面前态度谦卑;教育孩子要坚持原则而自己私下面临诱惑时就变得堕落;我们既严肃又活泼、既喧闹又安静、既富有进取心又很容易受挫。19 世纪的自我概念已被这种庞杂的“主我”[I]取代了。不过,只要没有遭受伤害或者精神错乱,我们通常对自己是谁还是有一个比较清楚的认识的。所以我同意将许多不同的自己叫做“宾我”[me]。[②]

作为一位普通人,总是或多或少地面临这种困境,即无论你怎么去做,总是有对也有错;或者做也不是,不做也不是。这种冲突无处不在,几乎充满了

---

① 参见[美]特里·L.库珀:《行政伦理学——实现行政责任的途径》(第四版),张秀琴译,中国人民大学出版社 2001 年版,第 64 页。

② Salman Rushdie, *India at Five-0*, Time, Aug.11, 1997, pp.34-37;转引自[美]特里·L.库珀:《行政伦理学——实现行政责任的途径》(第四版),张秀琴译,中国人民大学出版社 2001 年版,第 37 页。

我们生活的每个角落，会跟随我们的一生。“做了你要下地狱；不做你也要下地狱”表达了这种被夹在两个甚至更多互不相容的选择之间的那种感觉。而这种伦理冲突的情景，也往往是优秀文学作品吸引读者的主要原因之一。当这种伦理冲突最终达到“你死我活”式的厮杀时，故事往往也就到了高潮。[①]这也正是社会学中角色冲突理论以及符号互动理论所老生常谈的话题。[②] 而这种伦理的冲突和困境，对于从事时常处于各种价值观和原则矛盾之中的法律人来说，更显得复杂。

综上所述，在日趋复杂的现代世界里，经常的对抗、争吵和冲突，使得预设的善恶分界线变得十分模糊，传统的定义不再值得信任，并因为社会运转的加速，道德选择制造的困境出现的频率越来越高，道德选择冲突的负面后果，也由于高风险社会的特点，而显得越来越严重，很多情况下，不仅足以令行为者身败名裂，陷入道德批评的万劫不复的境地，而且，还极容易导致社会矛盾的加剧，引发社会的冲突与动荡。这显然是现代人陷入越来越严重的焦虑与不快感的原因之一。这使得现代伦理必然会追求这样一种趋势：学习并运用一种适用于面对道德选择时的毫不含糊的伦理原则。换言之，道德生活永远充满不确定，现代社会中的人们会下意识地试图抛弃道德，而追求一种有明确标准或者行动指南的“非道德”的伦理生活。正如后现代主义学者鲍曼所言：

> 一旦我们不再相信自己的判断，我们会变得容易受一种怕犯错误的担心，也就是我们称为过失、罪行或羞耻的感觉的影响。但是不管我们称呼它什么，我们都感觉到需要专家将我们带回到一种能确定的舒适中来。而对专家的依赖正是来自这类担心。一旦这种依赖性稳定并扎根下来，对伦理专家的需要就变得不言自明，尤其是自我再生了。[③]

（二）法律职业者的角色伦理

法律人所遭遇的角色道德困境，与一般人相比，更为特殊：他的职业本身就

---

① 这种利用伦理冲突来获取故事高潮的例子随处可见。

② 参见［美］乔纳森·特纳：《社会学理论的结构》，吴曲辉等译，浙江人民出版社1987年版，第64页。

③ 参见［英］齐格蒙·鲍曼：《生活在碎片之中——论后现代道德》，郁建兴等译，学林出版社2002年版，第3页。

是要解决价值冲突和利益矛盾。由于工作性质,他们要时时处理相互冲突的价值观和利益追求。比如诉讼程序中两造的诉讼请求往往就代表着交织复杂和冲突的多种价值观,使得居中裁断和代理其中一方的法律职业者,时常处于道德冲突的旋涡之中。

与其他经常发生道德困境的职业相比,比如与拥有"希波克拉底"誓言的医生相比,法律职业伦理的特殊之处主要在于:

1. 法律规范本身就是各种价值冲突和道德斗争的主战场。虽然,立法成果往往就是各种利益诉求和价值追求相互妥协的结果,但是,立法主体的多元化,很容易导致价值冲突通过不同法规范之间的矛盾性规定显现出来。更可怕的是,很多时候,在同一个立法主体中的同一个法律规范之中,价值冲突仍然保持着原样——立法者采用有意无意的模糊立法或者矛盾立法,把道德困境丢给了法律职业和民众,因而使得法律职业伦理总是与各种价值冲突和道德斗争一起,显现出雾里看花的混乱状态。法律职业伦理所涉及的问题几乎都与道德悖论有关,都不是通过道德洞察一眼就可以找到正确答案的,它需要诉诸一种复杂的理性的权衡机制。因此,法律职业道德更多的是关注于道德或伦理准则规范运用到现实的具体问题的学问。

2. 在对抗式的程序中,往往只有一个赢家。或者说,在逻辑上,只有一方的价值观会受到支持,而另外一方的价值观会受到贬抑或忽视。换言之,法律人的工作,不管是法官、检察官还是律师,在个案中,多是损一方益一方的工作,所以,它从来都不可能有大家都满意的结局。在这种背景下,法律人更容易遭致社会的诟病或者卷入某种道德旋涡之中,而与社会辩论或者政治争斗中失败的某一方道德观或利益集团一起成为失败者。①

3. 法律职业和当事人都很容易陷入"对价性"的思维。当事人通过掏腰包来获取律师的法律服务,获取法院的判决,那么,将合法的辩护和裁判活动的成果据为己有就是理所应当的。对此,谁都无法否认。从这种业务的实际状况来说,法律服务的启动及其质量能超越贫富差距,很容易被人认定是一种"乌托邦"式的梦想。即使社会上一直都在批判医疗事业商业化思维所带来的医患关

① 参见孙笑侠:《法律家的技能与伦理》,《法学研究》2001 年第 4 期。

系的紧张，但不管怎样，即使是轻微的疾病，医生一般也不会因为无利可赚而拒绝治疗。对所有的疾病都给予适当的治疗，对所有患者的生命都予以同等尊重，这一普遍性的医疗理念很自然地得到了人们的承认。但在律师的场合下，很难实现这种普遍利用法律服务的理想。即使有所谓的法律援助、公益诉讼，但它与庞大法律服务需求相比，简直就是杯水车薪。而律师的参与，在一个极端上，即使不请律师，当事人运用自己所拥有的资源来解决问题的可能性也很广泛；在另一个极端上，是投入了巨额律师费用的辩护活动，大部分都是和企业获取利益的行为结合在一起的。因此，法律职业（主要是律师）的法律服务很容易成为营造和维护社会不平等的帮凶——进而很容易使得人们把那些"为富不仁""社会不公"的账都算在了"总是明目张胆地维护不公正现象"的法律职业身上。

与此相关的是，法律人的独特职业思维，即法律职业伦理规范的基本原则，比如所谓"运用术语进行观察""通过程序进行思考，遵循'向过去看'的习惯""注重缜密的逻辑，谨慎地对待情感、情理等因素""只追求程序中的真，不同于科学中的真"，[①]古今中外的历史证明，这些很容易与大众道德形成冲突的思维或者伦理原则，恰恰会成为公众厌恶法律职业，讽刺法律职业，甚至对法律职业进行政治迫害的一个理由和诱因。[②]

第二节　法律职业伦理的实践发展

一、法官职业伦理规范及其发展

法官的职业伦理规范发展史，就是一部法官的职业化史。一般认为，现代的法官职业伦理理念，主要始于西方国家。西方现代法官职业伦理，与其法治

---

① 参见孙笑侠：《法律家的技能与伦理》，《法学研究》2001 年第 4 期。

② See Lucien Karpik, *French Lawyers: A Study in Collective Action 1274 to 1994*, Trans.by Nora Scott, Clarendon: Oxford University Press, 1995; Kenneth F.Led Ford, *From General Estate to Special Interest: German Lawyers, 1878–1933*, Cambridge University Press, 1996; 李学尧：《法律职业主义》，中国政法大学出版社 2007 年版，第 80—122 页。

传统紧密相伴，在西方有着源远流长的历史传统，具有深厚的文化和历史底蕴，也是西方文明的精神产品之一。古希腊到近现代，有许多法学家探讨过司法问题，提出了形形色色的司法观，其中对司法公正的追求、对司法腐败的否定、对法官道德素质的关注、对司法道义的向往等，都给后人留下诸多启示。与对律师职业伦理的研究相比，法官的职业伦理规范研究理论相对要稳定很多。

关于法官的职业伦理，西方人主要是从司法正义的目标出发的，相关的研讨可以一直上溯至以柏拉图和亚里士多德为代表的古希腊思想家。柏拉图在晚年将其理想国的哲学王和法治相结合，他要求法官不仅要具有公正的品德，而且还必须具备如何做到公正的智慧。亚里士多德把法治看成是通向善和正义的唯一选择，法官则是公正的化身、正义的主持者。在罗马共和国中，罗马法学家是罗马共和国最有影响和最有权势的阶层，他们是实际上的法官，他们对法律的解答指引着执政官的判决，影响着法律的未来发展。后来基督教与都会法对西方法律的影响是显而明之的，不仅继承了古希腊罗马的法律思想，而且基督教教士独立自治的精神直接熏陶和培养了法官职业的精神内涵与品质。西方历史上这些文化传统孕育和造就了法官的职业品德的丰富内涵。

尽管与西方具有不同的司法文化，中国在谈及法官的品格时，最为熟悉的几个字眼也莫过于“刚正不阿”和“铁面无私”。这无疑与西方的司法公正观有着高度的一致。当然，与“宁屈富，不屈穷”以及“乔太守乱点鸳鸯谱”类似的“情理法高度一致”的“妙判要求”，事实上对我国的法官职业品格提出了比西方社会更高的要求。

在学理上，我国的法官职业伦理研究相对较晚，且学者更多针对的是法律伦理或司法伦理。随着社会的发展，关于法官职业伦理的研究逐渐被重视。许多法学家都对此做了深入的研究。概而述之，法官职业伦理主要是基于司法公正的目标，在法官职业专门化的背景下而形成的法官的品德要求和行为规范。我国《法官职业道德基本准则》第二条：“法官职业道德的核心是公正、廉洁、为民。基本要求是忠诚司法事业、保证司法公正、确保司法廉洁、坚持司法为民、维护司法形象。”这实质上非常全面地概括了法官职业伦理的规范内容，主要的争议点在于对于具体内容的理解和把握。

第一，法官的公正要求。在正当程序原则之下，要求判断者秉持不偏不倚、决不先入为主的中立立场。这种立场不仅包括形式上的中立，也包括实际上的中立。

对于如何保证法官的公正，古今中外对法官的职业伦理提出了一些更加具体的品格或者行为规范的要求。很多国家的法官法或者法官职业伦理中都提出“法官只忠诚于法律”的要求。那么如何保证法官“忠诚于法律”呢？正如上文所述，中国人谈论最多的是“刚正不阿”和“铁面无私”。无独有偶，对于西方人而言，法官的刚毅品格也是被十分重视的。例如美国司法官伦理规范中规定，“法官不因党派的要求、公众的喧闹或个人之毁誉而左右，并无惧于不当的批判”。为了保证中立地位的实现，法官应该秉承尊重他人的行为规范，即在法庭上要尊重所有当事人的法律权利和法律人格。此外，法官在平时的工作生活中还应该谨言慎行，不可以随意地对社会事务发表自己的观点，或者在法律和司法程序之外对当事人的品行或者其他方面进行随意地评点。

第二，法官的形象要求。一个国家若想保障公民的权利与自由且实现社会秩序的良好运转，不仅仅取决于公民对法律法规的良好遵守，优秀的法官群体也是不可或缺的。法官作为惩罚犯罪、维护正义的职业者，不仅拥有着丰富的法律知识，同时也维护着社会的公平正义。法官的形象是公众对司法是否信任的最直接来源，人们可以允许法律稍有漏洞，但对于司法者的不公是不能容忍的。可以说，法官的公正在民众眼中犹如法律的公正，良好的法官形象是提高司法公信力的关键。这是因为在司法案件的审理中，法官与当事人的接触最早，在诉讼活动进行中法官做事认真、谨言慎行常常可以给当事人一种安全感。法官的一言一行，在当事人眼里可能会被认为是一种案情的暗示，使当事人在潜意识中将法官的行为举动与审判结果相联系。如果诉讼遭遇败诉，当事人也不会对法官产生不信任，怀疑审判的不公，因为法官良好的形象已经优先于判决结果的出现在当事人内心产生了信赖的效力。然而如果法官行为不检，形象不佳，则会使当事人产生一种法院不公正的印象，当当事人遭遇败诉的情况时，当事人的愤怒往往会被引向法官、法院，从而寻求各种救济手段，这是对司法资源的浪费，也破坏了法院公正的形象。因此，法官在职业活动中，应当时刻注意自己言行举止，遵守职业道德，切实维护好法官的公正形象。一方面，应当不断提升自己的法律知识，对裁判文书应书写规范，做到有理有据，这是公民对法官是否信任的重要依据。在思想上应当树立起正确的人生观与价值观，对于生活上的一些个人主义、拜金主义、享乐主义应当自觉抵制，避免受腐朽思想的侵蚀。另一方面，法官应当注重平时的装束仪表，在公开场合应当保持端庄大方，开庭时应必须穿法官袍，使公众能感受到法律的权威，业外活动应当避免穿着过于暴露的服装。在庭审中，要做到言行谨慎，对当事人应平心静气，禁止采取蛮横生硬的态度，平时应注意小节，通过良好的行为举止体现法官的良好形象，使公民建立起对司法公正的信任。

二、律师职业伦理规范及其发展

与法官职业伦理规范不同，尽管律师职业古而有之，但是，体系化的律师职业伦理规范的建设主要是从 20 世纪 70 年代开始的。而在此之前，基本上都是由一种贵族责任所概括。

自 20 世纪 70 年代至今，国际法律界对于职业观念的争论主要集中于“客户忠诚”与“公共义务”之间。① 中国律师界 2000 年之后关于“律师是天使抑或魔鬼”“律师是否应具有大局观”的争论，实质也是这种两元式讨论的延续。② 在英语学术界，对法律人公共义务的强调，尽管并不是一个新要求，但在 20 世纪末，与“法治的危机”论相伴随，出现了一个提倡律师“公共义务”或者注重“个人道德反思”的“学术浪潮”。③ 我们也可以将此种职业观概括为“替代性的职业主义（alternative models of professionalism）”，而将那种从制度

---

① 参见刘思达：《分化的律师业与职业主义的建构》，《中外法学》2005 年第 4 期；李学尧：《这是一个“职业危机”的时代吗？》，《中外法学》2004 年第 2 期。相关理论争论的中文综述也可以参见尚立娜、李学尧：《律师职业研究的跨学科图景——寻求结构性平衡的视角》，《法律和社会科学》2014 年第 1 期。

② 参见祝华新：《律师是守护公平正义的天使》，《中国青年报》2012 年 6 月 4 日；郑蔚：《田文昌：律师不是天使也不是魔鬼》，《文汇报》2010 年 8 月 2 日。另可参见李学尧：《转型社会与道德真空：司法改革中的法律职业蓝图》，《中国法学》2012 年第 3 期。

③ See Deborah L. Rhode, *Professional Responsibility: Ethics by the Pervasive Method*, New York: Aspen, 1998; Deborah L. Rhode, “Legal Ethics in an Adversary System: The Persistent Questions”, *4 Hofstra L. Rev.* 641 at 649, 2005; David B. Wilkins, “Practical Wisdom for Practicing Lawyers: Separating Ideals from Ideology in Legal Ethics”, *108 Harv. L. Rev.* 458 at 472; Duncan Kennedy, “Rebels from Principle: Changing the Corporate Law Firm from Within”, *Harv. L. Sch. Bull*, 36, 1981.

性义务为主来推导律师定位的职业观称为“主流的职业主义(dominant model of professionalism)”。[①] 在中国的法理学界,也有学者从主流法理学界理论出发,将这种公共义务定义为“对整个法律制度的道德吸引力”。[②] 在这些争论中,都存在实质上根源于功利主义和康德主义伦理观的问题:忽略了执业人员的主体性意识及其情感体验。

三、其他法律职业的伦理规范及其发展

在全球范围内,自中世纪至今,伴随着程序分工的逐步细化和法律服务市场化的发展,法律职业内部的分立情况越来越多,逐渐出现了检察官、公证员、政府法务和企业法务等足以与法官、律师相并列的独立职业。

(一) 法律职业的子职业出现

先是12、13世纪前后,英国和法国等国家开始出现国王代理人,并逐渐扩展成为一种与法官、律师相区别的法律职业群体,特别是20世纪下半叶之后,大陆法系国家和社会主义国家大多采取了检审分立、将检察官列为公职人员的检察制度,检察官群体开始成为一种与法官、律师并列的子法律职业。随着民商事活动的扩展,在19世纪初前后,法国、意大利、西班牙、德国等欧洲大陆国家开始出现公证员职责的法定化,一个区别于法官、律师的法律子职业,也在大陆法系国家开始浮现。除此之外,随着第二次世界大战之后行政国家、福利国家时代的到来,区别于传统的“政府律师”(特别是检察官)的各类公职机构内部的法务人员群体逐渐涌现。在这其中,既有专职于立法起草和政策制定者,也有专职于执法过程中法律事务的人员。20世纪70年代之后,与公司规模和交易量的不断增长、经济法律的全球化、国家对经济活动监管的不断增强、法律服务人员供应量的剧增等相关因素相关,企业法务业务及其群体的独

---

① See Farrow, Trevor C. W., “Sustainable Professionalism”, *Osgoode Hall Law Journal* 46, 1 (2008):51-103.

② 参见陈景辉:《忠诚于法律的职业伦理——破解法律人道德困境的基本方案》,《法制与社会发展》2016年第4期。

立性不断彰显,①一方面,成为英美等发达国家法学院毕业学生最主要的就业去向,同时也开始出现某种职业化的趋势。此外,在我国,由于纪检、监察等制度,还出现了一个无法被检察官、政府法务所涵盖的监察官群体。

(二)"统一而多元"的法律职业伦理规范

毋庸置疑,法律职业的职业伦理规范具有较强的"统一性",即它主要来源于法律系统"合法/非法的编码"(参见本书第三章的论述)。在思维方式上,优先思考一项行为的合法与否。然而,由于角色定位分别来自各国的法律体制安排、程序规定以及经济市场实践需求,在具体的伦理规范上呈现出了较大的多元性,甚至无法在一个二维平面的范围内进行比较。

以检察官为例,在很多国家,他们实质上就是拥有公务员身份的政府律师,因此,在职业伦理方面必然有着与公务员相同的方面;但其在司法程序中,作为国家的代理人,还有必须要服从于法官权威以及其他因对抗制程序产生的伦理需求。然而,在我国以及一些社会主义国家,因为检察机关是法定的法律监督机构,检察官的职业伦理无法套用"政府律师"的职业伦理,而具有独特性。

公证员也是如此,在采用拉丁系公证制度的国家,公证员不仅仅只是一个法律文书的形式审查官,还具有一些实质性的判断权。在此时,法官职业伦理中某些侧面,比如为保证公平判断而需要的一些职业伦理规范自然也就适用于公证员。

对于政府法务和企业法务而言,其实具有某种相似性,他们实质上都是为了服务于其上级的某种实质性目的,比如完成某项政府征收或者企业并购行为而提供专业的法律服务——这些法律工作,很多时候很难与其聘请的外部律师的工作相区分,但其职业伦理中必然有在合法的前提下服从于上级的命令并为实现上级机关的意图勤勉、尽心而专业地展开工作。问题在于,在行政国或者当下的科技风险国的时代,除了政府,某些超大规模企业或者平台型网络企业,实质在主导着制度创新、界定"合法/非法",在扮演着立法者,甚至执

① 还有一种法务类别,包括各类非营利性的民间机构、科研、教育、医疗等在我国被归类为事业单位的法务。他们的业务特色界于政府法务与企业法务之间,但总体上可以归入企业法务的范围。

法者的角色，所以，对于其职业伦理也很有必要进行展开阐述。

【法治故事】

《乔太守乱点鸳鸯谱》出自《醒世恒言》，是一出著名的传统喜剧作品。

北宋景祐年间，杭州城刘秉义和孙寡妇各有一双儿女。自小，刘家的儿子刘璞就和孙家的女儿珠宜定了亲，刘秉义的女儿惠娘许给了裴九老的儿子裴政，孙寡妇的儿子孙玉郎另聘了徐雅的女儿文姑为妻。

刘家因刘璞久病不愈，要将珠宜接过门来冲喜。珠宜怕刘璞一病不起，不肯上轿，孙玉郎男扮女装，代姐出嫁；因刘璞卧床难起，刘惠娘则女扮男装代兄拜堂。洞房之夜，刘惠娘与孙玉郎一见钟情，于是假夫妻成了真夫妻。事情泄露后，引起了刘家与孙家、裴家与刘家、徐家与孙家等闹得不可开交。惠娘的婆家裴家一纸诉状告到了官府，请乔太守断案。由于案情复杂，弄得乔太守左右为难，后来他调解一番之后，大笔一挥，巧点鸳鸯。结果正好将刘惠娘配给孙玉郎、珠宜配给刘璞、徐文姑配给裴政，大家各得其所，皆大欢喜。

此案在传统中国被广泛传颂，乔太守在其中将“情理法”巧妙处理的方式，一般也被认为是我国传统法官职业处理各种伦理冲突的典范。

【问题与思考】

各类法律职业，比如法官、检察官、监察官、律师、政府法务、企业法务以及公证员之间，在职业伦理规范方面的主要区别是什么？其区别的主要根源是什么？

第二章 中国法律职业伦理的历史源流与发展

第一节 古典中国的法律职业伦理

一、历史语境

中华传统法文明具有独特性,形成自成一体的中华法系,对于古典中国法律职业伦理的探讨,需要将其放在历史语境之下,了解法律从业者的构成和地位,对于何谓法的认识和如何适用等问题,值得注意的有三点。

第一,官、吏的合与分。官吏乃"旧时政府工作人员的总称"①,一般而言,官指具有一定级别,经过君主任命的主事人员;吏指熟悉政事,负责具体操作的业务人员。官、吏作为古代主要的执法者、司法者,他们的关系经历了从一体相通到出现分流,再到泾渭分明的发展演变过程。大致历程如下:(1)从春秋战国到两汉,官、吏彼此相通。士大夫与胥吏之间没有界限,"汉以前,吏胥士也,卿大夫多出焉,其人自爱而重犯法。以是吏胥贵"。秦代实行"以(法)吏为师"的政策,萧何以刀笔吏出身而成为汉代宰相等,皆是例证。(2)从魏晋南北朝到唐宋,官、吏开始分流。科举考试作为人才选拔最重要的制度,发挥着明显的引导作用。从唐代起,进士科的诗赋地位日趋重要,明法科、明算科等侧重实务的科目逐渐为人所轻,士大夫阶层渐渐不习吏事,其结果就是"唐宋以后,士其业者,不为吏胥"。(3)从元到明清,官、吏泾渭分明。这段时

① 《现代汉语词典》(第7版),商务印书馆2016年版,第480页。

期流品高低的观念深入人心，明太祖曾以“吏胥心术已坏”为理由，不许其参加科举应试；明成祖曾以“御史朝廷耳目之寄，须用有学术、识治体者，安可用吏”，不许吏员出身者担任御史。这类观念与措施，使得官、吏之间有着不可逾越的鸿沟。[①] 因此从历史发展的整体趋势看，在国家体制内从事法律具体事务的吏的地位处于不断下降之中。

第二，专职律官的存与废。从曹魏到宋代，虽然偶有间断，中央机构乃长期设置有负责法律教育的职官律博士，一直到了元代才被正式废止。[②]在律博士存续期间，曾分别存在于司法机构的廷尉、大理寺和教育机构的太学、国子监，这种安排代表着国家希望培养专业化的法律官员和培养具备基本法律知识的普通文官的两种不同趋势。伴随科举考试中明法科的取消，希望培养士大夫成为既通经义又懂法律的通才而不是法律专才成为时代的主流。[③] 在国家已经不设专职律官，对法律之学重视程度降低的大背景下，[④]即便明清的律典中专门设置了“讲读律令”条款，延续此前朝代对于官员经律双修之期望，其关于“国家律令”，要求“百司官吏务要熟读，讲明律意，剖决事务”[⑤]，但这类条款毋宁可以从反面推导出当时的官员不谙法律，需要专门以此进行督促和警诫。因此在人口激增、社会矛盾激化、法律日益繁复的明清社会，官员不得不聘请、依赖体制之外的法律专家的刑名幕友来协助其处理纠纷诉讼，同时制衡、监管同样熟悉法律的胥吏和讼师（棍）。

第三，规范意识和法律适用。严复曾深刻地指出：西文“法”字，于中文有理、礼、法、制四者之异译，[⑥]提醒我们注意中西方不同背景下对于“法”的认识

---

① 参见缪全吉：《明代胥吏》，台湾嘉新水泥公司文化基金会丛书，1968 年版，导论和第四章；钱穆：《中国历代政治得失》，生活·读书·新知三联书店 2001 年版，第 123—126 页。

② 参见沈家本：《设律博士议》，《寄簃文存》卷一，收入沈家本：《历代刑法考第四册》（附《寄簃文存》），邓经元、骈宇骞点校，中华书局 1985 年版，第 2058—2059 页。

③ 参见叶炜：《论魏晋至宋律学的兴衰及其社会政治原因》，《史学月刊》2006 年第 5 期。

④ 参见沈家本：《设律博士议》，《寄簃文存》卷一，收入沈家本：《历代刑法考第四册》（附《寄簃文存》），邓经元、骈宇骞点校，中华书局 1985 年版，第 2060 页。

⑤ 《大明律》卷三，怀效锋点校，法律出版社 1999 年版，第 36 页；《大清律例》卷七，田涛、郑秦点校，法律出版社 1999 年版，第 157 页。

⑥ 参见［法］孟德斯鸠：《孟德斯鸠法意》上册，严复译，商务印书馆 1981 年版，第 3 页。

差异。中国法律的基本观念是一种礼教的法律观，法律的主要功能是为了维持纲常伦理秩序。[①] 在礼教法律观的影响下，产生了一种“天理、国法、人情”三者并重的综合型的规范意识。这种规范意识与国家权力结构体系相适应，形成了西晋刘颂为平衡古典人治“议事以制”和古典法治“循文如令”之间的关系，所提出的“主者守文、大臣释滞、人主权断”三层次法适用模式。具体而言，“君臣之分，各有所司。法欲必奉，故令主者守文；理有穷塞，故使大臣释滞；事有时宜，故人主权断”，即主管的法律官员应该严格地遵循法律，特定层级的大臣允许创造性地适用法律，国君可以在特殊情况下进行自由裁断，从而形成“守法”“说法”“造法”三种适用法律的样态。[②] 刘颂的主张对于后世产生了重要的影响，后来传世的律典，例如《唐律疏议》《宋刑统》《大明律》《大清律例》中皆存在“断罪引律令（格式）”“断罪无正条”“不应得为”三个代表性条款，前者要求司法官员在断案时必须明确地列举适用的规则，后两者赋予了司法官员一定的自由裁量权，允许其通过轻重相举、比附援引的方式创造性地适用类似规则，或者可以直接适用情理。这类条款自成体系，共同构建了融合情理法的有效机制。

二、具体表现

（一）官吏的伦理

1. 标准的变化：从良吏、恶吏之分到循吏、酷吏之分

无论是儒家贤人政治的“为政在人”，还是法家法治的“明主治吏不治民”，对于官吏的培养与规制皆是国家政治的重心所在，可谓源远流长。在反映战国晚期到秦始皇时期情况的《睡虎地秦墓竹简》中已经能够看到对于官吏评价标准的实证资料，其分为肯定性评价和否定性评价两种类型：良吏和恶吏。

“凡良吏明法律令，事无不能也；又廉洁敦悫而好佐上；以一曹事不足独

---

① 参见《徐道隣法政文集》，清华大学出版社 2017 年版，第 146—147 页。

② 参见陈新宇：《帝制中国的法源与适用：以比附问题为中心的展开》，上海人民出版社 2015 年版，第 82—84 页。

治也，故有公心；又能自端也，而恶与人辨治，是以不争书。”[①]良吏的表现是熟悉法律，称职能干，廉洁忠诚，能为君主效力，其知道职务不能独断专行，所以有公心；能自我纠正，善于合作，因此不会与人争竞。

“恶吏不明法律令，不知事，不廉洁，毋以佐上，偷惰疾事，易口舌，不羞辱，轻恶言而易病人，毋公端之心，而有冒抵之治，是以善诉事，喜争书。争书，因佯瞋目扼腕以示力，訏询疾言以示治，认丑言麃斫以示险，阬阆强伉以示强，而上犹智之也。”[②]恶吏的表现是不懂法律，不熟悉业务，不廉洁，不能为君主效力，懒惰无担当，不知羞耻，轻率口出恶言侮辱他人，无公正之心，而有冒犯行为，因此善于争辩，喜欢争竞。争竞之时，假装瞪眼握腕显示自己勇敢，说假话抬高语音显示自己善于治理，说违背事理的话装作惭愧无知显示自我约束，自大蛮横显示自己能干，而上司还认为其有才能。

这些评价反映了秦“以法为教”“以吏为师”的治理政策，对官吏的评价考核以熟悉法律为第一要义，官吏与国君、上司、同僚等的关系和表现同样是考察的重要内容。

从汉代起，评价标准发生变化。《史记》作为标志性的史书，开始以循吏与酷吏作为臧否标准为官吏立传，该标准为后世的史书所继承，具有典范性。

所谓循吏，指“奉法循理之吏，不伐功矜能，百姓无称，亦无过行”；[③]所谓酷吏，表现为“唯一切严削为能齐之”[④]、“务在深文”[⑤]、“专以人主意指为狱”[⑥]等。与秦的良吏和恶吏相比，标准变化主要有三点：首先，在法律知识方面，无论循吏还是酷吏都熟悉法律，但态度不同，前者是奉职守法，后者则是揣摩上意而弄法。其次，在执法司法方面，循吏更重视儒家的德治和道家的无

---

① 睡虎地秦墓竹简整理小组：《睡虎地秦墓竹简》，文物出版社 1978 年版，第 19 页。

② 睡虎地秦墓竹简整理小组：《睡虎地秦墓竹简》，文物出版社 1978 年版，第 19—20 页。

③ 《太史公自序》，司马迁：《史记》卷一百三十，中华书局 2013 年版，第十册，第 2997 页。

④ 《太史公自序》，司马迁：《史记》卷一百三十，中华书局 2013 年版，第十册，第 2997 页。

⑤ 司马迁：《史记·酷吏列传》第六十二，卷一百二十二，中华书局 2013 年版，第十册，第 3784 页。

⑥ 司马迁：《史记·酷吏列传》第六十二，卷一百二十二，中华书局 2013 年版，第十册，第 3800 页。

为，注意教化和不愿扰民，酷吏则是专任严刑重罚。① 第三，在廉洁方面，循吏固然廉洁，酷吏则可以进一步分为廉者和污者两种类型，因此廉洁并非循吏与酷吏的根本区别。②

秦汉之际的官吏评价标准的变化，正是古典中国儒法合流的体现，其形成了忠君爱民、奉法循理、注重德化、坚直廉正等正统伦理规范。

2. 官吏伦理规范的渊源

古典中国关于官吏伦理规范的渊源主要来自三个方面。

首先是经史典籍。中国有以史为鉴的传统，因此经史典籍的章句典故成为官吏伦理规范的重要来源，上述《史记》关于循吏与酷吏的区分即是一例。又如在《尚书》中可以看到周代司法官吏的"五过之疵"，所谓"五过之疵"，指"惟官、惟反、惟内、惟货、惟来"，即徇私同僚、拒讳实情、袒护亲戚、收受贿赂、接受请托而枉法裁判的五种行为，③官吏可以通过阅读经典，对正面典型进行效仿，对反面典型引以为戒。

其次是官箴书。所谓官箴，原指百官对于帝王的劝诫，后指对官吏的劝诫。④ 后者以武则天颁布《臣轨》为代表性标志，历代数量不断增加，明清时期有近百部之多。其既有帝王所作，例如唐玄宗《令长新戒》、明宣宗《官箴》、清世祖《御制人臣儆心录》等，也有名臣所作，例如朱熹《朱文公政训》、真德秀

---

① 这一点区分在《酷吏列传》的引言部分阐述得最为清晰，孔子曰："导之以政，齐之以刑，民免而无耻。导之以德，齐之以礼，有耻且格。"老氏称："上德不德，是以有德；下德不失德，是以无德。""法令滋章，盗贼多有。"太史公曰：信哉是言也！法令者治之具，而非制治清浊之源也。昔天下之网尝密矣然奸伪萌起，其极也，上下相遁，至于不振当是之时，吏治若救火扬沸，非武健严酷，恶能胜其任而愉快乎！言道德者，溺其职矣。故曰"听讼，吾犹人也，必也使无讼乎"。"下士闻道大笑之"。非虚言也。汉兴，破觚而为圜，斫雕而为朴，网漏于吞舟之鱼，而吏治烝烝，不至于奸，黎民艾安。由是观之，在彼不在此。参见司马迁：《史记·酷吏列传》第六十二，卷一百二十二，中华书局 2013 年版，第十册，第 3777 页。

② 《循吏列传》共五人，其中公仪休、石奢两人谈到其廉洁，其余三人没有谈及此问题，但可以推导出廉洁应该是循吏的应有之义。《酷吏列传》共十人，既有张汤、赵禹这样的廉吏，也有宁成、王温舒这样的污吏。

③ 参见孔安国传、孔颖达疏：《尚书正义》卷第十九，北京大学出版社 1999 年版，第 545—547 页。

④ 参见《辞源》（修订本）重排版，上册，商务印书馆 2014 年版，第 901 页。

《政经》、张养浩《牧民忠告》、陆陇其《莅政摘要》等。[①] 官箴书主要包括修身治家、待人接物、尽心公职三方面的内容，[②]其通过帝王的权威教化和名臣的经验总结的方式，提出官吏应该遵循的伦理规范。

最后是国家法典。如果说经史典籍和官箴书是柔性规范，国家的律典则是刚性规范，其通过行政嘉奖或者行政处分、刑事制裁等方式，敦促官吏恪守伦理。以唐代为例，《唐六典》有考课之法"四善二十七最"，四善指德义有闻、清慎明著、公平可称、恪勤匪懈；二十七最指二十七类职官的模范表现，其中"法官之最"是"推鞫得情，处断平允"。唐以此为基准，通过上、中、下复合组合共九个等级，对官吏进行考核。具体表现是：一最已上有四善为上上；一最已上有三善，或无最而有四善为上中；一最已上有二善，或无最而有三善为上下；一最已上有一善，或无最而有二善为中上；一最已上，或无最而有一善为中中；职事粗理，善最弗闻为中下；爱憎任情，处断乖理为下上；背公向私，职务废阙为下中；居官谄诈，贪浊有状为下下。[③]《唐律疏议》在职制、断狱等篇专门设置了受财枉法、受财不枉法、官司出入人罪等关于司法官吏受贿、渎职等不法行为的罪名。这种行政与刑事法典相互衔接、双管齐下的做法，后世朝代同样可见。

这些伦理规范呈现出形式多元、刚柔并举、类型与标准明确、抽象与具体兼备等特点。

（二）幕友的伦理

在明清之际兴起的幕友作为协助官员处理特定事务的专家，具有多种类型，包括协理司法的刑名、协管税赋的钱谷、具体办理赋税征收的征比、负责登记的挂号、负责通信的书启或书禀、掌管誊录的硃墨、管理簿记的账房等，其中以刑名、钱谷最为重要。[④] 幕友之道形成了一种专门之学"幕学"，传世有《幕

---

① 参见裴传永：《"箴"的流变与历代官箴书创作——兼及官箴书中的从政道德思想》，《理论学刊》1999 年第 2 期。

② 参见彭忠德：《古代官吏的职业道德规范——官箴》，《湖北大学学报（哲学社会科学版）》2002 年第 3 期。

③ 参见李林甫等：《唐六典》，尚书吏部卷第二，陈仲夫点校，中华书局 1992 年版，第 42—43 页。

④ 参见瞿同祖：《清代地方政府》，范忠信、晏锋译，法律出版社 2003 年版，第 159—160 页。

学举要》《佐治药言》《学治臆说》《办案要略》《刑幕要略》等多种作品。

作为法律专家的刑名幕友，以清代名幕汪辉祖总结其一生执业经验的典范之作《佐治药言》为例，其职业伦理体现在人际关系、自身修养、办案要领等各个方面。①

在人际关系方面，幕友与官员的关系最为重要。幕友"居宾师之分"，所谓宾师指不居官而受宾客师友的礼遇②，可见地位尊崇超然。幕友的收入来自官员的俸禄，因此应该"尽心为本"，所谓尽心不是"徇主人之意而左右之"，而是要"尽言"，"剀切陈词，能辨论明确"，甚至扮演诤友的角色，"据理斟情，反复于事之当然及所以然之故，抉利害而强诤之"。幕友尽心辅佐但不恋栈，"合则留，吾固无负于人，不合则去，吾自无疚于己"。在任期间，应该"自爱"即以廉慎公勤使得所辅佐的官员不留恶名。与案件当事人关系，幕友"须示民以信"，处理公务应该诚信守时；需要有同理心，为犯人甚至其家属着想，哀矜折狱，"无论事之大小，必静坐片刻，为犯事者设身置想，并为其父母骨肉通盘筹画。始而怒，继而平久，乃觉其可矜，然后与居停商量，细心推鞫，从不轻予夹桚，不要轻易动刑"。与同行幕友的关系，在公务上应该精诚合作，"直须以官事为己事，无分畛域，知无不言，言无不尽而后可"。

在自身修养方面，应该"虚心"，谦逊地听取各方意见，从善如流。幕友注重"立品"，这是获得官员信任的基础，"立品是幕道之本"，包括"素位"（处世态度不卑不亢）、"自处宜洁"（注意操守）、"俭用"（俭以养廉）、"慎交"（慎重择友）等具体内容。"立心要正"，应该秉持公心，避免私念，处理好公私关系。要重视读书，此有利于断事，"遇疑难大事，有必须引经以断者，非读书不可"，范围可以广泛，"不必经传，凡有益于身心者，皆可读之"。

在办案要领方面，应该"省事为上"，避免词讼牵累民众，"事非急切，宜批示开导，不宜传讯差提，人非紧要，宜随时省释，不宜信手牵连，被告多人，何妨摘唤干证，分列自可摘芟。少唤一人，即少累一人"。应该"便民"，所以"听讼速结"。应该"矜民"，所以重视"息讼"。注意"求生"，所谓求生并非故意使

① 参见汪辉祖：《佐治药言》，载张廷骧编：《入幕须知五种》，文海出版社1968年影印版。下面关于"幕友"内容的引用，如没有特别说明，皆来自该书。

② 参见《辞源》（修订本）重排版，下册，商务印书馆2014年版，第3234页。

人脱罪，而是在法律允许的限度内为犯人“设身处地，反复诚求”“平心静气，准情酌理”寻觅一线生机。注意“神明律意”，读律应该把握法条背后的仁义精神，要融会贯通而不是机械适用，“在能避律，而不仅在引律”，这正是幕友与胥吏的区别所在，“如能引律而已，则悬律一条以比附人罪，一刑胥足矣，何藉幕为”。

刑名幕友的伦理规范，主要受两种因素影响：一个是儒家仁恕、礼教思想。这与幕友的来源有关，其或是科举考试失利者以幕谋生，或是仕途不畅者以幕为进，①自然有士大夫的情怀。另一方面则是福报、天（阴）谴、鬼神等观念。例如“食人之食而谋之不忠，天岂有以福之”，“私则循理之狱，亦为天谴所及”，“二十余年来可质鬼神者，此心如一日也”。这种双重影响最为典型的例如“妇女不可轻唤”，其理由一方面是贞操廉耻，“幽娴之女，全其颜面即以保其贞操，而妒悍之妇，存其廉耻亦可杜其泼横”；另一方面是阴谴报应，“夫以法所应传之妇起念不端，尚不能悻逃阴谴，况法之可以不传者乎”，可谓人文与超自然的统一。

（三）讼师（棍）的伦理

与官吏、幕友相比，讼师（棍）作为一种法律职业的最大区别是不具备合法性，讼师（棍）和专业书籍讼师秘本皆是国家严禁的对象，处罚严厉。

例如清代专门制定“积惯讼棍恐吓取财”条例打击讼棍：

> 审理词讼，究出主唆之人……若系积惯讼棍，串通胥吏，播弄乡愚，恐吓诈财，一经审实，即依棍徒生事扰害例，问发云、贵、两广极边烟瘴充军。

“违禁撰印贩卖及藏匿讼师秘本”条例查禁讼师秘本：

> 坊肆所刊讼师秘本如《惊天雷》《相角》《法家新书》《刑台秦镜》等一切构讼之书，尽行查禁销毁，不许售卖。有仍行撰造刻印者，照淫词小说例，杖一百，流三千里。将旧书复行印刻及贩卖者，杖一百，徒三年。买者，杖一百。藏匿旧板不行销毁，减印刻一等治罪。藏匿其书，照违制律治罪。其该管失察各官，分别次数交部议处。②

① 参见高浣月：《清代刑名幕友研究》，中国政法大学出版社 2000 年版，第 119—129 页。

② 参见薛允升：《读例存疑重刊本》，黄静嘉编校，卷四十，第四册，台北成文出版社 1970 年版，第 1021 页。

明清“教唆词讼”律将帮助他人诉讼者区分为两种类型,一种是“教唆词讼及为人作词状,增减情罪诬告人者,与犯人同罪”,另一种是“见人愚而不能伸冤教令得实,及为人书写词状而罪无增减者,勿论”,①前者有罪,后者无罪。但“教唆词讼”罪与非罪之间的界限并不清晰,因此在官方宣扬“无讼”思想的古典中国,讼师(棍)毋宁是一种客观存在的灰黑色群体。其职业的内在紧张性直接体现于称谓上,即作为专业人士的尊称“师”和作为地痞流氓的贬义词“棍”并存可见。对此,曾做过幕友的王有孚将讼师与讼棍区分评价的看法具有代表性:“律内虽有见人愚而不能伸冤,教令得实者勿论之文,阴曹不特不罪之,且有以报之也。若而人者庶不愧讼师之名哉。彼拨弄乡愚,恐吓良善,从而取财者,乃讼棍耳,安得以‘师’字加之?余谓讼棍必当惩而讼师不必禁。”②

从讼师秘本的内容上看,虽然以传授如何构讼作状等实务技能为主,但书中亦有道德说教、宣扬职业正当性的部分,这部分正是讼师伦理规范的体现。这些规范既有与官员、幕友共通之处,亦有不同所在。③

首先,有的讼师秘本直接收入了官箴书的内容,例如《新刻校正音释词家便览萧曹遗笔》中便有“太祖高皇帝御制(六谕)”和“官箴四誓”。前者出自明太祖朱元璋的圣旨,内容为“孝顺父母、尊敬长上、和睦乡里、教训子孙、各安生理、毋作非为”④的二十四字教诲及其解读。后者出自元代江南浙西道肃政廉访司副使臧孟祥的廉政名言,内容为“净洗眼睛、紧缚肚皮、硬竖脊梁、牢立脚跟”⑤的十六字警言及其解读。

---

① 《大明律》卷二十二,怀效锋点校,法律出版社 1999 年版,第 180 页;《大清律例》卷三十,田涛、郑秦点校,法律出版社 1999 年版,第 490 页。

② 王有孚:《一得偶谈》初集,嘉庆十二年刻本,转引自孙家红:《走近讼师秘本的世界》,《比较法研究》2008 年第 4 期。

③ 参见[日]夫马进:《讼师秘本的世界》,李力译,《北大法律评论》第 11 卷第 1 辑,2010 年。

④ 豫人闲闲子订注:《新刻校正音释词家便览萧曹遗笔》卷一,孙家红、龚汝富整理:《明清讼师秘本八种汇刊》(下),收入杨一凡主编:《历代珍稀司法文献》第 12 册,社会科学文献出版社 2012 年版,第 489—492 页。

⑤ 豫人闲闲子订注:《新刻校正音释词家便览萧曹遗笔》卷一,孙家红、龚汝富整理:《明清讼师秘本八种汇刊》(下),收入杨一凡主编:《历代珍稀司法文献》第 12 册,社会科学文献出版社 2012 年版,第 492—493 页。该书“官箴四誓”的第二句为“放宽肚皮”,但其旨趣是劝诫官员控制口腹之欲,因此应该是“紧缚肚皮”之误。

其次,关于“讼”的态度具有复杂性。讼师秘本一方面劝诫民众不要因为意气之争轻易涉讼,避免讼累,这与官箴书、幕学作品所倡导的息讼理念颇为相同。例如《新刻法笔惊天雷》认为:“讼之一道,身家所系。非抱不白之冤,不是戴天之仇,切戒轻举,以贻后患。若睚眦之隙,牙角之非,切宜暂退一步,少忍片时,自然风恬浪静,海阔天空,不至裸体受刑,倾家荡产矣。慎之!慎之!”①另一方面则有别于儒家“讼则终凶”的理念,从“公”的角度肯定诉讼的正义性,并提出情理法相结合的胜诉方法,“讼之一字,从言从公,谓言非至公,切不可以致讼也。故致讼之道有三要,情、理、法而已。度情我必真,度理我不亏,度法我不犯,三者缺一,不能全其必胜矣”②。

第二节　中国法律职业伦理的近代转型

一、历史背景

光绪二十六年十二月十日(1901 年 1 月 29 日),内外交困中的清廷下达变法诏书,光绪二十八年四月初六(1902 年 5 月 13 日),著派沈家本、伍廷芳修订律例。变法修律的原因主要是两方面,外因是为了撤废领事裁判权,内因是为了解决固有法自身的困境,即立法体系无法适应近代社会与法律的发展与挑战、司法方面逐级复审制度因为战乱遭到严重破坏、传统法律职业存在官员不谙法律而受制于幕友和胥吏的体制性缺陷。光绪三十二年七月十三日(1906 年 9 月 1 日)清廷更进一步,启动预备立宪,中国开始筹建以宪法为标志的现代政体。③ 在清末法律改革的时代背景之下,近代司法制度得以建立,近代法律职业应运而生。一百多年来,这种发展趋势尽管在某些特殊时期有所波折,但历史潮流浩浩荡荡,终是不可逆转。

---

① 佚名:《新刻法笔惊天雷》,孙家红、龚汝富整理:《明清讼师秘本八种汇刊》(上),收入杨一凡主编:《历代珍稀司法文献》第 11 册,社会科学文献出版社 2012 年版,第 243 页。

② 佚名:《新刻法笔惊天雷》,孙家红、龚汝富整理:《明清讼师秘本八种汇刊》(上),收入杨一凡主编:《历代珍稀司法文献》第 11 册,社会科学文献出版社 2012 年版,第 243 页。

③ 参见陈新宇、陈煜、江照信:《中国近代法律史讲义》,九州出版社 2016 年版,第 1—14 页。

在变法修律的背景下,光绪三十二年四月初二(1906 年 4 月 25 日),修订法律大臣沈家本、伍廷芳进呈《刑事民事诉讼法草案》,其中专门设有“律师”一节,尽管该法最终因为礼教派张之洞等人的激烈反对而没有颁布,但在文本上开启近代律师制度的先河。其意义有三个方面,首先,使得律师成为合法的职业,“俱准在各公堂为人辨案”(第一百九十九条)。其次,确立律师的资格条件,包括“在法律学堂考取入格,给有堪为律师文凭”,“高等公堂呈请核验,并自行立誓”,“殷实人二人立誓具保该律师品性端正,人凭相符”(第二百条)。最后,律师矢誓是近代中国最早的律师职业伦理规范,共有四项内容:“一、不在公堂作伪或许人作伪;二、不故意唆讼或助人诬讼;三、不因私利、私怨倾陷他人;四、尽分内之责,务代受托之人辩护,然仍应恪守法律。”(第二百零二条)①

在预备立宪的背景下,光绪三十二年九月十六日(1906 年 11 月 2 日),庆亲王奕劻等奏《厘定中央各衙门官制缮单进呈折》,提出“立法、行政、司法三者,除立法权当属议院,今日尚难实行,拟暂设资政院以为预备外,行政之事则专属之内阁各部大臣,司法之权则专属之法部,以大理院任审判,而法部监督之,均与行政官相对峙,而不为所节制”②。九月二十日,清廷颁布《裁定奕劻等核拟中央各衙门官制谕》,同意奕劻等人的意见,“刑部著改为法部,专任司法,大理寺著改为大理院,专掌审判”③,司法权从行政权中分离出来。清廷同日任命戴鸿慈为法部尚书,沈家本为大理院正卿。

在晚清法律改革期间,经沈家本为代表的近代法律人的努力,通过立法(例如《大清刑事诉讼律》《大清民事诉讼律》等诉讼法,《各级审判厅试办章程》《大理院审判编制法》《法院编制法》等法院组织法,《法官考试任用暂行章程》《司法警察职位章程》等职业规范),兴办近代法律教育(例如京师法律学堂、京师法政学堂与地方的法政学堂),举行法律职业考试(例如宣统二年

① 参见上海商务印书馆编译所编纂:《大清新法令》第一卷,李秀清等点校,商务印书馆 2010 年版,第 418 页。

② 故宫博物院明清档案部编:《清末筹备立宪档案史料》上册,中华书局 1979 年版,第 464 页。

③ 故宫博物院明清档案部编:《清末筹备立宪档案史料》上册,中华书局 1979 年版,第 471 页。

第一次全国法官考试）等方法措施，在近代中国确立了审判权独立行使的理念，建立了法官、检察官、律师等近代法律职业类型，尽管清廷覆灭，但晚清法律改革的遗产仍然为后来的政权所继承与发展。

二、转型时期的职业伦理

（一）律师的职业伦理

《大清刑事诉讼律》《大清民事诉讼律》已经有关于律师作为辩护人、诉讼代理人的规定，正式确定了律师的合法地位。民国元年（1912 年）9 月 16 日颁布的《律师暂行章程》是近代中国第一部关于律师的专门立法，标志着律师制度在中国的正式建立。[①] 依据民国十一年（1922 年）司法部编印的《司法例规》，其第五类为"律师"，下面设置了通则、职务、资格、名簿、公会、义务、惩戒七项主题，各自收入相关规范，共有《律师暂行章程》《核定律师阅卷办法令》《律师考试令》《律师登录暂行章程》《久未加入公会各律师应一律撤销登录令》《律师应守义务》《律师惩戒会暂行规则》等 53 种，内容包括职业定位、准入资格、职业考试、伦理义务、行业组织、惩戒措施等方面，可见当时律师制度在规范层面已经形成比较完备的体系，彰显出近代的法律职业特质。

转型时期的律师职业面临着传统对于讼师（棍）负面成见与否定评价的惯性影响。这种影响最直接的体现是近代时期仍然长时间保留着讼棍的称谓，经常可见批评言论和打击行动，例如"讼棍狂吠"[②]"严拿著名讼棍"[③]"津厅布告缉拏讼棍"[④]"鲁高院长函刘陆民鲁整顿讼棍"[⑤]"江宁法院取缔讼棍"[⑥]"讼棍其鉴诸"[⑦]等。与清代王有孚辨析讼师与讼棍差异性的做法相似，民国时期有记者通过区分律师与讼棍，认为律师不同于讼棍的恶名，是一种新制度产物和职业尊称，其发挥公正廉明的积极作用，"律师则大异乎是，律师

---

① 参见徐家力：《中华民国律师制度史》，中国政法大学出版社 1998 年版，第 40 页。
② 《申报》1912 年 8 月 2 日，第 5 版。
③ 《新闻报》1914 年 7 月 4 日，第 2 版。
④ 《法律评论（北京）》，1928 年第 239—240 期，第 28 页。
⑤ 《法治周报》第 1 卷第 52 期，1933 年，第 35—36 页。
⑥ 《法治周报》第 2 卷第 5 期，1934 年，第 14 页。
⑦ 《苏衡》第 1 卷第 2 期，1935 年，第 73 页。

之名,古无有也,自清之末造,筹设正式法院之后,剽窃舶来之辩护美名,而律师遂呱呱坠地,到处产生,便于国中矣。顾名思义,美哉此尊称也,曰律者,法律之谓也,法律之律字,不明字义之所由来者,每与法字同其解释,不知律者声之律也,声无律则音不正而乐不协,音乐之悦耳而适意者,是律为之也。后之言法者,自尊其法,借此律字,用与法字为俪,亦犹言用法如协律也,言其公正廉明,不偏不颇,丝毫不差,锱铢悉当,一若律之调音奏乐,其声洋洋乎盈耳,闻之者无不耳玩心怡,此言适用此法之足使人心悦而诚服者,亦若是耳,律之真义在此,师之尊称,其名之美不待言也"①。但也有自称"讼棍"者,认为律师与讼棍实际上并无区别,律师只是打着保障人权的旗号,却与法官朋比为奸,"共和时代之律师,与专制时代之讼棍,有异乎,曰无异也"。②

近代律师的伦理规范具有趋同性,以北洋政府时期为例,主要体现在《律师暂行章程》的第五章"义务"和专门补充的《律师应守义务》之中。

《律师暂行章程》

第十五条　律师不得兼任有俸给之公职,但充国会或地方议会议员、国立公立学校教授或执行官署特命之职务者不在此限。

第十六条　律师不得兼营商业,但得律师公会之许可者不在此限。

第十七条　律师非证明其有正当理由不得辞审判衙门所命之职务。

第十八条　律师受诉讼事件之委托而不欲承诺者,即应即通知委托人。

律师不发前项通知或通知迟延者,应赔偿因此所生之损害。

第十九条　律师不得收买当事人间所争之权利。

第二十条　律师对于下列事件不得行其职务。

一、曾受委托人之相对人之商告而为赞助或受其委任者。

二、任推事或检察官时曾经处理之案件。

三、依公断程序以公断人之资格曾经处理之事件。

---

① 《律师与讼棍之坚白说》,《法治周报》第2卷第2期,1934年,第2页。

② 参见讼棍:《律师之弊》,《广益杂志》第17期,1919年,第8页。

第二十一条　律师应于执行职务之审判衙门所在地置事务所。

置前项事务所后应即报告于各该级审判厅及检察厅。①

《律师应守义务》

一、律师于委任关系存在时收受委任人赠与者，非经证实系出委任人之本愿并为正当者，委任人得随时撤销之。与委任人缔结买卖抵押或其他有偿契约者，非经证实系为公平正当且与委任人有利益者，委任人得随时请求解约。与委任人除委任外，缔结其他法律关系者，非经证实其行为系属正当且律师曾将利害关系明白剖喻委任人始承诺者，委任人得随时请求废约。

二、律师因处理委任事务，不论用何种名义或基于何种行为向委任人之相对人取得利益时，须移转于委任人。

三、律师处理委任事务，负善良管理之责，其有因不谙习法规程式或因懈怠过失致委任人受损害者，负赔偿之责，若已收受报酬者并追缴报酬。

四、律师于民事诉讼案件，发见委任人显无正当理由后仍继续代理或赞助委任人而为诉讼行为者，应负担诉讼费用并对于委任人之相对人负赔偿损害之责。

五、律师应以诚笃及信实行使职务，诉讼系属之审判衙门发见律师有扛帮词讼、教唆供述、虚构事实或其他滥用诉讼程序情事时，应即移付惩戒。②

从上述义务规定可以看出，律师被定位为一种独立的社会自由职业，具有进行法律援助等公益活动、忠实于委托人、避免与委托人利益冲突、勤勉、坦诚等伦理要求，与当代的律师职业伦理相差无几。但《律师应守义务》的第五条中“扛帮词讼、教唆供述”“滥用诉讼程序情事”之类的表述，仍然可见传统“教唆词讼”律例在形式与实质的影响。

---

① 参见《律师暂行章程》，《司法公报》第2期，1912年，第14—15页。

② 参见《律师应守义务通饬》，《司法公报》第37期，1915年，第33—34页。

（二）司法官的职业伦理

在近代的宪法性文件或者宪法中，“法院”独立成章，此章对法院与法官的构成、权限、保障等有专门规定，确定审判独立、依法裁判等原则。例如《中华民国临时约法》（1912 年）规定：“法院以临时大总统及司法总长分别任命之法官组织之”（第四十八条）；“法院依法律审判民事及刑事诉讼”（第四十九条）；“法官独立审判，不受上级官厅之干涉”（第五十一条）；“法官在任中不得减俸或转职，非依法律受刑罚宣告，或应免职之惩戒处分，不得解职”（第五十二条）。[1] 例如《中华民国宪法》（1923 年）规定：“中华民国之司法权，由法院行之”（第九十八条）；“法院依法律受理民事、刑事、行政及其他一切诉讼”（第九十九条）；“法官独立审判，无论任何人，不得干涉之”（第一〇一条）；“法官在任中，非依法律，不得减俸、停职或转职。法官在任中，非受刑法宣告或惩戒处分，不受免职”（第一〇二条）[2]。

在职业化的具体制度建设上，依据民国十一年（1922 年）司法部编印的《司法例规》，其第二类“官制”、第三类“官规”、第四类“审判”、第六类“民事”、第七类“刑事”中，收入了司法制度相关的组织、程序、资格、奖惩等规范，例如《法院编制法》《司法官官等条例》《司法官考试令》《司法官考试规则》《简任法官资格》《荐任法官资格》《司法官回避办法》《司法官惩戒法》《考核法官成绩条例》《司法奖章条例》《实行审判公开主义禁用刑责令》《刑事诉讼条例》《民事诉讼条例》等等，已经比较系统完备。其中关于职业伦理的内容，主要集中在第三类“官规”下属的“服务纪律”一节，包括《官吏服务令》《法官不得入党通令》《推检等官不得兼营商业令》《法官不得与律师来往或同一居所令》《查察贿嘱情求各弊通饬》《法官举止应格外严肃令》《司法官吏不得沾染嗜好令》《推检及审理员宜杜绝酬应令》等规范，确立了司法官勤勉奉法、中立超然、廉洁自爱等伦理要求。

在传统政治中，司法与行政之间并没有明确的界限，转型时期的近代司法

① 夏新华等整理：《近代中国宪政历程：史料荟萃》，中国政法大学出版社 2004 年版，第 159 页。

② 夏新华等整理：《近代中国宪政历程：史料荟萃》，中国政法大学出版社 2004 年版，第 528 页。

及法律职业伦理面临着如何处理与行政(政治)的关系,即司法与行政(政治)之间如何合理区分的问题。就制度而言,法部试图将司法行政权解释为司法权(审判权)和行政权,前者指死刑案件、秋朝审的覆核权,恩赦、特典的具奏权,后者指司法官吏的任免权、死刑判决的执行权、审判区域的划分权、司法警察的调度权。大理院试图在拥有审判权的同时,掌握司法官吏的任免权和审判区域划分权,双方都出现了扩权化的趋势,而法部更加明显。最终朝廷以政治手腕平息论争,将大理院正卿沈家本和法部右侍郎张仁黼的职务对调,部院双方协商,达成妥协。法部拥有覆核死刑案件,核议朝审实缓等要案审判权,大理院获得会同具奏权,法部和大理院公同妥商司法官吏的人选。① 从结果上,法部仍然可以控制大理院。在民国初期,因为财政经费与法官人数不足,法院没有普遍设立等原因,在地方司法中出现了县知事兼理司法的现象,《县知事兼理司法事务暂行条例》规定"凡未设法院各县之司法事务委任县知事处理之"(第一条)。②

就职业伦理而言,清末的《法院编制法》曾有关于司法官执业的禁止性规定,要求"推事及检察官不得为下列事宜:一、于职务外干与政事;二、为政党员政社员及中央议会或地方议会之议员;三、为报馆主笔及律师;四、兼任非本法所许之公职;五、经营商业及官吏不应为之业务"(第一百二十一条)。其理由是"司法官厅,为独立之机关,他人权利,既不许其侵入,而法官之于自已职务,亦宜专心尽力,以保其公平,若驰心于政治、经济各界,则瞻徇庇护之事、怀恩复怨之举,均所不免。是有害司法之公平"。③ 北洋政府不仅沿袭了清末的《法院编制法》,而且针对当时国内政党林立,有法官专门置身党籍者,专门发布训令《令京外司法官不得入党文》,要求"所有京外现充法官各员,除关于研究法律、讲习法学等会不予限制外,其余无论何项政党政社,凡未入党者,不得挂名党籍;已入党者,须宣告脱党。倘以党籍关系,不愿脱离,可据实呈明,将

① 参见张从容:《部院之争:晚清司法改革的交叉路口》,北京大学出版社 2007 年版,第 1—3 章;李贵连:《沈家本传》,法律出版社 2000 年版,第 234—248 页。

② 参见司法部编印:《司法例规》(上),1922 年,第 160 页。

③ 《法院编制法释义》,载陈刚主编:《中国民事诉讼法制百年进程》(清末时期第一卷),中国法制出版社 2004 年版,第 498 页。

现充法官职务即行辞职”①。这种司法官不党的情况到了南京政府时期发生剧变,走向另一种极端,尽管从1932年到1948年出任司法院院长的居正也曾提出法官的八点修养即“守名分、明事理、体群情、慎言词、勤省察、立风规、重廉洁、务平允”②的伦理要求,但从整体上看,国民党政权实行“司法党化”,不仅“司法党人化”,更发展到“司法党义化”,即不仅要求由国民党人担任法官、检察官,更要将国民党的党义落实到司法裁判之中。③ 从北洋政府到南京政府时期,这种处理司法与政党关系过于一刀切而实践中却效果不佳的现象,值得深入反思。

【法治故事】

《吕氏春秋·离谓》中记载了作为中国古代讼师鼻祖的邓析,最终为郑国的执政子产所杀的故事(《左传》记载邓析为子产之后的郑国执政驷歂 sì chuǎn 所杀)。所谓离谓,指的是言辞与思想相分离,这在古人看来会使得人们不顾事实,传播流言,诽谤与赞扬的人基于不同立场组成朋党,贤德与不肖无法分辨,此乃乱国、亡国的凶兆,这正是邓析招致杀身之祸的根本原因。具体的事例有三个:第一个事例是郑国颁布新法,郑国人通过文书反对新法,子产下令禁止这种行为,邓析就对新法加以修订,子产再次下令禁止,邓析就对新法加以曲解。子产不断下达禁令,邓析的应付手段也层出不穷。第二个事例是郑国有个富人溺水而亡,尸体为他人所得,富人的家属想赎回尸体,但捡到尸体的人要价很高。富人的家属就来找邓析咨询,邓析让他放心,因为那个人没有别处可以出售尸体。捡到尸体的人也来向邓析咨询,邓析让他不用担心,因为家属没有别处可以买到尸体。第三个事例是邓析在郑国传授讼学,并收取费用,大的案件费用是一件上衣,小的案件费用是一条裤子,结果民间学

① 《部令:司法部訓令第十六號》,《政府公报》第229期,1912年,第10—11页。

② 《法官应有的修养》,载范忠信等选编:《为什么要重建中国法系——居正法政文选》,中国政法大学出版社2009年版,第299—301页。

③ 参见江照信:《中国法律“看不见中国”——居正司法时期(1932—1948)研究》,清华大学出版社2010年版,第65—114页。

讼不可胜数，是非没有了标准，想让人胜诉就能胜诉，想让人获罪就能让人获罪，于是国家大乱，百姓议论纷纷。

邓析之死发生在郑国子产“铸刑鼎”，凸显国家法律权威与公信力的时代，他非议、曲解法律的行为对于当时新政形成挑战，其无论是非、只以胜诉为目标的诉讼观不容于当时的意识形态，邓析的命运从某种程度上折射出古典中国官方对于法律与法律职业的态度。

【问题与思考】

1. 如何理解苏轼的“读书万卷不读律，致君尧舜终无术”？

2. 如何看待《史记·循吏列传第五十九》的“李离自刎”？

李离者，晋文公之理也。过听杀人，自拘当死。文公曰：“官有贵贱，罚有轻重。下吏有过，非子之罪也。”李离曰：“臣居官为长，不与吏让位；受禄为多，不与下分利。今过听杀人，傅其罪下吏，非所闻也。”辞不受令。文公曰：“子则自以为有罪，寡人亦有罪邪？”李离曰：“理有法，失刑当刑，失死当死。公以臣能听微决疑，故使为理。今过听杀人，罪当死。”遂不受令，伏剑而死。

第三章　法律职业伦理的基本理论和原则

第一节　相关理论论辩概述

一、分析实证主义法学的职业伦理理论

借用法律实证主义的概念体系，可以将当代法律职业伦理的理论争点概括为两点："分离命题"和"道德两难"。

（一）分离命题

"分离命题"（Detachment Thesis）是指法律职业者在参与法律实践时将自己从日常生活的角色中分离出来，摒弃自己的日常道德情感与心理体验，以一种近乎工具式的心态投身法律职业。分离命题的最佳信条，就律师来说，就是当事人主义，即律师必须无条件地争取委托人的最大利益，无条件地保守委托人的秘密；就法官来说，就是恪守严格的中立原则，按照法律办事，将司法决策与自己的道德判断分离开来。

从政治理论上看，分离命题有着充分的理论基础。律师的当事人主义源于自由主义政法哲学对人类个体自治（Autonomy）与个人权利的充分体认与肯定。从基本权利保护着眼，这一分离命题也是很容易得到论证的。获得司法救济的权利与获得公平审判的权利是基本人权中的一个重要权利分支。而获得公平审判的权利包含了获得律师辩护的权利：任何当事人，不管其道德上是如何卑劣，甚或犯下反社会与反人类的罪行，都有获得律师辩护的基本权利。"当事人主义"正是法律职业伦理的内容中与这一获得辩护权利相呼应的核心道德要求。在另一方面，法官的中立原则是法治理念的基本要求。法

治中的“中立原则”是每个法学院学子都耳熟能详的了,在此暂不赘述。

分离命题会带来很多的问题,为了讨论的集中性,我们暂时将法官的中立性要求搁置起来,转而主要讨论律师职业伦理中分离命题可能带来的后果。对分离命题最形象的描摹莫过于“好律师未必是好人;好人未必是好律师”:日常道德意义上的好人却可能成为一个不合格的律师,好律师则反过来却可能是个道德败坏之徒。这种惊世骇俗的说法违背了大多数人的道德直觉——既然律师是人,那他肯定是先成为一个好人,然后才能成为一个好律师,然而我们又不得不承认这番景象却是现代律师职业伦理的真实写照。一名刑事辩护律师可能知道他的委托人事实上是个十恶不赦的杀人犯,但是出于职业伦理的要求,他必须竭尽所能地为这位杀人犯辩护。如果他的委托人最终侥幸逃脱法律的惩罚,那么从律师这个角色来看,这位刑事辩护律师是一名好律师,但从一般道德主体的角度来看,他帮助一名十恶不赦的杀人犯逍遥法外。为了让这个故事更具有悲剧性一点,我们可以假设这个杀人犯在获得自由身之后继续残忍杀害多名受害者。这名律师会如何评价自己成功的辩护策略呢?从律师职业技能与伦理的角度看,他无疑是一位卓越的律师,但从常人的情感体验与道德直觉出发,他一定会有深深的自责。

(二)道德两难

到了此处,就开始引出了“道德两难”(Moral Dilemmas)。所谓道德两难是指两种或几种看似正确的道德要求所指向的行动恰好互相悖离。在律师职业伦理的语境中,这种两难常常出现在日常道德观的道德要求与职业伦理义务的道德要求之间。再以上文这个例子来说明问题:我们假设该刑事辩护律师在作出辩护之前就已经确信该委托人是个狂热的反社会分子,这次让他逃过牢狱之灾,他肯定还会去戕害更多的无辜受害者。在这种情境之下,他有两种选择。第一个选择是遵循律师职业伦理的要求,发挥其高超的辩护技巧帮助委托人逃避(本来应得的)法律惩罚;第二个选择是直面自己作为普通人的良知,放弃辩护,让这个十恶不赦的杀人狂得到罪有应得的惩罚。

道德两难是分离命题的进一步发展。由于分离命题并不能在实践中得到完美的贯彻,两套伦理体系——日常道德观和法律职业伦理——就必然发生冲突,从而引向道德两难。但是另一方面,法律职业伦理的形式化指导,比如各类法律职业伦理规范，在某种程度上可以看作是协调这种两个体系冲突的努力，试图采取道义论的方式来指导法律人的行为，让法律人得以从不确定的伦理状态中解脱出来。① 然而，道义论的道德体系并无法根除道德两难。用陈长文教授在《法律人，你为什么不争气?》中的说法，律师行为规范里面总是充斥着"朦胧选项"。当这种朦胧选项来临时，"正义与不正义的选择放在我们面前时，这个世界常常不是确然二分的呈现，而是透过一种模糊的、带有解释空间的状态出现。而这样的朦胧，就很容易使人陷入迷惘"。行为规范虽然在某些"简单案件"中给律师以确定的指引，但"朦胧选项"的存在并未将律师们从道德两难的噩梦中解救出来。即使在美国这样发达的法治国家，《美国律师协会职业行为示范规则(2004 年版)》(*ABA Model Rules of Professional Conduct*)(2004)里面也说得很清楚：

> 律师作为当事人代理的责任、作为法律制度成员的责任和作为公共公民的责任通常都是一致的。……然而，互相对立的责任乃是执业之本质。对客户的责任、对法律制度的责任和律师作为一个伦理上的人为自己求一个体面生活的利益常常相互冲突。《职业行为示范规则》为此规定了很多条款来解决此种冲突……然而，还是会有很多涉及职业裁量(professional discretion)的问题出现。

"通常的一致"并不意味着"恒常的一致"，一个"然而"还是给道德两难留下了空间。这种道德理论进路的软肋就在于，当规范和规范之间发生冲突时，行动者无法诉诸某个规范来作出实践判断。比如"善意的谎言"问题，道德律令禁止人们说谎，但是如果在病人患有恶疾，告知实情会加速病人死亡的情况下，"救人的义务"和"禁止说谎"两种规范就会互相抵牾，行动者(医生)无法仅仅依据道德规范作出选择。②

---

① 法律职业规范(比如美国的《职业行为示范规则》)这种解决职业道德问题的进路属于伦理学上道义论的进路。道义论主要关注行动的外在面，以"义务""禁止""允许"为中心，建立起规则的体系。规则是行动的唯一准则，其核心是"行动的正确性视该行动是否被道德义务所要求、禁止或允许而变化"。其代表人物为康德，具体可参见康德:《道德形而上学》，载李秋零主编:《康德著作全集》第 6 卷，中国人民大学出版社 2007 年版，第 228—236 页。

② See Lawrence B. Solum, "Virtue Jurisprudence: A Virtue-Centered Theory of Judging", (2003) *Metaphilosophy* 34, 181.

二、各种替代性的职业伦理观

法律职业伦理的道德两难问题，必须要上溯到法理学的讨论中寻找答案。而不同的法理学理论，自然都会有自己的法律职业伦理理论。本书的法律职业伦理理论，主要基于一种新自然法学派的立场。由于将在本章的第二节对我们的理论立场进行展开，此处重点介绍批判法学在法律职业伦理规范方面所提出的替代性职业伦理观。

所谓替代性的职业伦理观，主要是试图通过各种各样的尝试来替代或者超越主流法律职业伦理模式。其中，包括将律师描述为"法庭的官员"，甚至直接是"正义的官员"，强调律师对社会公义所持有的义务；从律师的个人道德感出发，认为律师是"道德反思的个人"，是"道德活动家"，从而需要在执业中强调道德的敏感性和自我意识；以及直接从职业职责出发，要求律师"反思判断"以"进一步的公正"，并通过"批判道德"的发展提供"道德视角"。简而言之，就是要求"公众的利益高于客户的利益"。①

不仅是中国的《律师法》，各国的职业伦理规范中都规定了"保护公众利益"。比如日本律师协会（JFBA）执业律师职责的基本规则规定，"律师的使命是保护基本人权，实现社会公正"。但是，没有一部职业伦理规范在实体上界定什么构成了"不公正""不光彩的"或"道德上应受谴责的"行为，甚至是"社会正义"。通常，律师被留给他们自己的道德工具去理解这些条款和他们对特定的行动指南的应用，进而继续产生争议性的应用行为。

可以看出，在计算促进正义事业或公共利益的因素时，这些替代方案总是依赖于某种个人道德观念。他们不允许律师在道德上"隔离"自己，不受委托人的公正或不公正的影响。这些各种各样的方案都认真对待律师的个人道德或正义感，并试图对当事人利益和公共利益进行衡量。然而，除此之外，这些

---

① William Simon, *The Practice of Justice: A Theory of Lawyers' Ethics*, Cambridge: Harvard University Press, 1998; Luban, *Lawyers and Justice: An Ethical Study*, Princeton: Princeton University Press, 1988; William H. Simon, "Ethical Discretion in Lawyering", (1988) 101 *Harv. L. Rev.* 1083 at 1084-90; Haron Dolovich, "Ethical Lawyering and the Possibility of Integrity", (2002) 70 *Fordham L. Rev.* 1629 at 1632-39; Geoffrey C. Hazard, Jr. and Deborah L. Rhode, *The Legal Profession: Responsibility and Regulation*, Foundation 2002, 3d ed; Richard Wasserstrom, "Lawyers as Professionals: Some Moral Issues", (1975) 5 *Hum. Rts.* 1 at 3; etc.

观点并不能强制人们意识到什么才是道德。鼓励的不是一种提供“明确回答”,而是“道德反思分析和承诺”的道德观。

我们可以说,提倡各类提倡公益优先的职业伦理观,具有重要的意义。有各种令人信服的实证证据表明,律师的个人道德会积极影响律师执业的方式。因此,在世界范围,最近二十多年中,西方的职业伦理规范体系,以客户为中心的党派性伦理,在一定范围内被以实现社会正义为目的伦理观取代,也就演变成“追求正义的伦理”。但是遗憾的是,赞同这些替代性方案的人,仍然只是“法律职业的少数人”。在世界各国法律职业界,普遍的主流职业伦理观仍然是在道德分离命题下的“律师既不是天使,也不是魔鬼”。

分析实证主义法学的那种法律职业伦理观为什么那么具有生命力呢? 简单分析可以归纳为:

第一,简约化的行为准则。各种替代性的方案,很多时候就如 Windows 操作系统,事实上在不断地往旧版本上打补丁,让执行者很多时候显得无所适从。而技术性职业主义则具有“一刀切”的简约化优势。如果做有效的心理调整,执业律师不必时时刻刻地进入复杂的、令人不安的伦理思考。它的非道德的能力适用于所有律师和所有律师的情况。所以,替代模式因为夸大了律师个人道德选择或偏好的相关性或至高无上性(这可能会侵犯律师客户的道德自主权),从而低估了律师在对抗制度中的制度价值。

第二,对抗制的法律制度的政治经济学考虑。法律日益成为一种竞争性、买方市场的业务,客户对律师职业的控制力在不断上升。尽管各个公司的法务或者合规部门在公司里并不是最重要的核心部门,但他们却往往是律师的衣食父母,而在律师职业圈具有关键的影响。很显然,与富有的或者作为跨国企业的当事人在一起时,丧失自我道德观的执业行为,往往能够带来丰厚的回报。对于忙碌异常的这些律师而言,它允许律师避开道德说教的混乱业务,并对客户的行为承担个人责任,还允许律师收取高额费用,当然会大受欢迎。

第三,最重要的是,其他替代性模式迄今所呈现的弱点。具体来说,替代模式常常被框定为“道德视角”“道德律师”“好律师”。尽管这些模型的支持者有时会有不同的看法,倾向于将一些共同的或需要理解的东西理解为“道德”或“好”。现代法治的实践已经花了三百年的时间,将这一理解从家庭和个人的领域转移到对市民社会公共层面的自治和权利的集体理解上。在一个多元化和复杂的社会里,回到个人的道德视角,是很难被人所认同的。所以,法律界很自然会为了避免这种道德陷阱,将伦理学上的善恶问题转化为“好坏”问题,通过满足客户的愿望、实现客户合法权益的最大化。说得直白一些,提出替代性方案的共同问题,仍然是早期法律分离命题的核心问题:道德具有不确定性,无论对善恶、好坏,还是正义与非正义。所以,从这个角度来说,替代性的职业伦理观从某种意义上失败了。

三、法经济学对法律职业伦理的研究

随着经济学帝国主义时代的到来,法律职业研究界也深受其影响。如果说,批判法学对传统理论(如职业主义)的颠覆,仅仅代表法律职业内部改革派的声音的话,那么,法经济学的理论特别是在此方法论指导下的规制理论,在法律职业特权地位的争论上,往往为试图对法律职业施加影响的外部力量所利用。

经济学中的职业研究传统,或多或少地都会从自我管制(self-regulation)角度出发,从外在性、规制俘获等角度出发,对法律职业的准入控制(包括法学教育、司法考试等)、法律服务的质量控制(包括职业伦理、广告、收费等课题)进行研究。① 在英美国家,经济学家往往认为,法律职业用以损害公共利益而达到自我利益的传统手段主要有:(1)职业准入限制;(2)对广告和其他能增加竞争的手段的禁止;(3)价格竞争的控制;(4)组织结构的限制。② 依据此,除了一般性的自我管制的理论外,他们就聚焦于此4个方面进行深入的研究。在经济学的学者中间,有个比较流行的观点就是,尽管信息不对称、外在性、公共产品等问题而导致市场失败需要职业管制,但过高的职业准入门

① See Mary Seneviratne, *The Legal Profession: Regulation and Consumer*, Sweet & Maxwell Press, 1999; Richard L. Abe, “The Rise of Professionalism”, *Brit. J. L. Soc* (1979); David B. Wilkins, “Who Should Regulate Lawyers”, *105 Harv. L. Rev. 801* (*1994*). 关于法经济学的相关研究参见[美]理查德·A.波斯纳:《道德和法律理论的疑问》,苏力译,中国政法大学出版社2001年版,第6章;[美]理查德·A.波斯纳:《超越法律》,苏力译,中国政法大学出版社2001年版,第1章。

② See Frank H. Stephen, *Lawyers, Market and Regulation*, Edward Elgar Publishing, 2013, pp. 2-22.

槛，限制了合理的竞争，造成了过高的法律服务成本；过严的律师执业广告控制等又进一步加剧了信息不对称；限制价格竞争，则产生了大量的外部性和价格虚高等问题，使得律师只为那些承担得起高额律师费的富人和大公司服务，从而最终损害了普通公众的利益。① 在“理性最大化”的经济学假设下，他们认为，追求自身最大利益的想法，同样存在于专门职业人员和其他职业者身上，认为“为公共服务”作为其自身职业理念这样一种假设并没有得到实证材料的支撑。② 他们往往认为，职业管制根本无法达到其创设时所声称的目的——自我管制成了“法律职业为了寻租（即使不是为了暴利）、俘获（管制机构）、反竞争的遮羞布”③。

不过，值得注意的是，除了经济学内部有着大量的不同意见外（如微观经济学界往往不同意限制准入提高法律服务成本的说法），迄今为止，有限的实证调查和研究尚不足够验证经济学家的上述所谓“理性的预言或者推断”。此外，当下英美国家应用法经济学方法对法律职业研究的缺陷还表现在，他们往往忽视法学教育（培训质量）、投诉程序、职业需求等方面的研究。所以，在走向“实用或实践”方面，该学派及其对法律职业的研究，还有很长的路要走。尽管如此，在英美国家，消费者协会、公平交易委员会及其他外部压力集团，在声势浩大的要求法律职业管制缓和的运动中，还是常以这些理论作为主要的理由和论据。

在主流经济学的传统中，对法律职业的研究主要以定量研究为多，比如理查德·塞布拉（Richard Cebula）运用多元回归分析，对律师广告如何影响公众心目中的律师形象进行了实证研究，从而证明广告能够提升美国律师的形象④；或者在技术层面上解释和描述律师业的规制手段，比如很多英国、澳大利亚等国的学者，对本国有关规制当局（比如司法部、法院、律协等）对法律职

① See Mary Seneviratne, *The Legal Profession: Regulation and Consumer*, Sweet & Maxwell Press, 1999; Geoffrey C. Hazard, Jr., “The Future of Legal Ethics”, 100 *Yale Law Journal*, 1239, 1249-52(1991); David B. Wilkins, “Who Should Regulate Lawyers?”, 105 *Harv. L. Rev.*, 801, 802-03 (1992); Anthony I. Ogus, “Rethinking Self-Regulation”, 15 *Oxford Journal of Legal Studies* (1995).

② See Philip C. Kissam, *Antitrust Law and Professional Behavior*, *62 Texas L. Rev. 1* (1983).

③ David B. Wilkins, “Who Should Regualte Lawyers?”, 105 *Harv. L. Rev.*, 801(1992).

④ See Richard J. Cebula, “Does Lawyers Advertising Adversely Influence the Image of Lawyers in the United States? An Alternative Perspective and New Empirical Evidence”, *27 J. Legal Stu.* 503.

业的规制，做了非常体系化、可操作性的介绍。[①] 此外，还有学者从组织经济学的角度，对律师业的整体发展，包括准入壁垒等问题做了系统研究。[②]

第二节　法律职业伦理的必要性

一、法治与法律职业伦理

在当今的世界，法治作为一种值得追求的理想（the rule of law as an ideal），已经获得了普遍的承认。具体来说，一方面，与民主、平等、自由以及人权等政治观念一道，法治也被视为一种独特的政治理想（political ideal）；另一方面，由于它至少在字面上等同于“法律的统治”，所以法治同时又被当作一种法律理想（legal ideal）。虽然理论家在法治的概念以及实现条件等方面，存在着激烈的意见交锋，但“法治是一种理想”这个主张，却是不容否认的。就中国而言，经过长期的反复争论，法治作为一种理想，也已经获得彻底的肯定，并成为当今中国社会的基本共识之一，且是宪法肯认的、不可动摇的基本共识。

法治的“理想”地位，不意味着可以对法律或者法治做天马行空式的想象。“理想”一词所欲表达的，本身就是“某种值得追求的、虽然目前尚未实现、但有实现可能性的状态”含义。按照这个理解，一方面，理想，通常不是某种已经被实现的状态，或者至少是某种尚未充分实现的状态，已经考上大学的你，“考上大学”就不是你（目前）的理想；另一方面，理想，一定具备实现的可能，否则就不是理想而只能是幻想，例如你想长生不老。实践可能性或者理想的可落实性，不但成为法治之理论想象的限制条件，也是法治的现实性条件。所以，法治的理想性本身，并没有彻底排除实践可能性。

“法治这个理想需要被实践”的要求，引出对于法律职业共同体的重视。因为，被认为是掌握法律之专业知识的法律职业共同体，就成为法治的主要践

---

① See Mary Seneviratne, *The Legal Profession: Regulation and the Consumer*, Sweet & Maxwell, 1999.

② 参见李国庆：《中国律师产业实证研究——从进入壁垒切入》，北京大学法学院博士学位论文，2009年。

行者,所以应当被给予格外的重视。事实上,法律职业共同体也的确获得了这样的认真对待,其中的一个表现是:法律人的职业行为经常因为引发广泛的道德非议,而成为所谓的“公共事件”。从整体上讲,这显然是因为法律职业共同体的道德形象,事关“法治”的整体形象,所以无法仅将其视为受个人隐私所保护的私人道德问题,以便抗拒公共评价的介入。从这个角度讲,法律职业共同体的道德(法律职业伦理),涉及的不仅仅是法律执业者个人的道德问题,更重要的是,它还涉及法治的道德形象。

二、法律职业伦理与制度化实践

所谓法律职业伦理,顾名思义,是对于法律人所提出的、与其职业行为有关的一套伦理道德要求。由于这套伦理道德要求围绕法律人的职业行为而展开,因此,一旦特定法律人被认为违反了这种标准,那么就会带来某种与他职业行为相关的某种惩罚。其中,比较轻微的,会导致各种组织性的训诫、通报批评、公开谴责等;比较严重的,甚至会被取消法律职业的从业资格。从违反法律职业伦理所引发的惩罚的角度反观,会很容易发现:法律职业伦理对于法律实践而言,具备举足轻重的重要性。

在与法律职业相关的制度安排上,这种重要性体现得最为明显。就法律教育的课程体系设计而言,各个国家的法学教育当中,一般都将法律职业伦理设置为必修课,以便加强法律职业伦理的教育。在中国,法律职业伦理是法学课程体系中“10+X”课程中“10 门必修课”之一,而不是“X 门选修课”之一。美国的律师协会和法学院也将法律职业伦理设置为必修课,法学专业的学生必须通过法律职业伦理的考试,才能获得毕业的资格。

在法律职业资格的获得上,法律职业伦理也是专业资格考试的必备组成部分。在中国,法律职业伦理是国家统一法律资格考试中的必考内容,这个地位从律师资格考试的时代就已经获得,一直经历了“司法考试”和“法律资格考试”的阶段,考试内容不但未见减少,而且其重要性也在增强。在美国,大部分的州都要求参加专业资格考试之前,必须同时通过“跨州职业伦理联考”(MPRE)。因此,是否能够通过法律职业伦理的测试,就成为能否获得法律职业资格的基本条件之一。

虽然法律职业伦理的重要性在法学教育与法律资格考试等方面体现得非常明显,但是它在理论上仍然遭遇困难,即法律职业伦理有存在的必要吗?如果没有,那么法律职业伦理不就是不重要的吗?这个疑问,主要来自法律职业共同体所从事之实践的制度化色彩。制度化实践中的"角色分派"的要素,已经用来证明为什么扮演私人角色的律师与扮演公共角色的法官、检察官,都同样属于法律人的范围。然而,制度化实践中的另外两个因素——程序性要求与规则体系——目前并未涉及,它们可能会导致法律职业伦理丧失存在的必要性,更不用说法律职业伦理的重要性了。

这是因为,如果法律职业共同体所从事的法律实践是一种被程序和规则事先规定的实践,那么这些程序和规则就成为判断法律人行动的基本标准。由此以来,法律职业伦理存在的必要性,就会面对以下难题:第一,如果法律职业伦理就是这种程序和规则,那么法律职业伦理根本就不具备独立存在的意义,只需要这些程序和规则就足够了。第二,如果法律职业伦理是一套不同于法律实践之程序和规则的伦理道德要求,那么它才能够具备独立存在的意义。但这样一来,就引发了法律职业伦理与法律实践之程序和规则之间相互冲突的问题:如果在这二者的冲突中,认为程序和规则比法律职业伦理重要,那么法律职业伦理即使是独立存在的,它的重要性也会变得不充分;如果认为法律职业伦理在冲突中更为重要,那么虽然法律职业伦理的独立且重要的地位获得证明,但是规则和程序由此变得不再具备充分的重要性,这接下来就会导致法律实践的独特性受到干扰,进而导致法律职业共同体的观念松动,最终也会破坏法律职业伦理的重要性。

因此,虽然法律职业伦理的重要性在法学教育与法律资格考试等方面呈现得非常明显,但是它在理论上仍然非常虚弱。在整体上说明法律职业伦理的性质和要求之前,论证它的重要性是个先决的理论条件,这也是本节的主要任务。

三、法律职业伦理的重要性

(一) 两种不成功的说明

1. 基于一般道德的回答

质疑法律职业伦理的重要性,在逻辑上,等于提出这样的问题:为什么要有法律职业伦理？一种最为直觉化的回答，将会以一系列反问句的形式出现：为什么不需要有法律职业伦理？人类作为道德主体，难道不就是为了过一种有道德意义的生活吗？即使法律是某种专业化的领域，但它不仍然是由人所构成的实践吗？既然如此，受到道德约束难道不是理所应当的吗？

在这其中的论证逻辑是：人有过一种道德生活的义务，由人组成的实践当然也应当受到道德的拘束；法律实践虽然是一种制度化的实践，但它仍然是一种受到道德拘束的实践，所以自然就应当针对法律职业的道德要求。然而，这种回答的意义相当有限，因为它太过一般化了以至于无法回答这样的问题：由于做饭的实践也是由人所组成的，所以也应当有关于厨师的职业伦理，那么律师和厨师的职业伦理有区别吗？简言之，它只能证明所有由人所组成的实践均需受到道德的拘束，但却无法证明特定领域之“职业伦理”的重要性。

2. 基于诉讼程序的回答

第二种类型的回答，更加关注法律自身的领域，并往往通过诉诸诉讼程序的方式，来说明法律职业伦理的重要性。例如，英语国家的学者在论证法律职业伦理的重要性时，通常会将关于对抗制诉讼程序的讨论带入进来。这是因为，法律人在对抗制之下所担负的是保护当事人的利益或权利的道德任务。大陆法系的学者也经常采用同样的论证方式，他们通过讨论职权主义的诉讼程序，认为律师这种典型的法律人所担负的任务，往往是以对抗公权力的方式来保护当事人的利益，如果将公权力想象成为必要的恶的话，那么对抗公权力这本身就是一种道德善。

不过，这种讨论方式仍然存在明显的缺陷，它所能说明的法律职业伦理的范围，是非常有限的。一方面，它通常只能说明“律师”这种类型的法律人的职业道德要求，对于法官、检察官等其他类型法律人的职业伦理，无法提供充分的、有力度的说明；另一方面，它只能说明部分法律实践所涉及的职业伦理，而无法说明适用于所有法律实践领域的职业伦理，因为诉讼只是法律专业活动的部分内容而已，这就很难为所有的法律职业行为提供一般化说明。因此，即使承认这样的证明方式是成立的，但是由于它不具备普遍化的说服效果，所以也只能退化为次要的证明方式。

（二）法律职业伦理与法律的性质

法律职业伦理最有可能的基础，在于法律在实践中的一个基本性质，即法律本身的开放性，或者用哈特的语言说，法律具备某种程度的开放结构（open texture）。[①] 笼统而言，法律的开放性大体表现在两个方面：其一，法律本身的开放性。它可以进一步区分为：(1)法体系的开放性，例如一旦承认同性之间可以构成卖淫，那么同性之间是否可以结婚；(2)法律标准的开放性，例如"交通肇事致人死亡，为交通肇事罪"是否包括"交通肇事致人宣告死亡"的情形；(3)法律语言的开放性，例如水陆两用汽车是否属于"机动车"。[②] 其二，法律适用过程中的开放性，或者说法律具体化过程中的开放性。具体而言，即使法律标准本身是明确的，但用它来评价具体案件时，可能得出的判决结果是多样的。例如，我国《刑法》规定"故意杀人，处死刑、无期徒刑或 10 年以上有期徒刑"，那么某个杀人犯（例如药家鑫）应当处以什么样的刑罚？处以死刑是唯一选择吗？等等。

法律本身的开放性意味着，无论是法律体系、法律标准还是法律语言，都被允许以多种方式加以理解；法律具体化过程中的开放性，意味着具体的案件裁判被允许基于多种的决定结果。如果法律的开放性无法被否认，那么越是娴熟的掌握法律专业知识与专业技能的专业人士，就越有能力为自己的客户争取合理的利益。然而，危机也在于此，即一旦不当利用这种开放性，那么获取具有偏私属性的自身利益也成为题中应有之义。显然，包括律师在内的"法律人"这个职业群体，恰恰就是最了解法律开放性的群体，也是最有能力借助法律的这个性质来获取私利的群体。而且，如果这个性质事实上的确被法律人所普遍滥用，那么将会使得法律实践面对整体性的道德责难：不仅普通民众会形成对法律人群体的普遍不信任，而且就连法律这个整体性的实践也会因此恶名昭著。因此，法律人对于法律弹性的不当运用，所引发的不仅仅是

① See H.L.A.Hart, *The Concept of Law*, Oxford: Clarendon Press, Revisit edition, 1994, p.147.

② 陈景辉：《"开放结构"的诸层次：反省哈特的法律推理理论》，《中外法学》2011 年第 4 期。

“法律职业”的道德危机,更是“法律”本身的道德危机。①

那么如何避免这种危机?只有两个选择。第一,既然这个潜在的危机来自“法律的开放性”这个基本性质,那么如果将开放性完全从法律当中排除,专业人士就失去了不当利用的机会,危机因此就可以全面解除。这是个很好但却过于理想化的想法,不但“开放性”是法律与生俱来的性质,而且从事实上排除开放性也无法成功。仅举一例,就法律具体化过程而言,我们无法将任何可能出现的事实,都做事先的类型化处理,也无法将其可能拥有的细节完全考虑在内。况且,即使成功地这样做了,也会付出法律僵化性的代价。如果将排除法律的开放性等同于保障法律的可预测性,那么可预测性与法律的僵化性二者之间是一种正比例关系:越满足可预测性的要求,法律僵化的可能性越大。简言之,法律因开放性所引发的潜在危机,无法借助“法律的方式”来解决。

第二种选择,既然不能以“法律的方式”禁绝法律人利用法律的开放性获得私利的机会,那么法律职业伦理这种道德要求也就成为唯一的备选项。此时,为了禁绝法律人运用法律的开放性以获取个人的私利,只能附加职业道德上的普遍压力。因此,法律职业伦理的普遍性,来自“法律的开放性”不仅仅是任何单个实在法体系的特点,而是法律的一般性质;法律职业伦理的专业性,也来自对于法律人运用专业技能与这个特点打交道时,所呈现出来的独特道德要求。由此一来,就足以说明以下两件事情是相容的:法律实践的程序性和规则性与法律职业伦理的道德性。

简单来说,法律职业伦理的重要性和必要性来自如下推理过程:(1)虽然法律实践是由程序和规则(法律)规定的,但是它们本身存在着开放性;(2)这种开放性可被专业人士(法律人)利用以谋取私利;(3)并且这种谋取私利的行为会导致法律实践的正当性受到严重的动摇,因此必然会失败;(4)基于以上三点,法律职业伦理,就成为避免法律人通过法律的开放性谋取私利的唯一可行方式,这就是法律职业伦理的重要性和必要性。

---

① See Deborah L. Rhode, "Ethics in Practice", in Deborah L. Rhode eds., *Ethics in Practice: Lawyers' Roles, Responsibilities, and Regulation*, Oxford: Oxford University Press, 2000, pp.3-26.

第三节　法律职业伦理的理论类型

要想准确理解法律职业伦理的具体要求，必须首先理解法律职业伦理的基本性质。如果缺乏对其基本性质的理解，法律职业伦理将会丧失一个整体的形象，进而成为一个由各种具体伦理要求所组成的简单拼盘。这是过去法律职业伦理教学中的严重问题，最终会演变成对于各种琐碎的具体规定的零散记忆。因此，在具体说明各种法律职业伦理的基本要求之前，必须得首先说明法律职业伦理的基本性质。关于法律职业伦理的基本性质，涉及两个具体的问题，对于这些问题的讨论，有助于形成一个关于法律职业伦理的整体形象。

一、日常道德与角色伦理

（一）法律职业伦理是一种道德要求吗？

对于这个问题的讨论，实际上在讨论这件事情：法律人必须是个好人吗？1976年，一个至今还在困扰法律职业伦理的问题被提了出来：法律人必须是个好人吗（Can a good lawyer be a good person）？① 在我们的日常道德或者一般道德（common morality）的观念中，对于满足道德要求之人的评价，最笼统的说法就是"他/她是个好人"。因此，这个问题也可以被叫作"法律职业伦理的日常道德追问"。日常道德的追问是很有力度的，在日常经验中，律师经常以"魔鬼代言人"的身份出现，法官的"道德冷漠症"也不罕见，这些都最终会引发对整个法律职业共同体的道德谴责。

从表面上看，日常道德追问并不必然事关职业伦理，无论是法律人还是其他社会角色的职业伦理。原因在于，"日常道德"和"职业伦理"这两个概念之间是否存在必然的联系。如果你对此给出肯定的回答，那么对日常道德的违

---

① See Charles Fried, "Lawyer as Friend: The Moral Foundations of the Lawyer-Client Relation", *Yale Law Journal*, (1976) 85, pp.1060-1089.

反，就成为法律人之职业行为的瑕疵；反之，违反日常道德的法律人，依然是个称职的专业人士。所以，这种基于“好人”概念的日常道德追问的背后，实际上是认为并不存在脱离于日常道德的法律职业伦理；或者说，法律职业伦理必然是日常道德的组成部分，因此当然要受到日常道德观念的拘束。总之，日常道德追问对标准概念的批判，其实质是：即使承认作为角色伦理的法律职业伦理具备某种程度的特殊性，但这种特殊性依然不能超出日常道德的普遍性。

法律职业伦理之日常道德理解的核心，就是将“法律人必须是个好人”视作基本要求和基本标准；即使存在某些仅适用于法律实践这个特殊领域的伦理道德要求，那么它也需要以日常道德为限度，而不能超出这个适当的范围。对法律职业伦理之日常道德理解最有力的支持理由是：如果“法律职业伦理”的确是个道德性质的要求，那么要想保持它的道德属性，就必须满足日常道德要求，或者至少不能与日常道德矛盾，否则法律职业伦理就不是一种具有道德性质的要求了。

（二）角色伦理

严格来说，日常道德追问其实引发了法律职业伦理的两难处境：一方面，如果法律职业伦理就是日常道德，那么法律职业伦理的具体内容，就不应该是人为创造的；你很难想象，人们所遵守的日常道德，是由某种组织制定出来的，但无论怎样看待法律职业伦理，它被认为制定的色彩都无法彻底抹去。另一方面，如果法律职业伦理不是日常道德，那么它还凭什么说自己是个伦理道德性质的要求？如果法律人的专业行动经常与日常道德处于冲突的境地，那么法律实践的道德重要性也就不存在了。简单来说，如果法律人可以违反日常道德，那么法律职业伦理凭什么还是一种“道德”要求？如果法律职业伦理就是日常道德，那么为什么还需要一种独特的职业伦理呢？

因此，如果要想坚持法律职业伦理的重要性，那么对它的日常道德理解就必须被驳回，理论家通常以论证“角色伦理”的方式来实现这个目的。所谓角色伦理，指的是某人因为扮演某种制度或者非制度化的社会角色而负担的伦理道德要求；并且，对这个伦理道德要求的满足程度，将会严重决定该角色是否被以充分的方式扮演。准确理解这个概念，需要注意以下基本要素：第一，一个人，除了是个独立的个人之外，他还会扮演或承担各种社会角色，例如是某人的子女，是另外某人的父母。第二，这种社会角色，既可能是非制度化的——例如制度化家庭观念出现前的父母与子女，也可能是制度化的——例如制度化家庭观念出现后的父母与子女。第三，这些社会角色被附加了一系列的伦理道德要求。如果那些要求更多由历史传统塑造，那么这就是伦理要求；如果不具备历史塑造的性质，那么这些要求就是与角色相关的道德要求。第四，这些伦理道德要求，对于以最佳方式扮演那个社会角色的人而言，是极为重要的。如果承担或扮演特定社会角色的某人，未能满足这些伦理道德要求，那么这将形成对他的严厉道德指责，例如你没有扮演好“父亲（母亲）”或“儿子（女儿）”的角色。

现在，就可以理解日常道德批评为什么不能摧毁角色伦理的要求：（1）由于这些伦理道德要求从社会角色（是否被充分扮演）而来，因此它可能会与日常道德在内容上存在差异。（2）由于日常道德只是关于个人的要求，而不是关于社会角色的要求，因此在承担角色伦理的时候的确可能与日常道德发生冲突。（3）由于社会角色是共同生活在一起（社会合作）必备的，因此以违反日常道德为理由而反对角色伦理的要求，将会导致社会合作变得不可能。所以，为保证社会合作的顺利进行，角色伦理就必须在日常道德之外，获得全面的肯定。

当然，并不是只要担负一定的社会任务，就一定在扮演社会角色。是否扮演社会角色，通常都要依据如下标准来判断：该社会任务对于社会合作而言，是否足够重要？显然，依据这个标准，教师和医生都是最为鲜明的社会角色，他们的职业伦理与日常道德之间的差异也最为明显。例如，只有医生才可能不因为自己的行为导致他人死亡而承担责任，只有教师才可能不因为限制其他人的行动自由而被认为是监禁。如果法律人就是这样鲜明的社会角色，那么他们就会受到一套明显区别于日常道德的伦理要求拘束，进而他们才可能不因为自己“缺德”的行为而承受道德责难。

二、是否存在统一的法律职业伦理？

（一）关于统一与否的争论

即使否认日常道德追问的正当性，承认存在法律职业伦理之角色伦理的性质，这也会遇到另外的问题，即由法官、检察官、公证员、仲裁员等不同身份/角色所组成的法律职业共同体，存在一个普遍适用于这些所有身份的、统一的法律职业伦理吗？如果存在统一的法律职业伦理，那么怎样将对这些身份的不同伦理道德要求，安排到一个整体的伦理框架当中？如果不存在统一的法律职业伦理，那么“法律职业伦理”这个名称本身就是不适当的，只能存在法官的职业伦理、检察官的职业伦理、律师的职业伦理，等等。

其中，形成最为鲜明对比的，是法官的职业伦理与律师的职业伦理。法官为什么经常被人指责为道德冷漠者？是因为法官通常要居中作出不偏不倚的合法裁判，职业伦理通常要求他不得考虑待决纠纷本身所涉及的道德问题，而只处理其中所涉及的法律问题。因此，法官所作出的裁判，经常会支持当事人的“合法但缺德”的诉讼请求，而驳回另一方当事人“缺乏法律根据但合乎道德”的诉讼请求。如果说“不偏不倚”是法官的职业伦理要求，那么律师所要遵循的法律职业伦理却明显不同：他们通常需要“选边站”、与自己的被代理人站在一起，甚至会有意利用法律上的漏洞和弹性空间，竭力为被代理人争取最大的利益，他们心甘情愿扮演客户最大利益的获取“工具”，成为魔鬼代言人。虽然道德冷漠者和魔鬼代言人都不是什么好词，但是它们仍然是不同的道德评价结果，而无法被统一在同一个道德伦理标准之下。

法官和律师之间的形象差异，形成了对于统一的法律职业伦理之观念的挑战。如果再将其他法律人——公证员、仲裁员等的独特性添加进来，那么统一的法律职业伦理的观念很容易就崩溃掉了。另外一个表现是，由于律师的道德形象最容易受到质疑，“魔鬼代言人”的色彩挥之不去，因此很多关于法律职业伦理的讨论经常只围绕着“律师的职业伦理”而展开。这件事情，同时也说明，统一的法律职业伦理真的正在面对挑战。如果不能对此给出有力的回答，那么法律职业伦理作为一个独立学科的地位就会受到严峻挑战，紧接着它的重要性也会面对质疑，学科本身的科学性和体系性主张也就无法成立。

（二）两种角色伦理

简单来说，由于法官、律师、检察官、公证员、仲裁员等都是不同的法律角色，并且他们在立场上的差异十分明显，那么是否存在一个具备统一内容的法律职业伦理体系？如果没有，那么法律职业伦理就是一个空洞、松散的概念；如果有，那么又怎样理解不同法律角色在立场上的差异？对于这些问题，显然存在两种回答：第一，法律职业伦理的标准概念，即承认不同的法律角色的伦理道德要求是明显不同的，所以“法律职业伦理”只是一个松散的概念而已。第二，忠诚于法律的职业伦理，即虽然不同的法律角色存在不同的伦理道德要求，但是它们可以被统一在某种特定的价值观念之下，即法律职业伦理体现了“对于法律的忠诚”这个基本价值；正是因为这个基本价值的存在，法律职业伦理并不是松散的，而是对于所有不同具体要求的统一性标准。

标准概念与忠诚于法律，这两种法律职业伦理概念的共同点，都是建立在对于日常道德否定之上的；也就是说，它们都是关于法律之角色伦理的某种特殊要求。但它们之间的最大区别在于：是否在各种不同的法律职业伦理（律师、法官、检察官、公证员、仲裁员等）的具体要求之外，承认同时还存在一个统一的、以“忠诚于法律”为核心的一般性道德标准。如果不承认，那么这就是法律职业伦理的标准概念；如果承认，那么这就是忠诚于法律的职业伦理。同时，标准概念的进一步推演，将会导致这样的结果：相较于法官、检察官、公证员、仲裁员等法律角色而言，律师这个法律角色所面临的道德困境最为严重、伦理保护也最为缺乏，所以律师的职业伦理就成为法律职业伦理中最为重要的组成部分。甚至，在很多学术讨论中，律师职业伦理成为其中的主要焦点；在法律实践中，律师所引发的道德正义也变得最大。以至于，法律职业伦理最终只是关于律师的职业伦理。

下一节将具体处理这些争论。到目前为止，以下这个表格比较完整地呈现了关于法律职业伦理的各种不同立场。

<table>
<tr><td rowspan="3">法律职业伦理的理论形态</td><td>非职业要求</td><td colspan="2">职业要求</td></tr>
<tr><td rowspan="2">日常道德理解</td><td rowspan="2">角色伦理</td><td>标准概念：独特法律角色</td></tr>
<tr><td>忠诚于法律：一般法律角色</td></tr>
</table>

第四节　法律职业伦理的性质与原则

一、标准概念及其问题

（一）标准概念的基本内容

由于标准概念与忠诚于法律的职业伦理之间的唯一区别，就是是否在零散的具体法律职业伦理要求之外，存在一个以“忠诚于法律”为核心的一般性原则，因此无论支持哪种主张，都得首先说明法律职业伦理之标准概念的含义。同时，由于标准概念的核心，就是律师的职业伦理，因此标准概念通常由如下三项内容组成。①

1. 党派原则（Principle of Partisanship），即律师必须在职业行为所被允许的范围内，使被代理人的利益和目标以最大化的程度得以实现。因此，律师应当就其客户的利益给予排他性的专注，即使他们所选择的各种做法最终可能被证明是影响甚至侵害了公共利益，此时这样的行动选择依然被认为在（职业）道德上是正确的。党派原则显然意味着，在面对其客户所涉入的各种纠纷和争端中，他被允许只将“对客户的忠诚”视为唯一的道德要求，他有道德上的义务“必须随时随地与客户站在一起”（take side）。

2. 中立原则（Principle of Neutrality）。基于必须与客户站在一起的党派原则，律师在面对客户的要求和指示时，必须尽力避免由于自己的道德信念与这个目标之间的矛盾，因此拒绝采取这些在他看来道德上错误的行动。换言之，律师必须将自己的道德评价从其代理行为中彻底排除，只要客户的目标和利益是不违反法律的，那么他必须运用专业技能去竭力争取，即使这违反了他自己或者公众的道德判断。因此，如果说党派原则需要律师选边站，那么中立原则就要求律师不就客户的目标做道德评估，而只是衡量是否具有法律上充足的机会来实现它。

---

① See David Luban, *Lawyers and Justice: An Ethical Study*, Princeton: Princeton University Press, 1988, p. 12; W. Bradley Wendel, *Lawyer and Fidelity to Law*, Princeton: Princeton University Press, 2010, pp.29–30.

3. 非课责原则(Principle of Nonaccountability)。如果说党派原则和中立原则是积极性(positive)的道德责任——要求律师作出有利于其客户利益之行为的道德责任,那么非课责原则就扮演了消极(negative)道德责任的角色,即他人或者社会公众不应当因为律师的行为符合党派原则和中立原则的要求,因而要求律师承担道德上和法律上的责任。即使特定情形下,个别律师的确扮演了“魔鬼代言人”的角色,情形也应当如此。这是因为,如果律师的行动不能豁免于他人或者公众的道德压力,那么他在专业上的行为选择的范围就会受到严重的限制,最终将危害党派原则和中立原则的落实。

必须注意的是,以上这些原则并没有禁止律师自己和其他社会公众对代理行为基于道德上的评估和判断,而只是认为不应当将这些判断与律师之职业行为的道德判断混为一谈。换句话说,律师当然可以认为自己的代理人在道德上有严重行为瑕疵,但是他依然需要将这个部分排除在其专业行为的道德考量范围之外;普通民众当然也可能在道德上厌恶客户的目标和律师所采取的手段,但这并不是谴责律师之职业行为的合适理由。

(二) 标准概念的问题:法律人的工具化

标准概念本身存在的最大难题在于:这会导致法律人的职业形象,必然是工具性的,而工具性形象不但会贬损法律人这个职业的重要性,并且也会与该职业事实上所扮演的角色相矛盾。

首先,为什么标准概念会导致律师的工具性形象? 这当然来自标准概念所蕴含的三个原则,尤其是其中的党派原则。如前所述,党派原则意味着律师应当以实现其客户的利益为最高的价值目标,除此之外并无他者;或者说,相对客户的利益而言,律师必然是一种工具性的角色。因此,理论家才会认为,构造律师执业规范的基本原则是:律师的角色由其客户所拥有的权利来界定和限制,也就是说,作为当事人的代理人,律师不会拥有超出客户权利范围之外的更大权利。当然,就刑事诉讼而言,律师显然拥有一些由《刑事诉讼法》《律师法》所赋予的独特权利,而当事人并不拥有这些权利。然而必须要看到,这些权利的根据仍然来自当事人,即如果以无罪推定的方式来看待当事人,那么就必须因此赋予代理律师以特定的法律权利,以便实现对犯罪嫌疑人之基本权利的保护。因此,即使在这种情形中,律师的工具性角色并未发生实质的改变。正是因为这种工具性角色，才能理解律师需要搁置自己道德判断的中立原则，因为他必须服务于客户的利益而不是直接服务于自己的利益；也才能理解律师的行为为何能够免受普通民众道德谴责（非课责原则），因为批评工具（性地位）的合适理由通常只能是“没有实现对当事人利益的保护”，而不能是“实现了对当事人利益的保护”，因为这反而是工具最应当受到赞扬之处。

其次，为什么工具性形象会贬损法律人（律师）这个职业群体的重要性？原因在于，从价值的角度讲，这表明律师这个职业只具备工具性价值（instrumental value）或者工具上的重要性。然而，一个事物如果只具备工具性价值，这实际上意味着它并不是那么重要，因为工具通常具备可替换性。如果另一事物能够更好地实现该事物原本所欲实现的目标，那么另一事物的重要性就会凌驾在该事物之上；换句话说，此时相对于另一事物而言，该事物的重要性就会被严重贬损。因此，要想证明该事物具有不可取代的重要性，不动用与工具性价值对立的“内在价值”（intrinsic value）这个概念，几乎是不可能的。[①]重新回到律师角色这个主题，由于标准概念会蕴含着律师的工具性角色，虽然这会因为排除了社会公众基于“一般道德”而对于其职业行为所展开的道德批判，但是这个角色终究还会因为工具性价值这个概念本身的缺陷，从而使得律师这个职业的重要性受到严重动摇。这从另外的角度说明，为了确保律师职业的重要性，就必须从内在价值的角度来给予说明。

最后，为什么工具性形象会与该职业群体事实上扮演的角色相矛盾？现在请假设一种情形：如果当事人因为某些情绪上或专业知识上的原因而作出不适当的判断，那么律师是否应当像交通工具一样，任由当事人作出这些错误甚至是不理智的选择呢？显然不是。此时律师应当运用自己的专业知识，努力劝服当事人作出最恰当的决定，如果他没有这样做而是甘心于扮演工具性角色，那么他很容易被给予职业道德上的批评。显然，这种违背当事人的愿望去提示他什么才是最佳的选择，非常类似于父母与孩子之间的关系，因此律师

① 关于内在价值与外在价值（工具性价值）的讨论，参见陈景辉：《法律的内在价值与法治》，《法制与社会发展》2012年第1期。

的角色必然具备某种“家长主义”(paternalism)的色彩,[①]这显然有别于纯粹的工具性角色。当然,标准概念的支持者会这样来反驳:律师此时的角色依然是工具性的,只是此时针对当事人的“长远利益”而不是眼前利益。这种说法存在某些严重的困难:姑且不论长远利益与眼前利益的考量,必然需要律师运用自身的权衡,而工具性角色显然不需要自己的衡量;此外更重要的原因是,家长主义的说法受到了“补足当事人自治能力”这个辩护基础的有力支持,“补足自治能力”本身蕴含了某种程度的家长主义。因此,由于律师群体事实上扮演的角色带有某种程度的家长主义色彩,再将他们的角色限定在工具之上,这样的说法就显得有失偏颇。

二、忠诚于法律的职业伦理

相比较而言,忠诚于法律的职业伦理,应该是法律职业伦理的最佳概念。具体来说,忠诚于法律的职业伦理,意味着“法律人应当为整个法律实践的道德吸引力负责”。即使是标准概念,也应当被理解为忠诚于法律的职业伦理的组成部分。这个主张的支持理由如下:

(一)法律实践是一种道德性的实践。人类的实践之所以能够与其他生物的活动区别开来,除了它是“有意识的活动”之外,更重要的是,它还是一种道德性的实践。反过来讲,即使是一种由人们有意识而形成的“实践”,如果不具备道德属性,那么它也不被认为是一种恰当的人类实践。最为典型的例子,就是黑社会收保护费与税务机关收税之间的区别:它们虽然都表现为特定人士的有意识的行为,但是由于收保护费显然不具备道德上的正当性,所以它不应当被视为人类实践的恰当形态,所以应受到道德上的批评;相反,合法的税收因为具备道德上的正当性,所以是人类实践的恰当形态。

人类实践是道德性的,并不必然意味着它受到某个具体道德原则的拘束,而是因为它们分享了一个概念上的特点:人类实践必然主张自己正当。显然,黑社会收保护费的行为,不必然满足主张自己正当的条件;但税务机关收税行

① See David Luban, “Paternalism and the Legal Profession”, *Wisconsin Law Review*, 1981, pp. 454-493.

为，却必然主张自己正当。同理，作为人类实践具体形态的法律实践，也会必然主张自己正当，所以法律职业共同体必然会主张自己正当；并且，法律职业伦理的要求是否被满足，就是法律人主张自己正当的基本道德条件，所以它才具备如此重要的地位。

（二）法律实践是一种特殊的道德实践。虽然法律实践是一种人类实践，但它只是人类实践的特殊类型，因此它主张自己正当的方式又区别于其他类型的人类实践。法律实践是一种以“法治”作为价值追求的实践，因此法律人应当以是否满足或致力于追求法治这个法律价值，作为主张自己正当的核心条件。因此，对法律职业伦理的最佳理解，应当建立在“法治”的基础上。同理，一旦法律实践和法律职业伦理都以法治作为目标，那么法律职业共同体的成员——法律人，就应当致力于追求整个法律实践或法治的满足，这就是对于法律的忠诚；也就是说，法律人“应当为整个法律实践的道德吸引力负责”。

从这个角度出发，依据标准概念分别得以确立的律师的职业伦理、法官的职业伦理、检察官的职业伦理等，这些看起来零散的观念，就被统一在“忠诚于法律”或者“法治”这个单一观念之下。它们只是忠诚于法律的职业伦理这个单一的要求，在律师、法官、检察官、公证员、仲裁员等特定法律角色上的具体表现而已。这意味着，必须借助忠诚于法律的职业伦理，标准概念的具体要求及其重要性才能获得充分的理解。

（三）忠诚于法律的职业伦理是对法律实践的全面理解。除了是一种（道德性的）人类实践之外，法律实践还是一种制度化的实践。也就是说，法律实践当中存在多种担负不同任务的社会角色，并且这些社会角色之间的相互配合，共同塑造和形成了这种实践。反过来讲，其中任何一个社会角色的存在，对于该社会实践的形成而言，都是必不可少的。即使这些社会角色之间的确存在主角和配角的角色分工，但是不能将对其中任何单一角色的理解，等同于对这个实践的整体理解；否则，就会对该实践的性质造成误解。

法律职业伦理的标准概念所带来的最大问题就在于，它是从律师、法官、检察官、公证员、仲裁员等单个法律角色出发对于法律实践以及法律职业伦理的片面理解，因此导致了对整个法律职业伦理的错误理解。最为明显的例子在于：任何一个律师，当然是站在他的被代理人的一边，以为他争取最大的合法利益,所以“党派原则”看起来就是律师这一理论的核心要求。但是这种说法是片面的,完整的图画由以下四个内容所组成:第一,非常明显的,任何诉讼过程都是由原被告双方组成的,并且他们的律师都在竭力为自己的客户争取最大合法利益,因此这其中至少同时涉及“两个”党派原则,而不仅仅只存在“一个”党派原则。第二,双方的律师在为自己的客户争取最大合法利益的同时,又都受到另外一方律师专业能力的限制,而无法恣意妄为、任意胡来,因为对方的律师具备同样的牵制能力;这样的相互牵制和钳制,类似于掌握核武器国家之间的恐怖平衡,看起来双方都可以任意妄为,实际上谁都需要小心谨慎以避免擦枪走火。第三,除了律师之外,法官也是这个诉讼过程中的主要成员之一,并且法官的行动同样也会受限于双方律师,因为他们在法律资格上是同样的,甚至在未来也存在角色互换的可能性。第四,双方律师之间以及律师和法官之间的相互牵制和钳制,使得关于法律的争论成为法庭论辩的主轴,他们势必主要争议于对适用于本案之法律规定应如何理解的问题。这个争论中心,实际上就等于说法官、律师(以及各自的客户)受到了法律的统治,任何人都不能恣意妄为,这势必有助于“法治”这个目标的实现,有助于整个法律实践的道德吸引力。

三、法律职业伦理的原则构成

经过前面的讨论,忠诚于法律的职业伦理是对法律职业伦理的最佳理解。同时,由于忠诚于法律的职业伦理,实际上是“标准概念+对整个法律实践的道德吸引力负责/法治要求”的综合体,因此,法律职业伦理的原则就可以区分出基本原则和具体原则。

(一)法律职业伦理的基本原则

所谓基本原则,实际上就是以“法律人为整个法律实践的道德吸引力负责”为核心的法治原则。也就是说,法律人在运用专业知识参与法律实践时,无论他们扮演的角色是什么,是律师、法官、检察官之类看似更重要的角色,还是公证员、仲裁员等其他角色,他们必须认识到自己的核心任务,都是力图通过忠诚于法律的方式来落实法治的要求,以便维护并促进整个法律实践的道德吸引力。简单来说,他们是通过承担律师、法官、检察官等角色职责,来实现法治的要求。这表明,落实律师、法官、检察官这些具体的职业伦理要求,只是一种中间性的任务;他们所承担的最终道德责任,是一种忠诚于法律的道德责任。

（二） 法律职业伦理的具体原则

在满足法律职业伦理基本原则要求的基础上,他们的职业行为会受到以下具体原则的保护:第一,角色伦理原则,即法律人必须按照自己所承担的角色的要求,尽力扮演好自己的职业角色。如前所述,法律实践中法律职业角色,基本上可以被划分为中立型角色与党派型角色,前者的典型是法官,后者的典型是律师。因此,法官这种中立型角色,就必须居中以做裁判,而不能对当事人双方有所选择,这就是为什么各种诉讼法中会规定回避制度的职业伦理方面的原因。相应地,律师这样的党派型角色,就必须跟自己的当事人站在一起,竭力为他争取最大的合法利益,而不得以中立的方式来评价自己代理的案件。

第二,抑制自我评价原则。由于法律职业伦理是一种角色伦理,那么法律人就必须用与角色有关的伦理标准,来看待自己参与的法律实践或者特定案件,而不能将自己对这个实践或案件的日常道德评价带入到职业行为当中。身为一位法官,即使犯罪嫌疑人再值得同情,只要缺乏予以特殊对待的法律理由,都不能基于自己的道德判断任意而为。

第三,无课责原则。只要法律人以合适的方式扮演了在特定法律实践中的角色,那么他就应当豁免于他人或者公众的道德压力,更不能因此对他给予各式各样的惩罚;并且,为了最好地实现无课责原则的要求,对于法律人的各种惩罚必须以事先制定的职业伦理规范为限,否则无课责原则就是一句废话。就此而言,无课责原则类似于刑法中的罪刑法定原则:其一,它必须事先就被具体化为高度明确的伦理规范;其二,在有解释空间时,必须作出有利于法律人的解释。

（三） 对法律人的合理批评

第一,作为法律职业伦理的基本原则,忠诚于法律的职业伦理之内容,虽然被确定为“法律人为整个法律实践的道德吸引力负责”或者法治原则,但它仍然是相当抽象的道德原则,因此就存在以下可能:借助这个抽象原则所蕴含的意义模糊性，随意展开对于法律人职业伦理方面的指责。因此，以下批评方式应当首先被禁止：一般民众或其他法律人，直接拿“破坏法律实践的道德吸引力”，作为批评特定法律人的理由。

第二，由于法律人对于基本原则的落实，是通过落实具体原则的方式实现的，因此如果特定法律人没有满足具体原则的要求，那么他将会招致法律职业伦理上的批评，并且这是一种基于具体原则和基本原则的双重批评。

第三，由于法律职业伦理的基本原则和具体原则之间存在落差，因此特定法律人即使满足具体原则的要求，但依然可能会招致基于基本原则的批评。通常这种满足具体原则但不满足基本原则的行动，应当在法律职业伦理规范中事先明确规定。

第四，如果基本原则和具体原则的冲突是事先无法规定的，那么法律人满足具体原则要求的行为，如果要想被评价违反基本原则的要求，唯一合适的理由是：整个法律实践是否因此失去了主张自己正当的理由。也就是说，除非特定违反基本原则但合乎具体原则的职业行为导致了对于整个法律实践之道德吸引力的质疑，那么就不应当批评特定法律人的职业行为。这就是忠诚于法律的职业伦理也是法治原则所拥有的最重要的意义，因为这是使得整个法律实践是个道德实践，并得以顺利展开的基本伦理条件。

【法治故事】

韩某6岁的儿子被张家13岁的小儿子掐死，张家小儿子因此被收容教养3年，法院另外判决张家赔偿韩某15万余元，但韩某一分钱也没拿到。后心生怨恨的韩某把硫酸泼向了张家的大女儿张某，张某被烧伤面积达15%。法院以危险方法危害公共安全罪，判处韩某有期徒刑13年，剥夺政治权利3年，赔偿张某36万元。

法庭宣判结束后，审判长和陪审员离席后，张父指着韩某吼道：“你还有人性吗？你为什么不来害我，却害我的女儿。你现在后悔吗？”韩某回答说：“如果法官问我，我就后悔。可是你问我，我永远不后悔！我要让你天天看着你女儿，让你难受一辈子！”此时，张父对现场的记者说，他被毁容的女儿现在成天躲在家里，除了父母谁也不见，现在家里已经借了七八万元为孩子看病。韩某听到这些，大嚷："你记住，你闺女是你害的！"

在原告被告争执的过程中，已经脱下法袍的主审女法官回到庭中，坐在旁听席上。当她听见张父向记者解释，自己并不是不愿意支付韩某儿子的赔偿金，而是准备分批慢慢支付时，忍不住站起身来驳斥："那你为什么一分钱都没有付过？你家不是还有两辆车吗？"张父一听这话，把争吵的矛头对准了法官。"你这样说，你是不是偏袒被告？她泼硫酸还有理了？"法官提醒张父："你说这话，先问问自己的良心！"

张父在审判书上签完字后，还一边朝法官大嚷着："你有本事当庭释放她啊！"一边离开法庭，他对记者嘟囔着：自己没说过不给钱，只是想以后给，女儿受伤并不是自己的过错。等张父离开后，法官才慢慢平复了情绪。"我脱下法袍也是个普通百姓，实在太生气了！"法官说，据他们调查，张家的经济情况并没有张父所说的那样不堪，不至于一分钱赔偿都拿不出来。

由于自己的儿子被邻居张家孩子掐死，其后索赔未果，母亲韩某将硫酸泼向了仇家女儿致其毁容。昨日，韩某被判刑 13 年并赔偿受害者 36 万元。宣判后，原告被告当庭对骂，脱下法袍的女法官目睹后，斥责张父在当初的赔偿问题上违背良心。

【问题与思考】

2014 年 4 月 18 日，B 市律师协会在其官方网站上公布了对于李某某等人强奸案相关辩护及代理律师的行业纪律处分结果。① 依据全国律协颁布的《律师协会会员违规行为处分规则（试行）》（以下简称《处分规则（试行）》），三位代理律师均被给予了"公开谴责"的行业纪律处分。其中，一共涉及四个条文：(1) 第三条（会员违反宪法法律、行政法规和律师协会制定的各项行业规范以及大多数会员普遍认同的行为准则的行为在本规则中称为违规行为。

① 参见《北京律协查处李某某等人强奸案相关律师违规行为》，《中国青年报》2014 年 4 月 19 日。

会员有违规行为应当受到行业处分的适用本规则)。(2)第九条(律师协会对会员违规行为作出的行业处分种类有:(一)训诫;(二)通报批评;(三)公开谴责;(四)取消会员资格)。(3)第十一条第十二项、第十四项、第二十八项(个人会员有下列行为之一的,由省、自治区、直辖市及设区的市律师协会给予训诫、通报批评、公开谴责:(十二)为争揽业务,向委托人作虚假承诺,或者宣称与承办案件的法官、检察官、仲裁员有特殊关系的;(十四)捏造、散布虚假事实,损害、诋毁其他律师、律师事务所声誉的;以诋毁其他律师或者支付介绍费等不正当手段争揽业务的;(二十八)有其他违法或者有悖律师职业道德、公民道德规范的行为,严重损害律师职业形象的)。(4)第十七条第四项(会员有下列情形之一的,应当从重处分:(四)曾因违规行为受过行业处分或受过司法行政机关行政处罚的)。

请结合上述案例,分别从法律职业伦理的日常道德追问、标准概念与忠诚于法律的职业伦理角度,讨论《处分规则(试行)》第十一条第二十八项的含义。

第四章　法律职业伦理、规范与责任

第一节　法律职业伦理中的基本概念

一、职业“伦理”与职业“道德”

人们往往混杂着使用“法律职业伦理”（professional ethics）和“法律职业道德”（professional morality）这两个概念来指称对法律职业者提出的职业相关规范性要求。在日常语言中，通常也不必在“伦理”和“道德”之间作出清晰的概念界分。然而，为了在学理上更为清楚地理解法律职业规范体系中不同性质的规范性要求，我们不妨在这两者之间做一个初步的概念区分与澄清。可以将此种特定含义的“伦理”与“道德”称作狭义上的“道德”与“伦理”。这两个概念在以下两点上存在比较重要的区别。

道德通常是指约束人们行动方式或行为方式的规范体系，这个规范体系约束的对象是人的行动或行为，以“规则”为主要的存在形式。道德规则往往会设定自身适用的事实前提或条件假设，然后指示行动者“可以”“应当”或“禁止”做什么。道德体系常常以人与人之间的社会互动为其运用场景，通过道德规范来指引亲社会行为（prosocial behavior），来为社会合作提供一个最基本的制度框架。这样一套规范体系给出“是非对错”的标准并以此指导人们的行动。凡是按照道德规则而开展的行动就是“对”或“道德”的行动，反之，则是“错”或“不道德”的行动。而伦理指引的直接对象并非是行为或行动，伦理往往和某种个人修养、品格（character）或秉性（disposition）有关。生活在古典时代的人们似乎更侧重于这一方面。对古希腊人来说，“该如何生活”或

“如何活得蓬勃焕发”(human flourishing)构成了伦理问题的出发点。这种伦理观追求行动主体也就是“人”的卓越,而不仅仅考虑行为本身的“是非对错”。他们更乐于以“勇敢”“明智”“智慧”和“节制”等德性概念(aretaic concepts)来刻画对于行动者的诸多规范性要求。例如,生活在当代的人们倾向于认为“正义”是一种有关行为及其结果的判断,但以亚里士多德为代表的古希腊思想家将“正义”界定为一种人的性情倾向和品格特质,而不是或不仅仅是外在的行为标准。我国的古代儒家思想同样分享着类似的规范性关切,“仁”“义”“礼”“智”“信”等美德构成了儒家伦理思想的核心概念,外在的行为规则“礼”也服务于这些美德的表达。

在形式上,道德的规范性评判的首要对象是行为或行动,而伦理的首要评判对象是人的秉性或品格。在实质上,伦理要求的规范性标准许多时候还远远高于道德要求。就其性质而言,道德要求是维护社会合作框架的规范性体系,构成人和人之间互相要求或指责的底线行为标准。道德规范厘定“是非对错”的标准,仅仅体现了“义务的道德”(morality of duty),而不是“追求的道德”(morality of aspiration)。如果某个道德行动者的行为满足了义务的道德,那么别人就无法批评他的行为是道德上错误的;而追求的道德以伦理的至善为标准,要求每个人追求个人品格上的卓越,并以此作为自身的行动指南。①满足道德要求的行动者并不一定是“卓越”的人,其行为也并不一定是“值得赞赏”的行为;与“道德”相比,“伦理”要求的直接对象是人的品格和秉性,其目标是“止于至善”,要求主体追求并实现有价值内涵和内在意义的伦理生活。在儒家那里,就像孔子说的,“人而不仁,如礼何?”伦理要求不同于约束具体行为的形式主义的条条框框,伦理的目标是让伦理主体获得安身立命之所并得以成就伦理人格的完满。

狭义上的“道德”与“伦理”这一对概念的区分在法律职业伦理学中有着非常深刻的意义。这一区分意味着法律人可以从两个根本性的角度来理解法律职业伦理要求,而相应地,法律人将面临着两种类型责任的要求。

---

① See Lon L. Fuller, *The Morality of Law*, Revised ed., (New Haven: Yale University Press, 1969), pp.5-6.

二、职业责任与职业规范

在许多语境中，法律“职业道德”“职业伦理”“职业准则”（professional conduct rule）和“职业责任”（professional responsibility）大致上都是指对于法律人的规范性要求。这几个概念作为教材名称或课程名称时往往互换着使用，但为了更深入理解法律职业相关规范性要求本身的复杂性，有必要进一步对“责任”进行一些概念上的分析性处理。

在日常的规范性话语中，“责任”大概有两种主要的用法，我们可以将其分别称为前瞻性的责任概念和回顾性的责任概念。

在前瞻性的意义上使用“责任”一词时，人们常常将道德“责任”等同于道德“义务”，把责任的内容理解为一个人“应当怎么做”。医生的“责任”是救死扶伤，教师的“责任”是教书育人，或父母有“责任”在物质和情感上支持孩子的身心成长和发展。在这里，“责任”等同于人与人之间可以互相期待和要求的“道德义务”。这些义务指向“将来”的行为，一旦承担责任的这一方未能满足这些道德义务，责任关系的一方就往往可以要求另一方承担后果。正是在“着眼未来”这个意义上，我们可以说这是一种“前瞻性”的责任概念。法律职业伦理中包含大量这类责任。在法律实践的语境中，律师向委托人“负责”，民事诉讼的法官则向原被告当事人“负责”。这里所谓的“负责”指的其实就是一方向另一方负有前瞻性的道德义务。

前瞻性的责任概念并不局限于人与人之间有关“你应当怎么做”的道德要求，同样也适用于伦理意义上的自我责任（self-responsibility）并回答“我应当怎么做”的问题。从这个角度来看，职业蕴含着的内在的价值构成了职业从业者选择该职业的理由并为职业从业者提供“安身立命”的根基。[①] 医生的责任是救死扶伤这种说法并不仅仅意味着在道德上病人可以合理地要求医生为其治疗，同时，这一说法也在伦理层面上构成了医生职业上的自我尊严或人生价值的来源。“救死扶伤”具有的人道主义价值成为医疗工作者安身立命的根基。类似地，“法治”“正义”“权利”“平等”等诸多价值也在这个意义上

---

① “职业”与“行业”的概念区分及其不同特点可参见孙笑侠：《法律家的技能与伦理》，《法学研究》2001 年第 4 期；李学尧：《法律职业主义》，中国政法大学出版社 2007 年版，第 6 页。

成为法律职业人安身立命的根基。

除了指“义务”之外，责任还可以指某种由于责任主体因先前的作为或不作为而应当承受的不利后果。人们所说的“欠债还钱”和“杀人偿命”就是指“欠债者”和“杀人者”理所应当地要承担“还钱”和“偿命”的不利后果。通常而言，前瞻性的道德责任构成了这种回顾性道德责任的前提。例如，在医生未能尽到救死扶伤的“责任”而导致病人因医疗事故死亡时，他应该为病人的死亡“负责”。这位医生应当承担病人死亡的责任并向病人家属道歉、接受人们道德责难以及赔偿损失。之所以这种责任概念是“回顾性”的，原因在于，这种“应得”(desert)相关的责任概念必须在事发之后。只有当一些不好的事态出现需要有人得到相应处理或对待时，才涉及这种回顾性的责任。

这两种三类责任构成了复杂的规范性要求的体系，从而对法律人构成了严峻的实践挑战。这其中，以对律师的挑战最为严峻。从前瞻性道德责任的角度看，律师对于委托人、法院和公众承担着怎样的义务？从伦理责任的角度看，律师到底是否在从事真正有意义的事业并促进了这个社会的福祉或善好？从回顾性道德责任的角度看，应该如何对待律师对于委托人、法院和公众义务的违反，他们应当承担何种不利后果？

从以上这三个问题可知，律师所身处的道德境况远比普通人更为复杂，律师在执业过程中面临艰难实践抉择挑战的频率远比普通人更频繁，挑战本身也更为严峻。

从前瞻性道德责任层面来看，律师是否可以“出于职业道德”的要求忠诚于委托人的利益，为虎作伥，替那些罪大恶极的犯罪分子开脱罪过并逃避正义的惩罚？或者，律师可否恃强凌弱，成为强权者的帮凶，来维护不公正甚至邪恶的秩序？这些都是极其困难的道德困境。尤其身处在价值日益多元的现代世界，法律制度本身就是各种价值冲突和道德斗争的战场，法律人更是无从回避激烈的价值冲突和道德斗争。往好的方面看，律师们常常运用宪法和法律的武器来为弱者争取权利，并成为推动整个社会道德和政治文明进步的中坚力量。但另一方面，多元道德的冲突和斗争也带给律师以极大的负担。因而需要一套厘定“是非对错”的规则体系，给予确定的行为指引。

作为“道德”的法律职业伦理体系给出了这样一套厘定“是非对错”的标

准，帮助律师卸下前瞻性道德责任的重负，为律师在执业生涯中应对复杂道德挑战提供了指引。当然，在诸多道德义务或责任之间作出选择并不是一件简单的事情。律师要承担对委托人的义务、对法庭的义务、对法律职业群体其他成员的义务以及对公众的义务。这将意味着，律师对委托人的义务或责任并不是一种压倒性（over-riding）的义务或责任，律师同时还受制于来自其他方面的道德义务或责任的约束。这些责任和责任之间取舍和权衡的过程极为复杂，因而需要"职业规范"的帮助。律师应当谨慎保守委托人的秘密，但同时，这一义务又受制于许多例外。例如，美国《（法律）职业行为示范规则》（*Model Rules of Professional Conduct*）对律师的保密义务作出了巨细靡遗的规定。它规定在涉及第三方重大利益、有法庭指令、律师与委托人有争议需要解决等有限的情形下，这一义务可以被突破。在这一点上，律师职业行为规则或规范和法律的行为指引功能相似，这样一套复杂的行为规范体系给予律师以细致的指引，从而摆脱了复杂而繁重的道德推理带来的负担。

但另一方面，这些行为规范的指引仅仅提供了"是非对错"的基本底线准则，它们本身并不给出任何"安身立命"的价值来源。行为准则本身无关伦理良知和内在价值，无法为律师们提供信心、希望、自我价值和职业成就感。职业上的道德规范还往往与律师内心的期许与承诺（commitment）背离，从而使得律师产生否定自我甚至自我厌弃的心理倾向，认定其所从事的事业黯淡而虚无。因此，法律职业伦理体系与制度还必须为伦理责任留下空间，以此提振律师的"心力"，树立律师的职业尊严并帮助其践履伦理上的责任。这种"安身立命"的职业伦理要求在世界各法治国家的律师职业行为准则中都有所体现。

《欧洲法律职业核心原则宪章及欧洲律师行为准则》第 4 项原则"法律职业的尊严与荣誉，律师的诚实公正和良好声誉"要求"律师一定不能从事任何损害其自身名誉或行业整体声誉及公众对行业信心的事情。这并不是说律师必须是个完美的人，但确实意味着律师不能参与可能损害职业声誉的不光彩的行为，无论是法律实践或其他商业活动，甚至是个人生活中"。显然，这条规范并不仅仅对具体执业行为提出要求，其适用范围也已经突破了"职业道德"的领域而进入到"职业伦理"。这项原则尽管明确表示并不需要律师成为道德或伦理上“完美的人”，但“诚实”和“公正”对于这个职业的尊严来说不可或缺。而这种品格与秉性上的“至善”要求甚至超越了“法律实践或其他商业活动”的领域，还拓展到了高度私人性质的“个人生活”中。

美国的《（法律）职业行为示范规则》也在“序言”中明确指出，尽管“律师的大多数职业责任在《（法律）职业行为示范规则》中都有明确规定”，但这些规定并未穷尽职业责任的全部内涵或要求，因而“律师同样也受到个人良知和同行认可的指导”，“应当努力达到业务技能的最高水平，努力完善法律和法律职业，并在实现公共服务这一理想中发挥典范作用”。在这里，正是“良知”与“公共服务”构成了律师职业认同的价值基础，并使得律师从看似“市侩气”的执业活动中获得尊严感。

在我国，全国律协制定的《律师职业道德基本准则》第六条也着重强调了伦理责任的重要性。“律师应当热爱律师职业，珍惜律师荣誉，树立正确的执业理念，不断提高专业素质和执业水平，注重陶冶个人品行和道德情操，忠于职守，爱岗敬业，尊重同行，维护律师的个人声誉和律师行业形象。”这里的“个人品行”和“道德情操”并不是通常理解的“行为”规范，同时也是一种秉性卓越的状态，一种让律师获得职业价值认同的个人品格。

为了帮助律师践履这种道德上的人际责任和伦理上的自我责任，并落实回顾性意义上的“责任”，还必须规定实实在在的制度以可落地的或“有牙齿”的“责任”形式来执行这样一套职业规范并惩戒违反规范的律师。这种责任就构成了责任的第三个概念，即“当责性”（accountability）意义上的责任概念。当责性是制度建构而来的责任形式，是指当不好的结果或制度指定的情形出现时，有一套明确的形式化的程序或制度将一些不利结果归咎到某个主体头上。通常而言，在职业规范体系中，只有那些违背了道德上的人际责任并损害了他人利益的行为才会受到惩戒。法律职业规范制度并不会仅仅因为一名律师不够“公正”、欠缺“良知”或缺乏公共服务的精神而惩戒他。惩戒这种责任形式通常是以具体的对于当事人、法庭或公众义务的违反作为前提，只有当行为规则或规范被违反时，相关团体或机构才能启动惩戒的程序。就惩戒或归责的程序而言，在有些国家，例如美国，律师在执业过程中违反职业规范的惩戒由律师协会和法院配合完成；而在我国，惩戒的制度又区分为司法行政机关的行政处分和律师协会的行业纪律处分。

律师职业规范仅仅是法律职业规范最具有代表性的组成部分。在法官职业规范、检察官职业规范或公证员职业规范那里,其内容同样涵盖了人际的道德责任体系和自我的伦理责任体系,并且也有相应的责任归咎程序以便让违反责任的主体承担具体的责任形式(当责)。在法官那里,人际的道德责任包括对国家、人民群众和当事人的责任,而自我的伦理责任包括公平、正义、法治和良知等。[①] 与律师职业规范的当责方式不同的是,由于"法官"是国家工作人员,其惩戒在性质上等同于普通国家公务人员的惩戒。《法官法》第六章规定了我国法官惩戒的情形、惩戒种类以及惩戒权限等程序要件。惩戒法官的主体是法官惩戒委员会以及各级人民法院。

第二节 "大众"与"职业"伦理道德的冲突

一、日常伦理道德与职业伦理道德

通常而言,职业规范为协调法律人的各种道德和伦理责任提供了一揽子的制度化解决方案,并且为法律人提供了道德与伦理上的指引。相比较而言,法律职业群体中的法官、检察官以及公证员的伦理与道德较少引起争议,也很少得到公众与研究者的关注,但律师职业道德与伦理却总是成为职业伦理讨论的焦点。即便在法治发达国家,随着职业伦理道德体系的逐步建立,有关律师职业伦理的深层次争议与分歧非但没有消弭,反而有愈演愈烈之势。而问题争议的根本焦点,在于日常伦理道德(ordinary morality)与律师职业道德之间的尖锐冲突和分歧。这种分歧在大众文化与人们的日常社会心理中也展露无遗,大众想象中的律师往往是见利忘义的势利小人。例如,一则流传甚广的笑话是这么说的:当律师从手术麻醉中醒来的时候,他问:"为什么所有的窗帘都拉得那么严实?"护士回答他说:"因为街对面起火了,我们不想让你觉得自己已经死了。"公允地说,尽管大众对律师的看法充满偏见,却也事出有因。

---

① 具体体现在《中华人民共和国法官职业道德基本准则》中。

虽然法律人时刻标榜自己的伦理和道德标准，但表达与实践却有着强烈的脱节。例如，在水门事件中，包括尼克松总统和当时的司法部长在内的二十一位法律人（律师）都背弃了律师的职业伦理与道德，甚至涉嫌严重违法。由此为法律界内外的人士强烈诟病并引发了一系列律师职业相关制度的变革。此外，律师和大众道德观的对立似乎还具有跨文化的广泛性。例如在中国古代，尽管不存在现代意义上的“律师”，但为帝制时代中国居民提供法律服务的“讼师”也并非正面的形象。讼师“操两可之说，设无穷之词”，在百姓的眼中都是贪得无厌、欲壑难填的机会主义者。大众文化尽管渲染或夸大了讼师的恶习，却同样并非全属空穴来风。[①] 这样看来，律师伦理道德与日常伦理道德之间的冲突似乎在任何社会中都难以避免。

二、“快乐湖尸案”中的道德困境

为了深入地理解日常伦理道德与职业伦理道德的冲突，我们不妨以律师职业伦理道德领域最著名的案件“快乐湖尸案”作为讨论的范本。案情大致如下：

1973 年 7 月 19 日，Robert Garrow 刺杀了一名露营的学生 Philip Domblewski。大约十天后，Garrow 被捕。警方怀疑 Garrow 还参与了另外几起失踪和杀人事件。在距离 Philip Domblewski 尸体五十英里外，警方发现了 Daniel Porter 的尸体，其致死方式与 Domblewski 类似。此外，与 Porter 一同露营的年轻女性 Susan Petz 也不知去向。警方还怀疑 6 月 11 日失踪的另一名少女 Alicia Hauck 也已经惨遭该犯罪嫌疑人杀害。由于找不到尸体，案情一直没有突破。

在 Garrow 被捕后不久，Frank Armani 与 Francis Belge 两位律师成为此案的辩护人。在他们接受这个案子大约一个月之后，委托人 Garrow 向两位律师一五一十地交代了自己的作案经过。他承认自己杀死了 Daniel Porter，强奸并杀害了 Alicia Hauck 和 Susan Petz。根据委托人的描述，Armani 和 Belge 两位律师找到并核实了两位被害人的尸体，还拍摄了照片

① 参见尤陈俊：《清代讼师贪利形象的多重建构》，《法学研究》2015 年第 5 期。

作为记录。9 月 3 日，律师试图与地区检察官就辩诉交易进行协商。作为对犯罪嫌疑人从轻发落的交换条件，他们可以为警方寻找尸体提供帮助，但遭到检察官的拒绝。与此同时，其中一名被害少女 Hauck 的父亲也联系到 Armani，要求其提供关于女儿下落的信息，但 Armani 守口如瓶。

数月之后，警方最终找到了 Alicia Hauck 和 Susan Petz 的尸体，但由于缺乏关键证据，警方仍然无法将这两起案件与 Garrow 案合并。直到 1974 年 6 月该案开庭审理，事件才有了转机。为了获得精神病辩护以减轻刑罚，被告人在庭上公开承认杀害了以上四位被害人。两位律师在庭审之后随即召开了新闻发布会，他们承认早就知道被告人的其他罪行，也知晓尸体的下落。

此案细节被公诸于众后在公众媒体与法律界引起轩然大波。公众和媒体批评两位律师的做法，很多法律界人士则坚定地支持他们的选择。直到今天，这个著名的“快乐湖尸案”仍然是美国法学院律师职业伦理课上的经典案例。为了呈现这里的道德困境，我们不妨将不同的道德与伦理责任做一个分类。

道德责任 a：根据职业道德中有关保密义务的要求（体现在美国现行《（法律）职业行为示范规则》1.6 中），除某些例外情形之外，未经委托人同意，律师不得披露与案件代理相关的信息。由于本案的案情不在明确列举的例外情形范围之内，律师不得向外界披露尸体的位置。

道德责任 b：对于对方当事人与代理人，律师也承担着不得阻碍另一方获得证据的义务。（体现在美国现行《（法律）职业行为示范规则》3.4 中）

道德责任 c：纽约州刑法典规定，阻止、隐藏或者拖延发现犯罪人罪行的行为属于“阻碍起诉”的违法行为。根据刑法和示范规则，两名律师应当将这个信息告知检察官。

道德责任 d/伦理责任 a：对于司法机关和公众，律师负有不得以欺骗、欺诈以及虚假陈述的行为来误导司法的义务或责任（体现在美国现行《（法律）职业行为示范规则》8.4 中）。同时，这也是律师获得职业价值认同的根基，即律师的法律服务最终以真相和正义为终极价值。

伦理责任 b：律师安身立命的根本性价值在于某种“至善”的追求。这种至善既是知识、理智与技能上的卓越，也是投身公共服务和共同善的献身精神。律师应当努力达至业务技能的最高水平，努力完善法律和法律职业，并在实现公共服务这一理想中发挥典范性作用。

两位律师面临两种可能的行动选择——披露还是不披露，然而职业道德和伦理责任却给了他们互相矛盾的两个答案。

在职业道德要求这一边，一部分道德责任指向不披露的选择。这一要求（道德责任 a）最主要地来自律师和委托人之间的信赖关系，保护当事人利益的考虑构成了律师不披露的道德责任或义务。

而另一部分道德责任指向披露的选择。针对对方当事人和代理人的责任（道德责任 b 不阻碍对方获得证据）以及由职业道德中的守法义务所引出的道德责任（道德责任 c）。

在伦理责任这边，对真相和正义的追求（伦理责任 a）以及致力于公共服务的承诺（伦理责任 b）似乎倾向于要求律师披露信息。

在这里，我们不拟针对这种道德两难的情境给出任何确定的实质性答案，我们的兴趣仅仅在于从理论上理解日常伦理道德与职业伦理道德之间的冲突。这一冲突构成并贯穿了迄今为止的法律伦理学研究。我们的问题在于，日常伦理道德与职业伦理道德的“冲突”究竟是怎样的一种冲突？“快乐湖尸案”提供了一个范例，让我们能够深入地理解这一冲突。

三、日常伦理道德与职业伦理道德的冲突

对日常伦理道德与职业伦理道德冲突最常见的理解，是将律师的伦理困境看作是“两个体系”之间的冲突。这也代表了对“好律师可以是好人吗”这一诘问的第一种理解。

这种理解将“律师”与“好人”的角色分割开，把职业伦理道德的体系与日常伦理道德的体系对立起来，赋予作出伦理与道德抉择的律师以“律师”和“一般人”（ordinary person）两重身份。更进一步，这种理解将律师面临的伦理道德冲突刻画为两个规范性体系所带来的伦理与道德责任冲突。在这种概念框架下，问题似乎只能以一边倒的方式来解决。要么律师信守日常的伦理道德准则，要么遵循职业伦理道德的要求。在许多论者看来，律师对于委托人一边倒的忠诚义务使得律师在与其他人打交道时总是或总是可能作出反道德

(amoral)的行为。在“快乐湖尸案”中,律师所承受的主要的道德撕裂即律师在对委托人一边倒的忠诚(保密)义务与相对于对方当事人、律师、公众等其他主体的诸多道德义务之间的冲突。在这样的概念框架下,有论者提议以律师职业的“去职业化”作为根本的解决方案,主张法律职业伦理与日常伦理融合并成为其一部分。① 根据去职业化伦理道德体系的设想,律师的道德义务与道德责任将等同于日常道德义务与道德责任。“好人”的标准只有一个,好律师是好人,并且好律师仅仅是一个日常伦理上的好人,而无须任何独立于日常伦理道德体系的职业伦理道德体系。

两种独立伦理道德体系冲突的看法看起来有说服力,但这种概念化的方式存在严重的缺陷。实际上,并不存在任何泛泛而论的“日常伦理道德”。在家庭道德的领域内,我们通常不会说,“日常伦理道德与作为父亲的伦理道德冲突”;类似地,即便在职业性的道德领域内,我们也不会说“日常伦理道德与作为医生的伦理道德冲突”。理由在于,“作为父亲的伦理道德要求”本身就是日常伦理道德不可分的一部分。类似地,我们也可以在这个意义上理解职业道德,我们可以说“作为医生的伦理道德要求”本身也是日常伦理道德不可分的一部分。“日常伦理道德”总是由一个又一个特定的社会性角色所构成。正是因此,“日常伦理道德”与“职业伦理道德”并非是相对独立的两个规范体系。中国古代儒家对道德困境或两难选择的讨论也为这种看法提供了潜在的支持。在孔子所谈论的“子为父隐”中,②我们发现与这个道德两难相关的是“儿子”这一角色附随的道德要求和“社群成员”这一角色附随的道德要求;而在孟子所关注的“瞽瞍杀人”假想例子里,③发生冲突的双方则是舜作为“天子”的美德和义务与舜作为“儿子”的美德和义务。由于儒家美德伦理学具有高度个别主义(particularistic)的特征,从儒家的角度看,没有什么抽象的、无

① See Richard Wasserstrom, “Lawyers as Professionals: Some Moral Issues”, *Human Rights* (1975)5:14, p.15.

② 叶公语孔子曰:“吾党有直躬者,其父攘羊,而子证之。”孔子曰:“吾党之直者异于是。父为子隐,子为父隐,直在其中矣。”(《论语·子路》)

③ 桃应问曰:“舜为天子,皋陶为士,瞽瞍杀人,则如之何?”孟子曰:“执之而已矣。”“然则舜不禁与?”曰:“夫舜恶得而禁之? 夫有所受之也。”“然则舜如之何?”曰:“舜视弃天下,犹弃敝蹝也。窃负而逃,遵海滨而处,终身欣然,乐而忘天下。”(《孟子·尽心上》)

特定社会角色的“日常伦理”。任何伦理或道德要求都必然是从某个视角出发，是对占据某一特定社会角色的、在具体选择情境中的个人的道德要求。人类社会实践的复杂性也要求这种根据角色区分的伦理体系。“天子”的角色伦理不同于“儿子”的角色伦理，是因为“天子”与“儿子”所参与的社会实践有本质上的区别。律师作为一个在法律实践中提供特定服务的职业群体，自然也应当有独特的伦理体系。一旦我们认可这种关于社会角色的道德的结构功能进路，即道德上好的律师就是在司法制度中能很好地发挥律师功能的人，我们就不得不承认：法律职业伦理道德体系具有相对独立性，但这种“相对独立性”并非一种规范性体系存在方式上的独立性，而应该被理解为“伦理道德体系”的一部分。

至于人们如何称呼这种“伦理道德体系”，是否将其叫作“日常伦理道德”，则仅仅是一个概念使用习惯的问题。真正的要点在于，“好人”与“好律师”并不存在真正的冲突，“好律师”是“好人”，并且正是他做一个“好律师”的时候，他才是一个“好人”。律师所面临的伦理道德困境并非是两种规范性体系冲突的结果，而应当看作是同一规范性体系中不同社会角色带来的角色伦理或道德之间的冲突。

四、品格、规则与责任

本章开篇粗略地区分了伦理要求与道德要求在性质上的不同之处。道德要求（或人际道德责任）的关注点在于“行为”，通常是人（主体）与人（主体）之间的规范性要求，是对道德主体开展行动的“底线”约束，构成了“是非对错”的判准；与此相对，伦理要求（或个人伦理责任）的关注点在于“品格”，是参与到伦理实践中的主体对卓越品格或秉性的追求，同时也是道德主体对于自身存在价值或生活方式的某种肯定，有关“安身立命”的根本。

这个概念框架可以帮助我们重构“好律师可以是好人吗”这一问题的要点。这个问题不再被理解为两个规范性要求体系之间的矛盾，而是被理解为来自不同社会分工角色的不同伦理和道德要求之间的冲突，这一冲突又可以分为道德要求与伦理要求之间的冲突。就如我们在分析“快乐湖尸案”时所看到的，身处律师角色的法律人对委托人、对方当事人和律师、法院以及公众都负有不同的道德义务或责任，这些责任指向无法兼容的行动，“是非对错”的标准互相打架；而另一方面，在这种困境下，律师陷入负面的愧疚、自我厌弃等情感，“安身立命”的价值根基分崩离析，从而陷入某种深刻的“存在论危机”（existential crisis）。

美国法学家卡尔·卢埃林（Karl Llewellyn）对这种法律人身份带来的道德责任冲突和伦理危机有准确而深刻的描摹。

> 法律人是集众多冲突于一身的人。与这个社会的任何人相比，他同时要面临众多竞争的主张和忠诚的要求。你必须以最佳的状态为当事人服务，但同时，你又不能淡忘自己也是法庭官员并因此对整个法律制度的维护有特殊义务这一事实。你会发现，这些职业义务就如兄弟姐妹们，让你无法辨别孰重孰轻。你还会发现，它们会与你所承诺的其他责任狭路相逢——你的良心、你的信仰、你的家庭、你的伴侣、你的国家，以及其他在你心目中崇高的召唤。他们会将你瞬间撕裂，因而你必须要学会处理这些矛盾。①

卢埃林特别强调了这种来自职业价值认同的“崇高感”或“尊崇感”的意义，正是因为它，法律职业构成法律人“安身立命”的根基。对于“好律师”与“好人”之争的另一种同时也是更好的一种理解，是将其看作道德要求与伦理追求的撕裂和冲突。律师身处这种深刻而复杂的道德困境中，失去了安身立命的稳固基础。在“快乐湖尸案”中的两位律师就备受来自良心、信仰以及其他崇高召唤的煎熬，理想与现实的巨大落差对两位律师构成了极为严峻的心理与伦理挑战。这里的“好人”不再被理解为“是非对错”意义上“不做错事”的道德主体，而是被理解为过着蓬勃焕发的人生，能够从自己所选择并承诺的事业中获得真正的成就感，从而“活得好或过得好”的人。然而悲剧性的是，“好律师”的道德标准却阻碍律师自己“活得好或过得好”。

因而，真正的困难并不在于构成“好律师”的那些行为标准或道德责任相互打架。即便像卢埃林所说的，“这些职业义务就如兄弟姐妹们，让你无法辨

---

① 转引自 Mary Ann Glendon, *A Nation under Lawyers*, New York: Farr, Straus and Giroux, 1992, p.17。

别孰重孰轻”，但最终，通过在政治道德上角色伦理式的“结构功能”式（进路的）思考来冷静而理性地彻底反省法治、自治、人权和真相等诸多价值的关系，①再通过运用某种孟子式的道德想象力或亚里士多德式实践智慧的运用，相互冲突的人际道德责任最终或许是可以解决的。许多时候，这并非最根本的难题，这些冲突或许仅仅是因为选择主体的道德专业能力（moral expertise）的不足。就像小学生难以解答复杂的数学题，真正的难点并不是在问题本身无解，而是因为他们处理问题的数学知识不足、数学推理能力不够。职业规范的要求需要相应的决策和判断力，就像美国《（法律）职业行为示范规则》序言中所说，“这些难题，必须通过敏锐的专业判断力和道德判断力，在构成这些规范的基本原则的指导下加以解决”。或即便解决不了，即便这些选择的困境构成了真正的不可解决的道德两难，②律师也不会必然陷入安身立命的“存在性危机”。

真正的难题在于道德责任和伦理责任的碰撞。这些来自委托人、法庭和公众的道德责任“会与你所承诺的其他责任狭路相逢——你的良心、你的信仰、你的家庭、你的伴侣、你的国家，以及其他在你心目中崇高的召唤”，进而摧毁法律人安身立命的根基。在“快乐湖尸案”中，其中一位正直的律师Armani在作出艰苦抉择的时候深刻地感受到（对被害者家属的）悲悯和同情、（对委托人的）愤怒和憎恶以及对自身以及所从事职业的深深厌弃。如果我们把法律人在遇到伦理困境时的这些情感反应看作是一种心理学事实——关于人类如何才算“过得好”或“活得好”的自然事实的一部分，那么一种成熟的职业伦理与道德理论应当直面这种自然事实并对其提供富有意义的阐释。

这样的一种理论需要纳入并且重视职业规范体系中的“品格”与“美德”要素。

---

①　就像本书第三章对法治和法律职业道德的讨论所表明的，这些冲突的道德责任最终将收敛于法治的政治道德理想。

②　可解决两难所涉不同道德要求背后的理由有明显的高下轻重之别，行动者可以通过实践慎思最终作出正确的选择；而不可解决两难所涉不同道德要求背后有着同样充分或分量相近的理由。在后一种情况下，行动者找不到任何充分的基础来论证其选择。换言之，在不可解决的道德两难中，不存在正确的道德选择。这种道德两难就是“真正的道德两难”。参见王凌皞：《应对道德两难的挑战——儒学对现代法律职业伦理的超越》，《中外法学》2010年第5期。

以儒家伦理学为例,孔子一再地强调行动者品格的不同构成部分(行为的动机、情感)在伦理生活中的核心地位。[①] 以“孝”这一传统美德为例,在父母和子女的交往中并不存在确定一个行为正确与否的准则:服侍父母的行为本身——“有事,弟子服其劳;有酒食,先生馔”——不足以成为这一行动正确的充分条件,只有该行为与行动者适当的情感与动机相协调,这一行为才能被称作是“孝”的[②]。换言之,在孝顺父母的行为中,子女必须出于孝的动机和情感,和颜悦色地表达出“敬”的态度[③],并以这样的心理状态来服侍父母,这样的行动才是道德上完全正确的,这样的行动者也才是道德上完善的行动者。排除构成“孝”这一美德的情感、动机等必要要素之后,这样的行为就如同饲养家畜——“至于犬马,皆能有养,不敬,何以别乎?”因此,对于儒家来说,“孝”的美德占据着对孝顺行为进行道德评价时的核心位置:具有“孝”美德的子女在孝顺父母的过程中通过主观状态(动机、情感)适当地表达了这个美德,这样的孝顺行为才是道德上正确的。在美德伦理的视野内,“安身立命”就和“是非对错”得到了统一。类似的观点同样也在古希腊亚里士多德的伦理学体系中得到了强有力的表达。从这种美德伦理的视角看,一个社会角色相对应的规范性要求不仅仅是满足道德责任的行为本身的“正确”,同时也要求行动者具有合宜、妥当的秉性和品格,通过表达这些卓越的秉性和品格,行动的主体才回应了对于自我“安身立命”的伦理责任。

律师作为法律专业人士,以法治的实践为业,其职业操守更应当以此为核心。在律师职业伦理的整体结构中,守法无疑是所有美德的基础,而勇敢、正直等美德是次要品格,是用以支持“守法”的次要德性。“守法”的核心美德和“法治”的理想密切相关,这个美德界定了法治实践的核心价值,也正是这个美德把律师群体同其他职业群体与一般公民区分开来。当守法的美德遭受来自权势者的压力时,律师就需要有“勇敢”的品质来守护法治的基本价值,信

① 参见王凌皞:《儒家美德裁判理论论纲:当代法理学语境下的重构》,浙江大学出版社2015年版,第3章。

② “子夏问孝,子曰:‘色难。有事,弟子服其劳;有酒食,先生馔,曾是以为孝乎?’”(《论语·为政》)

③ “子游问孝,子曰:‘今之孝者,是谓能养。至于犬马,皆能有养,不敬,何以别乎?’”(《论语·为政》)

守法律的要求；当有不同的手段可供选择以捍卫法治基本价值的时候，律师应当选择最为正当合法的那个手段，不可出于最终的目标而不择手段地背离“正直”的品格。我国《律师执业行为规范（试行）》（含修正案）第六条将“守法”作为律师的至上美德，第七条和第八条分别把“诚信”“勤勉”以及“职业修养”作为律师执业的“基本行为规范”，但这些概念首要的是关于律师这一伦理主体的品格和秉性的要求，而不是关于行为外观方面的要求。

这种伦理责任的要求并不仅仅对于律师而言，包括法官以及检察官群体在内的法律人同样受到“尊荣感”的感召，并以德性概念来刻画这种职业认同与伦理责任。以法官为例，在理想的条件下，我们会要求司法官员具备守法、中立、勇敢、节制、平和和实践智慧等诸多司法美德。[①] 司法官员的首要美德是守法（lawfulness）或儒家所说的“义”。“君子喻于义而不喻于利”，法官是法律这一公共理由的公共运用者，法律上的判断必须首先穷尽法律上有权威性的公共判断，而不得诉诸个人的判断，更不应当追求个人的私利。[②] 我国《法官职业道德基本准则》第9条要求法官在审判中“准确把握法律精神，正确适用法律”，并“避免主观臆断、超越职权、滥用职权，确保案件裁判结果公平公正”。司法“第三方裁判”的本质属性还要求司法裁判者不偏向争议任何一方的不偏不倚中立性（impartiality）的要求，司法上的“中立”在本质上是一种涉及心理倾向性的要求，一种对个人品格的要求。“中立”的美德体现在我国《法官职业道德基本准则》第13条，要求法官在审判中严守中立性，审理案件时“保持中立公正的立场，平等对待当事人和其他诉讼参与人，不偏袒或歧视任何一方当事人，不私自单独会见当事人及其代理人、辩护人”。司法上的“勇气”则要求法官能够在重重阻力下追求合法中立的判决，甚至以断送虔诚、声望扫地为代价，而不受制于司法活动外部强权的干扰。《法官职业道德基本准则》第8条明确提出法官司法勇气的重要性，在司法审判中“独立思考、自主判断，敢于坚持原则，不受任何行政机关、社会团体和个人的干涉，不

---

① 从新亚里士多德主义美德理论角度出发的系统性处理，可参见 Lawrence B. Solum, “Virtue Jurisprudence: An Aretaic Theory of Judging”, 34(2003) *Metaphilosophy*, pp.178-213。

② 参见王凌皞：《儒家美德裁判理论论纲：当代法理学语境下的重构》，浙江大学出版社2015年版，第6章。

受权势、人情等因素的影响”。平和则和法律上规范性判断的性质有关,通常人们的“合宜愤怒程度”表征了过错或罪过的大小,一个性情急躁且鲁莽的法官就无法得出合宜的判断,从而导致某种不公。《法官职业道德基本准则》第24条,要求“语言文明、态度平和”,实际上就是对法官言语与态度合宜性的要求,指示法官在宣判前必须谨言慎行,不可以轻率鲁莽地通过言语、表情或者行为流露自己对裁判结果的观点或者态度。在这些主要的司法美德之外,一个法官还得具有相当的实践智慧或者卡尔·卢埃林所说的情景感(situation sense)。一个法官还必须勤勉、廉洁,提高自身修养,在工作中“忠于职守,秉公办案,惩恶扬善,弘扬正义”(《法官职业道德基本准则》第23条),“坚守廉洁底线,依法正确行使审判权、执行权,杜绝以权谋私、贪赃枉法行为”(《法官职业道德基本准则》第15条),甚至在个人的日常生活中,“加强自身修养,培育高尚道德操守和健康生活情趣,杜绝与法官职业形象不相称、与法官职业道德相违背的不良嗜好和行为,遵守社会公德和家庭美德,维护良好的个人声誉”(《法官职业道德基本准则》第25条)。这些要求,显然已经超越了道德主体之间界定“是非对错”行为准则的边际,而进入到法官自我伦理责任的部分。这些伦理责任最终也将和“司法”这一活动的内在价值“法治”发生关联,与职业道德责任的体系一起构成完整的“职业伦理道德”体系。

【法治故事】

尼克松辞职对(法律)职业(准则)产生的后果

尼克松的下台事件,对法律职业的影响,完全出乎人们的意料。尼克松是律师出身,许多卷入水门事件丑闻的人也有同样的背景。这让许许多多美国民众以及许多律师自己感觉法律人/律师们和普通罪犯那样都很坏。

尼克松的辞职很快就导致了一场关于律师行为(准则)的革命,并转变和形成了现在称之为“法律伦理”或“执业律师的职业责任”(Attorney professional responsibility)的领域。这对法律职业的变革产生了很大影响,而这一大幕在尼克松辞职前几年,就已经被一份题为《克拉克报告》(*Clark Report*)的文件拉开了。

关于律师执纪审查准则(Discipline)的《克拉克报告》

汤姆·克拉克(Tom C.Clark)在长达四分之一个世纪中,位居美国法律界之翘楚。1945年到1949年,他是杜鲁门总统的司法部长;1949年到1967年,他任最高法院大法官。他在一个民权案件中发起了美国第一个"法庭之友"文件,并在刑法和宗教—国家关系领域,撰写了一系列堪称里程碑式的判词。

但有人认为,克拉克大法官对法律领域最大的贡献,是在1967年当他的儿子拉姆齐被林登·约翰逊总统任命为司法部长而克拉克本人离开最高院以后作出的。在那一段岁月里,克拉克将他的智慧与精力投身于美国律师协会的一个委员会中(现在被称为"克拉克委员会")。这个机构对律师执纪审查准则做了深入的研究,通过研究对违反规则的律师课以惩罚,这些规则得以实施。该委员会还发布了一份报告(《克拉克报告》),并最终推动了一系列的改革措施。《克拉克报告》是一个起点,在随后的数十年间,它完全重塑了法律伦理领域。

广泛的改革

1970年8月,美国律师协会的管理机构(成员)一致批准了《克拉克报告》及其数量众多的建议,进而推进各种步骤以确保各州能够具体执行。《克拉克报告》以及数年之后的水门事件丑闻(该事件中数量众多的法律人被指控或证实犯有罪行),引发了一场全国范围内的关于法律职业伦理的辩论。这一辩论随后引发了一系列律师执纪和其他相关领域的改革,包括法律教育、律师资格(考试和认定)、执业过错责任(malpractice liability)、法律继续教育,以及伦理改革。今天,已经没有人再认为美国的法律职业执纪(体系)是有"丑闻"缺陷的了。

数量众多的颜面扫地的法律人

与水门事件相联系,包括尼克松总统和他的司法部长约翰·米歇尔(John Mitchell)在内的21位法律人/律师,涉嫌违法违规。律师的伦理标准由此为法律职业体系内外的人士所诟病。《克拉克报告》对律师执纪体系丑闻的谴责以及水门事件丑闻表明,改革已经刻不容缓,这导致了法律职业责任领域永久性的改变,而相关进展及其数量都是令人瞩目的。

法律教育中对伦理的关注

1970年以前,很少有美国法学院的课程会去关注律师职业伦理,结果导致那个时代的新律师通常对职业责任事件的挑战应对不足,而这些事件恰恰是他们在执业时要面对的。今天,在美国所有的法学院,学生们都会被要求修一门完全以律师职业责任为主题的课程。这些课程通常要求学生花费30个及以上的学时,学习各种律师在法律执业时可能会遇到的伦理事件的类型。此外,法律诊所课程和其他的项目,现在也会对律师执业伦理予以充分的关注。比如,在耶鲁大学法学院伦理机构工作的学生,会为律师们就如何应对执纪规则问题提供咨询,他们还会起草关于职业责任相关的法律诉讼的摘要等。

多元的执行体系

今天,适用于美国律师的伦理规则,可以通过多种渠道来实施与执行。这其中包括惩戒(通常有训诫、暂停执业、吊销律师执照以及再教育等)、执业过错诉讼(一种律师可能会因为有缺陷的职业行为,陷入向受害的申请人进行赔偿的民事诉讼)、法院施加的制裁(如对"轻率诉讼"课以罚金),以及没收费用(律师对客户严重违约导致全部或部分失去赔偿的情形)。

专业化的惩戒程序

今日美国律师所面对的惩戒机构和程序,是强力、财力充足且高度专业化的。调查有错误行为律师的检察官们,往往待遇优渥并在伦理执纪领域全职履职,其目的在于监督专业(职业)行为并保护大众。通常,这些检察官们往往也是全国律师咨议组织(National Organization of Bar Counsel, NOBC)的成员,这是一个深受尊敬的专业机构,专门促进执纪领域的高标准和最佳实践。NOBC和相关组织搜集数据,进行行为研究,起草标准,提供教育项目,并为执纪官员提供咨询。各律师协会和州高级法院之间不断增加的交流和协作,也完善和提升了执纪的程序。

另一方面,那些专门为其他律师提供辩护的律师,通常也是同样受到尊敬的"职业责任律师协会"(Association of Professional Responsibility Lawyers, APRL)的成员。这一机构的成员通常因把相当的执业时间投入法律伦理问题,而在该领域受到高度尊重。APRL运作着一个活跃的网上讨论平台,这一领域的执业律师们能够由此向同事们提供咨询和指南,他们相互辩论,并就最近的律师职业责任相关的法律发展进行评论。APRL 还定期举行继续教育会议,会议邀请在职业责任领域各方面有代表性的律师协会(成员)和学者参加。

充分的法学学术研究

作为民事诉讼的一部分,法律执业过错案件的增长,导致了该领域法律学术研究的爆发性增长。今天,很容易找到与"如何'做律师'的法律"这一议题相关的教学材料、条约、法律期刊文章以及执业手册等。这类法律学术研究在水门事件发生前基本是不存在的。因此,现在许多法学教授都把职业责任或法律执业过错相关法律,作为他们授课重点或者研究领域,也就不让人感到奇怪了。

尼克松在法律伦理领域的遗产

水门事件的爆发以及尼克松总统的辞职,促进了法律伦理领域诸多有价值的改变。正如前白宫顾问约翰·丁(John Dean)指出的,这些改变是后水门时代真正有恒久价值的改革。在尼克松离职后,改革者们抓住机遇,建立了一系列的机构,制定了一系列实践规则,提升了律师的执业标准,为客户和公众提供了更多的保护。当然,尼克松对此并没有功劳,因为他的行为本身,不少都是不诚实的,悖离了美国法律职业最优秀的传统。这个故事还表明,用一句老生常谈的话来说,"乌云也可以镶金边"。谁也没想到,那场入室盗窃民主党党部的闹剧,能够对法律职业产生如此正面的影响。水门事件危机是美国历史中的一个低点。幸运的是,法律界、学术界以及政府内的改革者们将对此事的认识提升到了触及美国法律制度根本性问题的高度,导致法律职业伦理问题受到了前所未有的优先关注。今天,比以前更多的(研究)精力和更多的资源,被投入到了美国律师和法官(履行)更高行为标准的衔接和执行方面。由此,这一部分的法律体系的运作,也优于其在美国历史上的其他任何时候。①

---

① 节选自文森特·约翰逊:《水门事件、〈克拉克报告〉与美国法律伦理的变革》(http://jiaping.blog.caixin.com/archives/197081),贾平译。作者是美国得克萨斯州圣安东尼奥市的圣玛丽大学法学院南德州讲席教授。他是美国最权威的法律伦理学学者之一。他参与主编的《法律伦理学》(2018)是全美法学院的通用教材。他曾以富布赖特学者身份在中国人民大学法学院任教,现在也是北京航空航天大学法学院的客座教授。本章作者对译文进行了细微的字句修订,以统一术语。

【问题与思考】

1. 什么是职业伦理？什么是职业道德？
2. 法律职业规范中的道德责任和伦理责任有什么区别？
3. 职业道德义务之间的冲突一定能够被解决吗？为什么？
4. “中立”为什么是一种司法活动(的)必要秉性和美德？
5. 职业行为规范和美德是什么关系？

第 二 编

法律职业伦理分论

第五章　法官职业伦理

法院是法律帝国的首都，法官是法律帝国的王侯。

——德沃金①

法官除了法律就没有别的上司。

——马克思②

第一节　法官职业伦理概述

一、法官及其角色定位

埃尔曼在其《比较法律文化》中把法律职业分为五类：第一类是那些对法律冲突予以裁判的人，其中最重要的是法官和治安官，另外还有仲裁人、检察官、在准司法机构以及行政法院中工作的官员等；第二类是代理人，即代表有关当事人出席各种类型审判机构的审判人员；第三类是法律顾问，通常他们不出席法庭；第四类是法律学者；第五类是一种各国极不一致，然而其重要性却在不断增加的人员，即受雇于政府机构或私人企业的法律职业者。③ 在这些法律职业之中，法官居于核心地位。可以不夸张地说，法官是文明社会的良心。历代先贤都曾高度评价法官及其裁判的重要性。亚里士多德曾说："在

---

① [美]德沃金：《法律帝国》，李常青译，中国大百科全书出版社 1996 年版，第 361 页。

② 《马克思恩格斯全集》第 1 卷，人民出版社 1995 年版，第 180—181 页。

③ 参见[美]埃尔曼：《比较法律文化》，贺卫方、高鸿钧译，生活 · 读书 · 新知三联书店 1990 年版，第 105、106 页。

争论不休的时候，人们就诉诸裁判者，去找裁判者就是找公正。裁判者被当做公正的化身。”①英国哲学家培根也曾有过经典名言：“一次不公正的裁判比多次不平的举动为祸尤烈。因为这些不平的举动不过弄脏了水流，而不公的裁判则把水源败坏了。”②虽然法官在不同法系、不同国家司法制度之中的作用不尽相同，但是包括法官在内的司法工作者对法治形成与发展的决定作用已经成为共识。

法官角色符合美国社会学家默顿所谓的“角色丛”定位，即由单一地位所衍生出的一系列角色。③ 20 世纪 90 年代以降，已有很多学者对法官角色进行过论述，其中具有代表性的观点分别是：法官角色经历了从“运动员”到“裁判员”、从附属人格到独立人格、从“工具论”到“独立价值论”、从主动参与者到被动裁判者、从普通公务员到职业司法官、从纠纷解决人到正义分配人、从规范适用者到规范创制者、从法律维护人到法律发展人、从秩序维持者到自由与权利的保护者和从实质公正的追求者到程序公正与实体公正共同的维护者等 10 个转变；④法官角色主要可归纳为权力人、法律人、文化人、社会人；⑤等等。就法律的“内部视角”而言，法官被定义为一个消极、中立、被动的裁判者。然而将法官置于一国特定的社会背景之下，从社会的“外部视角”观察法官，政治性法官角色、法律性法官角色和社会性法官角色就凸显出来，为描绘当代中国法官角色提供镜鉴。⑥

二、法官职业伦理的内涵

法官职业伦理是指审判人员在履行其职责过程中所应具备的优良的道德

① ［古希腊］亚里士多德：《尼各马可伦理学》，苗力田译，中国人民大学出版社 2003 年版，第 100 页。

② ［英］培根：《培根论文集》，水天同译，商务印书馆 1983 年版，第 193 页。

③ 参见［美］约翰·J.麦休尼斯：《社会学》（第十一版），风笑天等译，中国人民大学出版社 2009 年版，第 171 页。

④ 参见蒋惠岭：《论法官角色的转变》，《人民司法》1999 年第 2 期。

⑤ 参见瞿琨：《论法官角色与公正司法》，《学术界》2006 年第 1 期。

⑥ 参见江国华、高冠宇：《当代中国法官角色的谱系》，《江汉大学学报（社会科学版）》2012 年第 3 期。

品质以及在调处各种社会关系时所应遵循的优良道德规范的总和。[①] 它是在法治的价值取向下的法官职业化过程中的衍生物，是在法治背景下从事法官职业、处理与相关当事人之间关系时所应当遵守的那些准则和规范。以职业化为前提的法官职业伦理呈现三个层面：第一层面在于一般性的职业化群体，其职业伦理基于韦伯所说的"廉洁正派"和"荣誉意识"，但仍然是与一般社会道德相混同的；第二层面在于法律职业群体，其职业伦理主要基于因垄断法律资源而对社会大众所承担的责任，但这一层面涉及所有的法律职业；第三层面在于法官职业，其职业伦理主要基于法官中立的职业地位和判决终局性的职业属性。[②]

法官职业的本质即"法律人以程序正义和专业知识的名义主张法治话语相对于其他政治话语的独立地位"[③]。法官职业伦理伴随着法官职业的形成、发展及社会需要而产生，是一种特殊的社会意识形态和行为准则。法官职业伦理与司法目的、司法行为、司法环境以及社会发展的需要相联系，反映了社会对法官的某种期待，展现了法官职业的价值取向。故而，法官职业伦理是法官业内业外活动中所应一体遵循的内在与外在的行为规范、理念、信念及价值选择的总和。

法官遴选的原则和标准在很大程度上决定了法官职业伦理的起点和可能性。基于不同的历史文化和法律传统，不同国家、不同法系的法官遴选标准存在很大区别。在美国，联邦法院和州法院法官分别使用不同的任职标准和遴选程序。在任职资格方面，联邦法院法官首先是美国公民，其次要在美国大学法学院毕业并获得 JD 学位，同时通过律师资格考试，并从事律师工作若干年。在州法院体系，法官的资格条件要比联邦法院法官低一些。但是，最高法院、上诉法院和具有不同管辖权的初审法院的法官，一般应具备联邦法院法官的任职资格。在英国，法官遴选对象范围狭窄，候选人资格有限，能进入法官队伍的凤毛麟角。治安法院的法官从社区的非法律专业人员中选拔，除此以外

---

① 参见许身健主编：《法律职业伦理》，北京大学出版社 2014 年版，第 136 页。

② 参见夏正林、冯健鹏：《从职业道德到职业伦理——对我国法官职业伦理的重述》，《华东理工大学学报(社会科学版)》2012 年第 6 期。

③ 冯象：《木腿正义》，北京大学出版社 2007 年版，第 139 页。

所有法官都从参加全国高级或初级律师协会的律师中遴选。对法官的职业素养和人品素质要求都非常高,同时受政党和政治的影响较小。在德国,法官遴选必须经过两次权威的国家司法考试,并重视法律职业训练;州法院法官和联邦法院法官的遴选机构和程序不同。德国州法院初任法官的申请人必须是德国公民,满足法律教育要求,通过第二次国家司法考试,拥护联邦基本法。在法国,法官遴选比较重视社会实践经验,普通法院的法官在修完大学法律课程并获得法学学士学位后,还需通过由政府主持的考试,然后进入国立法官学院进行为期31个月的专业培训。在日本,职业准入门槛较高,主要体现在国家统一司法考试的极端严格。这是日本法官任职的基本条件。统一司法考试历年及格率最高只有7%,多在2%至5%之间。法院级别越高,法官的任职资格要求越高。最高法院法官的任职资格要求必须是:见识高、有法律素养,年龄在40岁以上;至少有10年具备曾任高等法院院长或法官10年以上资历。①

这些国家法官遴选制度的共同点在于:法律专业知识、法律职业经验和法律职业伦理作为法官遴选的最重要考核指标;一些专门机构在法官遴选过程中起重要作用;任命法官的主体层次高。同时,这些制度之间也存在很大的差异性。相比之下,德、法、日三国更加注重法律专业知识,英美两国则更加注重法律职业经验;德、法、日三国注重法律职业的同质化,英美两国则强调不同的法律职业采取不同的选拔和任用机制。②

与这些国家相较而言,我国的法官遴选标准和准入门槛相对较低。根据我国《法官法》的规定,担任法官必须具备下列条件:(一)具有中华人民共和国国籍;(二)拥护中华人民共和国宪法,拥护中国共产党领导和社会主义制度;(三)具有良好的政治、业务素质和道德品行;(四)具有正常履行职责的身体条件;(五)具备普通高等学校法学类本科学历并获得学士及以上学位;或者普通高等学校非法学类本科及以上学历并获得法律硕士、法学硕士及以上学位;或者普通高等学校非法学类本科及以上学历,获得其他相应学位,并具

① 参见王琦:《国外法官遴选制度的考察与借鉴——美、英、德、法、日五国法官遴选制度为中心》,《法学论坛》2010年第5期。

② 参见王琦:《国外法官遴选制度的考察与借鉴——美、英、德、法、日五国法官遴选制度为中心》,《法学论坛》2010年第5期。

有法律专业知识;(六)从事法律工作满五年。其中获得法律硕士、法学硕士学位,或者获得法学博士学位的,从事法律工作的年限可以分别放宽至四年、三年;(七)初任法官应当通过国家统一法律职业资格考试取得法律职业资格。适用前款第五项规定的学历条件确有困难的地方,经最高人民法院审核确定,在一定期限内,可以将担任法官的学历条件放宽为高等学校本科毕业。①

我国《法官法》规定,法官是依法行使国家审判权的审判人员,包括最高人民法院、地方各级人民法院和军事法院等专门人民法院的院长、副院长、审判员会委员、庭长、副庭长、审判员。《法官法》明确了"法官"是包括"审判员"在内的审判人员。由此,我们可以明确:法官不仅是指审判员,还包括人民法院院长、副院长、审判委员会委员、庭长、副庭长。这就意味着,根据最新的《法官法》,助理审判员不在法官序列。根据《人民陪审员法》,人民陪审员依照本法产生,依法参加人民法院的审判活动,除法律另有规定外,同法官有同等权利。人民陪审员依法享有参加审判活动、独立发表意见、获得履职保障等权利。虽然人民陪审员不属于职业法官,不在法官序列,但是根据《人民法院组织法》第30条规定,人民陪审员在人民法院执行职务期间,是合议庭的组成人员。当人民陪审员在审判过程中履行陪审职责之时,陪审员实际上承担了部分裁判的角色,也应当遵循法官职业伦理的要求。既然享有案件审判的权力,就必须承担相应的义务。②

三、法官职业伦理的特征

法官职业伦理与法官的审判活动密切相关。新时期法官职业伦理具备不同于其他职业伦理和道德的独特性。

第一,属性的特殊性。这种特殊性是指基于法官职业的特殊性所产生的

① 参见《中华人民共和国法官法》第十二条。

② 对于陪审员是否应遵循法官职业伦理,大陆法系和英美法系存在实质性差别。在英美法系国家中,实行陪审团制度。在这种制度之下,陪审团集体负责认定案件事实,法官负责法律适用。陪审团成员基本上是普通公民,由此陪审团成员不成为法官职业伦理的主体。在大陆法系国家中,实行陪审员制度。陪审员与法官共同审理案件,由此陪审员应成为法官职业伦理的主体。

伦理要求的特殊性。法官是“法律由精神王国进入现实王国控制社会生活关系的大门。法律借助法官而降临尘世”①。这种职业的特殊性决定了职业的专业特殊性和伦理特殊性。就前者而言,法官是依法行使审判权、执行权的人员,其职责是通过准确适用法律来调整社会关系,矫正社会的不公和秩序的失衡,预防和化解社会矛盾。故而,法官的选任条件比较严格。就后者而言,法官还应当具备优良的品行、廉洁自律的操守和高尚的道德品格,这是公正司法的根本保障。根据法官的社会角色及其要求不同,法官职业伦理可分为法官的“常人”伦理与法官的“专业”伦理,后者也指法官职业共同体伦理。法官的常人伦理是指基于法官的普通人身份而要求的伦理标准,其内容更倾向于普通伦理规范,对法官个人行为进行约束、引导和评价。这就意味着法官在日常生活和职业过程中,首先要遵守基于社会普遍道德标准要求的普通伦理价值、伦理观念和伦理规范,而非将自己置于人之常情和社会公理之外。法官“专业”伦理是指基于法官的社会职业所要求的伦理标准,是法官在职业过程中所遵循的特殊伦理价值、伦理观念和伦理行为规范。要求法官在司法过程中遵循职业共同体伦理并不意味着完全排除社会普通伦理,尤其是在一些特殊案件中,法官也应适当考虑社会普通伦理。

第二,要求的高标准。这种高标准是指法官职业伦理的高标准化与示范化。法官职业伦理分为两个层次,代表着两种不同级别的要求:第一层次,职业伦理是一种职业化的责任,职业道德是职业化的良心和专门的行为规范,因此,这种职业伦理或道德是行为禁令性质的,违反者会受到职业团体的惩戒;第二层次,职业伦理和职业道德属于一种高标准的奋斗目标或者高标准的独立、正直、尽忠职守及个人行为。第一层次的法官职业伦理道德要求是基础性的和禁令性的;第二层次的法官职业伦理道德要求是追求性的和善良意义上的。这两个层次的职业伦理,对内是法官行为模式的道德支持,对外是让公众基于法官职业伦理道德的指引性而相信法官公正裁判的能力。② 故而,法官应是社会公认的最具道德示范作用的群体之一,法官的道德水准涉及对高标

---

① [德]拉德布鲁赫:《法学导论》,米健、朱林译,中国大百科全书出版社 1997 年版,第 100 页。

② 参见吕芳:《论中国当代法官的职业品格》,《华东政法大学学报》2011 年第 3 期。

准的司法行为的检验。这就意味着法官在遵守作为社会成员一般道德准则之外还要遵守一套更高的职业道德准则，这些标准要大大高于一般人的道德标准。法官绝不能将自己独立于道德规则之外，法官遵守道德规则标准对于构建全社会的司法信心至关重要。无论法官个人还是法官职业共同体，所有一切都与那种构成法官职业生活具体内容的行为规范直接相关。① 要树立司法权威、提高司法公信力，关键是使人们信任甚至仰慕法官，这样一个崭新的法官伦理秩序才有可能形成。

第三，效果的强制性。这种强制性是指伦理的高度强制性和成文化。强制性意味着法官的职业伦理不是单纯的道德律，而是具有特殊的强制性。这种道德律被认为是一种人为的规范与命令，是根据审判的专业知识，经过历史演化而形成的法官行为规范。在法治社会中，法官道德作为一种特殊的职业伦理类型，是以法官美德、法官责任和义务为核心内容构建起来的。② 成文化意味着法官职业伦理已经相对成熟完备。我国大部分法官职业伦理均以准则或规范的方式出现，对刑事、民事、行政等审判领域的法官均具有约束力。法官职业伦理的核心是司法公正，各种具体的伦理都围绕着司法公正展开。法官通过司法裁判解决矛盾纠纷，在司法过程中要让当事人和社会公众感受到公平正义从而信赖司法，必须要有成文化与强制性的法官职业伦理予以支撑。对于违反职业伦理行为的惩戒也是极其严厉的。《法官职业道德基本准则》第 28 条规定，各级人民法院负责督促实施本准则，对于违反本准则的行为，视情节后果予以诫勉谈话、批评通报；情节严重构成违纪违法的，依照相关纪律和法律规定予以严肃处理。③

四、法官职业伦理的域外考察

（一）西方法官职业伦理的源头

伦理是法律的基础，法律中蕴含伦理。柏拉图、亚里士多德等古希腊先贤

---

① 参见王申：《从“法官集体嫖娼事件”看司法伦理规范建设的重要性》，《法学》2013 年第 8 期。

② 参见王申：《司法职业与法官德性伦理的建构》，《法学》2016 年第 10 期。

③ 参见郭哲主编：《法律职业伦理教程》，高等教育出版社 2018 年版，第 79 页。

的法学思想以及他们对法官伦理品质的论述都给现代法官职业伦理以重要启迪。健全的人格是法官的基本要求，柏拉图倡导“贤人政治和贤人司法”①。法律不可能时时处处详尽周全，严格规则有时会偏离法律正义，此时就应用衡平法进行补救。这些思想是后来法官伦理形成与发展的源泉。罗马法在实践中用理性建构正义，古罗马对世界法律文明的贡献就是最早在世界上创造出一整套程序完备的专业法庭和专业律师代理诉讼的司法制度，法官的理性和良心是求诸公正的保障。人们在追求司法公正的同时，自然对司法程序的公正性、合理性和法官的品德有更多的关注。在这一时期，职业法学家阶层逐步形成，他们极其注意自己的言行，力求做一个超然、客观的决疑者，创造出一种详细而复杂的关于法的语言。这种语言赋予了罗马法“成文理性”的特征，使法律具有不受裁判者任意解释的重要内容，在古希腊的基础上推动法官职业伦理的观念又向前迈进了一步。

从日耳曼原始氏族习惯中演化出的具有封建性质的日耳曼法，成为西欧中世纪法发展的源头。日耳曼民族的司法理念，在伦理情感上十分强调司法公正性；在缺乏专业法官的情况下，将审判委付给公正的、不偏不倚的神，并执行严格、神圣的程式和仪式，体现了司法的中立性和客观性。② 基督教的出现对西方文明的发展具有跨时代的意义。这一时期，基督教中的“天职”“公众的仆人”等观念渗入法官的职业伦理中，教会法学家是中世纪欧洲主要的法律人员，基督教的教义对法官职业伦理产生了广泛的影响。同时，这也促成了法律至上的情感信仰及法官公正仁爱品质的形成。③

（二）美国法官的职业伦理规范

1924 年，美国律师协会制定了现在仍具有一定参考作用的共 36 条的《美国司法官伦理典范》。1972 年，美国律师协会在此典范的基础上，修订形成了形式简明、虽只有 7 条但内涵又极其丰富的《司法行为规约》，该规约后来又

① 参见［爱尔兰］凯利：《西方法律思想简史》，王笑红译，法律出版社 2002 年版，第 38 页。

② 参见［英］柯林伍德：《自然的观念》，吴国盛、柯映红译，华夏出版社 1999 年版，第 47—53 页。

③ 参见［英］柯林伍德：《自然的观念》，吴国盛、柯映红译，华夏出版社 1999 年版，第 103—105 页。

经 1982 年、1990 年等多次修改。该规约涉及法官的日常生活与法院行为方面，如要求法官应恪守司法的正直与独立、应在全部活动中避免不适当的行为和不适当的表现、公正勤勉的履行司法职责、法官应约束司法外的行为以减少与其司法职责相冲突的风险、法官应避免不适当的政治活动，等等。1978 年，美国法规定联邦审判官有公开披露自己资产的义务。《司法行为规约》对法官所提出的规范大致可以分为三类：第一类是必须性的规范，旨在为法官设定一种有拘束力的义务，该类规范使用的术语为“必须”“不得”等。这表明此类规范属于禁止性规范和义务性规范。第二类规范为劝导性规范，旨在为法官判断何种行为为适当、何种行为为不适当提供标准。它使用的术语为“应当”或者“不应当”等。第三类规范为任意性规范，属于允许法官为何种行为或者不禁止法官为何种行为的规范，此类规范使用的术语大多为“可以”。解释法律并适用法律的必须是独立的、公正的和具有能力的司法机关，美国的法律制度必须奠定在这样一条原则之上。美国人民的正义观和法律观的核心内容通过司法机关的机能表现出来。该规约自始至终贯彻的基本精神是：公众对于司法机关的信赖是重要的，无论是以个人名义还是以集体名义存在的法官都必须尊重和珍惜，都应当努力增进和保持公众对美国法律制度所寄托的信心，法官应避免作出可能使别人对他或她的正直、公平、称职能力产生怀疑的行为。①

1. 法官必须具备正直而独立的性格。法官的独立性和正直性是公众信赖法官的第一源泉和前提条件。《司法行为规约》第 1 条对法官的独立性仅作了非常简单的规定：尽管法官应当是独立的，但它们必须遵守法律，包括遵守该规约。职业伦理中的独立性主要指法官个体的独立，即法官个体在职业活动中要体现独立的意识、行为和要求，只服从法律，遵守法律的程序和职业伦理的要求履行职责，免受法律之外的各种干预和压力。法官独立的伦理意义不仅在于它是保证司法公正的技术规范，更在于，由于它赋予法官主体独立地位和人格，故而本身就有深刻的伦理意蕴。法官的独立性首先表现为一种

① 参见［美］金勇义：《中国与西方的法律观念》，陈国平等译，辽宁人民出版社 1989 年版，第 27 页。

精神，然后才是一种制度。人类内心的正义、公平等善之观念，外化为司法的实际过程，就是总结、创造出各种法律规范，正是依靠各个法官所具有的独立不依、凛然不屈的精神。

2. 法官必须具备一定水准的学识和能力。从动态上看，法官的判决是一个非常复杂的过程，科学性、技术性、形式性、实质性融于一体。从静态上看，事实认定和法律适用是法官审判行为的两个方面。考证认定事实，通过利用纷杂的素材，借助于逻辑思维和经验法则的运用，像历史学家乃至考古学家那样，得出事实的结论。法律的含义和真意的理解是法律适用的前提，严格执法和灵活用法在法律的适用中是同等重要的。法官的判决理由要写在判决书上，法官水平的高低直接影响判决书的优劣。这些都说明，对法官提出的最低限度要求不仅仅包括事实领域和法律领域的知识，更需要有实际工作能力。任何一个法官都应当具备这些能力。

3. 法官应当是公正的和可信赖的。与"法律必须公正"至少具有相等意义的命题是"法官必须公正"。公正是司法所追求的终极目标。在司法运作过程中，尽管公正也许是客观存在的，但这种公正如果没有被认识到，那也只能说公正实现了一半。公正的主观意识和公正的客观存在有机融合在一起，真正意义的公正才能实现。反过来，即便主观上的公正获得满足但客观的公正有所缺失，那也不可称之为公正，因为客观上的不公正被主观上的公正掩盖了。当然，主观公正的基础和前提是客观公正，没有客观上的公正，主观上的公正很难实现。①

（三）英国法官职业伦理规范

作为不成文法的国家，英国职业道德和行为准则同样不是以法典形式出现，而是以"惯例"形式存在的，法官通过其职业经历和非正式的信息交流获得有关"惯例"的知识。一般认为，英国法官自律机制建立在公学伦理、绅士操行法典和老朋友网络三个要素之上。其中，公学伦理是指英国法官大多数在英国公学接受了英国传统价值观的教育以及上流社会行为规范与礼仪的训

① 参见李军、陈淑萍：《中外法官职业伦理比较》，《内蒙古民族大学学报（社会科学版）》2013 年第 3 期。

练，具有相同的公学教育背景正是英国法律职业精英所必备的素质。英国法官所要求的职业形象也正是具有严谨生活作风和彬彬有礼行为举止的英国绅士形象，法官职业伦理与绅士操行法典在许多方面是一致的。老朋友网络是指出身、教育和价值观等各方面的相同使英国法官职业具有高度同质性，他们是律师公会的成员使他们彼此保持联系的紧密。在司法职业生涯，人数极少的他们彼此都非常了解熟悉，因此，高度维护职业行规的自觉性就不言而喻了。在英国和其他一些普通法系的国家，国家司法职业自律得到有效的维持，成员都自觉遵守职业行为规范，这是重要原因。①

17 世纪 60 年代，英国大法官马修黑尔爵士为自己定下了“自我警示录”，以提醒和约束自己在司法裁判方面的工作，为后来许多国家法官的道德制度性约束奠定了基础。英国法学家霍布斯认为良好法官的条件是：第一，须对自然规律、公道原则有正确之了解，此不在乎多读书，而在乎头脑清醒，深思明辨。第二，须有富贵不能移之精神。第三，须能超然于一切爱憎惧怒感情之影响。第四，听讼须有耐性，有注意力，有良好之记忆，且能分析处理其所闻焉。2003 年，英国法官理事会起草了《法官行为指南》，其中明确要提防接受任何与其司法职务有某种联系，可能被以某种方式解释为试图谋求司法善意或偏爱的礼物或招待。英国学者认为，这并非意味着法官完全不能接受价值适度的礼物和招待，如表示感谢的纪念品，也不反对他们因参加适宜的讲座、会议和研讨会而获得的开支补助。总体而言，英国法官的任职资格主要包含三个方面的内容：一是法官的法律知识和经验；二是从事法律工作的技能；三是法官个人的人品。例如以英国巡回法官为例，从法官候选人中挑选法官的标准包括：(1)熟悉法律知识、具有丰富的司法经验和较大的职业成就；(2)具备较强的思维分析能力；(3)具备良好的判决能力；(4)具备较强的决断能力；(5)具有与各种人员进行有效沟通的能力；(6)具有保持法院权威、维持法院尊严的能力；(7)具有诚实正直、礼貌与仁慈的品格；(8)具有正义感；(9)能理解民众和社会；(10)司法的适当、有效及公共服务职责。②

---

① 参见怀效锋主编：《法官行为与职业伦理》，法律出版社 2006 年版，第 501—508 页。

② 参见怀效锋主编：《法官行为与职业伦理》，法律出版社 2006 年版，第 501—508 页。

第二节　确保司法机关独立行使职权

一、司法机关独立行使职权的内涵

司法机关独立行使职权作为国际通行的法律术语被国际法律文件所惯用,是司法制度发展到一定阶段的进步成果,也是现代国家的一项重要法治原则。它包括作为整体的法院独立和作为个体的法官独立,法院独立是低级形态,法官独立是高级形态。①

在我国,社会主义制度性质决定了我们不可能照搬西方式的"三权分立"和"司法独立"制度,而是探索出了适合我国国情的司法机关独立行使职权制度与机制。1995 年《法官法》首次规定了法官享有"依法审判案件不受行政机关、社会团体和个人的干涉"的权利。党的十八届四中全会作出《中共中央关于全面推进依法治国若干重大问题的决定》又进一步明确指出:要"完善确保依法独立公正行使审判权和检察权的制度","任何党政机关和领导干部都不得让司法机关做违反法定职责、有碍司法公正的事情,任何司法机关都不得执行党政机关和领导干部违法干预司法活动的要求"。可见,我国的司法机关独立行使职权,在于确保法官审判案件具有真正的审理和裁决权,不受外部环境和内部运行机制的干涉,概括地称之为法官独立原则。这一原则的意义在于保证社会理智的公正行使,因而法官只有在超脱于各种关系——政治关系、经济关系、私人情感关系——的基础上才能维持这种意义。②

按照学者们的理解,法官个体独立包括三层含义:其一,法官不接受立法和行政机关的领导和指示,只服从宪法和法律。其二,不同法院的法官所从事的审判活动相对独立,彼此不得相互干涉;上级法院只能依上诉程序改变下级法院的判决。其三,在同一审级的法院中,不允许一部分法官对另一部分法官在案件审判上行使支配权,法官在权限范围内对案件作出的判断无须经其他

① 参见梁晓芳:《中国法官独立审判制度的现状与对策》,《中山大学学报论丛》2005 年第 3 期。

② 参见张文显、卢学英:《法律职业共同体引论》,《法制与社会发展》2002 年第 6 期。

法官审查或者批准。这就是司法活动中特有的“禁止法官之上的法官”原则。① 有政治地位上的独立才能进行司法上的公正判断,这应当说是一个基本的社会常识。马克思认为,“独立的法官既不属于我,也不属于政府”②。这意味着法官在两种意义上独立:一是超越“自我”,不受个人成见、利益、好恶等方面的羁绊,用自己的良心和智慧公正断案;二是独立于政府,也就是说,法官不是官僚体系中的一个部件,而是具有制度上和组织上的相对独立性的法律专职人员。

二、司法机关独立行使职权的理论基础

(一) 司法机关独立行使职权——保障政府自断其案的公正性

根据传统的权力制约理论,立法机构决定国家法律与政策的价值取向,行政机构执行与实施立法机构所制定的法律,而司法机构主要是审查宪法或法律是否获得准确实施。基于司法机构的特殊任务,在实际运作中必须赋予其特殊职责。就立法与执法机构而言,重点应当是保证这些机构中的人员能有效反映民意与执行上级命令;就司法机构而言,重点应当是保证法院和法官的独立性。但这并不意味着司法行为不需要反映民意,而是民主选举和监督已经保障民意在立法与执法过程中获得充分反映。司法过程需要尊重的是法律,而不是揣摩如何让人民满意。如实解释与实施宪法和法律就是最大限度地让人民满意;否则,法官就超越了自己的权限,侵越到立法与执法领域。

在社会制度的安排中,法官承担着行使国家审判权的职责。作为一种法律职业,法官并不代表个人,只能以最强有力的、不留情面的社会理智的面目一如既往地、警惕地站在行政机关和国民之间,裁决他们的行为在法律上的适当性。对于法官来说,其审判权来源于具有连续效果的公共权力——公众的授权,因而不应受任何个人或机构的直接活动的影响,他应超脱于各种关系而只具有审判功能,除了国家的法律,“不再有其他的法,也不需要其他的法,它

① 参见梁晓芳:《中国法官独立审判制度的现状与对策》,《中山大学学报论丛》2005 年第 3 期。

② 《马克思恩格斯全集》第 1 卷,人民出版社 1995 年版,第 181 页。

的意志无非是关于法的科学的真理,它的行为无非是宣判。因此,它既没有权利也没有权力去实施强制,比任何自然的个人可能拥有的权利和权力要少得多"①。基于此,决定了法官所应具有的三种性质———独立性、中立性和相对消极性。

（二）司法机关独立行使职权——保障法官基于技艺理性裁判案件

司法机关独立行使职权还是法治的前提与保障。法律实施是法治的重要环节,而法律解释与适用对于法律的有效实施必不可少。法律解释及其适用本身需要一种专属于法律人的技艺理性,而未经过经年累月地学习和实践法律知识的普通人只具备自然理性,这种自然理性无法起到保障法律解释与适用的合理性和一贯性。在英国历史上著名的"禁止国王听审案"中,柯克明确提出了"技艺理性"的概念,并阐释了技艺理性与自然理性在法律解释与适用中的区别。在该案的各种会谈中,柯克从未否认国王和一般普通人都具有理性,而且承认法律就是理性的体现,他说:"没有什么违反理性的东西是合法的。因为理性是法律的生命。不仅如此,普通法本身不是别的,只是理性。"但是柯克认为,国王以及普通人所具有的这种理性仅仅是与生俱来的"自然理性",而绝非普通法法律职业者所独有的那种"技艺理性"。他说:"技艺理性需要通过长期的学习、观摩和实践经历才能获得,它并非每个人都拥有的自然理性,因为没有人天生就是技艺理性者。这种司法理性是最高的理性。因而,即使将所有分散在众多人头脑中的理性汇集到一个人的头脑中,他仍然不能制定出像英格兰这样的法律来,因为在一代又一代人连续继承的漫长岁月中,英格兰法得到了无数严肃认真、博学之士的反复锤炼,通过长期的实践才获得了这种完美,用于治理这个王国。正如古老的规则能够正当地证实这一点。没有人比法律更睿智,因为法律乃是理性之圆满状态。"②

在柯克心目中,"技艺"有以下两个基本的含义:第一,这种"技艺"只能通过长期的教育或训练获得。其原因在于没有人能够天生地掌握法律,无论这

① ［德］斐迪南·滕尼斯:《共同体与社会:纯粹社会学的基本概念》,林荣远译,商务印书馆 1999 年版,第 318—319 页。

② Steve Sheppard, *The Selected Writing sand Speeches of Sir Edward Coke*, Liberty Fund, 2003, Vol. Ⅰ, p.710.

个人有多高的自然天赋,他都需要通过教育、训练以及经验的积累才能掌握法律。第二,这种"技艺"是一种经验的积累,是需要在适用法律和司法判决当中不断完善,达致尽善尽美的。因此,技艺理性经过无数代有学识的人提炼与完善的过程是一个主动的、不断创建的过程,或许它很难把握,但它绝不是被动地对先前经验简单地承认与接受。① 正是基于法院法官在解释与适用法律裁判案件时依据的是技艺理性而非普通理性,因此必须要保障法官们在审判案件时不受法律之外的任何因素的影响。所以,在司法过程中必须要保证法官的独立性,使之能在审判案件时仅考虑法律和事实而不考虑任何不相关因素,保障其法律解释与适用的合理性和一贯性。从这个意义上讲,司法机关独立行使职权是保障司法公正的必要前提。

三、作为法官伦理的司法机关独立行使职权

(一) 司法机关独立行使职权的内在前提——法官素质

法官的遴选与素质决定着司法机关独立行使职权的质量与成败。如前所述,世界上许多国家对法官的遴选标准都非常严格。在英国,法官一律从律师中选拔,在低等级法院任法官一般要求必须具备律师执业 7 年以上的资格,在高等级法院则要 10 年以上,且一般只有皇家大律师才可能成为高级法官。全英只有 1500 余名法官,高等级法院法官一般都有皇室授予的爵位,社会地位极高,并成为法律领袖和公平正义的象征。② 2005 年,英国《宪法改革法》在对大法官遴选的规定上,仍然确立了严格的精英化标准。在荷兰,一般要经过 6 年的法律技能训练才有资格成为法官。在丹麦,要求法官候选对象要经过 12—14 年的法律实务工作锻炼。在德国,想成为法官要经过两次由州司法考试委员会组织的考试,一次是大学毕业考试,合格者经过两年见习,参加第二次考试,第二次考试是挑选法官的主要依据,通过率为 10%。然后,各州根据法官缺额情况,由法官挑选委员会挑选,经过对品行、身体与专业的审查并通过之后,才可被任命为法官。但到此仍未结束,新法官还有 3—5 年的实习期,

---

① See J. W. Tubbs, *The Common Law Mind*, The Johns Hopkins University Press, 2000, pp. 165-166.

② 参见郑先红、徐前、凌瑾:《英国司法制度概述及启示》,《中国司法》2011 年第 12 期。

实习期间如果表现不好，仍然可能被解雇开除，否则任期终身。在奥地利，同样只有经过艰苦的学习、严格的培训与考试和逐级选拔，才能成为法官。

（二）司法机关独立行使职权的机制保障——物质经费保障与法官任职保障

司法机关独立行使职权除了需要有素质优良的法官之外，还必须对法官有一定的物质和经费保障。此外，法官在行使职权时也必须赋予其某种程度上的豁免权或职业保障。换言之，对法官在任期、薪酬等方面的保障，是他们正常履职的重要条件。司法部门既无军权又无财权，不能支配社会的力量与财富，不能采取任何主动的行动。故可正确断言：司法部门既无强制又无意志，而只有判断；而且为实施其判断亦需借助于行政部门的力量。最有助于维护法官独立者，除使法官职务固定外，莫过于使其薪俸固定。就人类天性之一般情况而言，对某人的生活有控制权，等于对其意志有控制权。在任何置司法人员的薪俸于立法机关的施舍之下的制度中，司法权与立法权的分立将永远无从实现。① 在美国，国家预算程序中的司法预算与众不同。政府部门的预算申请通常提交给管理与预算办公室（总统办公室的一个部门）供其修改，然后由总统将总体联邦预算提案提交国会。但根据联邦法，联邦司法部门的预算不受管理与预算办公室修改，必须将司法部门起草的预算原文提交国会。这种程序不能消除政治过分干涉的风险（国会本身仍然有权通过它想通过的任何预算），但此特别程序降低了这一风险并加强了尊重司法机关独立行使职权的文化。在法国，法官实行终身制。在任职期间除因经法定程序被弹劾外，不能被免职、撤换或者强令退休；没有经过个人同意，不能调动和升迁。法官在审判活动中的言论和行为不受追究。在任职期间的薪俸不减少，退休后享受全薪待遇。除此之外，政府还发放特殊的津贴和补助，以保障刑法和其他专业法官在执行任务时的人身安全。

总之，要想使司法机关独立行使职权制度发挥足够效果，必须要通过设置严格的遴选机制来保障绝大部分法官的德才兼备，必须从制度上保障法官的

① 参见［美］汉密尔顿、杰伊、麦迪逊：《联邦党人文集》，程逢如等译，商务印书馆1995年版，第396页。

物质经费与任职资格，必须建立一种能有效平衡司法机关独立行使职权与监督惩戒的法官惩戒机制。

四、中国语境下的司法机关独立行使职权制度

建设法治中国既是我们实现“两个一百年”奋斗目标的重要保证，也是这个奋斗目标的重要组成部分。深化司法改革、确保司法机关依法独立公正地行使职权是建设法治中国的题中应有之义。实现司法机关依法独立公正地行使职权，简言之实现中国语境下的司法机关独立行使职权，是司法规律的内在要求，对于建设法治中国、建立现代国家治理体系至关重要。

（一）中国司法机关独立行使职权制度的历史考察

可以将 1982 年以来法学界针对独立行使审判权制度的研究划分为下述三者与人民法院依法独立行使审判权的关系。第一，党的领导；第二，人民代表大会的监督；第三，人民检察院与人民法院之间的工作关系。但若考诸历史，就不难发现，在这三组关系之中，如何处理党的领导与人民法院依法独立行使审判权的关系，才是 1954 年到 1982 年间关于独立行使审判权制度的研究与争论的主要关键点；研究与争论的结果，则最终决定了“八二宪法”第 126 条的表述（现在位于第 131 条：人民法院依照法律规定独立行使审判权，不受行政机关、社会团体和个人的干涉）。进一步地，可以将关于党的领导与人民法院依法独立行使审判权的研究分为三种观点。第一种观点主张从“八二宪法”第 126 条（现第 131 条）中引申出党委过问案件的合法性基础；第二种观点认为应修改“八二宪法”第 126 条（现第 131 条），恢复“五四宪法”第 78 条；第三种观点则主张保留“八二宪法”第 126 条（现第 131 条），但应予以合理解释。① 第一种观点在 20 世纪 80 年代非常流行，认为“在这一条文里明显地没有规定党对法院审判工作不能过问，正是由于法院工作的特殊性和复杂性，法院要定期向党委汇报工作”②。进入 21 世纪后，第二种观点开始流行。有学者针对“八二宪法”第 126 条（现第 131 条），认为“干涉”是贬义词，与“党的领

① 参见田夫：《中国独立行使审判权制度的历史考察》，《环球法律评论》2016 年第 2 期。

② 侯忠泽：《略论法院独立审判与党委领导》，《河北法学》1984 年第 6 期。

导”中的“领导”、“人大监督”中的“监督”不是同一个概念，各级党组织及其领导人、各级人大及其领导人，也不能随意对司法机关独立行使审判权和检察权加以干涉。因此，1982 年宪法规定，这种独立审判权和检察权，只是不受“行政机关”的干涉是不严谨的。① 也有学者认为，“八二宪法”第 126 条（现第 131 条）采用了罗列排除干涉主体的方法，遗漏了政党、国家权力机关这两类不该遗漏的主体，“为政党尤其是执政党和国家权力机关对司法的干预留下了法律上的漏洞”②。与此同时，也存在从法律体系内部理解“八二宪法”第 126 条（现第 131 条）的第三种观点，认为“政党的‘干涉’，主要是体现在政治上的领导和选拔推荐优秀的法院领导干部上”③。

（二）中国语境下的司法机关独立行使职权制度含义分析

我国的司法机关独立行使职权制度建构于“八二宪法”第 126 条（现第 131 条）的基础之上。因此，对“八二宪法”第 126 条内容的分析就成为理解其含义的关键。

首先，从文意解释的角度看，“八二宪法”第 126 条（现第 131 条）规定人民法院依法独立行使审判权，不受行政机关、社会团体和个人的干涉，没有规定不受党、国家权力机关、检察机关干涉。但这并不意味着该条包含有党、国家权力机关、检察机关可以干涉法院法官独立行使审判权的含义。

其次，从体系解释的角度看，“八二宪法”第 126 条（现第 131 条）规定了审判机关与行政机关的关系，而审判机关与党、国家权力机关、检察机关的关系，在“八二宪法”的其他内容中予以规定。2018 年宪法修正案中，党的领导规定进了宪法正文第 1 条。“八二宪法”第 128 条（现第 133 条）规定了审判机关与国家权力机关的关系。“八二宪法”第 135 条（现第 140 条）规定了审判机关与检察机关的关系。因此，从体系解释的角度看，人民法院在依法独立行使审判权，不受行政机关、社会团体和个人干涉的同时，要坚持党的领导，向国家权力机关负责，并且在办理刑事案件的过程中与检察机关坚持“分工负

---

① 参见李步云、柳志伟：《司法独立的几个问题》，《法学研究》2002 年第 3 期。

② 刘作翔：《中国司法地方保护主义之批判——兼论“司法权国家化”的司法改革思路》，《法学研究》2003 年第 1 期。

③ 蔡定剑：《宪法精解》，法律出版社 2006 年版，第 441 页。

责、互相配合、互相制约”的原则。党的十八届四中全会再次作出“完善确保依法独立公正行使审判权和检察权的制度”的战略部署,并成为新一轮司法改革的重要目标。

最后,从历史解释的角度看,1981 年彭真在五大城市治安座谈会上的讲话构成了“八二宪法”建构独立行使审判权制度的历史背景,并最终影响了该法第 126 条(现第 131 条)的相关表述。

综合上述三点解释,我们可以发现“八二宪法”第 126 条(现第 131 条)的确没有规定党、国家权力机关、检察机关不能干涉人民法院依法独立行使审判权,但也没有规定党、国家权力机关、检察机关可以干涉人民法院依法独立行使审判权,可以说第 126 条(现第 131 条)存在含义上的缺漏。正是由于这一基础条文内容含义上的缺漏,使得党政机关和领导干部干预司法有了法理上的可能性。

理论界和实务界对党政机关和领导干部干预司法的现象一般持批判态度,有学者将权力对司法的干预分为非正当的权力干预、正当的权力干预、地方保护的权力干预、制度设计形成的权力干预四种,并强调这四种权力干预要么破坏司法公正,要么破坏法治本身,都是不可取的。① 也有学者将领导干部干预司法分为腐败性干预与治理性干预,认为对防止领导干预司法制度的进一步实施需要细致的研究分析;但也并没有在结论中认定治理性干预的合法性,而是主张防止领导干部干预司法制度需要相应的配套措施和思路。② 这与法学界绝大部分人的主张是一致的。

(三) 中国语境下司法机关独立行使职权的关键

中国语境下的司法机关独立行使职权制度发展史表明,独立行使审判权制度得到良好落实的时期,是国法与党规关系比较协调的时期,如 1979 年人民法院组织法与“64 号文件”;独立行使审判权制度受到较大破坏的时期,则是国法与党规关系比较紧张的时期;尽管 1982 年以后的中国法治建设无疑迎来了史上最好的时期,但不容忽视的是,在国法层面,围绕“八二宪法”第 126

① 参见田文昌:《审判独立是司法公正的前提》,《中国法律评论》2014 年第 1 期。

② 参见陈柏峰:《领导干部干预司法的制度预防及其挑战》,《法学》2015 年第 7 期。

条利弊的争论一直不绝于耳,在党规层面,党委过问案件制度的表现形式时有增加。

党的十八届四中全会《决定》提出要建立防止党政机关和领导干部干预司法的制度。《决定》指出:“建立领导干部干预司法活动、插手具体案件处理的记录、通报和责任追究制度”,而“对干预司法机关办案的,给予党纪政纪处分;造成冤假错案或者其他严重后果的,依法追究刑事责任”。2015 年 2 月 27 日,中共中央全面深化改革领导小组第十次会议审议通过了《关于领导干部干预司法活动、插手具体案件处理的记录、通报和责任追究规定》,就防止党政机关和领导干部干预司法制度作出了进一步规定,第一次全面应对了长期以来一直存在的党政机关和领导干部干预司法问题。因此,在国法层面,“八二宪法”第 126 条(现第 131 条)就可以做有利于司法机关独立行使职权的理解,即国家权力机关、检察机关不能干涉人民法院依法独立行使审判权。

就司法自身而言,司法作为纠纷解决的一种机制,其对社会生活的干预是被动的,唯有存有纠纷、起诉时才有司法介入的可能性。司法机关既无军权又无财权,不能支配社会的力量与财富,其本身也秉持司法谦抑主义精神。也就是说,司法机关既无强制又无意志,而只有判断;而且为实施其判断亦需借助于行政部门的力量。① 相较而言,司法权总体上是一种被动性的权力,它更多地反映国家政治体制改革的成果。一方面,适时将党和人民的意志与利益通过立法的形式得以呈现,并经由司法机关来适用运行,也就实现了党对司法活动的有效领导;另一方面,法律、政策的制定、变更需要遵循一定的程序,与个人的领导相比,具有较强的稳定性,法治化程度更高。因此,尊重司法权的公正独立行使和运行,提升了党的领导方式的法治化与规范化程度。这是一种更为科学、更为可持续性的领导方式。②

---

① 参见[美]汉密尔顿、杰伊、麦迪逊:《联邦党人文集》,程逢如等译,商务印书馆 1995 年版,第 391 页。

② 参见陈卫东:《司法机关依法独立行使职权研究》,《中国法学》2014 年第 2 期。

第三节 保障司法公正

一个社会,无论表面上看起来多么"公正",如果没有实现司法公正,最终必将导致社会集体的贫瘠,也就不可能真正实现公正。[①] 司法是一个功能和结构完备的工作系统,这个独立的系统之所以能够形成,是因为法官在知识生产的过程中建立起了一套特定的价值观念和行为规范结构,从而拒斥任何外在力量对审判的影响和干扰而只忠实于法律。[②] 司法的首要价值在于实现和维护全社会的公平正义。故而,公正是法官职业伦理的核心和灵魂,是法官职业伦理的第一准则。

对公正的最初解说是与自然相联系的。英文中的"公正"(justice)来源于"dike"一词。荷马史诗中"对'dike'这个词的使用都预先假设了一个前提,即宇宙有一种单一的基本秩序,这一秩序既使自然有了一定的结构,也使社会有了一定的结构,要成为公正的(dikaios),就是要按照这一秩序来规导自己的行动和事务"[③]。在这以后的很长一段时间内,西方思想家都把公正看作是不依赖于人而存在的,因而是先验的东西。古希腊时期的著名思想家阿那克西曼德、毕达哥拉斯等人都从不同的角度表达了这种思想,他们试图从一些客观存在的、能够被人们所感知而又无法被人们所改变的事物中寻求公正的来源或依据。阿那克西曼德说:"万物所由之而产生的东西,万物又消灭而复归于它,这是命运规定了的。因为万物在时间的秩序中不公正,所以受到惩罚,并且彼此互相偿补。"[④]毕达哥拉斯则把公正与数的关系、比例的和谐相联系,他

---

① 参见王晨:《司法公正的内涵及其实现路径选择》,《中国法学》2013 年第 3 期。

② 参见王申:《提升法官道德素质的立场与方法》,《法商研究》2016 年第 2 期。

③ [美]阿拉斯戴尔·麦金太尔:《谁之正义? 何种合理性?》,万俊人等译,当代中国出版社 1996 年版,第 19 页。

④ 北京大学哲学系外国哲学史教研室编译:《古希腊罗马哲学》,生活·读书·新知三联书店 1957 年版,第 7 页。

宣称“数的某一特征是公正”①。基于对公正的这样一种理解,形成了古代自然法学。亚里士多德明确地把公正划分为自然正义和法律正义,并认为自然公正比法律公正更好②,而罗马的法学家几乎无一怀疑在任何一个特定国家的法律之上存在着更高的一项法律(自然法)。③

对公正的这种宣称在欧洲中世纪演变为神学主义自然法④,并且成为文艺复兴时期古典自然法学派的思想来源。中世纪神学主义自然法的代表人物托马斯·阿奎那明确地把法分为永恒法、自然法、神法和人定法,认为永恒法是上帝创造和统治世界的范本,从而是人以外的智慧;而人作为理性动物在某种程度上可分享神的智慧,“这种理性动物之参与永恒法,就叫做自然法”⑤。古典自然法学派改造了古代自然法对“自然”的解释,其代表人物孟德斯鸠认为自然法“渊源于我们生命(在自然状态下表现出来)的本质”,“在人为法建立了公道的关系之先,就已经有了公道关系的存在”⑥。自然法可以被理性所认识,因而是“理性所发现的箴言”,是“普遍的规则”⑦,人定法是在它之后并根据它创设的,自然法代表着公正,是制定法律及判断法律公正与否的标准。

司法公正是一个经常被使用而又始终未见清晰界定的概念,各种意义上使用的司法公正概念大体上可以归属于“结果本位的司法公正理论”和“程序本位的司法公正理论”两大类。前者以司法工具论为基础,认为司法裁判的结果公正是司法公正的核心价值所在,其主题在于强调实体公正;后者则认为无论结果如何,只要严格遵守正当程序,结果就应当被认为是公正的,其主题

---

① 北京大学哲学系外国哲学史教研室编译:《古希腊罗马哲学》,生活·读书·新知三联书店1957年版,第37页。

② 参见张乃根:《西方法哲学史纲》,中国政法大学出版社1993年版,第35页。

③ 参见吴予:《法与正义之关联:一个西方文化基因演进的考察》,《比较法研究》1999年第2期。

④ 参见吕世伦主编:《现代西方法学流派》上卷,中国大百科全书出版社2000年版,第5页。

⑤ [意]托马斯·阿奎那:《阿奎那政治著作选》,马清槐译,商务印书馆1963年版,第107页。

⑥ 法学教材编辑部《西方法律思想史编写组》编:《西方法律思想史资料选编》,北京大学出版社1983年版,第241—242页。

⑦ 周辅成编:《西方伦理学名著选辑》,商务印书馆1996年版,第664页。

在于强调程序公正。[①] 就现代法理学发展的趋势而言，结果本位的公正理论已经不能被普遍接受[②]，而程序本位的公正理论逐渐成为主流。因而，司法公正的伦理价值集中地体现在司法程序中，人们通过程序对制度规范和程序规范作出伦理评价，并且在此基础上对程序结果的权威性表现出认同或是藐视，从这一意义上说，司法程序就是程序参与者或社会公众对司法公正的伦理评价过程。程序的价值就在于其为司法公正的个体评价和伦理认同提供了一种途径，通过正当程序的构建，使司法公正建立在伦理价值的基础之上。所以，程序公正的实现是保障司法公正最关键的步骤。要确保司法公正，法官至少需要其做到以下四点。

一、提升业务能力

法官专业化的业务能力是实现司法公正、维护司法权威的技术保证。法官作为法律的守护者，必须具备专门的法律知识和独特的思考论证方法，否则，法官的裁判很难具有权威性和说服力。司法人员专业化使司法人员几乎成了全社会共同的法律知识和法律权利代言人和守护者。通过这种专业化法律控制系统的良性运行，可以为公民维权提供理想的救济模式和结果，从而使复杂社会生活变得和谐有序，保证每个社会主体在纷繁复杂的社会生活中安居乐业。[③] 法官的业务能力包括但不限于法官的专业知识，同等重要的是法官的专业思维能力和表达能力。理性思维与实践理性构成法官理性的双重规定性。裁判的逻辑证成与程序正义构成了理性思维的核心，实践理性则践行与利益无涉、独立审判、恪守程序正义三原则。理性思维与理性实践都取决于法官之清、慎、勤、公的人格理性。[④]

二、中立裁决纠纷

中立裁决纠纷的要求源自人类对应受公平对待的自然本性。“人之所以

---

① 姚莉：《司法公正要素分析》，《法学研究》2003 年第 5 期。

② 参见何家弘：《司法公正论》，《中国法学》1999 年第 2 期。

③ 参见胡志斌：《法官素质养成研究》，南京理工大学 2011 年博士学位论文，第 122 页。

④ 参见李捷：《法官思维之理性特征》，陈金钊、谢晖主编：《法律方法》第 21 卷，山东人民出版社 2017 年版，第 267 页。

为人,是在于他要求受到公平对待的那种与生俱来的期待。"[①]这一要求的法理基础可以追溯到英国普通法中确立的自然公正原则,自然公正原则的一项基本内容就是:"任何人或团体都不得在自己有关的案件中担任法官。"这项原则最早是适用于司法程序中,它是指"法官在某个案件中拒绝行使审判权的一种特权和义务。由于法官与某一方当事人存在亲属关系或因案件的结果可能产生与其有关的金钱或其他利益,他可能被怀疑带有某种偏见,因而不参加该案的审理"[②]。绝大部分国家在其涉及法官职业伦理的条文中都要求法官应中立裁决纠纷,并通过制定回避制度来落实这一理念。

在我国,法官、检察官和律师等司法职业者在司法实践活动中扮演不同的角色、承担各自的任务。由于法官职业的特殊性质,法官在审判活动中应当保持中立,不偏不倚,维护司法公正的形象和要求。只有裁判中立,控、辩、审为基础的现代诉讼制度才能得以存续并运行良好。因此,无论刑事诉讼还是民事诉讼抑或行政诉讼中,法官中立裁决纠纷都是一项基本的诉讼要求。[③] 法哲学家戈尔丁在其《法律哲学》一书中提出了程序公正的三个层次。其中,中立性为第一个层次,具体表现为三项规则:(1)与案件自身有关的人不应该是法官;(2)结果中不应含纠纷解决者个人的利益;(3)纠纷解决者不应有支持或反对某一方的偏见。[④]

我国《法官职业道德基本准则》第 13 条规定,法官应自觉遵守司法回避制度,审理案件保持中立公正的立场,平等对待当事人和其他诉讼参与人,不偏袒或歧视任何一方当事人,不私自单独会见当事人及其代理人、辩护人。在与一方当事人接触时,应当保持公平,避免他方当事人对法官的中立性产生合理怀疑。《法官行为规范》第 40 条和第 42 条规定,法官不得违背当事人意愿,以不正当的手段迫使当事人撤诉或接受调解。法官在履行职责时,不得

---

① 章剑生:《行政程序法基本理论》,法律出版社 2003 年版,第 131 页。

② [英]戴维·M.沃克:《牛津法律大辞典》,北京社会与科技发展研究组织翻译,光明日报出版社 1988 年版,第 247 页。

③ 参见许身健主编:《法律职业伦理》,北京大学出版社 2014 年版,第 140 页。

④ 参见[美]戈尔丁:《法律哲学》,齐海滨译,生活·读书·新知三联书店 1987 年版,第 240 页。

以其言语和行为表现出任何歧视，并有义务制止和纠正诉讼参与人和其他人员的歧视性言行。《法官职业道德基本准则》第17条明确规定，法官不从事或者参与营利性的经营活动，不在企业及其他营利性组织中兼任法律顾问等职务，不就未决案件或者再审案件给当事人及其他诉讼参与人提供咨询意见。

三、恪守公开原则

阳光是最好的防腐剂。司法公开是司法公正最重要的保障条件。现代司法制度有两个重要支点，其一为司法机关独立行使职权，其二为司法公开。从根本上看，法律作为定分止争的手段，是对人类权利义务最终分配的裁定，而裁定结果是否公正、是否被接受，不仅取决于裁决规则的合理性，还在于具体操作过程的正当性，而司法公开正是保证这一结果的关键。《世界人权宣言》中"人人完全平等地有权由一个独立而无偏倚的法庭进行公正的和公开的审讯，以确定他的权利和义务并判定对他提出的任何刑事指控"以及《公民权利和政治权利国际公约》中"所有的人在法庭和裁判所前一律平等。在判定对任何人提出的任何刑事指控或确定他在一件诉讼案件中的权利和义务时，人人有资格由一个依法设立的合格的、独立的和无偏倚的法庭进行公正的和公开的审讯"，正是这一理论依据的权威体现。

改革开放以来，人民法院的司法改革，始终将审判公开作为一项重点内容，甚至可以称为"重中之重"。作为司法重要主体的法官，必须坚持审判工作各环节的依法公开。由此，当事人以及社会公众对法官司法的公正性将大大提升。具体而言，根据对象的不同，审判公开又可分为三个层面：首先，对当事人公开。作为与案件直接相关的主体，审判情况对当事人的公开程度，直接影响了其对案件裁判结果的可接受程度，也直接影响着司法在人民群众心中的形象。因此，审判工作的各个环节应当尽可能在双方当事人都在场的情况下于法庭上公开进行。其次，对社会公众公开。除法律另有特殊规定外，法官应该将案件进行公开审理。公开审理的案件，应在规定的时间内，将案件审理的时间、地点和场所提前告知公众，允许社会公众依法自由旁听。最后，对新闻媒体公开。对于符合法律公开审理的案件，在新闻媒体人员遵守法庭纪律、依法进行追踪报道的前提下,法官应当基于公平正义的精神,允许新闻媒体进行采访,并给予尊重与理解。① 案件审理的公开对法官提出了更高要求。另外,法官也应当正确处理与媒体的关系。在公众场合和新闻媒体上,法官不得发表有损生效裁判的严肃性和权威性的评论。如果认为生效裁判或者审判工作中存在问题,应向本院院长报告或者向有关法院反映。

四、坚守法官良知

法官良知是司法审判中法官对公平、正义的善良认知心理,包括自由裁量中的良心法则、法律至上的真诚信仰、公平正义的价值理念三个层面。法官良知是司法公正的前提、当事人权益有效维护的保障,尤其是预防司法腐败的良药。② 因此,法官首先应在自由裁量中树立良心法则。在自由裁量中,经常"反省自己的思想,追寻影响或引导其得出结论的种种影响力,要掂量各种可能冲突的考虑因素——逻辑的、历史的、习惯的、道德的、法律的确定性和灵活性、法律的形式和实质,等等。③ 服从良心的内心召唤和对自然法理念的内在认同,在公平正义的基础上作出既符合法律又符合人性的合理判决。其次,法官应树立公平正义的价值理念。如果法律没有公平正义的价值,必将堕落为"恶法",所谓"法治"也必将堕落为"恶法之治"。法官的公平正义理念对案件审理具有重要影响。因此,公平正义不仅应该成为法治的灵魂,也应该成为法官的灵魂。一个有良知的法官必定是一个在其良知的引导下努力探寻个案的公平正义之所在的法官。最后,法官应树立法律至上的真诚信仰。对法律的尊崇只有内化为一个民族人民内在的崇高信仰时,法治才可能在这个民族社会生根。法官良知只有不断升华为法律内心崇高的法律信仰,才能牢固地生根于法官内心。法官正是在其良知的指引下通达法律信仰之门,从而达到法律信仰的崇高理想境界。

司法公正是实现社会公平与正义、构建社会主义和谐社会的重要内容,也

① 参见巢容华主编:《法律职业伦理》,北京大学出版社 2019 年版,第 28 页。

② 参见丁德昌:《法官良知:司法公正的原动力》,《法学论坛》2015 年第 3 期。

③ 参见[美]本杰明·卡多佐:《司法过程的性质》,苏力译,商务印书馆 1998 年版,"译者前言"第 4 页。

是构建和谐司法的根本要求。作为一名法官,绝不是单纯地机械执行法律,还应该本着自己的良知和智慧能动地、彻底地化解社会矛盾,使自己成为和谐社会的重要缔造者。法官良知,是司法得以公正的前提和原动力。良知为法官公正审判的心理基石,良知令法官心灵圣洁、光明磊落,良知是法官内心区别于常人对是非的正确认知和判断。法官良知让法官成为法律的化身!法官良知让法官成为司法公正的守护神!①

第四节 提高司法效率

所谓提高司法效率是指法官应当及时高效地履行司法职责,以最快的速度、以最小的成本投入和最低的资源消耗,实现最大限度的公平正义。

在宏观层面上,效率与公平一直被视为司法制度设计与运作的基本价值目标。从表面上看,这两大价值目标之间似乎是泾渭分明的:司法公正表明人们对司法活动的正当性的追求,而司法效率则表明人们对司法活动所产生的效率的追求。然而,在现实中人们却致力于将两者统一于一个司法制度之中。这表明两者具有深层次的内在统一性。从某种意义上说,司法效率也是司法公正的题中之义,因为任何社会纠纷的存在都意味着权利不确定状态的延续,都意味着秩序被破坏状态的延续,也都意味着社会公正处在待实现的状态。所以说,对纠纷的解决不仅应当是公正的,而且应当是尽可能迅速的。在这里,效率就意味着公正的迅速实现。正如法谚所言:“迟来的正义非正义。”不仅如此,人们还从另外一种含义上讨论司法公正与司法效率的内在一致性。在市场经济条件下,以尽可能少的资源耗费换取尽可能多的收益已经成为社会生活最基本的价值取向,对有限的资源加以最有效的利用已经是社会正义不可替代的组成部分。② 因此,司法活动也必须遵循社会正义的这一原则,以

① 参见丁德昌:《法官良知:司法公正的原动力》,《法学论坛》2015 年第 3 期。

② 参见姚莉:《司法效率:理论分析与制度构建》,《法商研究》2006 年第 3 期。

司法效率作为其追求的价值目标。[①] 在一定意义上，司法公正与司法效率是相辅相成的，司法制度的构建应当兼顾公正与效率两大价值目标，并且以公正统率效率、以效率促进公正。

在微观层面上，根据《法官行为规范》第 3 条的规定，法官应该树立效率意识，科学合理安排工作，在法定期限内及时履行职责，努力提高办案效率，不得无故拖延、贻误工作、浪费司法资源。司法效率同司法公正一样，均是司法必须追求的主题。不讲求效率的司法，在实质上也就无公正可言。若司法不讲求效率，案件常常久拖不决，正义时常姗姗来迟，那么，司法公正将无法彰显、司法权威也无从树立。注重司法效率既是对当事人权利的一种关注与重视，也是增加当事人对最终司法裁决可接受度的重要方法，更是树立司法高效公正形象的重要途径。[②]

在当前社会转型时期，诉讼和非诉讼案件大量涌现，法官职业伦理要求法官在确保司法公正的前提下，重视提高司法效率，发挥其在司法实践中的主观能动性，迅速、便捷地履行司法职责，节约司法资源，保证案件在法定期限内尽早结案。司法效率在法官职业伦理中占据着重要地位，主要体现为以下三个方面。

第一，树立效率意识。效率是指投入与产出之间的关系比例，司法效率则是司法资源的投入与办结案件及质量之间的关系比例。[③] 法效率的日常目标是消耗尽可能少的司法资源，取得最大可能的结案量，同时最大限度地维护社会公平与正义。法官职业伦理要求法官树立效率意识，科学合理地安排工作。法官审判活动中的效率问题，体现于法官工作的立案、庭审、执行等各个环节。例如，在立案阶段，《法官行为规范》规定，要确保立案质量，提高立案效率。而在庭审阶段，法官要根据案情和审理需要，对诉讼各方的陈述、辩论时间进行合理的分配与控制，适当制止与案件无关的以及重复的意见，提高庭审效

---

① 庞德曾经说过，正义“意味着那样一种关系的调整和行为的安排，它……能在最少阻碍和浪费的条件下尽可能多地给予满足”。参见[美]罗斯科·庞德：《通过法律的社会控制·法律的任务》，沈宗灵、董世忠译，商务印书馆 2010 年版，第 35 页。

② 参见巢容华主编：《法律职业伦理》，北京大学出版社 2019 年版，第 26 页。

③ 参见刘正浩、胡克培主编：《法律伦理学》，北京大学出版社 2010 年版，第 203 页。

率,节约司法资源。在判决执行过程中,司法效率更为重要。案件诉诸法律的最终目的是获得具有国家强制力的法院执行,如果法院对于判决久不执行,那么前期审判工作的努力也会大打折扣,而且,司法工作将毫无权威可言,司法公信力也将不复存在。所以,法官应该严格遵守职业伦理的要求,杜绝粗心大意、无故拖延、贻误工作的行为,认真、及时、有效地完成本职工作并做到合理安排各项审判事务,提高诉讼效率。这就意味着法官对于各项司法职责的履行都给予足够重视,对于所有承办的案件都给予审慎关注,并且投入合理的足够时间,在保证审判质量的前提下,尽量节省当事人及其代理人辩护人的时间,注重与其他法官和其他工作人员共事的有效性。

第二,勤勉敬业。自新中国成立以来,中国在很大程度上继承了大陆法系的成文法传统,法官在司法中的主要作用是遵循已有的成文法律审判案件,而不具有造法的功能。但是,这并不意味着中国的法官在案件审判中毫无自由裁量的可能性与空间。事实上,由于成文法不可避免地存在不完备性和不确定性,法官在案件审理工作中实际上享有相当大的自由裁量权,因而,法官司法效率的提高,不仅需要法官熟悉已有的成文法律,而且需要法官具备相应的法律专业素质,通过正确地演绎、解释和适用法律,及时公正地审判案件。自改革开放以来,我国各方面的立法已日趋完备,但以司法部门在案件审理中在一定程度上存在效率较低的问题成为影响中国法治发展的因素之一。具有更高专业素养的法官将有助于提高司法的效率,促进中国的法治发展。[①] 同时,高质量的司法也是市场成长的重要制度基础。在这个意义上说,法官努力专研指导性案例、提升自己的业务能力,将有益于中国特色社会主义市场经济体制的建设和经济的持续增长。

第三,严守时限规定。在规定审限内结案和在法定时间内完成特定司法文书的制作和执行均是提高司法效率、实现司法公正的重要保障。三大诉讼法以及最高人民法院的各种司法解释对案件的审限问题进行了明确的规定。一方面,法官在司法活动中要严格遵守审限的规定,力争在法定期限内尽快立

---

① 参见陈刚:《遴选法官:学历和专业孰重要——基于提高司法效率角度的研究》,《广东财经大学学报》2019 年第 3 期。

案、审理、判决和执行,认真、及时、有效地完成本职工作;另一方面,法官也要有效监督诉讼参与人在诉讼活动中严格地遵守诉讼期间。① 如因特殊情况不能在法定期限内结案的应该按照法定程序办理延长审限的手续,未经批准不得超限审理。即使是经当事人各方协商确定、由法院认可的期限,原则上也要严格遵守,不得随意变更。严格遵守时限的法官职业伦理,不仅是对法官职业活动效率上的一种要求与约束,更是树立司法权威、实现司法公正的一种体现。

第五节　确保司法廉洁

作为审判活动的主体,法官廉洁是司法廉洁制度最核心的要素。对法官廉洁这一主体要素作进一步解剖,又包括资格要素(法官选任)、品格要素(职业伦理道德)、行为要素(法官行为规范)、利益要素(防止利益冲突)、约束要素(司法惩戒)、保障要素(法官职业保障)。② 故而,司法廉洁需要多维度制度支撑。

作为国家公职人员,法官被社会公众期待具有高尚的品格与廉洁的操守。考虑到司法工作的目的、性质和社会公众对法官工作的期许,法官不仅应该具有良好公民所拥有的高尚品格,还应当具备较一般公众而言更高的道德涵养、无可怀疑的职业操守和依据内心确信而为的职责坚定性。法官职权的行使关系到当事人生命、自由和财产,因此,法官在裁判案件时除了强调其独立性之外,还应受到相应监督,若违反监督条例则应予以相应的惩戒,以避免司法腐败的发生。但是干涉与监督仅一线之间,若缺乏适当的惩戒机制,前述为司法机关独立行使职权所做的种种努力极易付之东流。如何有效平衡司法机关独立行使职权与监督惩戒,关键在于法官惩戒机制的构建。有效的法官惩戒机制,既利于实现司法机关独立行使职权(非经法

① 参见许身健主编:《法律职业伦理》,北京大学出版社 2014 年版,第 142 页。

② 参见钱锋:《司法廉洁制度设置研究》,《中国法学》2013 年第 3 期。

定惩戒机制不得对法官进行惩罚），又利于督促法官依法履行职责，防止司法腐败的发生。

以美国为例，美国联邦政府拥有两套法官惩戒制度：一是法官弹劾制度，由国会或议会负责实施；二是司法惩戒制度，由司法机构或主要由司法人员组成的机构负责实施。美国联邦宪法中与法官弹劾有关的条文有两个，即第2条第4款："总统、副总统及所有的文职官员若犯叛国、贿赂、重罪、轻罪，须依弹劾去职"；以及第3条第1款："最高法院法官以及其他层级法院的法官任职时必须行为良好。"从前一个条文看，弹劾法官的标准是法官的行为构成犯罪。而后一个条文则在实际上宣称法官如果行为不当时也应失去法官职位或受到其他制裁。由此可见，惩戒法官的法定标准有两种：一是犯罪，二是行为不当。对于前一法定去职之情形，宪法规定了严格的弹劾程序：由众议院起诉，参议院审理，并由参议院成员的三分之二通过弹劾裁决。而关于后者，美国国会1980年通过的《司法行为与资格丧失法案》之6B规定：任何人认为法官实施了有偏见的行为，都可以向上诉法院的书记官提交书面投诉。上诉法院的首席法官在对投诉审查后，如果认为有滥用投诉权等法定情形，则驳回投诉。反之，就应命令调查。①

美国法律在对法官的不当行为详加规制的同时，却又为法官的行为留下了充裕的自由空间，即规定法官的裁判行为不得成为惩戒法官的依据。这在理论上被称为"法官惩戒的禁区"。例如，《司法行为与资格丧失法案》之3A规定：如果投诉是直接关于判决或程序裁决的实质性问题，则应予以驳回。这实际就为法官惩戒设置了禁区，即法官可以依照自己对于法律的理解和对具体案件事实的认定独立进行裁判，且不得因此裁判行为受到追究。美国法官惩戒制度中的这一禁区植根于美国社会对于"司法独立"的高度重视。"司法独立"被美国人视为法治的一个重要组成部分，他们认为如果允许根据法官的裁判行为弹劾法官，那么法官实际将无独立性可言，将在裁判过程中忐忑不安，法官遵从的就不是法律的命令，而是政党的命令和舆论的压力。这一禁区

① 参见严仁群：《美国法官惩戒制度论要——兼析中美惩戒理念之差异》，《法学评论》2004年第6期。

也与美国人对于司法过程的理解密不可分。美国人较为认同法律运行过程中的不确定性,他们认为法律问题或司法裁决往往没有标准答案可言。① 卡多佐法官说:“在每一个具有普遍性问题的裁决中,其实都隐含着有关法的起源与目的的哲学,担任最后裁决的其实是哲学,无论它多么隐蔽。它接受一些观点、修正一些观点,摈弃一些观点,但它依然故我,履行着终审法庭的职能。”②

换言之,行为不当和犯罪是法官惩戒的基础性标准,且法官的裁判行为不得成为惩戒法官的依据。以此种理念为标准设计出的法官惩戒制度既利于保障法官审判案件时的独立性,又利于督促法官依法履行职责,防止司法腐败的发生。反观我国以“错案”为标准的法官惩戒制度,我们发现“错案”标准极易陷入惩戒禁区,“错案追究”对法官职业保障和公正履职易形成不良影响。首先,以判决结果对错为导向的惩戒标准难以把握,由此产生惩罚权的主观随意性将给法官履职带来重大影响,使法官在履职时如履薄冰,亦对正常审判制度构成冲击。如由司法外的权威来对判决作出判断,其结果必然是侵犯司法权的行使;如由法院系统内的领导来判断,结果是实际行使审判权的人员事实上失去对事实和法律的确认权、解释权;如由惩戒委员会判断,则会对正常审判程序构成极大冲击。其次,“错案追究”易使法官为减轻风险放弃对案件的判断权,因案件一旦被定性为错案,即使没有违法、违纪行为,仅因错判导致的后果就应接受相应惩戒,法官不得不通过程序以外的途径转嫁或减轻自己的风险。比较常见的是个案请示或案件汇报以及和稀泥式的无原则调解等。最后,“错案追究”使得案件处理结果与法官产生利益关联,易使法官失去应有的中立、公正立场。这亦使法官在审理案件时难免考虑诸多案外因素、非法律因素等,以期转嫁或减轻自己的风险,如此,既无法确保程序公正,实体公正也难以实现。③

作为一个合格的法官,在物质生活和精神生活上都要保持纯洁和清廉,能

① 参见严仁群:《美国法官惩戒制度论要——兼析中美惩戒理念之差异》,《法学评论》2004 年第 6 期。

② [美]本杰明·内森·卡多佐:《法律的生长》,刘培峰、刘骁军译,贵州人民出版社 2003 年版,第 16 页。

③ 参见蒋银华:《法官惩戒制度的司法评价——兼论我国法官惩戒制度的完善》,《政治与法律》2015 年第 3 期。

够合理恰当地处理好公职与私利之间的关系，自觉抵制外部不正当利益的诱惑，不直接利用或间接利用职权和地位谋取不正当利益，在生活上保持简朴的本色，树立正确的权力观、地位观、利益观，坚持自重、自省、自警、自励，坚守廉洁底线，依法正确行使审判权、执行权，杜绝以权谋私、贪赃枉法行为。在我国，司法腐败虽然只是少数，但是已经对法官职业群体的声誉造成了极其恶劣的影响，极大地破坏了司法权威。① 因此，任何法官都必须高度重视道德操守。

作为司法审判人员，法官肩负着神圣的职责，手握生杀予夺的裁判权力，由国家财政保证其劳动报酬、保险及福利待遇。因此，职业伦理要求法官在物质上和精神上，坚持洁身自好、坚守廉洁底线，不为贫困所移，不为富贵所淫，不为威武所屈，时时刻刻以公正为准则。《法官职业道德基本准则》第 15 条，要求法官树立正确的权力观、地位观、利益观，坚持自重、自省、自警、自励，坚守廉洁底线，依法正确行使审判权、执行权，杜绝以权谋私、贪赃枉法行为。法官应时刻警醒自己，手中之权取之于民就应用之于民。法官作为国家公职人员之一，现有的身份与地位均为人民信任的结果，因此，必须做好人民的公仆，落实司法为民的要求，做到听民声、察民情、知民意，树立服务意识，做好诉讼指导、风险提示、法律释明等便民服务。法官需时刻提醒自己君子爱财、取之有道，坚决鄙视权钱交易，坚决抵御司法腐败之风，坚守司法公正廉洁之职。② 当然，法官除了薪酬之外，也可以有自己正当合法的业外收入，如合法投资收入、稿酬、遗产继承等。法官只有遵守法官职业伦理，严格律己，对不正当利益不论大小一律拒绝，才能做到清正廉洁。

第六节　加强修养与提升礼仪

一、加强自身修养

史尚宽先生有言："虽有完美的保障审判独立之制度，有彻底的法学之研

---

① 参见许身健主编：《法律职业伦理》，北京大学出版社 2014 年版，第 143 页。
② 参见巢容华主编：《法律职业伦理》，北京大学出版社 2019 年版，第 34 页。

究，然若受外界之引诱，物欲之蒙蔽，舞文弄墨，徇私枉法，则反而以其法学知识为其作奸犯科之工具，有如为虎傅翼，助纣为虐，是以法学修养虽为切要，而品格修养尤为重要。”①可见，对于司法的最终社会效果而言，法官的自身修养殊为重要。法官至少应在如下几方面加强自身修养。

第一，政治素质。良好的政治素质是法官恪尽职守、公正司法的先决条件。作为人民法院的法官，法官履职时要一心为民，有坚定的政治信念、坚定的政治立场，准确把握司法改革的方向，在大是大非面前，有着坚定的政治信念和政治操守，不断提高政治水平。法官还需关注党和国家政策的变动和制定，不断提升自己对政治情势的分析和思考能力。② 在司法活动中，法官既不能屈服于政治势力而做有悖于司法公正的裁判，也不能按照自己的政治偏好适用法律。要求法官具有良好的政治素质，并不是希望法官在审判活动中进行政治投机和政治迎合，而是强调他们在司法路线和方针上要坚持国家司法的政治目标和政治导向。③

第二，业务素质。法官的业务素质也即法官的司法技能或职业技能，它是法官素质中的关键性要素。强调法官的业务素质，实质上是强调法官的驾驭审判工作的技能或者实际“动手能力”。法官作为法律的适用者，应当具备专门的法律知识和独特的思考论证方法，而这些知识与方法只有通过专业培养和训练才能获得。④ 如果让一个不精通法律、不尊重法律精神的人来承担法律实施的重任，必然会产生“监守自盗”的负面效果，从而曲解法律，强奸法律精神，使法律的神圣性和正义性失去内在的动力，也使得法律容易成为偏私的理由和工具。⑤ 法官的业务素质应当包含庭审驾驭能力、诉讼调解能力、事实认定能力、法律使用能力、逻辑思维能力、语言表达能力、文书写作能力等。故

① 史尚宽：《宪法论丛》，台湾荣泰印书馆 1973 年版，第 336 页。

② 参见许身健主编：《法律职业伦理》，北京大学出版社 2014 年版，第 145—146 页。

③ 参见胡志斌：《论法官素质的结构要素及其相互关系》，《内蒙古农业大学学报（社会科学版）》2012 年第 6 期。

④ 参见胡志斌：《论法官素质的结构要素及其相互关系》，《内蒙古农业大学学报（社会科学版）》2012 年第 6 期。

⑤ 参见谭世贵、舒海：《试论法官的独立司法人格》，《海南大学学报（人文社会科学版）》2003 年第 4 期。

而，基于法官职业素养的要求，法官必须终身学习，不断提升自己的专业素质。

第三，人文素质。法律问题从一开始就明显不仅是法律问题，而同时也是政治问题、社会问题、历史问题和文化问题。因此，要了解和解决中国的法律问题，必先了解和解决诸多法律以“外”的其他问题。① 审判工作是一项技术性、伦理性、科学性都很强的工作，证据的判断和运用、事实的认定、法律的理解和适用，以及贯穿其中的法的理念、规则和方法论，都应以一定的文化修养为基础。基于此，法官不仅应当是个精通法律的法律家，而且也应当是个具有人文素养的司法者。否则，法官难以体察立法的社会背景，难以有效地定分止争，社会公众也难以对其给予足够的尊重和诉求依赖。②

二、提升司法礼仪

司法礼仪是指司法活动的主体（包括法官、检察官、律师、当事人、其他诉讼参与人以及其他参与司法活动的官员、旁听人员等）在司法活动中所应当遵守的礼节、仪式和其他交流与行为的态度和方式。③ 司法礼仪作为法院文化的外化、直观和感觉形象，不但作用于法官个人自身，而且对于社会公众有着无以取代的感知、影响和接纳效果。④ 法官袍服、法庭布置、尊敬的词令这类符号应当不仅使法官本人，而且也使审判过程的所有其他参与者、实际上是整个社会都铭记不忘，肩负审判重任者必得摒除其个人癖好、个人偏见，以及先入为主的判断。同样，陪审员、律师、当事人、证人和参与审判的所有其他人，也因为开庭仪式、严格的出场顺序、誓言、致词的形式以及表明场景的其他许多仪式而被赋予他们各自的职责。⑤ 在司法过程中，法官遵守司法礼仪至少需要做到如下几点。

第一，注重自身仪表。在西方法律谚语“法官不仅要是公正的，而且要看上去也是公正的”，不仅要在内心追求公正，而且在行为的外表上也要追求公

---

① 参见梁治平：《法律的文化解释》，生活·读书·新知三联书店 1995 年版，第 6 页。

② 参见胡志斌：《法官素质养成研究》，南京理工大学 2011 年博士学位论文，第 122 页。

③ 参见许身健主编：《法律职业伦理》，北京大学出版社 2014 年版，第 144 页。

④ 参见邓志伟：《符号学视角下的司法礼仪透视——法院文化的表达与实践》，《河北法学》2014 年第 4 期。

⑤ 参见［美］伯尔曼：《法律与宗教》，梁治平译，中国政法大学出版社 2003 年版，第 21 页。

正，是主观概念和客观概念的统一。法官形象公正，是指法官形象使当事人和社会公众对法官及其司法过程和结果的公正性产生信赖，排除合理怀疑。形象公正有其独特的内涵和价值，且与实体公正、程序公正相辅相成。中立且专业、高效且耐心、威严且亲和的形象，是实现"努力让人民群众在每一个案件中感受到公平正义"的重要保障，是法官职业化的必然要求，也是培育法律信仰、弘扬法治精神的重要途径。① 根据《法官职业道德基本准则》第 23 条的规定，法官应坚持学习，精研业务，忠于职守，秉公办案，惩恶扬善，弘扬正义，保持昂扬的精神状态和良好的职业操守。

第二，遵守法庭礼仪。制服的穿戴、仪式的启动以及空间的布局均承载着不同的法律文化。法官身着法袍、检察官身着西式正装、律师身着律师袍出席庭审，三者之间的关系立刻展现在眼前。可以说在法官身着法袍、检察官身着西式正装、律师身着律师袍的法庭上，旁观者除了能够感受到庭审的正规、庄严之外，更有控辩审三方理性对话、平等协商的氛围。当法官到庭时，全体在庭人员均需起立，法官在全体人员行注目礼之中走进法庭并端坐到法官席上。允许其他人坐下之后，在庭人员方可落座。虽然只是起立迎接法官这一简单的行为，折射出的却是在场所有人对法律、法院、法官的尊敬，对法律的信仰，对司法的信服。当全体人员落座后，法官敲击法槌，宣布开庭，整个庭审正式开始。整个过程庄严肃穆，充满了仪式感。② 2010 年发布的《法官职业道德基本准则》第 24 条规定："坚持文明司法，遵守司法礼仪，在履行职责过程中行为规范、着装得体、语言文明、态度平和，保持良好的职业修养和司法作风。"《法官行为规范》第 29 条规定，法官应当"（一）准时出庭，不迟到，不早退，不缺席；（二）在进入法庭前必须更换好法官服或者法袍，并保持整洁和庄重，严禁着便装出庭，合议庭成员出庭的着装应当保持统一"。

第三，以礼待人。法官处于居中裁判的位置，应尊重诉讼参与人以及其他诉讼参加人的人格尊严。尊重诉讼参与人与参加人的人格尊严是指法官在履

---

① 参见高憬宏：《法官的形象公正及其实现途径》，《法律适用》2016 年第 6 期。

② 参见陈文曲、周赛男：《以审判为中心的当代中国法庭礼仪的完善》，《三峡大学学报（人文社会科学版）》2017 年第 S1 期。

行司法职责时应当尊重诉讼当事人和其他参与人,甚至是犯罪嫌疑人的人格尊严。[①] 这是对宪法中规定的公民基本权利的尊重。《俄罗斯联邦法官品行规范》第 2 条第 4 项规定:“法官应对听审参加人和在履行公务期间交往的其他人员表现出耐心、礼貌、委婉和尊重。法官也应要求法院工作人员这样做。”《意大利司法伦理准则》第 1 条规定:“在公众生活中,法官、检察官应行为得体、有尊严、尊重公众的利益。”第 11 条规定:“他们在履行其职责时应充分尊重其他人的作用,承认其他诉讼当事人发挥作用的权利,并最大限度地保证他们履行职责。”我国《法官职业道德基本准则》第 21 条规定,法官应认真执行司法便民规定,努力为当事人和其他诉讼参与人提供必要的诉讼便利,尽可能降低诉讼成本。第 22 条规定,法官应尊重当事人和其他诉讼参与人的人格尊严,避免盛气凌人、“冷硬横推”等不良作风;尊重律师,依法保障律师参与诉讼活动的权利。

第七节　严格约束业外活动

法官身份的二重性决定了利益需求的二重性。公职人员代表的利益大致有二:代表公职的公共利益和作为社会成员的私人利益。两种利益有时一致又时有冲突。当公益和私利冲突,任何人不得为了实现私利而损害公益,否则可能导致腐败。必须建立一种预防机制,明确哪些行为属于利益冲突行为并予以禁止,使职务代表的公共利益与个人私利明确分开,隔离个人利益与公职可能发生的冲突。[②] 司法公信力的社会认可,不单单是靠法官在法庭内公正执法来体现,同时还需要通过法官业外约束自己直接影响职业信誉的行为、得到社会的正向评价来实现。我们认为,法官的业外行为是法官从事本职工作外的所有行为的总称,范围应当包含日常生活、参加各种社会活动等方面。从

---

① 参见曹三明:《法官职业伦理概论》,中国社会出版社 2011 年版,第 154 页。

② 参见姜洪鲁:《“柔性回避”到“刚性隔离”的嬗变——基于利益冲突回避视角下的法官单方退出机制》,《法律适用》2010 年第 9 期。

时间上来看,应当包含法官在执业过程中以及在退休后的生活。在这里,不应完全以工作时间来确定,因为在工作时间内有可能参加学术研讨活动,或者出席重要的公益活动。同理,法官也可能在非工作日去义务加班或者做与案情有关的调查,这些应被认定为法官的职业行为。所以,我们认定业外活动的标准是看法官是否在执行职务。

《法官法》《法官行为规范》对法官的业外活动进行规制,体现了维护司法权威和公信力的出发点,同时有利于促进法官正常履职和维护法官群体良好的社会形象。法官业外活动是法官职务活动的延伸,法官作为法律职业共同体中的一员,应当时刻自觉维护司法公信力。《法官行为规范》第 80 条到第 89 条明确了对法官业外活动的各种基本要求和具体要求。法官业外活动的基本要求是:遵守社会公德,遵纪守法;加强修养,严格自律;约束业外言行,杜绝与法官形象不相称的、可能影响公正履行职责的不良嗜好和行为,自觉维护法官形象。这是法官进行业外活动的基本准则。而法官业外活动的具体要求则比较丰富。

一、任职类业外活动

国家相关法律对法官的业外任职有严格的禁止性规定。2019 年修订的《法官法》第 22 条规定,法官不得兼任人民代表大会常务委员会的组成人员,不得兼任行政机关、监察机关、检察机关的职务,不得兼任企业或者其他营利性组织、事业单位的职务,不得兼任律师、仲裁员和公证员。《法官行为规范》第 82 条规定不参加营利性社团组织。这些规定是为了避免使公众对法官的公正司法和清正廉洁产生合理怀疑,避免影响法官职责的正常履行,避免对人民法院的公信力产生不良影响。一旦违反,应当给予处分;构成犯罪的,还要依法追究刑事责任。

二、关系类业外活动

法官在处理本人或者亲友与他人发生矛盾时应保持冷静、克制,通过正当、合法途径解决,不得利用法官身份寻求特殊照顾,不得妨碍有关部门对问题的解决。尤其法官因购物、停车、相邻关系等原因与他人发生纠纷和摩擦时，要秉持正直低调、真诚谦恭、与人为善的态度消除摩擦。在解决纠纷过程中，不宜有意披露法官身份以谋求照顾或以势压人。出入社交场所参加社交活动要自觉维护法官形象，严禁乘警车、穿制服出入营业性娱乐场所。

由于法官属于国家公职人员，被赋予国家司法审判权，在案件审理过程中拥有自由裁量权，在法官本人坚守职业伦理底线、未有丝毫逾越的情况下，意图徇私的当事人或相关人员很可能以法官的家庭成员为其“突破口”，以达到向法官间接示好的目的。由于法官家属并不一定能够深刻领会法官职业的神圣性，再加上缺乏坚定的法律理想，所以很容易被他人利诱作出不当的行为。此外，也不排除法官的家庭成员由于思想意志不坚定或追求奢侈的生活，利用法官家属的身份地位，对外私自允诺，主动寻求利益。① 对此，《法官职业道德基本准则》第 18 条规定，法官应妥善处理个人和家庭事务，不利用法官身份寻求特殊利益，按规定如实报告个人有关事项教育，教育督促家庭成员不利用法官职权、地位谋取不正当利益。按照该条规定，法官必须要告知其家庭成员法官的行为规范和职业伦理要求，并监督其家庭成员遵守规定，不得违反。此外，最高人民法院和地方法院相继出台一些规定，限制法官家属从事司法活动或与此有关的活动，这些规定的目的均在于防止法官家属利用法官的职位和身份获取不正当利益，影响司法公正和法官形象。

三、专业类业外活动

根据法律规定，法官可以受邀参加座谈、研讨活动，但是对与案件有利害关系的机关、企事业单位、律师事务所、中介机构等的邀请应当谢绝；对与案件无利害关系的党、政、军机关、学术团体、群众组织的邀请，经向单位请示获准后方可参加。法官可以受邀请参加各类社团组织或者联谊活动，但是如果需参加在各级民政部门登记注册的社团组织的，及时报告并由所在法院按照法官管理权限审批，不可以参加营利性社团组织，不可以接受有违清正廉洁要求的吃请、礼品和礼金。在不影响审判工作的前提下，可以利用业余时间从事写作、授课等活动，但对于参加司法职务外活动获得的合法报酬应当依法纳税。

① 参见巢容华主编:《法律职业伦理》，北京大学出版社 2019 年版，第 37 页。

四、经济类业外活动

法官可以进行正当的投资理财活动，但要稳健实施、防范风险。法官可以在证券二级市场上购买上市公司股票，并自由交易，但上班期间不得炒股，也不可利用办案中知悉或掌握的上市公司内幕信息买卖股票谋取利益。法官可以自费接待、宴请亲朋好友，宜量入为出，不宜铺张浪费，自费娱乐要与消费能力和水平相适应。在维护个人权利时，法官在刷微博、写微信、发网帖时，要注意自己的身份和工作性质。

法官是国家的公务员，代表着国家公职人员的形象和尊严。在消费水平和生活方式上，法官应当保证其与自己的合法收入相一致。清正廉洁的法官形象，本身也要求一种法官职业的正当生活方式。如果法官经常出入高档奢华的消费场所，生活腐化堕落，那么公众就会对法官收入的来源和其职业的公信力产生怀疑。① 因此，《法官职业道德基本准则》第 25 条规定，法官应加强自身修养，培养高尚道德操守和健康生活情趣，杜绝与法官职业形象不相称、与法官职业道德相违背的不良嗜好和行为，遵守社会公德和家庭美德，维护良好的个人声誉。

五、生活类业外活动

法官须从自身做起，养成良好的生活习惯，积极参加社会公益活动。好的风气促进良好职业道德的形成。法官也是社会成员的一分子，与社会生活和家庭生活不可以分割。良好的环境对造就一个人的职业道德很有帮助，亲属朋友的支持、理解甚至是奉献对法官职业道德的形成也具有重要的作用。故而，优秀的法官也应当具备丰富的社会阅历和良好的生活习惯，应当妥善处理生活中遇到的问题，谨慎参与社会活动。

在家庭生活方面，向家人和朋友宣传科学和文化，引导他们相信科学、反对封建迷信，自觉抵制邪教组织或者封建迷信活动，对利用封建迷信活动违法犯罪的，应当立即向有关组织和公安部门反映。法官因私出国（境）探亲、旅游，应如实向组织申报所去的国家、地区及返回的时间，经组织同意后方可出

---

① 参见许身健主编：《法律职业伦理》，北京大学出版社 2014 年版，第 143 页。

行;应准时返回工作岗位;应遵守当地法律,尊重当地民风民俗和宗教习惯;应注意个人形象,维护国家尊严。

另外,法官在业外也需要严守纪律,不得泄露在审判工作中获取的国家秘密、商业秘密、个人隐私等,不得过问、干预和影响他人正在审理的案件,不得随意发表有损生效裁判严肃性和权威性的言论;不披露、不使用在工作中获得的国家秘密、商业秘密或者个人隐私;在写作、授课过程中,应当避免对具体案件和有关当事人进行评论,不披露或者使用在工作中获得的国家秘密、商业秘密、个人隐私及其他非公开信息;接受采访时,不发表有损司法公正的言论,不对正在审理中的案件和有关当事人进行评论,不披露在工作中获得的国家秘密、商业秘密、个人隐私及其他非公开信息。这些禁止性规定要求法官履行保密义务。

同时,法官还有慎言的义务。法官的慎言义务是指法官在法律上和司法职业道德上负有谨慎发表言论的法律义务与伦理义务。换言之,法官慎言义务具有两种性质,既是法官的法定义务,也是法官职业伦理上的义务。法官慎言义务通常首先表现为法官在法律上的保密义务,它属于法定义务。法官慎言义务不仅仅是对国家、组织和个人所负的保密义务,还包括对司法权、对法院、对法官职业自身的更广泛的言论义务,不仅涉及法定性质的义务,还涉及伦理性质的义务。从公众的角度来讲,法官慎言义务也是为了维护公众对法院的信心,即我们所谓的"司法公信力"。①

【典型案例】

1. 国王禁止听审案

1605年,英国坎特伯雷大主教班克罗夫特向国王的枢密院抱怨说,宗教法院的管辖权受到了普通法法院禁止令状的严重限制,并要求废除普通法法院的这一权力。针对这一要求,时任普通诉讼法院首席法官的柯克奋起抵制,他援引大量司法先例,证明普通法法院颁发禁止令是合法的。双方的冲突于

① 参见孙笑侠:《论法官的慎言义务》,《中国法学》2014年第1期。

1607 年进一步升级。一位名叫福勒的普通法出庭律师向王座法院申请一个针对宗教事务法院的禁止令状，并在法庭辩论中借机抨击了宗教事务法院的司法管辖权。由于言辞不当，福勒被宗教事务法院以分裂教派罪判处罚款和监禁。对此，王座法院的法官们一方面承认宗教事务法院有权惩罚分裂教派罪，但另一方面又否认宗教事务法院有权处罚一名出庭律师在法庭辩论中所发表的言论，并且最后以强硬的措辞强调，普通法法官有权决定宗教事务法院司法管辖权的范围。① 普通法法官的这一颇具"技术化"的处理方式使班克罗夫特大主教极为不满，他诉诸詹姆斯一世说，涉及宗教法院司法管辖权权限的问题，或任何涉及法律上有疑问的问题，都应当由国王自己来裁决。他接着说，既然王室法官是国王委派的，国王也就可以在任何时候撤销这些法官对某一案件的审理权，而由国王躬亲裁决。班克罗夫特大主教这一观点深得国王的赞同。于是，在 1607 年 11 月 10 日（星期日），詹姆斯一世就坎特伯雷大主教班克罗夫特的奏请，召集所有英格兰法院的法官举行了一次会议。柯克在其《判例汇编》中将这次会议称为"禁止国王听审案"会议。②

詹姆斯一世召开此次会议的目的是寻求法官们认可大主教的奏请，即对于法院法官审理的案件，如有疑问，无论案件的性质如何，都可以由国王自己"以其国王的身份"直接进行裁决；因为法官不过是国王的代理人而已，国王有权按照自己的喜好裁决案件。针对这一直接侵害司法权的行为，柯克斩钉截铁地回答道："由全英格兰全体法官、财政法院法官见证，并经他们一致同意，国王本人不能裁决任何案件，不管是有关叛国罪、重罪等刑事案件，还是各方当事人之间有关遗产、动产或货物等案件；相反，这些应当在某些法院中，根据英格兰的法律和习惯来决定和裁决。"接着，柯克列举了一系列先例予以证明。③

詹姆斯一世听后则反驳道："法律是以理性为基础的，并且除了法官以外，他和其他人一样拥有理性。"针对国王的这一具有"思辨性"的观点，柯克

① W.S.Holdsworth, *A History of English Law*, Methuen, 1956, Vol. V, p.429.

② Steve Sheppard, *The Selected Writing sand Speeches of Sir Edward Coke*, Liberty Fund, 2003, Vol. I, pp.478-481.

③ Steve Sheppard, *The Selected Writing sand Speeches of Sir Edward Coke*, Liberty Fund, 2003, Vol. I, p.479.

巧妙地回答道:"确实,上帝赋予了陛下以卓越的技巧和高超的天赋;但陛下对于英格兰国土上的法律并没有研究,而涉及陛下之臣民的生命或遗产或货物或财富的案件,不应当由自然的理性,而应当依据技艺性理性和法律的判断来决定。法律是一门需要长时间学习和实践的技艺,只有在此之后,一个人才能对它有所把握;法律就是用于审理臣民案件的金铸的标杆和标准,它保障殿下处于安全与和平之中;正是靠它,国王获得了完善的保护。因此,我要说,陛下应当受制于法律;而认可陛下的要求,则是叛国;对于我所说的话,布拉克顿曾经说过:国王应当不受制于任何人,但应受制于上帝和法律。"①

问:请详细分析这一案件的历史与现实意义。

2. 法官集体违法违纪案

2013年6月9日,S市高级人民法院民一庭副庭长赵某接受S市某建工公司综合管理部副总经理郭某邀请,前往N地区的通济路某农家饭店用晚餐,赵某又邀S市高级人民法院民一庭庭长陈某,市高级人民法院纪检副组长、监察室副主任倪某,市高级人民法院民五庭副庭长王某一同前往。晚餐后,以上5人又和3名社会人员一起,前往位于H镇的HS度假村内的夜总会包房娱乐,接受异性陪侍服务。当晚,参与活动的一社会人员从附近某养生馆叫来色情服务人员,赵某、陈某、倪某、郭某参与嫖娼活动。依照相关法纪规定,S市纪委、市高级人民法院党组和有关部门决定给予赵某、陈某开除党籍处分,由S市高级人民法院提请市人大常委会按法律规定撤销其审判员职务,开除公职;给予倪某开除党籍处分,免去其市高级人民法院纪检组、监察室相关职务,由市高级人民法院提请市人大常委会按法律规定撤销其审判员职务,开除公职;给予王某留党察看2年之处分,由市高级人民法院提请市人大常委会按法律规定免去其审判员职务,予以撤职;给予郭某开除党籍处分,相关企业给予其撤职处分并解除劳动合同。此外,根据《治安管理处罚法》,S市公安局已对赵某、陈某、倪某、郭某作出行政拘留10天的行政处罚。有关部门已责

---

① Steve Sheppard, *The Selected Writing sand Speeches of Sir Edward Coke*, Liberty Fund, 2003, Vol. Ⅰ, p.481.

令位于H镇的HS度假村内的夜总会停业整顿。

问:应该如何规范法官业外行为?

【问题与思考】

1. 法官职业伦理的重要意义。
2. 法官职业伦理中司法公正与司法效率之间的关系。
3. 法官职业伦理高于普通职业伦理之处。

第六章　检察官职业伦理

“法律职业是指以法官、检察官与律师为代表的，受过专门的法律专业训练，具有娴熟的法律技能与法律伦理的人所组成的自治性共同体。”①一般而言，忠诚于法律、追求公平正义、保守职业秘密等是法律职业伦理的普遍性要求。检察官作为一种制度事实，其职业伦理是适用于检察官的行为规范，与检察官的角色定位与职业特性相熨合，与检察权能唇齿相依，为实现检察制度的预设目标保驾护航。随着依法治国和以德治国作为党的战略方针提出并付诸实施，新时代呼唤一支忠诚担当廉洁的过硬检察队伍，加强检察官职业伦理建设是提升检察官队伍正规化、专业化、职业化水平的必然要求，具有十分深远的意义。

第一节　检察官的角色与职能

无论是西方国家还是中国，围绕检察官角色定位的争论从未止歇，可谓聚讼纷纭、莫衷一是。检察官究竟是司法官、行政官、兼具司法行政属性的混合体，抑或公益代表人，至今仍未有定论。在不同的政制架构和检察制度下，检察官的职能定位和职权内容各有侧重。

① 孙笑侠等：《法律人之治——法律职业的中国思考》，中国政法大学出版社 2005 年版，第 21 页。

一、域外国家检察官之不同样态

从域外检察官的演进历程可以发现,检察官是由两个不同的方向演化而来。一是在古典控辩式诉讼之下,维护国王利益的当事人;另一则是在纠问制度过渡到控辩式制度过程中,从纠问法官分权而来的司法官员,从而造就了检察官的不同品性。① 虽然各国检察制度不一,检察官任用的方式也不尽相同,有经由专门考试和培训程序的途径,也有具备律师资格者再通过选举或指派来担任,但其职权主要集中在刑事侦查与国家公诉方面。② 无论哪一种样态的检察官,均同时具有公职人员和法律执业者的双重身份,最终目的都在于确保司法正义之实践。

(一)法国检察官:"行政监督官"

通说认为,"检察官"一词,最早出现于13世纪的法国,从"国王代理人"到"王室检察官"。在王权制度中,检察官与法官一样,都是国王利益的维护者,唯王命是从。1789年法国大革命爆发,刑事诉讼程序首当其冲成为改革对象,"国王检察官"制度暂告终结。然而,大革命之后的法国政治、经济极不稳定,刑事分权过度,导致追诉不力、犯罪猖獗,公诉制度遂得以恢复。拿破仑于19世纪初颁布法令,将侦查权及追诉犯罪的权力授予检察官,奠定了法国现代检察制度的真正基石。

法国检察官是在刑事司法由私人弹劾向纠问制程序转型历程中诞生的,拥有混合的地位和双重的面孔。一方面,基于司法官的身份,检察官("站立的司法官")能够享受到专属于这一身份的职业保障、独立性以及作为公民自由守护者的头衔。另一方面,检察院是由司法部部长领导的官僚层级体系,检察官代表国家利益行使公诉职能,其公诉活动必须受控于国家整体的公共政策,且必须遵守所隶属的上级机关的命令。这一点显然不同于只需依照自己的良知进行裁判的法官("坐席司法官")。③ 因此,法国检察官不仅是刑事诉讼程序中不可或缺的当事人,还因为自始是行政权力之代表人的身份,而享有

---

① 参见李美蓉、甄贞:《从检察制度的历史与比较论我国检察官之定位与保障》,《法学杂志》2012年第1期。

② 参见杨诚、单民主编:《中外刑事公诉制度》,法律出版社2000年版,第101—102页。

③ 参见俞亮、张驰:《法国检察体制变革研究》,《中国刑事法杂志》2009年第3期。

行政监督司法的“行政优位”。其职权主要包括侦查权与指挥侦查权，公诉权，监督判决执行的权力，民事、行政诉讼参与权，以及部分司法管理和行政权等。不同于英美法系，法国的检察官不是从资深律师中遴选；包括法科毕业生在内的享有公民权利、身体健康、精神正常的法国公民均有权利应聘检察官职位，但需要通过会考和司法学徒培训。

法国实行全国集中统一的检察体制。实践中，检察院的层级化特征不可避免地会消减检察官的司法官身份特性。基于外部视角，检察机关必须服从于行政机关，检察官是“行政权力在法院的代表人”。司法部部长是检察系统的真正领导，不仅可以发出关于公诉的一般性指令并交由检察官来实现，而且可以针对具体个案发表命令，甚至可以在其认为合适的时候直接向有管辖权的审判机关提起书面的追诉请求。基于内部视角，检察长拥有对其所在的检察院内所有官员的领导权威。检察官在服从检察长的同时，在其检察院的内部拥有领导权威，对下属的代理检察官和助理检察官下命令并指挥其工作。但是在理论上，法国检察官“守护法律人”的意涵正是从服务“政府干预司法”的意义上形成的，检察官被预设为比一个法官更客观、公正的职业群体，担负维护法秩序的重要角色。所以，法国检察官角色定位与其说是“近于法官的行政之官员”，不如更确切地说是“行政监督官”。①

（二）德国检察官：“协助裁判者”

随着拿破仑的东征西战，法国的检察官制度也得以传播。德国检察官制就是仿制 18 世纪末法国大革命下之检察官制度，但也并非全盘复制。在 1879 年德国统一成为德意志帝国并修正刑事诉讼法时，检察官的权限只限于追诉和执行判决，比起法国的检察官，其权限大大缩小了。

相较于法国当时对纠问制度的改革，是寄望于设立一个推定高度客观性、公正性以看守法律为天职的检察官制度，德国的检察机关则被定位为与法院分工合作、协力合作，负有维护实质真实和正义义务的客观机关。② 换言之，德国检察官并非如法国检察官那般具有行政优位的属性，其与法官是分别在

---

① 参见刘万丽：《再论检察官的角色定位》，《河南师范大学学报（哲学社会科学版）》2014 年第 2 期。

② 参见甄贞等：《检察制度比较研究》，法律出版社 2010 年版，第 150 页。

侦查和审判阶段承担发现真实义务的准司法官，是“世界上最客观的官署”。依据《德国法官法》的规定，只有履行法官职务资格的人才能被任命为检察官。被任命为检察官的人都需要先在大学里完成法律专业的学习，通过第一次考试，并且在预备职务结束后通过第二次国家考试，才具备担任检察官的资格。[①] 虽然时至今日，德国联邦宪法法院和联邦行政法院仍坚持检察官是行政官的分支，但是在德国，检察官是“法的看守人”的认识是根深蒂固的，他“不是居于与被告相对立之一方当事人的地位，他处理案件应站在公正且客观的立场，是世界上最有客观立场的官员”[②]。其职权主要包括刑事侦查权、刑事公诉权、审判活动的监督权、刑事判决执行权以及参与民事诉讼方面的权力等。

德国是一个联邦制国家。检察机关分为独立的两套体系，即联邦检察机关和州检察机关，并且在设置上采取检审合署的方式，即检察机关设立在相应的法院中。具言之，在普通法院体系中的联邦（最高）法院、州高等法院、州地方法院和区法院均设置有对应的检察机关，依序为联邦总检察院、驻州高等法院总检察院、州法院检察院，区法院的检察事务则由州法院检察院负责。联邦检察机关和州检察机关之间不存在领导与被领导、监督与被监督的关系，两者的内部组织架构均为层级式格局，（联邦或州）司法部长居于这种层级结构的最上端。[③] 州这一级最高级别的检察官是总检察长，其对州司法部部长负责并接受指令；每一个驻州法院检察院都有一名检察长，检察长向总检察长负责；联邦总检察长对州检察官没有指令权。在每个级别的检察机关中，检察职能主要由检察官和职务检察官来承担，司法辅助人员和书记处予以协助。尽管等级性是德国检察制度中内部人员构成的突出特征，但检察官始终被认为是“法律的守护者”，而非“政府的喉舌”。

（三）日本检察官：“公益代表人”

日本的检察官制度，明治时期采用的是法国法，然后是德国法，第二次世界大战后，受美国法的强烈影响，既留下一些母法的特征，也形成了日本独特

① 参见许身健：《法律职业伦理》，中国政法大学出版社 2019 年版，第 369 页。

② Eduard Kern, *Claus Roxin*, Straverfahrensrecht: ein Studienbuch, Beck, 1972, S.387.

③ 参见魏武：《法德检察制度》，中国检察出版社 2008 年版，第 177 页。

的法律形式。① 换言之,日本因整个近代刑事司法制度历经法、德、美三国法制的洗礼,故其检察官制度亦展现出融合法、德、美三国制度的特征。

在日本的现行检察体制中,行使检察权的机构称为检察厅,是一个全国性、中央集权、阶层性的职业官署,其组织形式包括最高检察厅、高等检察厅、地方检察厅和区检察厅。检察厅是行政组织的一部分,设于法务省内,是国家行政组织法中所谓的“特别机关”之一,其管理方式既有别于法院,又不同于一般的行政机关。相较于法国和德国,日本的检察权在性质上具有明显的行政性特征,而前两者的检察机关虽然从本质上来说也是行政机关附设于司法机关的机构,但由于与审判机关合署,且对司法权有较大的干预和监督作用,所以司法属性更加明显。②

日本的检察官是兼具“公益代表人”与“客观性义务”的“独任制官厅”,享有身份保障。“在行使检察权上被置于受上级指挥监督的地位,但这并不否定每个检察官是行使检察权的意志决定机关的原则。因此上级的指挥监督权必须和检察官的独立性相协调。”③换言之,对于检察事务,检察官是拥有自行决定权的表达国家意思的独立官厅,而不是作为上司的下属行使检察权。其职权主要包括刑事侦查权;刑事公诉权;请求法院正当适用法律的权限;指挥和监督刑事裁判执行的权限;就属于法院权限的其他事项,要求法院通知或者陈述意见的权限;以及作为公益代表人,处理其他依法令属于其权限的事务;等等。在国家追诉主义、公诉独占主义、起诉便宜主义及起诉状一本主义等基本原则下,日本检察官实际掌控侦查、公诉、审判、执行等刑事程序的全程,可以说是刑事司法的总枢纽。

在日本,只有经过两年或三年的法科研究生课程学习并毕业后,才能获得司法考试资格。司法资格必须经过全国统一司法考试合格并在司法研究所进行为期1年的讲课及实务进修后,毕业考试合格者才能获得。具备司法资格才有可能被任命为检察官。但获得检察官官职后,不能马上承担复杂、重大案

---

① 参见[日]森际康友编:《司法伦理》,于晓琪、沈军译,商务印书馆2010年版,第165页。

② 参见朱孝清、张智辉主编:《检察学》,中国检察出版社2010年版,第59页。

③ [日]法务省刑事局编:《日本检察讲义》,杨磊、张仁等译,中国检察出版社1990年版,第20页。

件，还必须经过在职培训，且其办案要通过上司审批的指导以及前辈检察官的指点。① 作为“具有司法官之性格行政官”②，日本检察官在任职时必须遵循的理念有：检察官要以独任制机关的意识，始终保持自己是公益代表人和为全体国民服务的认识，具有不偏不倚的立场，保证公正诚实地履行职务；以为日本国民普遍认同的良知来从事检察工作；行使检察权能时要留意刑事政策，保持机关的联系和协调，提供工作成效。

（四）英国检察官：“行政辩护人”

英美法系的检察制度起源于英国。由于英国奉行普通法和衡平法传统，在刑事诉讼领域实行私人起诉主义，所以其检察制度一直发展极为缓慢。检察官的出现同样是从维护国王私人利益的代理人发展起来的，而现代检察官制度的正式确立可追溯至1985年《犯罪起诉法》（*Prosecution of Offences Act* 1985）的制定。根据该法，在英格兰和威尔士建立皇家检察署（The Crown Prosecution Service），设立检察长、首席皇家检察官、皇家检察官，规定检察长由检察总长任命，受检察总长的监督。检察署属于政府部门，负责检控警署移送的刑事案件，其与警署是建议与合作的关系，但相互独立，各司其职。1994年，英国又通过《皇家检察官守则》，规定皇家检察署实施本守则的目的在于保证皇家检察官作出公平和协调一致的控诉决定。皇家检察署的责任就是确保以准确的罪名指控应当被起诉的人，并确保所有相关的事实提交法庭。③

在英国，律师是检察官的资格基础，检察官均来源于从业相当年限的执业律师。英国法律要求皇家检察署署长由总检察长在有10年以上律师执业实践的人员中任命；皇家法院和高等法院出庭的检察官，还必须有大律师的资格；要实际成为助理检察官或皇家检察官，必须具备7年以上大律师或律师资格。④

---

① 参见顾军、温军：《论日本、韩国检察制度及其启示》，《江汉论坛》2014年第12期。

② ［日］松尾浩也：《刑事诉讼法（上）》，弘文堂，昭和五十年五月初版二刷，第8页。

③ 参见中国政法大学刑事法律研究中心组织编译：《英国刑事诉讼法（选编）》，中国政法大学出版社2001年版，第541页。

④ 参见吕泽华：《英国检察官培养制度及其启示》，《国家检察官学院学报》2017年第5期。

英国的检察官职权基本被局限于公诉职能，除了审查证据是否充分之外，还把是否有利于保护公共利益作为判断是否起诉的标准。其中，证据审查是第一步，如果证据不充分，则不得起诉。证据审查通过后，检察官将会考虑该案的起诉是否有利于保护公共利益。如果基于案件轻重和被告人的个人情况，检察官认为起诉不利于保护公共利益的话，就会决定不起诉。有论说认为，公共利益的审查给检察官提供了法律以外的自由裁量权，这也是英国刑事诉讼中最为敏感的环节，检察官实际上行使了准审判权。另外，检察官对证据的审查只能依赖警署部门，没有独立的案卷来源，所谓保持独立极易成为一句空话。①

（五）美国检察官："政府律师"

随着英国在18世纪及19世纪的殖民扩张，英国的检察制度亦流传到美国。有论说认为，美国地方检察制度发源于北美殖民地时期，而联邦检察制度则是在其独立之后逐步发展起来的。② 美国的检察机关是纯粹的行政机关，无法享有与法院并列的地位，检察官（检察机关）和法官（法院）分别是行政权和司法权的载体。

美国检察制度体现着联邦制国家的特点，表现为"三级双轨、相互独立"。所谓"三级"，是指美国的检察机关建立在联邦、州和市镇这三个政府层级。所谓"双轨"，是指美国的检察职能分别由联邦检察系统和地方检察系统行使，二者平行，互不隶属，互不干扰。各州有自己独立于联邦的检察制度，各州检察机关有的称法律部，有的称法务员，有的称检察事务所，其主管官员也名称不一，职权范围亦有所不同。

美国检察官与大陆法系国家的检察官有着相当大的区别。第一，美国检察官是"政府机关所雇佣的律师"。在本质上，其和在民间做辩护人的律师并无不同，没有特别的身份保障，享有高度自治，职权行使实行个人负责制。第二，美国检察官的产生，或是基于任命，如美国总检察长由美国总统任命，新泽西州、特拉华州等州的检察官均采用任命制，或通过选民选举产生；经选举产

① 参见李洪朗：《英国检察制度评介》，《法学评论》2000年第1期。

② 参见张鸿巍：《美国检察制度溯源与发展》，《中国刑事法杂志》2009年第11期。

生的州检察官任期一般为4年,而通过任命产生的检察官任期则由任命机关决定。检察官通常都具有政治或政党属性,这与大陆法系国家检察官被要求中立截然不同。作为法律的执行者,美国的检察官职权主要包括侦查权和指挥侦查权、刑事公诉权、民事诉讼权、行政诉讼权和法律咨询权等。尽管在任职资格和职务保障上,美国的检察官与一般的政府公务人员相同,而与法官迥异,但是其独立性依然被予以重视,以免受到政治的影响。通说认为,检察官是代表受害者与人民或州政府追诉犯罪,是法律的守护者,在刑事诉讼中应做到不偏不倚,追求司法正义。①

此外,美国还有一种"特别检察官制度",该制度主要是为了解决政府部门利益冲突问题以及维护公众信任感。特别检察官仍是司法部长的下属官员,作为一种特殊的制度设计,旨在排除总统的直接任免权以保持调查人员的独立性。由于该制度始终绕不开合宪性的争议,所以相关立法几起几落,特别检察官一职目前处于无国会立法保障的境地,其工作成效甚至存亡似乎只能依靠法律职业群体对公平、正义的坚守来维系。②

综上所述,域外国家的司法是指"独立而中立的法庭针对案件争议,运用证据认定案件事实,解释适用法律,推断作出权威性法律决定的活动"③。一般而言,司法官指的就是法官,只受法和良心拘束。但是,欧陆国家的检察官更倾向于司法官定位,检察官与法官行事准则被认为具有"近似性"。诉讼结构的职权主义是大陆法系国家偏重检察机关的司法性质的制度原因,检、审分工是侦查与审判的阶段性分工,不是追诉者与审判者角色之职务分工,检察官与法官是接力关系的同质官署。检察官是侦查中的司法官,被告是侦查的客体;在审判中,检察官不是与被告对等之当事人,而是要监督或协助法院发现事实。而英美法系国家则认为检察机关是政府的组成部分,检察权是典型的行政权,其制度诱因为当事人主义的诉讼模式。进一步深究,则是基于个人主义、自由主义的法治理念,权力分立与制衡的政制架构,以及在实践中逐渐形

① 参见何勤华、裴仕彬:《19世纪美国检法关系考——兼论国家治理体系中检察机关之定位》,《河南师范大学学报(哲学社会科学版)》2019年第4期。

② 参见夏菲:《美国特别检察官制度的前世今生》,《检察日报》2018年5月29日。

③ 张志铭:《司法过程的基本特性》,《法制日报》2014年8月27日。

成的司法优位的国家权力形态。①

概括来说，域外国家检察官的价值内核主要表现在以下四个方面：第一，检察官制度通过追诉权与司法权的分割，实现了权力的合理配置与制衡；第二，检察官对警察权力的制约，以防止异化为警察国家；第三，检察官制度具有维护国家法令统一的价值；第四，检察官被赋予社会公益维护者的角色，是维护社会正义的一道重要防线。可以说，检察官的社会正义维护者的角色已经成为一种制度性要求。②

二、当代中国检察机关的职权与检察官角色

中国古语中，已有将“检”与“察”连用的情形，如《资治通鉴·唐纪八》所载，“国家本置中书、门下以相检察，中书诏谕或有差失，则门下当行纠正”。此时“检察”有“监督、检查是否严格遵循命令”之意。不过在中国古代的政治制度设定中，并未出现过以“检察”一词予以表述或称谓的官职和机构。清朝末年，清政府迫于国外帝国主义和国内变法思潮的双重压力，学习西方的政治、法律制度，实行变法修宪，始将西方的检察制度引入中国。有学者认为，修律大臣沈家本等人在翻译“public prosecution”时，创造性地将其翻译为“检察”，既揭示了西方检察制度所蕴含的“指控”“监督”内涵，又传承了我国封建社会御史制度所具有的纠察百官、监督狱讼的监督职能。③

中国检察官制机构设置及检察官职权历经一系列嬗变。清末移植德法日国家检察制度初始，检察官虽附属审判厅衙署之内，但地位具有独立性；检察官的职权是代表公益，监督判官行为，纠正裁判谬误。北洋政府时期，实行“审检分立”制，检察官处于原告法律地位，其职权是代表国家，检举与控告犯罪并提起上诉，还有权对政府及行政官吏的违法行为进行监督。国民政府时期实行“审检合署”制，但检察官仍独立行使检察权；检察官享有侦查权、检举

① 参见陈卫东：《转型与变革：中国检察的理论与实践》，中国人民大学出版社2015年版，第58—61页。

② 参见宋远升：《检察官论》，法律出版社2014年版，第12—14页。

③ 参见朱孝清：《检察的内涵及其启示》，《法学研究》2010年第2期。

权及刑罚执行监督权。[①] 在中国共产党领导的新民主主义革命时期的不同阶段,都建立并逐渐发展了人民检察制度。在土地革命时期,在农村革命根据地的中央、地方以及军事审判(即裁判)机关中,都设有相应的检察机构和检察员。抗日战争时期、解放战争时期检察制度亦有所发展。处于战争年代的检察制度虽很不完善,但为新中国检察制度的建立提供了实践的经验。

新中国检察制度建立有三个渊源:(1)实践渊源是新民主主义革命时期革命根据地的检察制度;(2)理论渊源是把列宁有关社会主义国家的检察理论作为指导思想;(3)制度渊源是苏联的检察制度。[②] 一言以蔽之,新中国以列宁法律监督思想为指导,借鉴苏联经验,结合具体国情,创造性地建立起以法律监督为根本职责的当代新型的中国特色社会主义检察制度。[③] 与大陆法系和英美法系国家均有所不同,中国检察机关的定位在世界范围内都显得比较特殊。我国《宪法》第 134 条和《人民检察院组织法》第 2 条规定,中华人民共和国人民检察院是国家的法律监督机关。2018 年,《宪法》第三章“国家机构”中增写了第七节“监察委员会”,由此确立了我国人大制之下“一府一委两院”的权力格局。检察权与其他国家权力都是社会治理中的协同力量,只有分工,并无分立。监察委与党的纪律检查机关合署办公,负责监督公职人员行使权力的廉洁性和勤勉性,检察院则仍然负责法律监督。[④] 因此,从宪法的整体规定进行理解,检察机关不是一个全面监督国家法律实施的机关,而是“专门”的、“国家”的、“法律”的、“具体”的,以及“程序性”的法律监督机关。[⑤]

(一) 全面依法治国背景下中国检察机关的职权

学界普遍认为根据案件事实适用法律作出决定的审判行为,是司法的典

---

① 参见王新环:《中国检察官制的滥觞与职权嬗变——以制度演进为视角对检察官基本功能的分析》,《国家检察官学院学报》2005 年第 1 期。

② 参见陈卫东:《转型与变革:中国检察的理论与实践》,中国人民大学出版社 2015 年版,第 72 页。

③ 参见樊崇义:《论检察》,中国检察出版社 2013 年版,第 77 页。

④ 参见朱孝清:《国家监察体制改革后检察制度的巩固与发展》,《法学研究》2018 年第 4 期。

⑤ 参见郭哲主编:《法律职业伦理教程》,高等教育出版社 2020 年版,第 117—119 页。

型形态。但在中国语境中，司法的外延较广，包括侦查、检察、审判、执行等活动。官方表述的司法则是检法的概念，司法机关包括审判机关和检察机关。在某种意义上，检察机关还要优越于法院，因为前者对后者具有“法律监督”的职能。新中国成立以来，我国检察机关的定位几经波折，最终由现行宪法确立为“法律监督机关”并延续至今，这不仅与中国一元宪制结构相契合，也符合社会主义法治发展的需要。[①] 由此，从国家权能上将检察机关的权能框定为法律监督权。

我国检察机关职权的现实格局为：在宪制层面，检察机关行使的是人民代表制度下的法律监督权。[②] 现代法治的基本精神是限制公权力，基本方式主要为制约和监督。西方“三权分立”制度体现的是制约的逻辑；在中国的一元权力架构格局中，就必须在人民代表大会之下设立专司法律监督职能的机关。而之所以将此重任赋予检察机关，是因为现代检察制度自始便有制约权力、维护法律的意蕴。在技术层面，检察机关的法律监督职能通过更为具体化的“诉讼职权”和狭义上的“监督职权”来实现。根据 2018 年修订的《人民检察院组织法》，检察机关的职权主要包括刑事侦查、对公安机关侦查的案件审查与决定刑事诉讼措施、提起公诉和对司法狱政机关进行监督等。[③] 职务犯罪侦查权曾是检察机关的一项重要职权，随着国家监察体制的改革，职务犯罪侦查部门整体转隶。同时，检察机关提起公益诉讼制度，以及监督职能向诉讼领域以外的行政执法、立法领域延伸等规定，又表明了检察机关职权有所增益。

在全面依法治国背景下，检察机关站在国家利益和社会公共利益的立场上，通过提起刑事公诉和提起公益诉讼履行诉讼职能，通过行政监督和诉讼监督两种形式履行监督职能，以维护国家法律的统一和有效实施。此外，有学者建言立足于司法改革的发展方向，还应完善检察机关的司法审查职能，即将公安机关、监察委员会所行使的强制措施和强制性处分措施，纳入检察机关的司

① 参见秦前红：《全面深化改革背景下检察机关的宪法定位》，《中国法律评论》2017 年第 5 期。

② 参见魏晓娜：《依法治国语境下检察机关的性质与职权》，《中国法学》2018 年第 1 期。

③ 参见《中华人民共和国人民检察院组织法》第 20 条。

法审查范围，避免其对个人自由和权利的侵犯。①

（二）当代中国的检察官角色

“检察官是依法行使国家检察权的检察人员。”②根据最高人民检察院《关于深化检察改革的意见（2013—2017 年工作规划）》，将检察人员划分为检察官、检察辅助人员和司法行政人员三类；建立检察官员额制度，合理确定检察官与其他人员的比例。2018 年修订的《人民检察院组织法》中明确规定，“人民检察院的检察官、检察辅助人员和司法行政人员实行分类管理”“检察官实行员额制”③。2019 年 4 月 23 日《检察官法》再次修订，要求担任检察官必须首先取得法律职业资格，另外检察院层级不同，检察官任职条件也不同。初任检察官由检察官遴选委员会进行专业能力审核，一般到基层检察院任职；上级检察院的检察官一般从下级检察院的检察官中择优遴选；检察长应具备法学专业知识和法律职业经历；副检察长、检察委员会委员应当从检察官、法官或者其他具备检察官条件的人员中产生；等等。④ 修改完善《检察官法》，是贯彻落实党中央重大决策部署，巩固深化司法体制改革成果的必然要求；是推进检察队伍正规化、专业化、职业化建设的客观需要；是完善中国特色社会主义法律体系的重要内容。⑤

中国台湾学者林钰雄在其著作《检察官论》中曾指出，厘清检察官定位一直都是各国检察制度的难题。自欧陆创设检察官制度以来，检察官就处于法官和警察两大山谷的“谷间地带”，其既不想成为沦为次等的“法官”，也不愿成为高级的“警察”。关于检察官的角色，“等同法官说”或“一般行政官说”截然对立，各有拥趸，而强调双重定位的“中介的司法官署说”则获得了更广泛的认同，因为其将问题的焦点锁定在检察官上命下从的界限和身份保障的必要上。事实上，我国学界对检察权的性质亦有争论，主要观点分为四种，即

① 参见陈瑞华：《论检察机关的法律职能》，《政法论坛》2018 年第 1 期。

② 《中华人民共和国检察官法》第 2 条。

③ 《中华人民共和国人民检察院组织法》第 40、41 条。

④ 参见《中华人民共和国人民检察院组织法》第 42 条、《检察官法》第 12、14、16、17 条。

⑤ 参见石先钰、韩桂君、陈光斌主编：《法律职业伦理学》，高等教育出版社 2019 年版，第 53—54 页。

行政权、司法权、具有行政司法双重属性和法律监督权。[①] 以公诉为主的职能、监督的属性、维护国家法制统一的目的、国家与社会公益代表的身份，四者紧密联系、相辅相成，缺一不可，共同构成“检察”这一概念的完整内涵。[②] 由于检察权客观存在的复合属性，对“检察官我是谁”这一命题的追问依然在继续。

不言而喻，我国的检察权具有司法属性。主要体现在：第一，检察机关在诉讼活动中具有相对的独立性。中国检察机关在国家体制上是独立的，依法独立行使检察权是检察机关活动的基本原则。我国《宪法》第 136 条、《人民检察院组织法》第 4 条和《检察官法》第 1、6 条均明确规定人民检察院依照法律规定独立行使检察权，不受行政机关、社会团体和个人的干涉。第二，检察机关的公诉权以实现法律和维护公共利益为宗旨，在查明事实和作出法律判断方面，具有浓厚的司法色彩。第三，检察官拥有与法官同等的身份保障。我国《法官法》和《检察官法》对二者规定的任职资格完全相同，待遇、级别、奖惩、晋升条件等也没有任何区别。

同时，我国的检察权也具有鲜明的行政属性。从组织体系和领导体制来看，中国的检察机关建立了严密的组织体系，实行上级领导下级的领导体制。根据中国《宪法》和《人民检察院组织法》的规定，全国设最高人民检察院、地方人民检察院和专门人民检察院，其中地方人民检察院分为省级人民检察院、设区的市级人民检察院和基层人民检察院。最高人民检察院领导地方各级人民检察院，上级人民检察院领导下级人民检察院。检察院内部实行以检察长为机关首长的管理体制。这种“阶层式建构”和上下级领导体制，使中国检察机关在组织上呈现出行政化甚至超行政化的特点，上级机关对下级机关、上级检察官对下级检察官享有指挥监督的命令权，下级有服从的义务。

中国检察机关的宪法定位是国家的法律监督机关，则检察权当然具有法律监督的属性。在刑事诉讼中，检察官一方面是公诉的支持者，务必通过自身

---

① 参见孙谦：《维护司法的公平和正义是检察官的基本追求——〈检察官论〉评介（二）》，《人民检察》2004 年第 3 期。

② 参见朱孝清：《检察的内涵及其启示》，《法学研究》2010 年第 2 期。

努力达成公诉目的,实际担当的是与辩方对抗的控方律师角色;另一方面,检察官是国家的司法官员和法律监督官员,负有防止"警察恣意"和"裁判恣意"的双重监督功能,须以客观公正的立场履行职责。① 他不仅应当收集对被告方不利的证据,也应当收集对被告方有利的证据,必要时甚至应该在审判庭上主张被告人无罪。②《检察官法》第3条规定:"检察官必须忠实执行宪法和法律,维护社会公平正义,全心全意为人民服务。"从国际规定来看,检察官的角色定位一般是立足法益,比较中立,他们不仅是国家利益的代表人,还是公众利益的代表人。2017年9月,习近平主席向第二十二届国际检察官联合会年会的贺信中指出检察官作为公共利益的代表,肩负着重要责任。协调不同角色担当可能产生的冲突,既是对国家检察制度的考验,也需要职业伦理规范为检察官行事提供指引。

综上所述,从国家权力配置的实际来看,不论中国还是西方国家,异质同构性具有普遍性。当代中国的检察机关享有公诉权的同时,还享有法律监督权,这也是中国检察权区别于域外检察权的特色所在,它是一种集司法性、行政性和监督性于一体的国家权力。客观公正是检察权行使的内在禀赋,打击犯罪的同时不能忽略保障人权,追求效率更须维护公正,对于承载法律监督职能的中国检察官而言,客观公正的价值尤为重要。因此,检察伦理的国际准则和我国检察官职业伦理规范均以客观公正为核心内容。

第二节　检察官职业伦理

道德(morality)和伦理(ethic)在日常生活中往往是一对通用的概念,两者在根本上确为统一。前者是一种关于是非善恶的判断,是一种诉诸人的良心和内心确信发挥作用的东西,注重自我修炼、自我约束;后者则是前者的外化,是良善社会生活人际交往的规范准则,主要是他律,强调通过激励与惩罚的制

① 参见龙宗智:《检察官客观义务论》,法律出版社2014年版,第234—235页。

② 参见胡尹庐、胡卫列主编:《检察官职业素养教程》,中国检察出版社2015年版,第122—123页。

度设计规范人们的行为。可以说,伦理就是道德规范。①

检察官职业伦理是指,“检察官在履行检察官职能的活动中,应当遵守的行为规范,是检察官的职业义务、职业责任以及职业行为在伦理规范上的体现”②。林辉煌先生认为,“检察官伦理属于法律伦理与司法伦理之一环,乃在提示检察官之行为准则,是现代检察官的精神文明,更是检察体系的脊梁,为法律正义及司法道德的守护神,系检察官所应具有的一种谦逊、真诚的精神,对人、对事、对内、对外,严守分际,约束自己,有所不为,有所不取之准绳”③。

检察官同时既是公职人员,也是法律执业者。作为公职人员的检察官,履行追诉犯罪或实行公诉的职责,其肩负的责任或掌握的权力远超于一般公职人员。如果检察官滥用职权,无疑会对法治、对社会公正造成巨大伤害。作为法律执业者的检察官,虽以政府律师的身份追诉犯罪,但与一般律师有显著不同。律师仅对所代表的委托人负责,需要维护的是委托人的最大利益;但对检察官而言,他要维护和保证的是公众利益,必须以客观标准行事,无论对嫌疑人有利或不利。检察官不但拥有广泛的裁量权,其追诉权的行使更是控制审判之门开启的钥匙,而且检察权的公正行使也是司法公正的基础。因此,检察官承担的责任远大于一般律师。有鉴于此,适用于公职人员的伦理规范或适用于律师的伦理规范,均不足以完全涵盖检察官伦理规范的内涵。作为检察官之言行举止准则,必须另行订立专门适用于检察官的职业伦理规范,以供检察官作为公、私领域的行为准据。④

一、检察官职业伦理的国际共识

20 世纪 90 年代以来,国际范围内关于检察官职业伦理的共识逐渐形成,即检察官除了应具备专业的知识和技能外,还应具备与自身职能相对应的职业伦理;检察官遵行职业伦理规范,有助于促进刑事司法的公平、公正,有效地

① 参见张志铭、徐媛媛:《对我国检察官职业伦理的初步认识》,《国家检察官学院学报》2013 年第 5 期。

② 袁钢编著:《法律职业伦理案例研究指导》,中国政法大学出版社 2019 年版,第 53 页。

③ 蔡碧玉等:《检察官伦理规范释论》,元照出版公司 2013 年版,“序言(林辉煌)”。

④ 参见蔡碧玉等:《检察官伦理规范释论》,中国检察出版社 2016 年版,第 7—9 页。

保护公民免受犯罪行为的侵害。检察官的主要作用在于刑事司法,其"基本任务在于追求正义,而非仅仅追寻有罪判决"①。基于追诉犯罪、保障人权的立法理念,一系列国际条约和准则对检察官职业伦理作出了具体规定,包括信念伦理和责任伦理,既有关涉检察官自身行为的伦理规范,也有规制检察官与当事人、同行、法官、警察等主体关系的伦理规范。它们通过自律与强制的结合,为约束检察官行为提供了标准指引,以助推实现检察官职业活动的价值追求与职责要求。

(一)《检察官角色指引》(*Guidelines on the Role of Prosecutors*)(以下简称《指引》)

《指引》于 1990 年由联合国第八届预防犯罪和罪犯待遇大会通过,共 24 条,分别就有关检察官的资格、甄选、培训、地位与服务条件、言论与结社的自由、在刑事诉讼中的作用、与其他政府机构或组织的关系、纪律处分程序等事项予以规范,目的是协助会员国确保和促进检察官在刑事诉讼程序中发挥有效、不偏不倚和公正无私的作用。在 1995 年于埃及开罗举办的联合国第九届预防犯罪和罪犯待遇大会中,联合国再次要求会员国应实践《指引》的要求,确保检察部门的规范运作。

按照《指引》的要求,担任检察官的前提是受过适当的培训、具备适当资历、为人正直且有能力。鉴于检察官在刑事司法中起到的关键性作用,对其职业伦理的要求十分严格。

《指引》规定,检察官应在任何时候都保持其职业荣誉和尊严;应始终一贯迅速而公平地依法行事,尊重和保护人的尊严以及维护人权;不偏不倚地履行其职能,避免任何形式的歧视;保证公众利益,按照客观标准行事,适当考虑犯罪嫌疑人和被害人立场,并注意到一切有关的情况,无论是否对犯罪嫌疑人有利或不利;对掌握的情况保守秘密;在受害者的个人利益受到影响时应考虑到其观点和所关心的问题,使受害者知悉其权利;拒绝使用通过非法手段获得的证据;即便是在行使公民权利时,也应始终根据法律以及公认的职业标准和

---

① Donald J. Newman, *Introduction to Criminal Justice*, New York: J. B. Lippincott Company, 1975, p.190.

道德行事。除此之外,为了确保起诉公平而有效,检察官应尽力与警察局、法院、法律界人士、公共辩护律师和政府其他机构进行合作。①

(二)《检察官专业责任标准和基本职责及权利声明》(*Standards of Professional Responsibility and Statement of the Essential Duties and Rights of Prosecutors*)(以下简称《声明》)

国际检察官协会是全球性的检察官国际组织。《声明》于 1999 年由其制定,并作为检察官起诉服务的国际基准。它依然重申检察官在刑事司法中的关键作用,从独立、公正、合作等多方面揭示了其职业伦理,为检察官行为明晰了标准。

它的第 1 条具体要求检察官应在任何时候保持职业荣誉和尊严;依据法律、规则和职业伦理专业地行事;任何时候践行正直和谨慎的最高标准;保持信息灵通,了解相关法律的最新发展;力求言行一致、始终如一、独立和公正;保障被告接受公平审判的权利,特别是确保有利于被告的证据依法提供;服务和保护公众利益;尊重、保护和鼓励人的尊严和人权的普遍观念。第 2 条涉及"独立",要求检察官行使职权不受政治干预。第 3 条涉及"公正",要求检察官不带畏惧、偏好和偏见地履行职责,不受个人或局部利益、公众或媒体的影响,只关注公众利益;客观行事;寻求真相,无论对嫌疑人有利或不利。第 4 条涉及检察官在刑事诉讼中的作用,要求检察官应保守职业秘密;拒绝使用通过非法手段获得的证据;充分尊重嫌疑人和被害人权利。第 5 条专门列明了"合作"的要求,即明确检察官要与警察局、法院、法律界人士、辩护律师(包括公共辩护律师)及政府其他机构,根据法律和合作精神,在国内和国际范围内协助其他辖区的同事完成相应的司法服务。

2008 年,联合国毒品与犯罪办公室(United Nations Office on Drugs and Crime)在维也纳召开的第十七届犯罪及司法正义委员会议中,通过《透过提升检察业务之廉洁及能力以强化法律规范》(*Strengthening the Rule of Law Through Improved Integrity and Capacity of Prosecution Services*)(以下简称《规范》)。《规范》尤为关注检察官的廉洁,并将国际检察官协会所通过的《声

① 参见《检察官角色指引》第 3、8、12、13、16、20 条。

明》作为其附件,要求各会员国遵守《声明》的各项要求。

(三)《刑事司法体系中公诉之原则》(*The Rule of Public Prosecution in the Criminal Justice System*)(以下简称《原则》)

《原则》于2000年由欧洲理事会部长会议通过,共39条,对会员国检察官应遵循的共同原则作出了界定。它既规定了检察官与法官的关系,也规定了检察官与警察的关系,对检察官自身行为亦作出了职业伦理上的规定。在与法官的关系方面,“检察官必须严格尊重法官的独立与公正,尤其他们不应怀疑司法判决也不应阻碍司法判决的执行,除了行使上诉的权利或援引其他程序,检察官在法庭审理程序中应客观公正。特别是,他们应确保已向法庭提交了司法公正所必须的所有相关的事实和法律论证”①。在与警察的关系方面,当检察官决定是否开始或继续起诉时,通常应审视警察调查的合法性、遵守保障人权的情况。② 在自身行为的要求方面,检察官应公平、公正、客观地履行职责;尊重和设法保护人权;设法确保刑事司法系统尽可能地高效运作;避免任何形式的歧视;确保法律面前人人平等;面对毫无根据的指控不应开始或继续起诉;不提交基于违法手段获得的证据,要求法院不予采信存在疑点的证据;保守秘密;保护证人利益;考虑受害人的意见和关注。③《原则》也涉及国际合作的要求,要求加强检察官之间的国际司法合作。

(四)《检察官伦理及行为准则》(*European Guidelines on Ethics and Conduct for Public Prosecutors, the Budapest Guidelines*)(以下简称《准则》)

《准则》于2005年由欧洲检察长会议通过,也称《布达佩斯指引》,强调检察官身为法律的捍卫者,其在刑事司法系统中扮演关键性的角色。《准则》不仅为检察官履行职责提供一般原则,而且还为其提供了极为详尽的伦理规范指引,主体部分为4条。

在第1条关于“基本职责”的规定中,要求检察官无论在任何时候,在任何环境下,依据国内和国际的法律履行职责;一贯地公平、公正和高效;尊重、保护和支持人的尊严和人权;代表社会和公众利益;努力达到社会一般利益和

---

① 《刑事司法体系中公诉之原则》第19、20条。

② 参见《刑事司法体系中公诉之原则》第21条。

③ 参见《刑事司法体系中公诉之原则》第24—33条。

个人利益、权利之间的平衡。

在第 2 条关于“一般职业行为”的规定中，要求检察官在任何时候都坚持最高的职业标准，维护职业荣誉与尊严；总是表现出专业性；任何时候都执行正直和谨慎的最高标准；依据法律和对事实的评估履行职责，不受不适当的影响；充实新知，紧跟法律和社会的发展；不带畏惧、偏好和偏见地公平地履行职责；不受个人、局部利益、社会和媒体的压力的影响；尊重所有人的权利以支持法律面前的平等和避免任何形式的歧视；保守职业秘密；带着尊重和礼貌与法院、警察局、政府其他公共机构和法律界其他人士合作履行职责；为了在最大可能的程度上深化国际合作，依据法律协助其他管辖区域的检察官和公共部门；不允许检察官的个人或财务利益或检察官的家庭、社会或其他不正当关系影响到检察官的行为。

在第 3 条关于“刑事诉讼体系中的职业行为”的规定中，要求检察官在任何时候支持公平审判；公平、公正、客观、独立地履行职责；设法确保刑事司法尽可能高效运作并符合正义；尊重无罪推定原则；确保作出起诉决定前正在或已经做了必要的、合理的调查和询问；考虑所有案件相关情况；不会以没有根据的指控开始或继续诉讼；在证据指明的范围内坚决、公平地起诉；检查证据是否通过非法手段获得，拒绝采用这样的证据，并将使用非法手段的人绳之以法；适当考虑证人和受害人的利益；协助法庭作出公正的判决。

在第 4 条关于“私人行为”的规定中，要求检察官在私人生活中仍应坚持正直、公平、公正；在任何时候尊重和遵守法律；检察官行事应加深和保留职业公信力；不得利用工作中获得的信息为自己或他人谋取不合理利益；不得接受任何馈赠或招待。

尽管“法律和规章永远也不可能把一个有道德的人所应该做的事一件不漏地讲述得一清二楚。法律和规章只能设定行为的最低标准。而行为上可能的差异是数不胜数的，根本不可能靠一纸条文来描述和查禁”①。但是，上述代表性文件因其高度国际化的背景，可以说最大限度凝练了检察官职业伦理的要求，或者说从集合的意义上为我们提供了一份检察官职业伦理的清单，既

① 马国泉：《美国公务员制和道德规范》，清华大学出版社 1999 年版，第 115 页。

包括检察官个人品德、个人生活中应遵循的伦理要求,也包括检察官履行职能时应遵循的职业伦理要求;既规范检察官自身,也规范检察官与相关主体之间的关系。由此可以看出,检察官职业伦理之于检察官,不只是个人道德层面的自我期许,更是其所应具有的专业道德,是确保检察职能得以有效履行的行为指南,以塑造称职良善的检察官,以"修善"为价值旨趣,具有利他主义的属性,忠于法律、维护法治、保障人权,是"修独"和"修睦"两方面的结合。①

国际检察官职业伦理规则将检察官定位在公诉人的角色,表现出了与律师职业伦理、法官职业伦理的明显区别。刑事司法是控、辩、审三方博弈的过程,三方关系的图式犹如等边三角形,必然会产生检察官、法官和律师职业伦理共性下的各自特性。恪守法律、维护法治、保守职业秘密、尊重和保障人权等是法律人都应遵循的核心职业伦理,法律实务只是法律人附带性的谋生手段,其必须具有"公共服务的精神"。在刑事诉讼活动中,法官是居中裁判者,对应的职业伦理规则是平衡模式,要求法官不偏不倚、独立公正;律师是辩护方,对应的职业伦理规则是偏正模式,要求律师最大限度维护委托人的权益,但不能僭越法律;检察官是追诉方,对应的职业伦理规则虽也是偏正模式,在内容上却有所不同,要求检察官依法追诉,维护社会公益,同时要考虑被害人和犯罪嫌疑人的要求和辩解。一言以蔽之,检察官应寻求正义而不仅仅是赢得定罪。②

二、当代中国的检察官职业伦理

在我国,检察官既是公务人员,又是司法官员,更是宪法确立的国家法律监督者,无论是基于身份还是与身份相关的职权,都对其职业伦理有着更高的要求。检察官职业伦理内在以实现司法公正为依归,外在则很大程度上承载着公众对法治的信心和企盼。因此,加强检察官职业伦理建设,是我国检察官队伍建设的一项重要内容,也是检察机关维护公平正义、加强法律监督的需要。

自 20 世纪 80 年代我国检察官制度恢复重建以来,已有诸多规范性文件

① 参见张志铭、于浩:《国际检察官职业伦理评析》,《国家检察官学院学报》2014 年第 1 期。

② 参见徐媛媛:《检察官职业伦理的国际共识》,《法制日报》2016 年 6 月 15 日。

或多或少地涉及检察官职业伦理的要求。主要包括:《检察机关工作人员奖惩暂行办法》(1984,2001 年废止)、《检察人员纪律(试行)》(1989)、《关于检察机关和检察干警不准经商办企业等若干问题的通知》(1992)、《关于重申严禁检察机关越权办案、违法办案的通知》(1993)、《检察官法》(1995,经 2001、2017、2019 年三次修订)、《检察官纪律处分暂行规定》(1995,2004 年废止)、《关于政法干部的“四条禁令”》(1995)、《人民检察院错案责任追究条例(试行)》(1998,2007 年废止)、《对违法办案、渎职失职若干行为的纪律处分办法》(1998)、《九条“卡死”硬性规定》(1998)、《检察人员廉洁从检十项纪律》(2000)、《检察人员任职回避和公务回避暂行办法》(2000)、《检察机关奖励暂行规定》(2001)、《检察官职业道德规范》(2002)、《检察人员纪律处分条例(试行)》(2004,2007 年修订,2016 年废止)、《检察人员执法过错责任追究条例》(2007)、《检察官职业道德基本准则(试行)》(2009,2016 年废止)、《检察官职业行为基本规范(试行)》(2010)、《关于加强执法办案活动内部监督防止说情等干扰的若干规定》(2014)、《最高人民检察院机关严肃纪律作风的规定》(2015)、《检察官职业道德基本准则》(2016)、《检察人员纪律处分条例》(2016),等等。

由此可见,中国的检察官职业伦理规范散落在若干规范性文件中。实务中,最高人民检察院倾向于从职业道德层面和职业行为层面分别发力,以《检察官职业道德规范》和《检察官职业道德基本准则》搭建较为完整的职业道德规范框架体系,侧重于思想和品质;《检察官职业行为基本规范(试行)》和《检察人员纪律处分条例》则通过“应为”和“勿为”规范为检察官列举了应当遵循的基本行为准则,侧重于素质和能力。在理论研究中,有观点从概念逻辑出发,指出检察官职业伦理与检察官法律义务乃是包容关系,即后者包含于前者,如检察官不得以非法手段获得证据,这既是职业伦理要求,亦是法律义务,应为却不为或乱为需要承担相应的法律责任;而要求检察官保持学习、充实新知等规定往往缺乏可供规制的客观标准,因此仅是单纯的职业伦理要求。①

---

① 参见张志铭、于浩:《国际检察官职业伦理评析》,《国家检察官学院学报》2014 年第 1 期。

也有观点着眼于检察官职业伦理的结构，认为其包括作为职业伦理主体的检察官、检察官职业伦理关系、检察官职业伦理规范，以及检察官职业伦理秩序四种构成要素。① 还有观点立足于加强检察官伦理建设的角度，建言应尊重现实人性，为检察官有尊严的生活创造条件，明确检察官“底线伦理”；发挥示范作用，形成“引导伦理”；重在制度建设，生成“规制伦理”；协调矛盾冲突，确立“至上伦理”。② 更有观点以深化司法体制改革为宏观背景，将检察官职业伦理进一步区分为检察官的外部伦理和内部伦理。所谓检察官外部伦理，指的是检察官基于职务行使及其特殊身份而在对外联系中需遵循的行为准则；所谓内部伦理，是指检察官在检察机关内部工作中应当遵循的行为准则。③

概括而言，当代中国的检察官职业伦理的内容大致可以区分为：普遍性要求、职务内要求和职务外要求。

（一）对检察官的普遍性要求

1. 忠诚

忠诚是中国检察官的首要品格，包括忠于党、忠于国家、忠于人民、忠于宪法和法律以及忠于人民检察事业。只有忠诚，才能不辜负党的重托和人民的信任。

中国特色社会主义的政制架构明显有别于西方多党制和“三权分立”。共产党在长期的执政实践中，总揽全局，协调各方，承担着双重政治角色，既是领导党，也是唯一执政党。与国际检察准则往往要求检察官保持中立、超越党派利益、不受政治干预不同，忠于党是中国检察官的政治义务。检察官应当坚定政治信念，坚持党的领导，坚持党的事业至上，始终与党中央保持高度一致，自觉维护党中央权威，坚持服务大局，围绕党和国家中心工作履行法律监督职责，为改革开放和经济社会科学发展营造良好法治环境。《检察人员纪律处分条例》分则第一节对检察人员违反政治纪律的行为进行了详细的规定。

除此之外，检察官还应当“热爱国家，维护国家安全、荣誉和利益，维护国家统一和民族团结，同一切危害国家的言行作斗争”；“坚持为民宗旨，保障人

---

① 参见宋远升：《检察官论》，法律出版社 2014 年版，第 43—44 页。

② 参见龙宗智：《检察官客观义务论》，法律出版社 2014 年版，第 397—404 页。

③ 参见万毅：《检察官职业伦理的划分》，《国家检察官学院学报》2014 年第 1 期。

民权益”;“坚持执法为民,坚持人民利益至上,密切联系群众,倾听群众呼声,妥善处理群众诉求,维护群众合法权益,全心全意为人民服务”;“坚持依法治国基本方略,坚持宪法法律至上,维护宪法和法律的统一、尊严和权威,致力于社会主义法治事业的发展进步”;“忠实履行检察官职责,促进司法公正,维护检察机关执法公信力”;“坚持担当精神,强化法律监督”;等等。

2. 公正

公正是司法至高的价值追求或独一无二的目标,要努力让人民群众在每一个司法案件中感受到公平正义。检察官是为实现司法公正和正义而设置的官员,他的基本职责是代表社会和受害者伸张正义,寻求社会公正。如同国际检察官职业伦理要求通常以“公正”为圭臬,中国的检察官也应当维护公平正义,做到“坚持公正理念,维护法制统一”;“崇尚法治,客观求实,依法独立行使检察权,坚持法律面前人人平等,自觉维护程序公正和实体公正”。《检察官职业行为基本规范(试行)》中关于“履职行为”的规定,以及《检察人员纪律处分条例》分则第三节对违反办案纪律行为的列举,为检察官惩恶扬善提供了清晰指引。

检察官的公正伦理有三层含义:①第一,是中立的伦理。要求检察官自觉遵守回避制度。依据《刑事诉讼法》第29条的规定,检察人员有下列情形之一的,包括是本案的当事人或者是当事人的近亲属的;本人或者他的近亲属和本案有利害关系的;担任过本案的证人、鉴定人、辩护人、诉讼代理人的;与本案当事人有其他关系,可能影响公正处理案件的;应当自行回避。当事人及其法定代理人也有权要求他们回避。对法定回避事由以外可能引起公众对办案公正产生合理怀疑的,还应当主动请求回避。第二,是独立的伦理。要求检察官“坚持依法履行职责,严格按照法定职责权限、标准和程序执法办案,不受行政机关、社会团体和个人干涉,自觉抵制权势、金钱、人情、关系等因素干扰”。第三,是客观的伦理。要求检察官“坚持客观公正,忠于事实真相,严格执法,秉公办案,不偏不倚,不枉不纵”,“依法全面客观地收集、审查和使用证据,坚决杜绝非法取证,依法排除非法证据”。

① 参见万毅:《检察官职业伦理的划分》,《国家检察官学院学报》2014年第1期。

3. 廉洁

廉洁是对一切掌握公共权力者的必然要求,涉及检察官处理公职与私利时的态度,以及如何对待外部的不当利益和维持检察公职的公信力。检察机关作为法律监督机关,更要做到自身正、自身净、自身硬,筑牢廉洁防线。检察官应当做到"坚持廉洁操守,自觉接受监督","淡泊名利,不徇私情,自尊自重","严守廉洁从检纪律,认真执行廉洁从政准则和廉洁从检规定,不取非分之财,不做非分之事"。最高人民检察院《廉洁从检十项纪律》和《检察人员纪律处分条例》第四节专门对违反廉洁纪律的行为作出规定,无论在职期间,还是退休之后,检察官都应当保持廉洁本色,并且还要教育近亲属或者其他关系密切的人员模范执行有关廉政规定。

4. 专业

在奉行法治的社会中,法律职业是以专门的知识和技能作为自己的力量源泉的群体。① 检察官身为法律职业的一员,当然应当具备处理检察事务的专业知识和技能。为此,检察官应当"爱岗敬业,勤勉尽责,严谨细致,讲究工作质量和效率,不敷衍塞责",应当"精研法律政策,充实办案所需知识,保持专业水准,秉持专业操守,维护职业信誉和职业尊严",应当"与时俱进,锐意进取,开拓创新,研究新情况,解决新问题,创造性地开展工作",应当"保持和发扬良好学风,坚持理论联系实际,提高理论水平和解决实际问题的能力"。

5. 谨言慎行

2015 年,最高人民检察院印发《关于实行检察官以案释法制度的规定(试行)》,其中规定检察官进行以案释法,应当严格遵守法律规定的司法办案程序和检察机关工作规定,如有以下行为,应承担相应责任,包括未经批准,擅自在公开场合、新闻媒体等发表与承办案件有关的言论,对检察机关司法公信力造成不良影响的;未经批准,擅自对外披露自己或他人正在办理的案件情况,妨害案件依法独立公正办理的;故意歪曲或者错误阐述案件事实,引发舆情事件、造成负面社会影响的;发表与检察官职业道德不符的言论,损害检察机关

① 参见张志铭:《法律职业道德教育的基本认知》,《国家检察官学院学报》2011 年第 3 期。

形象的；造成其他消极影响或者严重后果的。①

检察官即便是以普通公民身份就非关职务的公共话题发表言论，大众难免也会将该言论与检察官身份、职务相联结。因此基于法治社会对检察官的角色期待，检察官应当低调内敛、谨言慎行。包括“不发表、不散布不符合检察官身份的言论，不参加非法组织，不参加非法集会、游行、示威等活动”，“不得耍特权、逞威风，损害群众利益”等。另外检察官“不得兼任人民代表大会常务委员会的组成人员，不得兼任行政机关、监察机关、审判机关的职务，不得兼任企业或者其他营利性组织、事业单位的职务，不得兼任律师、仲裁员和公证员”，但是在高校兼任教职或研究性工作除外。关于兼职限制的规定旨在维护检察官的廉洁形象，但在国际检察伦理中并不多见，并非认同检察官可以随意从事兼职，而是因为检察官不得从事兼职本属自明之理，无须特别规定。

（二）对检察官的职务内要求

1. 服从

我国法律规定了上下级检察院之间是领导和被领导的关系，也可认为检察权行使方式上确立了“检察一体”的要求。域外理论所说的“检察一体”，是指通过上令下从的方式行使检察权，即检察长在检察权行使上的指挥监督权、更换权和转移权。换言之，对于上级检察首长的指令，下级检察官有服从的义务，是为服从的伦理。不过，“检察一体”的原则是在承认“检察独立”的前提下，为统一及节制检察权的行使所进行的内部控制机制，两者原本是并存而不是非此即彼的状态。另外，“检察一体”与一般行政机关的“行政一体”运作原则也是不同的，在“检察一体”原则下，仍赋予个别检察官行使职权的独立性与自主性，而一般行政机关的成员则没有独立性。

我国《公务员法》第六十条规定：“公务员执行明显违法的决定或命令的，应当依法承担相应的责任。”那么对于检察官而言，服从就更不是意味着盲从，如果违反司法公正的要求，打破了法律的底线，检察官有权拒绝服从。在我国的检察官伦理规范中，要求检察官“严守组织纪律，执行上级决定和命令，服从领导，听从指挥，令行禁止，确保检令畅通，反对自由主义”，但是“检

---

① 参见《最高人民检察院关于实行检察官以案释法制度的规定（试行）》第十三条。

察一体”指令权的界限并不清晰，也未明确检察官除了遵循服从伦理以外，还应以客观标准行事，遵守客观义务，拒绝非法指令，避免单纯的“惟命是从”。

2. 检察官职务上的交往规范

检察官与执行职务有关系之人交往，应持何种态度及如何拿捏分寸亦属于职业伦理的范畴，处理好其与当事人、同行、法官、警察等主体的关系，将有助于形成一个井然有序且高效的检察官职业伦理秩序，以实现司法公平正义的价值追求。“如果检察官与其他相关伦理关系主体之间没有形成合理的、正当的交互方式，或者没有能够生成‘善良’环境的能力，那么不仅检察官职业本身存在的正当性会受到质疑，而且司法公正、社会公正的秩序也将成为泡影。”[①]比如国际检察伦理规范要求检察官尊重嫌疑人和被害人的权利，带着尊重与礼貌与其他主体合作履行职责，等等。

我国关于检察官职务上的交往规范，似乎规定不多。在已经被废止《检察官职业道德基本准则（试行）》中，曾规定检察官应当“尊重诉讼当事人、参与人及其他有关人员的人格，保障和维护其合法权益”；“尊重律师的职业尊严，支持律师履行法定职责，依法保障和维护律师参与诉讼活动的权利”；“出席法庭审理活动，应当尊重庭审法官，维护法庭审判的严肃性和权威性”等条款。目前相关伦理规范主要规定为检察官应当“团结、关心和帮助同事，营造干事创业、宽松和谐、风清气正的工作氛围”；同时不能“违反有关规定干预和插手执纪执法活动，向有关地方或者部门打招呼、说情，或者以其他方式对执纪执法活动施加影响”；不能“违反规定过问、干预其他检察官、其他人民检察院或者其他司法机关在办理的案件，为案件当事人说情”；不得“私自会见案件当事人或其辩护人、代理人、申诉人、亲友及特定利害关系人，或者接受上述人员提供的财物、宴请、娱乐、健身、旅游活动及其他服务”；不得“违反规定向案件当事人推荐特定的律师作为本人办理案件的诉讼代理人、辩护人，或者要求、暗示当事人更换律师”；等等。

（三）对检察官的职务外要求

检察官私人生活言行看似与检察官职务无关，但是基于“检察官身份”而

---

① 参见宋远升：《检察官论》，法律出版社 2014 年版，第 56 页。

产生非关职务行使之不当言行，仍会使社会大众对检察官之公正、廉洁的形象产生疑虑，进而引起对检察官是否能客观公正执法的怀疑。因此，检察官应当谨言慎行。检察官的言行举止，在社会大众的高标准期待下，应该是可以成为大众言行的榜样或效法的对象。《检察官职业行为基本规范（试行）》中关于“职务外行为”的规定和《检察人员纪律处分条例》分则第七节对违反生活纪律行为的列举，可以视为检察官职务外的行为规范。

以上虽未详尽列举出我国检察官职业伦理的所有要求，但还是不难发现其与国际检察伦理有着很大的共性，表现在基本信念伦理上，两者均认同检察官应当维护职业尊严和荣誉、追求公平正义、尊重和保障人权等；在责任伦理上，皆要求检察官依法履行职责且受法律约束，以及独立、客观、公正、保守秘密、排除非法证据、不谋私利、不接受任何馈赠或招待、充实新知、私人生活不得影响检察公信力等。总体而言，检察官伦理是受到专业或职业界限限定的伦理，是一种以规范为外在形式的责任伦理，使得检察官行事有着较为明确的标准。其通常包括惩戒性规范和期待性规范，前者是检察官履职的最低要求，对违反者必须施以惩戒处罚；后者无疑是对检察官更高的期许。检察官职业伦理的规制作用的发挥，很大程度上依赖制度的激励与惩戒。如果践行不义被容忍、被漠视，那么职业伦理也会慢慢软化，甚至丧失。只有依靠合理的制度，使职业伦理的要求成为制度要求，伦理规范才能具有法的拘束力，才能真正发挥效力。

第三节　中国检察官的评鉴与惩戒机制

建立检察官的评鉴与惩戒机制，是激发检察官积极履行职责，恪守职业伦理，维护职业尊荣的重要制度。目前，我国以《公务员法》和《检察官法》为核心，构建了一套对检察人员予以评鉴和惩戒的体系，包括《关于完善人民检察院司法责任制的若干意见》《关于建立法官、检察官惩戒制度的意见（试行）》《保护司法人员依法履行法定职责规定》《检察人员纪律处分条例》《检察官、检察辅助人员绩效考核及奖金分配指导意见（试行）》以及各省级检察院根据实际制定的相关规定等。

长期以来，我国坚持党管干部原则，对检察人员的管理同样适用行政机关工作人员的模式。另外，检察人员和其他公职人员一样都是我国监察机关的监察对象。《公务员范围规定》中，明确规定各级检察机关中除工勤人员以外的工作人员均列入公务员范围①，包括最高人民检察院和地方各级人民检察院的检察官、检察辅助人员和司法行政人员。依据《公务员法》和《检察官法》，关于检察人员的考核、奖励与惩戒的规定大多与公务员相似，如考核内容为“德、能、勤、绩、廉”五个方面；考核方式为平时考核和年度考核相结合；年度考核结果为优秀、称职、基本称职和不称职四个等次；考核结果作为调整职级、工资、奖惩、辞退的依据等，针对公务员规定的给予奖励和不得为之的行为，也是检察官行事的标准与下限。《检察官法》第六章为“检察官的考核、奖励和惩戒”的相关条款，规定了检察官的考核内容包括“检察工作实绩、职业道德、专业水平、工作能力、工作作风。重点考核检察工作实绩”。“检察官在检察工作中有显著成绩和贡献的，或者有其他突出事迹的，应当给予奖励。”“检察官的奖励按照有关规定办理。”“检察官有下列表现之一的，应当给予奖励：（一）公正司法，成绩显著的；（二）总结检察实践经验成果突出，对检察工作有指导作用的；（三）在办理重大案件、处理突发事件和承担专项重要工作中，作出显著成绩和贡献的；（四）对检察工作提出改革建议被采纳，效果显著的；（五）提出检察建议被采纳或者开展法治宣传、解决各类纠纷，效果显著的；（六）有其他功绩的。”

已经建立的中国检察官评鉴与惩戒机制意味着，对于检察官不仅有奖优，也有罚劣，包括司法责任追究与纪律处分。《检察官法》第四十七条规定：“检察官有下列行为之一的，应当给予处分；构成犯罪的，依法追究刑事责任：（一）贪污受贿、徇私枉法、刑讯逼供的；（二）隐瞒、伪造、变造、故意损毁证据、案件材料的；（三）泄露国家秘密、检察工作秘密、商业秘密或者个人隐私的；（四）故意违反法律法规办理案件的；（五）因重大过失导致案件错误并造成严

---

① 参见《公务员范围规定》（2019 年 12 月 23 日中共中央组织部制定　2020 年 3 月 3 日发布）第 4 条和第 11 条。

重后果的；（六）拖延办案，贻误工作的；（七）利用职权为自己或者他人谋取私利的；（八）接受当事人及其代理人利益输送，或者违反有关规定会见当事人及其代理人的；（九）违反有关规定从事或者参与营利性活动，在企业或者其他营利性组织中兼任职务的；（十）有其他违纪违法行为的。”该条所列举的这些需要惩戒的行为，几乎都关涉检察官职业伦理的内容，包括公正、廉洁、保密、勤勉等伦理要求。检察官如果实施前述行为，理应依法惩戒。

一、检察官惩戒机制与司法责任追究

加强法官、检察官惩戒机制建设，是全面落实司法责任制的重要举措。要站在深化司法体制综合配套改革的高度，把握正确改革方向，建立健全严密规范的惩戒制度，严格执行惩戒条件标准和工作程序，确保审查认定结论经得起法律和历史检验，推动检察官队伍正规化、职业化、专业化建设，不断提升司法质效和公信力。

2015 年，最高人民法院《关于完善人民法院司法责任制的若干意见》和最高人民检察院《关于完善人民检察院司法责任制的若干意见》相继出台，首次将“惩戒委员会”增设为法官、检察官责任追究的审议机构。2016 年，最高人民法院、最高人民检察院联合印发了《关于建立法官、检察官惩戒制度的意见（试行）》，对法官、检察官的惩戒制度予以规定。作为镶嵌在我国现有政治制度和司法制度之中的司法官惩戒制度，应当与我国现行的党管干部体制、纪检监察体制、法律制裁制度等相衔接、相一致。当下法官检察官惩戒工作的重点是，“强化惩戒问责，明确法官检察官惩戒与纪检监察职能的边界，理顺惩戒程序与纪检监察程序的衔接机制，建立程序严格、保障有力、处罚慎重的法官检察官惩戒制度，确保错案责任倒查问责机制落到实处”①。

（一）检察官惩戒工作的基本原则

《关于建立法官、检察官惩戒制度的意见（试行）》第 1 条明确规定：“法官、检察官惩戒工作，应当坚持党管干部原则，尊重司法规律，体现司法职业特点，坚

① 《中政委：明确法官检察官惩戒问责与纪检监察职能边界》，https://baijiahao.baidu.com/s? id=1639497142562044805，访问日期：2020 年 6 月 5 日。

持实事求是、客观公正,坚持责任与过错相适应,坚持惩戒与教育相结合。”

（二）检察官惩戒的组织机构

在努力去除司法的行政化、地方化,建立权责一致、符合司法规律的司法责任制改革大背景下,检察官惩戒委员会应运而生。其创设依据主要为四个规范性文件,即《关于完善人民检察院司法责任制的若干意见》《保护司法人员依法履行法定职责规定》《关于建立法官、检察官惩戒制度的意见(试行)》和《检察官法》。

《关于建立法官、检察官惩戒制度的意见(试行)》提出,在省(自治区、直辖市)一级设立法官、检察官惩戒委员会。其组成人员包括“人大代表、政协委员、法学专家、律师的代表以及法官、检察官代表,法官、检察官代表应不低于全体委员的50%”。“惩戒委员会主任由惩戒委员会全体委员从实践经验丰富、德高望重的资深法律界人士中推选,经省(自治区、直辖市)党委对人选把关后产生。”检察官惩戒工作办公室设在省级人民检察院。《检察官法》规定,最高人民检察院和省、自治区、直辖市设立检察官惩戒委员会,由检察官代表、其他从事法律职业的人员和有关方面代表组成,检察官代表不少于半数。由此可见,专业性是检察官惩戒委员会的突出属性。因为检察官有专门的职业要求和职业伦理,是否应对司法行为承担司法责任,只有经过法律专业人士的专业判断,才能有效甄别行为与结果之间的内在关联。①

2014年,上海成立国内首个法官、检察官遴选(惩戒)委员会,其中专门委员由市委政法委、市委组织部、市纪委、市人大内司委、市公务员局、市高级人民法院、市人民检察院的分管领导组成,专家委员则从资深的法学专家、业务专家、律师代表中择选。除了遴选委员会和惩戒委员会合一的模式,其他地方也有单独模式,即在遴选委员会之外设立单独的惩戒委员会。如吉林检察官惩戒委员会组成人员13人,分别由来自吉林省人大、纪委、政法委、检察机关、法院以及法学会、律师协会、知名高校的专家、法官、检察官、律师和著名法学学者等业内人士担任。

---

① 参见葛琳:《检察官惩戒委员会的职能定位及其实现——兼论国家监察体制改革背景下司法责任追究的独立性》,《法学评论》2018年第2期。

（三）检察官惩戒委员会的工作职责

检察官惩戒工作由检察院和检察官惩戒委员会分工负责。在《关于建立法官、检察官惩戒制度的意见（试行）》中，检察官惩戒委员会的工作职责包括：制定和修订惩戒委员会章程；根据人民法院、人民检察院调查的情况，依照程序审查认定法官、检察官是否违反审判、检察职责，提出构成故意违反职责、存在重大过失、存在一般过失或者没有违反职责的意见；受理法官、检察官对审查意见的异议申请，作出决定；审议决定法官、检察官惩戒工作的其他相关事项。惩戒委员会不直接受理对检察官的举报、投诉。如收到相关举报、投诉材料，应当根据受理权限，转交有关部门按规定处理。《检察官法》亦指出，检察官惩戒委员会“负责从专业角度审查认定检察官是否存在本法第四十七条第四项、第五项规定的违反检察职责的行为，提出构成故意违反职责、存在重大过失、存在一般过失或者没有违反职责等审查意见”。当事检察官所属的检察院负责对检察官涉嫌违反检察职责行为进行调查核实，需要认定是否构成故意或者重大过失的，应当在查明事实的基础上，提请惩戒委员会审议，并根据惩戒委员会的意见作出处理决定。

从“两高”和《检察官法》的规定可知，惩戒委员会的惩戒范围限定在检察官司法办案工作中存在过错违反检察职责的行为，未将普通违纪行为、违反检察官职业伦理的行为纳入惩戒事由中。然而，各省相关文件中对惩戒委员会的惩戒范围所做的规定不尽相同，如上海的遴选（惩戒）委员会针对检察官重大违纪行为，造成严重负面影响的，不仅可以提出惩戒意见，还可以公开谴责；检察官违反司法伦理，造成不良后果的也包括在宁夏回族自治区检察官惩戒委员会的审议对象中；吉林省的检察官惩戒委员会负责对检察官涉嫌违反职业道德和职业纪律行为进行审议；等等。

（四）检察官惩戒委员会的工作程序

我国对检察官司法责任追究采取的是调查、审议、决定的职权分立模式。人民检察院内部的纪检监察机构是检察人员司法责任的调查主体，检察官惩戒委员会有权依据事实和法律规定作出处分建议。惩戒决定由检察机关作出，涉嫌犯罪的移送司法机关处理。

1. 启动审议程序。根据《关于完善人民检察院司法责任制的若干意见》

和《关于建立法官、检察官惩戒制度的意见(试行)》的规定,只能在检察机关纪检监察部门接到检举控告和确定发生错案两种条件下启动惩戒委员会审议程序。

2. 举行听证。惩戒委员会审议检察官涉嫌违反检察职责案件,应当进行听证,由惩戒委员会委员、当事检察官和检察机关纪检监察部门人员共同参与。惩戒委员会审议惩戒事项时,有关人民检察院应当向惩戒委员会提供当事检察官涉嫌违反检察职责的事实和证据,并就其违法检察行为和主观过错进行举证。当事检察官有权申请有关人员回避,有权进行陈述、举证、辩解。

3. 审议与表决。惩戒委员会经过审议,应当根据查明的事实、情节和相关规定,经全体委员的三分之二以上的多数通过,对当事检察官构成故意违反职责、存在重大过失、存在一般过失或者没有违反职责提出审查意见。这一规定主要涉及的是表决规则,而对评议规则并未予以明确。惩戒委员会作出的审查意见应当送达当事检察官。当事检察官对审查意见有异议的,可以向惩戒委员会提出,惩戒委员会应当对异议及其理由进行审查,作出决定。

4. 作出决定。检察官违反检察职责的行为属实,惩戒委员会认为构成故意或者因重大过失导致案件错误并造成严重后果的,人民检察院应当按照相关规定作出惩戒决定,并给予相应处理。

5. 复议与申诉。当事检察官对惩戒决定不服的,可以向作出决定的人民检察院申请复议,并有权向上一级检察院申诉。

(五) 检察官惩戒的结果

《关于建立法官、检察官惩戒制度的意见(试行)》第十条列举了处理结果,包括:应当给予停职、延期晋升、免职、责令辞职、辞退等处理的,按照干部管理权限和程序依法办理;应当给予纪律处分的,依照有关规定和程序办理。涉嫌犯罪的,应当将违法线索移送有关司法机关处理。免除法官、检察官职务,应当按法定程序提请人大常委会作出决定。

综上所述,依据顶层设计与地方实践,检察官惩戒委员会是独立的第三方非常设机构,具有中立性,但与一般意义上的行业性自律组织亦有所不同,而是带有一定的公权力色彩;检察官惩戒委员会与当事检察官所属的检察院分享检察官的司法责任追究权,其是检察官司法责任的专业评定确认机构,仅负责对检察官司法办案过程中是否存在违反职责的行为提出专业意见，而并不享有直接进行惩罚的权力。换言之，检察官惩戒委员会仅审议检察官涉嫌违反检察职责的行为，至于其他违法违纪行为，只能由其他有关职能部门调查核实；检察官惩戒委员会在省级以上设立，以期最大限度排除惩戒工作上的地方干扰。从世界范围来看，惩戒和保障并重是诸多国家检察官惩戒制度的特点，"在对检察人员违反职业道德和纪律的行为予以惩戒的同时，各国也强化对检察人员的各类保障措施，避免因强调惩戒而对检察人员造成过重的心理压力和思想负担"①。故而，检察官惩戒委员会应当在致力于实现防止检察官滥用权力与保障检察官依法独立公正行使权力之间的平衡、惩治检察官司法不端行为与保证对检察官处罚客观公正之间的平衡上做文章。②

二、检察官惩戒机制与纪律处分

司法责任是一种工作过错责任，也就是检察官在司法办案工作中或履行职责过程中出现过错所应承担的责任。根据《关于完善人民检察院司法责任制的若干意见》规定，"检察人员应当对其履行检察职责的行为承担司法责任，在职责范围内对办案质量终身负责"。"司法办案工作中虽有错案发生，但检察人员履行职责中尽到必要注意义务，没有故意或重大过失的，不承担司法责任。"与司法办案活动无关的其他违纪违法行为，检察人员在事实认定、证据采信、法律适用、办案程序、文书制作以及司法作风等方面不符合法律和有关规定，但不影响案件结论的正确性和效力的，属司法瑕疵，依照相关纪律规定处理。

依据《检察人员纪律处分条例》《检察人员执法过错责任追究条例》《检察机关领导干部廉洁从检若干规定（试行）》等规范性文件，中国现行的检察官纪律责任体系十分发达，是一个包含政治纪律、组织人事纪律、办案纪律、财经纪律等不同性质纪律的综合体系，吸收了大量检察官执业禁止的内容。事实上，我国的检察伦理和检察纪律交叉重叠，甚至在某种意义上，检察纪律可以

---

① 樊崇义、刘文化：《惩戒与保障：域外检察官办案责任的双面镜像》，《检察日报》2016年5月17日。

② 参见郑红：《构建检察官惩戒委员会制度应厘清五个问题》，《人民检察》2017年第1期。

说就是检察伦理的规则化体现。在《检察人员纪律处分条例》分则所列举的检察人员违纪行为中，检察官有三类行为是否存在过错需要专业判断，因此属于检察官惩戒委员会审议的事项，分别是违反办案纪律的行为、与正在办理的案件相关的贪污贿赂行为、发生在履职过程中的失职渎职行为。其他违纪行为，则按照该条例规定的程序处理。

（一）对检察人员违反政治纪律行为的处分

检察人员违反政治纪律的行为主要包括发表不当言论，实施或参与反党、反政府、反社会主义的行为，实施或参与拉帮结派、破坏民族团结、信仰缺失、封建迷信等。《检察人员纪律处分条例》中典型的条文如第 43 条规定："通过信息网络、广播、电视、报刊、书籍、讲座、论坛、报告会、座谈会等方式，公开发表坚持资产阶级自由化立场、反对四项基本原则，反对党的改革开放决策的文章、演说、宣言、声明等的，给予开除处分。发布、播出、刊登、出版前款所列文章、演说、宣言、声明等或者为上述行为提供方便条件的，对直接责任者和领导责任者，给予记大过或者降级处分；情节严重的，给予撤职或者开除处分。"第 49 条规定："搞团团伙伙、结党营私、拉帮结派、培植私人势力或者通过搞利益交换、为自己营造声势等活动捞取政治资本的，给予记过、记大过或者降级处分；情节严重的，给予撤职或者开除处分。"第 55 条规定："组织迷信活动的，给予降级或者撤职处分；情节严重的，给予开除处分。参加迷信活动，造成不良影响的，给予警告、记过或者记大过处分；情节较重的，给予降级或者撤职处分；情节严重的，给予开除处分。对不明真相的参加人员，经批评教育后确有悔改表现的，可以免予处分或者不予处分。"

（二）对检察人员违反组织人事纪律行为的处分

检察人员违反组织人事纪律的行为主要包括不服从组织安排、违反组织原则，以及在人事管理工作中弄虚作假等。《检察人员纪律处分条例》中典型的条文如第 62 条规定："拒不执行组织的分配、调动、交流等决定的，给予警告、记过、记大过或者降级处分。在特殊时期或者紧急状况下，拒不执行组织决定的，给予撤职或者开除处分。"第 66 条规定："领导干部违反有关规定组织、参加自发成立的老乡会、校友会、战友会等，情节严重的，给予警告、记过、记大过或者降级处分。"第 71 条规定："违反有关规定在人员录用、考评考核、职务晋升和职称评定等工作中，隐瞒、歪曲事实真相，或者利用职权、职务上的影响为本人或者他人谋取利益的，给予警告、记过或者记大过处分；情节较重的，给予降级或者撤职处分；情节严重的，给予开除处分。弄虚作假，骗取职务、职级、职称、待遇、资格、学历、学位、荣誉或者其他利益的，依照前款规定处理。”

（三）对检察人员违反财经纪律行为的处分

检察人员违反财经纪律的行为主要包括以权谋私、敛财营利、假公济私、化公为私、权钱交易等。《检察人员纪律处分条例》中典型的条文如第 101 条规定：“利用职权或者职务上的影响为他人谋取利益，本人的配偶、子女及其配偶等亲属和其他特定关系人收受对方财物，情节较重的，给予警告、记过或者记大过处分；情节严重的，给予降级、撤职或者开除处分。”第 109 条规定：“违反有关规定从事营利活动，有下列行为之一，情节较轻的，给予警告、记过或者记大过处分；情节较重的，给予降级或者撤职处分；情节严重的，给予开除处分：（一）经商办企业的；（二）拥有非上市公司（企业）的股份或者证券的；（三）买卖股票或者进行其他证券投资的；（四）兼任律师、法律顾问、仲裁员等职务，以及从事其他有偿中介活动的；（五）在国（境）外注册公司或者投资入股的；（六）其他违反有关规定从事营利活动的。利用职权或者职务上的影响，为本人配偶、子女及其配偶等亲属和其他特定关系人的经营活动谋取利益的，依照前款规定处理。违反有关规定在经济实体、社会团体等单位中兼职，或者经批准兼职但获取薪酬、奖金、津贴等额外利益的，依照前款规定处理。”第 123 条规定：“搞权色交易或者给予财物搞钱色交易的，给予记过或者记大过处分；情节较重的，给予降级或者撤职处分；情节严重的，给予开除处分。”

（四）对检察人员其他失范行为的处分

主要包括对检察人员违反群众纪律、工作纪律以及生活纪律等失范行为的纪律处分。《检察人员纪律处分条例》中典型的条文如第 127 条规定：“对群众合法诉求消极应付、推诿扯皮，损害检察机关形象，情节较重的，给予警告、记过或者记大过处分；情节严重的，给予降级或者撤职处分。”第 147 条规定：“违反有关规定，有下列行为之一的，给予警告、记过或者记大过处分；情节严重的，给予降级、撤职或者开除处分：（一）工作时间或者工作日中午饮酒,经批评教育仍不改正的;(二)承担司法办案任务时饮酒的;(三)携带枪支、弹药、档案、案卷、案件材料、秘密文件或者其他涉密载体饮酒的;(四)佩戴检察标识或者着司法警察制服在公共场所饮酒的;(五)饮酒后驾驶机动车辆的。"第154条规定:"实施、参与或者支持下列行为的,给予撤职或者开除处分:(一)卖淫、嫖娼、色情淫乱活动的;(二)吸食、注射毒品的。组织上述行为的,给予开除处分。"

对违反纪律的检察人员,应当根据其违纪行为的事实、性质和情节,给予纪律处分。情节轻微,经批评教育确已认识错误的,可以免于处分。情节显著轻微,不认为构成违纪的,不予处分。纪律处分的种类包括警告、记过、记大过、降级、撤职、开除。这与《公务员法》中规定的处分种类完全一致。因此,我国目前检察官评鉴与惩戒机制总体表现为一种"双轨制",对违反检察官职业伦理的惩戒几乎被包容于司法责任追究和纪律处分之中。

法律职业作为一种具有特殊品质的专门职业,应具备四种有机联系的品质:掌握专门的法律知识和技能、致力于社会福祉、实行自我管理和享有良好的社会地位。① 法律职业伦理体现出建立在法律人接受、承认和约定基础上的意向性协同和意志的聚合,反映了关系角色的认同,其与法律职业能力、职业精神、职业自治和职业声望呈正相关。检察官职业伦理的构建应该基于一种"内在的视角",立足于检察官职业自身的特性,而不是混同于社会大众伦理或一般常人的伦理要求。我国检察官职业伦理建设的关键,是检察官在整体上能否基于自己的职责定位,体现法律职业在上述四个方面的品质特性。通过完善的检察官职业伦理规范设定和实践,彰显检察官职业伦理的职业特性,促进检察官依法履职、保障人权,维护职业地位和职业尊严,是我国检察官职业伦理建设的努力的方向。

【典型案例】

2020年5月6日,最高检召开新闻发布会,公布了6起检察人员违法违

---

① 参见张志铭:《中国法官职业化改革的立场和策略》,《北方法学》2007年第3期。

纪典型案件。

(1)案情:2015年,某直辖市人民检察院政治部主任王某接受窦某请托,利用其职务上的影响力,为某公司法定代表人案件提供帮助,收受现金10万元。2016年,王某又接受李某请托,为李某亲属赵某涉嫌强奸案的处理提供帮助,收受李某亲属5万元。2017年至2018年,王某给辖区内基层院有关人员打电话,要求给予2名犯罪嫌疑人从轻处理。

结局:2018年,王某因贪污、受贿、徇私枉法等犯罪,被判处有期徒刑11年6个月,并处罚金55万元。

(2)案情:2018年1月,某市公安局将"涉黑"人员李某等人刑拘,同案犯罪嫌疑人刘某得知消息后潜逃。刘某请托其朋友苏某与时任市人民检察院检务管理部副部长金某见面,请求公安机关在提请检察机关对涉黑人员李某批捕时,对李某不予批捕,金某答应帮忙。苏某与金某见面后,刘某通过电话请托金某将90万元送给办案人员。同年3月,金某到市检察院副检察长陈某办公室打听该涉黑案件如何处理,陈某答复"涉黑案件都得批捕"。金某认为此事无法办成,遂将该90万元退还苏某。此后,陈某未对金某过问该案一事按照规定进行记录和报告。金某还有其他违纪违法问题。

结局:金某受到开除党籍、开除公职处分,涉嫌犯罪问题移送司法机关。

(3)案情:2017年2月至8月,某县级市一名市级领导干部崔某插手干预市人民检察院办理的彭某某涉嫌故意伤害罪、非法拘禁罪、非法采矿罪案件,多次要求该院检察长赵某某对彭某某从轻处理,赵某某没有按照规定进行记录报告。受崔某干扰影响,赵某某在受邀列席法院审判委员会会议时,明知彭某某不符合适用缓刑的条件,对法院审判委员会作出适用缓刑的决议未提出反对意见。该院检察委员会专职委员、该案办案组主任检察官刘某某和承办检察官韩某某,在法院对彭某某作出缓刑判决后,明知适用缓刑错误,但未提出抗诉意见。赵某某与韩某某向上级检察院汇报该案时,提出"量刑是偏轻不是畸轻,不宜抗诉"的建议,最终上级检察院未及时对彭某某案提出抗诉。

结局:崔某被给予开除党籍处分,并将涉嫌犯罪问题移送司法机关;赵某某被给予党内警告处分;刘某某、韩某某被给予政务警告处分。

(4)案情:2015年10月,时任某县人民检察院侦查监督科长的吴某碍于同学和朋友情面,明知吴某发等人的行为涉嫌寻衅滋事罪,按照法律规定不能作撤案处理,却接受犯罪嫌疑人吃请、收受他人贿赂,违反规定,导致吴某发得以逃避刑事责任追究。

结局:吴某被县人民法院以徇私枉法罪判处有期徒刑 1 年。

(5)案情:2017 年 1 月,时任某市人民检察院党组成员、副检察长的刘某接受请托,请求时任该市某区人民检察院副检察长的田某,帮助犯罪嫌疑人张某某受到较轻的追诉,争取判处缓刑。田某接受请托后,要求时任该院公诉科科长、该案公诉人的高某某在案件办理中找从轻减轻情节。案件起诉到法院后,刘某又请托时任该市中级人民法院副院长的赫某某找时任区人民法院院长的王某某(此二人另案处理)帮助张某某判处较轻的刑罚,后该院对本应判处 10 年以上有期徒刑的张某某等判处缓刑。

结局:刘某因组织、领导黑社会性质组织等罪,被判处有期徒刑 25 年。田某被开除党籍和公职;高某某被开除党籍和公职。

(6)案情:2018 年 6 月,时任某市级检察院法警支队政委的陈某给辖区内某基层检察院检察官王某打电话,询问其正在办理的佟某掩饰、隐瞒犯罪所得案能否判缓刑,王某告知陈某该案会依法办理。2019 年 5 月,陈某给辖区内某基层检察院检察官郝某、陈某打电话,询问该院正在办理的柳某刚虚假诉讼、诈骗、寻衅滋事案是否起诉到法院、何时起诉到法院,能否关照一下,郝某、陈某予以拒绝,并告知陈某不要来说情。2019 年 7 月,陈某给辖区内某基层人民检察院检察官刘某打电话,询问刘某正在办理的陈某华非法持有枪支案能否在陈某华送监前安排其亲人进行会见,刘某予以拒绝。

结局:陈某被免去法警支队政委职务,并被开除党籍。

【问题与思考】

1. 为什么要重视并加强检察官职业伦理建设?

2. 检察官客观义务是什么?如何保障和实现?

3. 落实认罪认罚从宽制度,检察官应该如何处理好与法官、当事人以及辩护人交往的界限?

第七章　监察官职业伦理*

第一节　新中国监察制度的发展与监察官制度的确立

新中国成立以来，我国监察制度经历了较为复杂的发展历程，最终才确立了如今的体制机制。只有深入探索其发展历程才能深刻理解我国监察体制改革的背景及意义，也才能深刻领悟《监察法》最新设立的监察官职业的特点，进而准确把握监察官职业伦理的特殊之处及具体内涵。

根据监察机关的具体职能及其所涉及的领域，大致可以将我国监察制度的发展划分为两个阶段。第一阶段为2018年国家监察委员会及监察官制度确立之前，第二阶段为其确立之后。第一阶段主要涉及监察机关和纪检机关合署办公的内容。在这一阶段，监察机关受其权力范围和实践的限制，职能或作用相对单一。第二阶段，依托我国深化党和国家机构改革及整合反腐败力量、高压反腐的背景，除了与纪检机关合署办公，监察机关还吸收了原国家预防腐败局的职责及人民检察院查处贪污贿赂、失职渎职以及预防职务犯罪等反腐败相关职责，这使得其权力和能量不断扩大，职能也更加复杂。

一、第一阶段：纪检监察合署办公的逐步探索

合署办公是中国党政机构的一种编制组织形式，是指两个具有不同编制、

---

* 山东大学法学院博士研究生马康凤参与了本章的部分写作，特此鸣谢。

职责的党政机构由于工作对象、工作性质相近或其他原因而在同一地点办公,两个机构的人员、资源可在上级统一指挥调度下视工作需要而灵活运用。对于合署办公,我国纪委部门和监察部门的实践相对较早。中华人民共和国成立后,党政机关合署办公,首先是从纪委部门和监察部门合署开始的。[①] 所谓纪检监察合署办公,是指各级监察委员会与党的各级纪律检查委员会在同一地点办公,"两块牌子,一套人马",即只设置一套领导班子和公务人员,但是挂两块牌子,同时履行国家层面的法律监察和党内的纪律检查两项职能。

新中国成立以来,纪检监察合署办公的探索大致经历了从"有—无—有"的变迁。

（一）纪检监察合署办公的初步探索

1949 年 9 月,依据《中华人民共和国中央人民政府组织法》,我国设立政务院人民监察委员会。同年 11 月,中共中央出台《关于成立中央及各级党的纪律检查委员会的决定》。在此基础上,基于纪律检查委员会和人民监察委员会工作人员高度重合的实际,1952 年 2 月,中共中央发布《关于加强纪律检查工作的指示》,明确指出各级党委的纪律检查委员会与各级人民监察委员会可酌情实行合署办公,分工合作,互相辅助,加强联系,做好工作。

1954 年 9 月,新中国第一部宪法诞生。根据《中华人民共和国宪法》和《中华人民共和国国务院组织法》,政务院改为国务院,政务院人民监察委员会经调整改为国务院监察部。同时,为了加强党内监督,1955 年 3 月,中国共产党全国代表会议通过《关于成立党的中央和地方监察委员会的决议》,决定成立党的中央和地方监察委员会,代替各级党的纪律检查委员会履行职责。但是,1959 年 4 月因国家管理体制调整,撤销了国务院监察部。1969 年 4 月,中国共产党第九次全国代表大会通过的《中国共产党章程》也去除了与党的监察监察委员会相关的条款,撤销了中央和地方各级监察委员会。直到 1977 年 8 月,党的纪律检查委员会才得以重新设立,并于 1978 年 12 月经党的十一届三中全会选举产生了新的中共中央纪律检查委员会;之后,在 1986 年 12 月,国家也重新恢复设立监察部,并于 1987 年 7 月正式挂牌办公。其间(从

① 参见刘权:《纪检监察合署办公的时代变迁》,《人民法治》2018 年第 7 期。

1959年到1986年的近30年时间），由于机构的撤销，纪检监察合署办公的实践探索被迫中断。在这种背景下，我国纪检监察合署办公制度的初步探索因新中国成立之初各项工作还有待理顺，且后续经历了一系列变动等原因而没有得到充分开展。

（二）纪检监察合署办公的重新恢复与协调发展

虽然党的纪律检查委员会和国家监察部得以相继恢复，但纪检监察合署办公的制度却没有立即恢复。1987年，中国共产党第十三次全国代表大会确立了党政分开的政治体制改革总思路。随后，中央纪委于1988年7月发布了《关于逐步撤销国务院各部门党组纪检组和中央纪委派驻纪检组有关问题的意见》，同年8月，中央纪委、监察部又联合发布了《关于逐步撤销省级政府工作部门党的纪检组和组建行政监察机构问题的通知》。自此，我国监督体制开始采取党内监督与行政监督分别进行的发展方式，纪检监察合署办公暂时中断。但这种"双轨制""两条线"的监督模式因纪检机关和监察机关存在职能重叠，导致机构冗余、力量分散，并没有发挥应有的监督效果，反而因党内监督与行政监察的重合，浪费了相关资源，降低了监督效率。

鉴于双轨制的监督模式存在诸多弊端，自1992年起，党和国家又开始了新一轮纪检监察合署办公的探索。1992年10月，中国共产党第十四次全国代表大会召开，中央纪律检查委员会积极推动中央纪委和监察部合署办公。当月，中共中央、国务院共同决定，中央纪委、监察部自1993年1月起开始合署办公。之后，中共中央、国务院于1993年2月正式批转了中央纪委、监察部《关于中央纪委、监察部机关合署办公和机构设置有关问题的请示》，明确中央纪委、监察部实行合署办公。此后，地方各级纪委和监察部门也开始了合署办公的探索，实行由上级纪检监察机关和所在地政府双重领导的体制。

自1993年中央纪委和监察部重新尝试合署办公起，党的纪律检查委员会与国家监察部门合署办公的实践一直在各省、市有序开展。2016年11月，由中共中央办公厅印发的《关于在北京市、山西省、浙江省开展国家监察体制改革试点方案》指出，监察委员会实质上是反腐败机构，作为监督执法机关与纪委合署办公。自此，正式的纪检监察合署办公机制在北京市、山西省、浙江省三地率先展开试点。2017 年 10 月，党的十九大报告对健全党和国家监督体系作出了具体规划和部署，要求将试点工作在全国推开，组建国家和地方各级监察委员会，实现纪律检查委员会和监察委员会合署办公。随着试点工作的逐步成熟，2018 年 2 月，中国共产党第十九届中央委员会第三次全体会议通过的《中共中央关于深化党和国家机构改革的决定》进一步明确，要“健全党和国家监督体系，完善权力运行制约和监督机制，组建国家、省、市、县监察委员会，同党的纪律检查机关合署办公，实现党内监督和国家机关监督、党的纪律检查和国家监察有机统一，实现对所有行使公权力的公职人员监察全覆盖”。自此开始，纪检监察合署办公的实践在全国有序展开。

二、第二阶段：国家监察委员会及监察官制度的确立

（一）国家监察委员会及监察官制度的法律确定

早在 2017 年 1 月，十八届中央纪委七次全体会议工作报告就提到，将在第十三届全国人民代表大会第一次会议审议通过国家监察法、设立中华人民共和国国家监察委员会。彼时，因《宪法》规定的国家机构不包括国家监察委员会，学界还曾就设立国家监察委员会是否合宪的问题展开过讨论。但是，学界担心的这一问题并没有发生。在通过监察法、设立国家监察委员会之前，第十三届全国人民代表大会第一次会议于 2018 年 3 月 11 日投票表决，首先通过了《中华人民共和国宪法修正案》，专门增设一节（第三章第七节）规定了与监察委员会相关的内容。其第一百二十三条规定，中华人民共和国各级监察委员会是国家的监察机关。随后，3 月 17 日，第十三届全国人民代表大会第一次会议审议通过了国务院机构改革方案，将中华人民共和国监察部和中华人民共和国国家预防腐败局并入新组建的国家监察委员会，不再保留监察部、国家预防腐败局。同时将最高人民检察院查处贪污贿赂、失职渎职以及预防职务犯罪等反腐败相关职责进行整合，统一授予国家监察委员会行使。3 月 20 日，第十三届全国人民代表大会第一次会议投票表决，通过了《中华人民共和国监察法》（以下简称《监察法》）。《监察法》对《宪法》规定的有关监察委员会的内容进行了具体细化，其中第十四条明确规定国家实行“监察官制度”。2021 年 8 月 20 日，十三届全国人大常委会第三十次会议进一步表决通

过了《中华人民共和国监察官法》（以下简称《监察官法》），并自2022年1月1日起施行。根据《监察官法》第三条的规定，监察官包括各级监察委员会的主任、副主任、委员，各级监察委员会机关中的监察人员，各级监察委员会派驻或者派出到中国共产党机关、国家机关、法律法规授权或者委托管理公共事务的组织和单位以及所管辖的行政区域等的监察机构中的监察人员、监察专员及其他依法行使监察权的监察机构中的监察人员。监察官共分为十三个等级，依次为总监察官、一级副总监察官、二级副总监察官，一级高级监察官、二级高级监察官、三级高级监察官、四级高级监察官，一级监察官、二级监察官、三级监察官、四级监察官、五级监察官、六级监察官。自此，新的监察体制与监察官制度初步确立。

（二）监察体制的创新与发展

国家监察委员会是国家监察体制改革及深化党和国家机构改革进程中的产物，是"新中国成立以来国家监察体制最大的一次变革，将我国'一府两院'的国家机关模式变成'一府一委两院'的结构形式，是一种根本性的宪制变迁"①，实现了由行政监察向国家监察的巨大转变。除了重新恢复纪检监察合署办公、整合党内监督与国家监督的力量之外，此次监察体制改革还进一步扩大了监察机关的权限和职能，主要体现在以下几个方面。

第一，监督、监察力量的全面整合。如前所述，除了恢复纪检监察合署办公，整合党内监督力量之外，此次监察体制改革还将国家预防腐败局的职责，最高人民检察院查处贪污贿赂、失职渎职以及预防职务犯罪等反腐败相关职责进行了整合，统一交予国家监察委员会行使。

第二，监督、监察对象的全面覆盖。在以往的行政监察体制下，监察机关只对行政机关及其工作人员进行监督，而其他履行公务的人员则游离于监督体系之外。与此同时，党内监督却不断加强，纪检机关的监督触角几乎可以触及党内的所有人员。党政监督范围的巨大差异导致二者无法整合资源，协调工作。在新的国家监察体制下，监察机关可以对所有公职人员和有关人员进行监察，实现了监察对象全覆盖的目标，可以有效解决之前出现的

① 秦前红、叶海波等：《国家监察制度改革研究》，法律出版社2018年版，第1页。

问题。

第三,监督、监察能力的全面提升。在之前的行政监察体制下,作为行政机关的部门之一,监察机关既要受同级人民政府的领导,又要受上级监察机关的领导,这种双重领导体制在一定程度上对监察机关产生了掣肘,不利于其充分行使权力、履行职责。新的国家监察体制则实行垂直领导的方式,由国家监察委员会领导地方各级监察委员会的工作,上级监察委员会领导下级监察委员会的工作,能够保证监察机关结合自身实际充分开展监察工作。

第四,监督、监察职责的全面革新。自 1986 年恢复设立国家监察部之后,监察机关的权限有所增加,大体可概括为调查权、检察权、处分权和建议权①,但相关法律对其规定不够明晰,监察机关的职能也较为局限,难以发挥良好的监察效果。在新的监察体制下,监察机关的职责得以充分明确和完善。依据《监察法》的规定,监察委员会履行监督、调查、处置三种职责。(1)监督职责。监督职责是监察委员会的首要职责,“纪检监察是监督的工作,是防止人由犯小错误变成犯大错误的工作”②。监察委员会的监督具有日常性和基础性,是其开展其他一切工作的基础;监督职责与调查、处置职责相比属于提前预防的范畴,以防止公权力滥用为目标,有利于从源头上减少公职人员的违法、违纪行为。根据《监察法》的规定,监察委员会的监督职责还包括对公职人员开展廉政教育。廉政教育是一项长期性、持续性的工作,可以强化公职人员遵纪守法、廉洁自律的意识,从源头上减少腐败的发生。(2)调查职责。监察委员会的调查职责涉及对涉嫌贪污贿赂、滥用职权、玩忽职守、权力寻租、利益输送、徇私舞弊以及浪费国家资财等职务违法和职务犯罪的调查,基本来源于对检察院查处贪污贿赂、失职渎职以及预防职务犯罪等反腐败相关职责的承继,是监察委员会的重要职责。因职责定位的差异,监察委员会的调查职责与检察院的刑事侦查职能不同。其中非常重要的一项差别在于,在案件调查的过程中,监察委员会除了需要严格依法收集证据、查明违法犯罪事实之外,还需要

① 参见《中华人民共和国行政监察法》第十九至二十六条。

② 徐怀顺:《监察委首要职责是监督》,《中国纪检监察报》2018 年 3 月 7 日。

借助党规党纪、理想信念等对被调查人进行思想教育，使其能真正意识到自己的错误，达到惩前毖后、治病救人的效果，具有一定的政治属性。（3）处置职责。针对案件的不同情形，监察委员会可以直接作出政务处分或问责，也可以将调查结果移送人民检察院依法审查、提起公诉或向监察对象所在单位提出监察建议。[①] 处置职责是三大职责的最后一步，也是极为重要的一步，关系着监察成果能否得到准确、切实落实。只有作出合法合纪的处置才能将监察工作取得的成果落到实处，实现最终的反腐目标。

第二节　监察官职业特点及其职业伦理内涵

从新中国成立以来我国监察制度的改革和发展历程可以看出，虽然国家监察委员会的职权来源于对监察部、国家预防腐败局的职权及最高人民检察院查处贪污贿赂、失职渎职以及预防职务犯罪等反腐败相关职责的整合，且与纪检机关合署办公，但监察权并非是对这些权限的简单叠加，而是在综合各方职能和权力的基础之上进行整体规划和考量设计的结果。与法官、检察官、律师等法律职业不同，国家监察官是随着我国《宪法》第五次修改和《监察法》的出台而确立的一种新的法律职业，与之相关的一系列配套理论或制度还有待进一步研究和完善，监察官职业伦理的建设就是其中重要的一环。

职业伦理是随着职业的出现而产生和逐步发展的，是社会道德在职业领域的具体体现[②]，是"因人们特定的职业而形成的道德规范及准则的总和"[③]。不同的法律职业扮演着不同的角色，除了要遵循共同的职业道德外，还有各自不同的职业伦理和职业道德。[④] 监察官职业伦理即监察官在履行职责的过程

---

① 值得注意的是，根据《中华人民共和国监察法》第十一条释义的规定，监察建议不同于一般的工作建议，它具有法律效力，被提出建议的有关单位无正当理由拒不履行监察建议的需承担相应的法律责任。

② 参见李本森主编：《法律职业道德概论》（第二版），高等教育出版社 2015 年版，第 4 页。

③ 张陆庆：《法律人职业伦理的价值取向》，《道德与文明》2011 年第 6 期。

④ 参见张文显等主编：《司法改革报告：法律职业共同体研究》，法律出版社 2003 年版，第 139 页。

中所应遵守的道德规范及规则的总称，是社会伦理在监察领域的具体体现，是监察官正确履职的基本要求，也是监察官职业特点、职业要求、职业信仰、职业精神、职业文化等的集中体现。

一、监察官职业的特点

不同的法律职业有不同的职责和职业特点，监察官职业伦理的内涵应结合其具体职责和职业特点决定。因前文已对监察委员会的职责作了介绍，故此处不再赘述，只对监察官职业的特点加以概括和总结。

作为为整合反腐败力量、实现国家监察全覆盖、深入开展反腐败工作而专门设立的机构，国家监察委员会掌握多种权力。有学者曾指出，监察权或许是一种混合性的权力，既包括了民主制度下的监督权，拥有一定的行政调查权，同时掌握一定的司法性权力，因此导致监察委多权集中的现象。[①] 这进一步导致了监察官职业特点的复杂性，具体表现为以下几点。

（一）法律性

作为法律职业的一种，“法律性”应该是监察官职业毋庸置疑的特点之一。第一，监察官所具有的监察权来源于法律规定，且监察官开展监察工作需符合法律要求。《宪法》规定监察委员会依照法律规定独立行使监察权。《监察法》进一步规定，国家监察工作要严格遵照宪法和法律，以事实为根据，以法律为准绳；在适用法律上一律平等，保障当事人的合法权益。《监察官法》要求监察官应当维护宪法和法律的尊严和权威，以事实为根据，以法律为准绳，客观公正地履行职责，保障当事人的合法权益。第二，因为监察机关承继了检察院对贪污犯罪和职务犯罪的调查权，所以监察官在开展监察工作时需要采取具有法律性质的监察手段或措施。如对涉嫌贪污贿赂、失职渎职等职务犯罪的被调查人，监察机关可以进行讯问，要求其如实供述涉嫌犯罪的情况。经查，确实涉嫌职务犯罪的，需要将调查结果移送人民检察院依法审查、提起公诉。在法律规定的特定情形下，监察机关还可以采取除讯问之外的留

---

① 参见秦前红：《国家监察体制改革宪法设计中的若干问题思考》，《探索》2017 年第 6 期。

置、搜查、调取、查封、查询及冻结财产、扣押、勘验检查等强制措施。

（二）政治性

除了法律性之外，监察官职业还具有很强的政治性。这主要由以下两个方面共同决定：第一，监察机关具有政治属性。从监察委员会的职能设置和自身定位来看，其并非一个纯粹的法律部门，同时也承担着一定的政治功能，具有政治部门的属性。《监察法》明确规定，国家监察委员会是具有中国特色的反腐败工作机构，承担着深入开展反腐败工作、加强廉政建设、推进国家治理体系和治理能力现代化的政治任务。第二，监察工作具有政治性。正如前文所述，由于我国实行"纪检监察合署办公"的工作体制，这使得：一方面，在监察工作的执行人员上，作为监察工作执行者的监察官与党的纪检干部在人员构成上具有包容重合的关系。在此情况下，同时作为纪检干部的监察官必然也具有党员的身份，而共产党员必须讲政治。因此，监察官这一职业必然具有政治性。另一方面，在监察工作的具体内容上，根据《监察法》的要求，国家开展监察工作要注意将惩戒与教育相结合，宽严相济。既要坚持标本兼治、综合治理，强化监督问责，严厉惩治腐败，同时还需加强法治教育和道德教育，弘扬中华优秀传统文化，构建不敢腐、不能腐、不想腐的长效机制。这表明监察官从事监察工作除了要收集证据、准确查明违法犯罪或违纪事实，依法依纪定罪、问责，还要通过开展思想政治工作进行理想教育，达到惩前毖后、治病救人的效果，使国家公职人员达到不想腐的理想廉洁状态，这在本质上具有政治工作的特点。此外，《监察法》和《监察官法》都特别强调中国共产党对国家监察工作及监察官的管理和监督的领导，要求以马克思列宁主义、毛泽东思想、邓小平理论、"三个代表"重要思想、科学发展观、习近平新时代中国特色社会主义思想为指导，一方面构建起集中统一、权威高效的中国特色国家监察体制，另一方面坚持党管干部原则，增强监察官的使命感、责任感、荣誉感，建设忠诚干净担当的监察官队伍。这也表明监察工作具有很强的政治性。

（三）行政性

行政性主要体现在监察机关可以对违法的公职人员作出政务处分，这本质上是一种行政权。《监察法》规定，监察机关可以依据监督、调查结果对违法的公职人员依照法定程序作出警告、记过、记大过、降级、撤职、开除等政务处分决定;对不履行或者不正确履行职责负有责任的领导人员,按照管理权限对其直接作出问责决定,或者向有权作出问责决定的机关提出问责建议。

（四）高度专业性

第一,正如监察官职业的前三个特点所体现的,监察官所行使的监察权兼具行政权、司法权的属性,同时还包含着某些政治要求,这必然使得监察官需要准确把握各类权力的界限以准确行使具体职责、作出监察决定。第二,在纪检监察合署办公、实行“一套人马”的体制下,监察官既要对公职人员的违法行为进行监督,也要对共产党员的违纪行为进行监督。这就要求监察官既要精通国家法律又要熟识党内法规,并保证在实际履职中具备纪法衔接的能力,以同时达到纪委对党员及党组织违纪行为监督检查的及时性、有效性要求和监察委对职务违法和职务犯罪行为调查处置的专业性要求。第三,监察官的主要职责是对所有公职人员进行监察,调查职务违法和职务犯罪,而职务违法和职务犯罪往往具有高度隐蔽性,需要监察官具备技术侦查等专业手段和严谨的法律逻辑思维。此外,因被调查人通常都身居要职,其身份地位、政治势力等都给监察官办理案件带来了巨大的阻力。第四,与司法工作的被动性不同,为了实现反腐败的政治目标,监察官在实际工作中不能采取“不告不理”的原则,而要善于通过细致观察和分析,发现腐败源头,积极开展监察工作,主动履职,惩治腐败。以上都对监察官的专业素质提出了极高的要求,使得监察官成为一种具有高度专业性的法律职业。

二、监察官职业伦理的内涵

（一）监察官职业伦理的渊源

虽然“伦理”一词似乎更偏向道德要求,但“从规范层面来看,职业伦理观、伦理规范及伦理惩戒制度不只停留在意识层面,还包括规范层面的建构,并且依托于具体规范”①。法律法规等强制性规范一方面是相关伦理道德要求的法律体现,另一方面也是特定法律职业人员职业伦理规范的重要来源。这表明职业伦理是自律与他律相结合的行为规范,因此,监察官职业伦理的渊

① 廖大刚:《司法官职业伦理研究》,中国社会科学出版社 2018 年版,第 27 页。

源不仅包括伦理道德要求等自律规范，还包括纪律、法律等他律规范。对监察官职业伦理的渊源进行梳理可以帮助确立和完善监察官职业伦理的内容。监察官职业伦理的自律规范主要包括社会道德及监察文化，他律规范主要是指与监察有关的法纪规范性文件。

自律规范主要包括两类：第一类是社会道德。中共中央曾于2001年发布了《公民道德建设实施纲要》，提出“爱国守法、明礼诚信、团结友善、勤俭自强、敬业奉献”的公民道德基本规范，还专门规定要大力倡导以“爱岗敬业、诚实守信、办事公道、服务群众、奉献社会”为主要内容的职业道德。此外，诸如社会主义核心价值观、社会主义荣辱观等口耳相传的道德观念也已深入人心，亦可对规范监察官的行为起到一定的作用。第二类是监察文化。我国监察制度由来已久，虽然古代的监察制度几经嬗变且与当下的监察制度存在较大差异，但其监督权力的本质是相同的。自先秦时期至今，伴随着古代监察体制的不断发展，我国形成了独特的监察职业文化，大致可以概括为以下六点：以身作则、严于律己；刚正不阿、不畏权贵；正直敢言、秉笔直书；廉洁奉公、忠诚爱民；访察精审、弹举必当；秉节持重、砥名砺节。① 对监察官进行社会道德和监察文化的教育和熏陶可以将法纪等“他律”性要求转换为“自律”性要求，约束监察官的行为，提高监察效果。

他律规范主要包括三类：第一类是国内法律规范性文件。目前，我国与监察官职业伦理相关的法律规定主要散见于《宪法》和《监察法》，极少数监察规章也有所涉及。② 如《监察法》要求监察人员必须模范遵守宪法和法律，忠于职守、秉公执法，清正廉洁、保守秘密，建设忠诚、干净、担当的监察队伍。未来还需要制定诸如监察官法和监察委员会组织法等法律和监察规章、规范性文件及行业规范，充实和完善监察官职业伦理的他律来源，以实现对监察官的有效约束。第二类是党内法规。由于纪检监察合署办公，监察官和党的纪检干部在人员构成上存在包容重合，因此监察官也必须遵守党内法规的相关规定。

① 参见石先珏、韩桂君、陈光斌主编：《法律职业伦理学》，高等教育出版社2019年版，第186—187页。

② 如中央纪委和国家监委印发的《国家监察委员会特约监察员工作办法》对特约监察员的职业伦理作出了规定。

目前,与国家法律法规等相比,党内的有关规定已经较为完备且更加严格,相关内容散见于《中国共产党章程》《中国共产党党内监督条例》《中国共产党纪律处分条例》《中国共产党纪律检查机关监督执纪工作规则》《中国共产党廉洁自律准则》等党内规范性文件。第三类是与反腐败相关的国家公约。随着经济全球化的不断发展,跨国腐败犯罪日益增多,为了有效应对这一问题,我国高度重视反腐败国际合作,积极推进反腐败国际条约实施工作。目前,我国加入并已生效的最主要的反腐败国际条约是《联合国反腐败公约》,其中有关公职人员行为守则的要求也是我国监察官职业伦理的重要渊源。

（二）建构监察官职业伦理应遵循的基本原则

正如前文所述,国家监察官是一种新兴的法律职业,其法律职业伦理仍在建构当中。结合我国监察官职业的特点及监察官职业伦理的渊源,在建构我国监察官职业伦理时应遵循以下基本原则。

第一,坚持党的绝对领导原则。我国高度重视党的领导,并已将党的领导写入《宪法》,且一直强调“党政军民学,东西南北中,党是领导一切的”①。正如前文所述,监察机关和监察工作的政治性使得监察官这一职业也具有很强的政治性。因此,相比其他法律职业伦理,监察官法律职业伦理更应着重强调坚持党的绝对领导。《监察法》和《监察官法》就对此作出了专门规定,明确要求坚持中国共产党对国家监察工作和监察官管理和监督的领导,构建集中统一、权威高效的中国特色国家监察体制,这在其他法律规定中较为少见。

第二,统筹兼顾原则。在纪检监察合署办公的体制下,“一套人马”的配置使得纪检机关与监察机关行使权力的主体基本重合,但党的机构和国家机构终究属于不同的国家治理领域,纪检监察合署办公体制下的组织机构合并并不意味着其职能的完全统一,二者仍存在不同之处。首先,二者的权力来源不同。纪检机关的权力源于党章等党内规范性文件,监察机关的权力则源于《宪法》《监察法》等国家法律。其次,二者的监督客体、监督方式、监督依据、问责方式存在一定差别。纪检机关通过谈话、巡视等方式,依据党章等党内规范性文件对全体党员进行党内监督,对于违反党纪的人员一般给予党内纪律

① 《中国共产党第十九次全国代表大会文件汇编》,人民出版社2017年版,第16页。

处分。监察机关则通过讯问、询问、搜查、留置等措施，依据《宪法》和《监察法》等对全体公职人员进行国家监督，对于违反法律的人员或出具具有法律意义的监察意见或给予政务处分或移送检察院审查起诉。尽管存在诸多不同之处，但纪律检查委员会的监督、执纪、问责职能与监察委员会的监督、调查、处置职能一一对应，互为补充、相辅相成。二者分别在党组织内部和国家监察机关内部构建起了完备的反腐败法治体系，并通过合署办公的整合协调，形成了一个全方位、多层次的反腐败制度体系。监察官作为同时行使两种权力的主体，在建构其职业伦理时必须做到统筹兼顾，不可偏废。

第三，主动监督原则。这一原则是监察机关区别于司法机关的鲜明特点，是由监察工作的性质和内容所决定的，前文已有所说明，此处不再赘述。

第四，以人民为中心原则。这一原则是法律职业伦理所应遵循的共同原则。我国《宪法》规定，中华人民共和国的一切权力属于人民，人民行使国家权力的机关是全国人民代表大会和地方各级人民代表大会。国家监察机关由人民代表大会产生，对它负责，受它监督。由此可见，监察权作为国家权力的一种，其最终也来源于人民的授权。因此，作为法律职业的一种，监察官在行使监察权时也必须牢记以人民为中心的原则，将其内化为职业伦理要求，始终将人民群众的诉求作为对自身要求和评价的标准。

（三）监察官职业伦理的类型及具体要求

《监察官法》要求监察官应当忠诚坚定、担当尽责、清正廉洁，做严格自律、作风优良、拒腐防变的表率，这可以视为对其职业伦理的基本要求。结合以上内容，可以大致将监察官职业伦理归纳为政治伦理、法律伦理和道德伦理。①

第一，政治伦理。政治伦理主要是要求监察官要遵循忠诚规则。（1）对党和国家忠诚。这要求监察官要始终坚持党的领导，紧跟党的步伐，服从党的指挥，不断提高自己的政治素养和政治责任感，牢记职业使命，在党对反腐败工作的集中统一领导下实现党和国家的反腐败政治任务。（2）对人民忠诚。这要求监察官要始终牢记全心全意为人民服务的宗旨，一切以人民利益为重，

① 参见刘志强：《论我国监察官职业伦理构想》，《法治论坛》2019年第1期。

时刻为人民谋福利，坚决杜绝以权谋私的腐败行为。

第二，法律伦理。(1)遵纪守法。作为惩治腐败的先锋，监察官必须具有强烈的法治意识，模范尊重宪法法律权威，自觉遵纪守法，严格依法依纪履行职责，秉公行使监察权，坚守程序公正，坚决防止权力滥用。(2)独立判断。这要求监察官在履行职责的过程中要善于和勇于排除一切外界因素的干扰，独立思考、自主判断，敢于坚持正确的观点。尤其是在中国人情社会的背景下，要破除面子、人情等带来的压力，坚决抵制一切人员的请托说情、威胁利诱等。若有相关情况还应及时反映，依法依纪严肃处理。真正做到依法依纪独立行使监察权，不受任何行政机关、社会团体和个人的干涉。(3)保守秘密。因腐败行为往往具有隐蔽性，监察官能否在特定期限和范围内保守秘密将在很大程度上决定监察工作能否顺利开展。因此，这要求监察官在一定期限和范围内要对在履行职责过程中获取的涉案人员具体信息、涉案金额、具体案件情节等保守秘密，不对外公开。尤其应注意不得在生活中向亲友透露相关案情，不得在电话中讨论案情，不得将案件相关材料带离办公室等。

第三，道德伦理。(1)清正廉洁。监察官作为承担反腐专责工作、履行监督职责的主体，较之其他公职人员，更应突出对其清正廉洁的职业伦理要求。这需要监察官在工作和生活中都要做到廉洁自律、洁身自好，自觉抵制外界各类诱惑，不接受任何形式的请客送礼或物质利益、精神利益，更不能行贿、受贿。(2)勤勉精进。目前，在我国高压反腐的态势下，监察工作任务繁重。为了减少某些限制人身、财产自由的监察手段给被调查人造成的不良影响，最大限度地保障人权，《监察法》中有很多有关期限的规定。这要求监察官必须在繁重的工作压力下及时高效地完成工作任务，因此需要其做到勤勉履职。此外，如前所述，监察官职业具有高度的专业性，这要求监察官力求精进，保持持续学习的能力，努力钻研国家法律和党内规范性文件，并不断提高实际工作能力，提升专业技能，全面提高自身专业素质。(3)注重礼仪。这要求监察官在代表国家行使监察权的过程中注意自身形象和素质，注意自身言行方式，在履行职责和日常生活中都要时刻维护监察官职业的整体形象。

第三节 建构落实监察官职业伦理的难点

如前所述,目前我国监察官职业伦理仍在建构之中。由于新的国家监察体制建立时间尚短,相关配套法律法规、法律制度等尚不完备,使得现阶段在建构与落实监察官职业伦理时仍存在一些难点。

一、国家监察体制配套措施的暂时缺失

随着监察委员会的设立,我国成功地将行政监察上升为国家监察,监察体制改革取得重大成果,国家宪制实现重大变迁。但由于时间较短,与新的国家监察体制配套的相关措施还没有及时跟进,主要体现为以下几点。

（一）相关法律法规的笼统及缺位

第一,作为国家法律,《宪法》、《监察法》及《监察官法》对监察委员会、监察官等相关内容的规定难免较为原则和笼统。一方面,《监察官法》虽进一步明确了监察官的职责、义务和权利,监察官的条件和选用,监察官的任免,监察官的管理,监察官的考核和奖励,监察官的监督和惩戒,监察官的职业保障等内容,但总体而言仍是原则性规定较多,可操作性规定较少。现有规定虽然为建构监察官职业伦理提供了一定的法律依据和方向指引,但仍需通过监察法规、规章、规范性文件等进一步具体细化,方可有效发挥作用。另一方面,对监察委员会某些职权的规定较为原则和笼统。如没有明确规定留置场所;对留置措施未区分“严重职务违法”和“职务犯罪”行为,只是笼统地予以适用①;针对监察机关的调查权,缺乏律师介入的相关规定;关于报案或举报的受理制度的规定不明确;等等。这容易导致监察官对某些权力和监察手段认识不清,进而无法辨别应遵守哪些职业伦理要求。

第二,相关法律法规的缺位。虽然《监察法》已明确规定我国实行监察官

① 参见刘艳红:《程序自然法作为规则自洽的必要条件——〈监察法〉留置权运作的法治化路径》,《华东政法大学学报》2018 年第 3 期。

制度,但正如前文所述,目前监察官法、监察委员会组织法等重要的相关法律尚未出台。且目前相关法律文件仅赋予了国家监察委员会法规制定权限①,地方各级监察委员会仍不具有监察规章、规范性文件等的制定权限。同时,由于上位法依据的缺失,监察官职业内部也无法形成自己的行业规范。以上都导致了监察官职业伦理“他律”规范来源的缺位,无法为监察官职业伦理的建构与落实提供法律指引和强制保障。

(二)未经重新选拔或培养,监察官知识水平不一

监察官知识水平的高低决定了其对职业伦理的理解、接受与遵循能力。如前所述,监察官这一职业具有高度专业性,要求监察官同时掌握国家法律和党内法规专业知识,掌握执法执纪专业技能,全面提高自身综合素质。但《监察官法》实施时间尚短,尽管许多监察干部已经再次进行了系统的知识学习和培训并进行了测试,在短时间内也无法完全适应新的工作要求。这些来自原监察部、国家预防腐败局和检察院查处贪污贿赂、失职渎职以及预防职务犯罪的部门及纪检机关的人员掌握的知识内容、具备的专业技术不同,履行职责的逻辑和方式也存在差异,这导致监察官知识水平不一,甚至不乏能力较低者,无法应对监察工作对专业性和综合性的要求,亦无法真正理解、接受并主动遵循监察官职业伦理。

二、角色转换缓慢

如前所述,目前我国监察人员由来自不同部门的人员共同构成。其中某些人员可能在短期内无法迅速适应角色和权限的转变。比如,检察机关的反贪职能部门并入监察委之后,虽然也行使调查权,但该权力不同于检察机关的侦查权,依据的是《监察法》而非《刑事诉讼法》。② 监察人员在行使职责的过程中除了需要严格依法收集证据、查明违法犯罪事实之外,还需要借助党规党

---

① 《全国人民代表大会常务委员会关于国家监察委员会制定监察法规的决定》第一条规定:国家监察委员会根据宪法和法律,制定监察法规。监察法规可以就下列事项作出规定:(一)为执行法律的规定需要制定监察法规的事项;(二)为履行领导地方各级监察委员会工作的职责需要制定监察法规的事项。监察法规不得与宪法、法律相抵触。

② 参见刘志强:《论我国监察官职业伦理构想》,《法治论坛》2019 年第 1 期。

纪、理想信念等对被调查人进行思想教育，使其能真正意识到自己的错误，达到惩前毖后、治病救人的效果。如果迟迟无法实现角色转换，则容易导致监察官对自身角色定位和职能权限认识不清，无法主动遵守监察官职业伦理的要求。

三、对法律职业伦理的重视程度不足

目前，我国对法律职业伦理的重视程度严重不足。一方面，在理论研究上，学界对法律职业伦理的研究不够充分，无法为法律职业伦理实践提供方向指引和智力支撑。另一方面，在具体实践上，我国较为重视对法律职业人员的专业技能培训，忽视对其法律职业伦理的培养。这在我国法学院的课程设置上体现得最为明显。我国大多数法学院在开设课程时一般都会将教学重点置于宪法学、民法学、刑法学、诉讼法学等传统的主体法律课程，对法律职业伦理这一较为“边缘”的课程则通常采用选修的方式开设。而对在职人员的法律职业伦理培训往往流于形式，难以达到深入教育的效果。对法律职业伦理的重视程度不足，也对作为法律职业伦理一部分的监察官职业伦理的建构与落实产生了一定的阻碍。

第四节　建构落实监察官职业伦理的对策

建构与落实我国监察官职业伦理需要从自律与他律两个方向共同努力。为了提高监察官的自律意识，自觉遵守监察官职业伦理，需要从源头上提高监察官的整体素质。而只有不断完善相关监察立法和监察制度，才能理顺监察官职业伦理的内容与要求，建构起我国的监察官职业伦理，并为监察官切实落实职业伦理的要求提供法律上的强制保障。

一、提高监察官整体素质

正如前文所述，目前我国监察人员知识水平和能力不一，难以应对监察工作对专业性和综合性的要求，亦无法真正理解、接受并主动遵循监察官职业伦

理。为此，必须从源头上提高监察官的整体素质。

（一）提高监察官知识水平和任职能力

第一，现阶段我国的监察队伍由来自不同部门的人员共同构成，监察人员并未经过重新选拔。在将来很长的一段时间内，这些人员都是监察官的主要组成部分，也是开展监察工作的主要力量。为了提高这部分监察人员的知识水平和任职能力，必须对其加强专业培训。在培训的过程中要注意结合其原有身份和任职背景制定不同的培训内容，弥补其知识和能力短板。此外，还需要对所有监察人员进行有关监察体制历史沿革、监察法规和监察制度等内容的培训或教育，帮助其深入理解监察官职业的特点及职责要求，尽快实现角色转变，找准角色定位，更好地遵守监察官职业伦理。

第二，虽然现阶段无法完全重新选拔所有的监察人员，但在后续扩充监察队伍的过程中应严格遵循《监察官法》对监察官管理的相关要求，在选用上，坚持德才兼备、以德为先，坚持五湖四海、任人唯贤，坚持事业为上、公道正派，突出政治标准，注重工作实绩；在培训上，对初任监察官实行职前培训制度，并在之后有计划地进行政治、理论和业务培训。具体而言，可以要求报考人员必须具备特定的专业背景、达到特定的资格要求，在设置考试内容时也可以增加与职业伦理相关的内容。此外，在正式入职之后还需要再对其进行专业知识、专业能力及职业伦理的培训并进行适当的测试或考核，对不符合要求者及时辞退，确保监察队伍拥有高素质人才。

（二）提高对监察官职业伦理的重视程度

第一，整体加强对法律职业伦理的重视，营造自觉遵守法律职业伦理的氛围。积极响应《监察官法》关于加强监察学科建设的要求，鼓励具备条件的普通高等学校设置监察专业或者开设监察课程，培养德才兼备的高素质监察官后备人才，提高监察官的专业能力。一方面，呼吁法学学者加强对法律职业伦理相关内容的研究，为我国法律职业伦理建设提供思想引领和智力支撑。另一方面，积极推动法学院开设法律职业伦理课程并将其作为必修课，让法学学子从大学阶段开始就积极关注法律职业伦理，提高法学学子自觉遵守法律职业伦理的意识。

第二，加强对监察官职业伦理的教育。在选拔、聘任监察官的过程中和监察官入职之后，都需要重视对其职业伦理的考核及培训。在进行职业伦理培训时可以借助我国传统监察文化，通过监察文化的熏陶，潜移默化地不断加强监察官对监察职业伦理的认知和遵守。

第三，加强对监察官职业伦理的考核。对监察官职业伦理的考核不能仅停留在通过纸质测试等了解其对职业伦理知识的掌握程度的层面，还应该通过其在监察工作实践中的表现来评判其对监察官职业伦理的理解和遵守情况。如可以设置监察工作记录制度，采取监察官个人撰写、单位核实收录的具体方式，将监察官履行职责的点滴过程加以记录，作为考核其遵守职业伦理情况的基础依据。此外，在考核时可以分别设置领导评价、同事评价、自我评价，必要时还可以设置群众评价，以确保考核结果的全面性和准确性。

二、完善监察立法和监察制度，加强对监察工作的监督

（一）加快制定、出台相关法律规范性文件

目前需要加快制定相关法律规范性文件的步伐，对《宪法》和《监察法》的相关内容加以细化、明确和具体落实，为监察官职业伦理的建构提供充足的“他律”渊源和法律保障。第一，国家立法机关应加快监察官法、监察委员会组织法等的立法进程，尽快出台相关法律。第二，国家可以考虑根据反腐工作的实际情况，赋予国家及地方各级监察委员会监察规章、规范性文件制定权，尽快对《宪法》和《监察法》规定不明确的留置、律师介入、报案或举报的受理制度等相关问题作出补充解释或规定，完善监察与刑事诉讼的衔接机制。同时，还要尽快对监察官职业道德基本准则作出规定。第三，监察官行业内部应尽快成立职业协会，形成监察官行业的自律规范，加强行业管理。

（二）加强对监察工作的监督

监察官作为普通人也难免在有些时候无法完全抵制来自社会的各类诱惑，通过监督制度可以从外部对其施加一定的压力，督促其严格遵守监察官职业伦理，合法、高效履职。

第一，监察官要严格遵守《监察法》规定的说情干预登记制度、违法接触

监察相关人员登记制度、违法惩戒制度、离职后的从业限制制度及《监察官法》补充规定的回避制度、保密制度、监察官近亲属行为、身份限制要求等自我监督要求，提高自我监督意识，严格要求自己。

第二，要不断完善和落实《监察法》所要求的人民代表大会监督制度及依法公开监察工作信息，接受民主监督、社会监督、舆论监督的要求。为此，“各级监督委员会可以从各个地区的退休干部、媒体记者、企业管理者、德才兼备的社会法律工作者中，聘请相当数量的人员担任本地区监察人员，作为监察工作的特邀社会监督员，专门负责监督本地区的监察官的工作”。① 还可以设立举报箱或者网络举报平台，以关注社会舆情，加强社会舆论监督。

【典型案例】

邱大明受贿、贪污案

（一）简要案情

邱大明，男，吉林省纪委原副书记、省监委原副主任。2003 年至 2018 年，被告人邱大明利用担任吉林省审计厅副厅长，吉林省辽源市委常委、市纪委书记，吉林省监察厅副厅长，吉林省纪委常委，吉林省纪委副书记、省监察厅厅长、省监委副主任等职务上的便利，或者利用本人职权、地位形成的便利条件，通过其他国家工作人员职务上的行为，为相关单位和个人在开发房地产、获取贷款、干预案件查处、晋升职称等事项上提供帮助，非法收受相关单位和个人给予的财物共计折合人民币 3594 万余元；2003 年至 2006 年，邱大明利用担任吉林省审计厅副厅长职务上的便利，在审计厅对外销售门市房过程中，违规预留部分门市房加价出售，后将加价部分的售房款人民币 36 万元据为已有。

河北省石家庄市中级人民法院根据最高人民法院的指定管辖决定，对吉林省纪委原副书记、省监委原副主任邱大明受贿、贪污一案进行了公开开庭审理，并于 2019 年 11 月 5 日对该案公开宣判。

① 刘志强：《论我国监察官职业伦理构想》，《法治论坛》2019 年第 1 期。

（二）案件调查过程

邱大明案是国家监察体制改革后查处的第一起省级纪委监委领导干部案件。据有关监察人员介绍，对邱大明的怀疑始于2018年3月，当时中央纪委国家监委正在对吉林省政协原副主席王尔智违纪违法线索组织核查，在调查过程中，工作组明显感觉到背后有暗流涌动，阻力重重。对此，中央纪委国家监委机关工作人员提到："先后不同时间被采取措施的人，刚一到案的时候的说法都是一致的，这就是串过供的。相关人员深度串供之后，对我们的调查工作实际上是造成很大的阻碍的。"从深度串供的现象看，相关人员应该已经提前得知了消息，工作组由此怀疑有内鬼，经过分析，邱大明被列为怀疑的对象之一。之后，另外一个发现更加重了工作组对邱大明的怀疑。在工作组的调查内容中，有一项和早年间的吉林省审计厅职工住宅建设项目相关，而邱大明当时正好担任吉林省审计厅副厅长。当工作组向他了解某涉案老板宋某某和该项目的关系时，邱大明闪烁其词，甚至提供了一些虚假的情况和信息，反应十分可疑。

事实证明工作组的怀疑是正确的，邱大明正是泄密的内鬼。经查，该涉案老板宋某某既是王尔智案的重要涉案人，同时也与邱大明存在权钱交易。邱大明担任吉林省审计厅副厅长、省纪委副书记时，利用职务便利为宋某某的房地产公司经营提供帮助，收受其财物300余万元。邱大明为了隐瞒自己的违纪违法行为，将中央纪委调查王尔智的重要案情泄露给宋某某，同时泄露给王尔智的近亲属，甚至唆使他们强硬对抗调查，由此导致了案件调查工作初期的被动和困难。

在发现邱大明的种种可疑行迹之后，工作组在安排配合工作时，有意对邱大明采取回避措施，并将相关线索移交给中央纪委国家监委干部监督室。干部监督室经深入调查进一步发现，邱大明执纪违纪、跑风漏气的行为并非个例。早在2017年下半年，吉林省纪委对中央巡视组移交的省信托有限责任公司原党委书记、董事长高福波问题线索初核时，邱大明就多次将信息泄露给高福波，甚至逐条告知他具体举报内容和核查重点。此外，邱大明还借助其住宅附近的一家茶室与一些和他关系密切的老板经常会面，除了直接泄露工作机密换取个人利益，邱大明还利用纪检监察干部的影响力为多名老板办事。一次次“喝茶”的背后,是一次次赤裸裸的利益交换。

邱大明一边不遗余力地用权力谋取私利,一边小心翼翼地用各种手段防备调查。被调查时,他名下的银行账户里只有极少存款,但他实际收受贿赂却高达3000多万元;他名下没有任何房产,但实际上他多年来利用权力,低价买房20多套,经手的房地产交易达60多次,累计赚取差价860多万元。工作组对他采取回避措施之后,邱大明意识到自己可能要出事,开始着手转移赃款赃物。他借用了同小区的一个废旧车库,用于储藏自己的3000多瓶茅台酒,还有两个文件柜也装满了钱。同时,邱大明还同所有和自己有经济往来的老板取得联系,意图私下串供,对抗调查。但最终,监察机关工作人员还是敏锐地发现了邱大明的违纪违法事实,使其得到了应有的惩罚。

(三)法院判决

石家庄中院认为,被告人邱大明的上述行为依法构成受贿罪、贪污罪,应数罪并罚。邱大明受贿数额特别巨大,贪污数额巨大,鉴于其对部分受贿财物在案发前未实际控制,属犯罪未遂;到案后主动交代了办案机关尚未掌握的绝大部分受贿事实,如实供述其他受贿事实;主动交代办案机关尚未掌握的贪污事实,所犯贪污罪系自首;认罪、悔罪,积极退赃,赃款赃物已全部退缴、追缴,依法可从轻处罚。据此,对被告人邱大明以受贿罪判处有期徒刑十三年,并处罚金人民币150万元,以贪污罪判处有期徒刑三年,并处罚金人民币20万元,决定执行有期徒刑十四年,并处罚金人民币170万元。对邱大明受贿、贪污所得财物予以追缴,上缴国库或发还相关单位。

(四)案件评析

本案从正反两个方面充分体现了监察官职业伦理的相关内容。邱大明作为吉林省纪委原副书记、省监委原副主任,罔顾党纪国法,多次贪污、收受贿赂,以权谋私,违反了监察官职业伦理有关忠诚、遵纪守法、保守秘密、清正廉洁等的具体要求,最终得到了应有的制裁。反观中央纪委国家监委机关工作人员则在查处邱大明贪污、贿赂一案中充分体现了其开展监察工作的高度专业性。中央纪委国家监委机关工作人员敏锐地通过在开展其他监察工作中的阻力发现了腐败的可能性,并借助丰富的工作经验,经过分析将邱大明锁定为怀疑对象。在之后的调查工作中,更是注意关注相关细节,善于联想和追踪。

在调查工作中遇到困难和挫折时也没有轻言放弃，及时采取了恰当的应对措施，经过不断的深入调查，最终彻底查清了邱大明的所有违纪违法事实。这些做法充分展示了相关监察人员的优秀素质和工作能力，完全达到了监察官职业伦理对主动监督原则的要求，也高度体现了其贯彻监察官职业伦理有关忠于党和人民、独立判断、勤勉精进等具体内容的决心和毅力，值得所有监察人员学习和借鉴。

【问题与思考】

1. 如何理解监察委员会的性质和地位？
2. 如何理解监察官职业特点的多样性和综合性？
3. 如何理解监察官职业伦理与其他法律职业伦理相比所应具有的特殊内容？
4. 如何理解监察官职业伦理的作用或使命？
5. 如何有效建构监察体制改革之后的监察官职业伦理？

第八章　律师职业伦理

律师是法律职业共同体中一个不可或缺的组成部分。律师职业伦理是律师在履行职责时应当恪守的道德准则。律师职业伦理与律师制度、律师职业定位均有密切联系,对律师职业发展、平衡当事人利益与社会公益、社会主义法治建设具有重要的意义。因此,本章从介绍律师、律师制度与律师职业开始,重点讨论律师职业伦理的一般理论与具体规范。

第一节　律师职业概述

一、律师的含义、特征与职能

宽泛地说,律师是指具有法律专业知识、受托为当事人提供法律服务的自然人。但在不同的国家、地区以及不同的历史时期,律师的具体含义也有所不同。美国《国际大百科全书》将律师定义为:“律师或称法律辩护人,是受过法律专业训练的人,在法律上有权力为当事人于法院内外提出意见或代表当事人的利益行事。”这一定义指出了律师的专业性与受托性。在我国,根据《中华人民共和国律师法》(以下简称《律师法》)第二条第一款的规定,律师是指依法取得律师执业证书,接受委托或者指定,为当事人提供法律服务的执业人员。

综合不同国家、地区以及不同历史时期的律师制度,一般地说,律师具有如下特征:(1)专业性。受过专业法律训练、具有专业法律知识与技能是成为律师的必备条件。在多数国家和地区,要成为律师还要通过职业考试、取得执业许可。(2)受托性。同为法律专业人员,律师与法官、检察官等职业不同的地方在于,律师的业务主要来源于当事人的委托。“受人之托”,自当“忠人之事”,因此有学者认为律师在执业过程中应当遵循“党派原则”与“中立原则”。“党派原则”是指律师应在职业行为所允许的范围内,使委托人的利益和目标最大限度地得以实现。“中立原则”是指律师应当避免对当事人的目标进行道德评价,特别是不应当因为自己的道德观念而拒绝采取行动实现当事人的目标。第三章提到,“党派原则”“中立原则”以及在这两者基础之上的“非课责原则”是律师职业伦理的“标准概念”。虽然这一“标准概念”存在诸多问题,但忠实于当事人的确是律师的核心义务之一。(3)服务性。律师的工作是利用自己的专业知识与技能为当事人提供各种法律服务,由此取得报酬。律师取得的报酬应当和提供的服务相适应。

虽然律师的业务主要来源于当事人的委托,但为当事人的利益服务并不是律师唯一的使命。实际上,从律师职业产生的那天起,它就不仅仅是一个谋生的手段,而且肩负着维护基本人权与法治、促进平等与公平正义的责任。除了应当对当事人负责之外,律师还应当对整个法律实践的道德吸引力负责。因此,我国《律师法》第二条第二款规定,律师具有如下职能:(1)维护当事人合法权益。律师为当事人提供法律服务,最基本的目的就是通过运用自己掌握的法律知识与专业技能帮助当事人行使、实现自己的各种合法权益。(2)维护法律正确实施。一方面,由于当事人的合法权益是国家赋予并保护的,维护当事人合法权益的过程实际上也是促使法律正确实施的过程。另一方面,在司法活动中,律师通过辩护使得法院能够听取到关于事实与法律的不同意见,更有可能作出正确的裁判。(3)维护社会公平正义。社会公平正义自古以来都是一个崇高的理想,而法律使得这一理想可以接近。律师作为法律共同体的一员,同样肩负着维护社会公平正义的职责。

二、律师制度的历史沿革

律师是一种古老的职业。早在公元前6世纪,古希腊雅典的法律就允许当事人委托他人撰写发言稿并代表自己进行辩论。这种受委托为当事人撰写发言稿并在法庭上为其辩论的人被称为“雄辩家”。不过,由于缺乏调整“雄辩家”资格、行为等方面的规定，独立的律师职业与律师制度并没有产生，“雄辩家”也没有形成一个社会阶层。公元前 3 世纪，古罗马确立了诉讼代理制度，通过考试选拔可以为普通公民提供法律服务的代理人，使得律师逐渐成为一种正式职业。彼时的律师业务范围和今日比较接近，主要包括：参与诉讼代理和辩护，代写合同、诉状与其他法律文书，解答当事人或行政、司法官员的法律咨询，从事法学研究与教育等。然而，随着西罗马帝国的灭亡，欧洲进入中世纪，律师职业的发展陷入停滞甚至倒退的状态。在中世纪，由于欧洲各国都流行“神明裁判”，宗教势力极大，蛮横、专断的纠问式诉讼取代了古典的辩论式诉讼，律师制度名存实亡。虽然有一些僧侣可以担任当事人的代理人，但他们的主要作用并不是维护当事人的合法权益，而是促使当事人伏法认罪。

近代的律师制度发源于英国。爱德华一世时期，国王法院在英国的法院体系中占据中心地位，世俗律师从此开始崭露头角。13 世纪末，英国出现了律师职业团体。到了 15 世纪中期，英国建成了格雷、林肯、内殿、中殿四大律师学院，专门培训律师。律师行业开始兴旺起来。不过，从总体上看，律师职业的迅猛发展是在资产阶级革命之后。资产阶级革命确立了“民主”“法治”“人权保障”“权力分立与制衡”等政治理念，以及“罪刑法定”“罪责刑均衡”“法律面前人人平等”等法律原则。在这些理念与原则的影响下，资本主义国家纷纷将律师制度写入宪法性文件中。例如，1679 年，英国颁布《人身保护法》，明文规定被告人有权获得辩护。1789 年，美国《宪法修正案》第 6 条规定：“在一切刑事诉讼中，被告享有下列权利：……取得律师帮助为其辩护。”这一时期的律师制度主要着眼于刑事诉讼，律师的职责主要是防止国家侵犯当事人的基本权利。和国家相比，当事人是非常弱小的，律师的参与在一定程度上平衡了控辩双方的力量。

进入现代社会以来，律师行业出现了新的发展趋势。由于人们之间的交往活动增多，商业活动的方式与规则也越来越复杂，在许多复杂事项上，例如企业并购、公司破产、房产交易等，很难离开具有专业知识的律师的参与。这不仅使得律师的数量迅猛增长，律师的收入和地位越来越高；而且使得律师的业务范围越来越广泛，专业分工也更加细致，非诉业务的比例开始大幅度提升。如果说以前的律师活动主要是围绕法庭展开，律师的任务主要是帮助当事人“打败”对方、赢得诉讼的话，那么当下律师的任务还包括帮助当事人预防纠纷，促进当事人之间的合作。随着律师行业的发展，现代各国的律师制度也更加完善。例如，英格兰与威尔士2007年制定的《事务律师行为守则》在破产业务、不动产销售、金融服务等方面都作出了具体的规定。发达的律师制度不仅使得律师管理越来越规范化，而且律师的各种活动成为推动民主政治、经济发展与社会进步的重要手段。

从以上对于律师制度历史沿革的简短讨论中可以看出：一方面，一个社会的政治经济文化环境决定了律师行业的发展情况与律师制度的基本面貌；另一方面，律师制度作为法治文明进步的标志，也会在一定程度上影响、改变社会环境。我国律师制度的历史沿革同样说明了这一点。第三章中提到，我国古代社会没有现代意义上的律师，只有既不被民众认可也没有合法地位的“讼师”。这是根源于缺乏民主传统、统治者实行专制统治、商品经济不发达以及厌诉的文化观念等。律师制度自清末引进以来，由于政治经济的不稳定，在我国经历了一个曲折发展的历程。

1949年新中国成立后，律师行业虽有短暂发展，但随之就遭到了50年代政治运动的冲击。直到1978年党的十一届三中全会确定了改革开放、将工作重点转移到社会主义经济建设上、健全人民民主、加强社会主义法制建设等一系列方针、政策，律师制度才得以重建，并随着经济发展与社会进步走上了迅速发展的快车道。1996年《律师法》制定标志着我国律师制度发展进入了一个新的阶段。2001年、2007年《律师法》的两次修改标志着我国律师制度进一步成熟。

2016年，中共中央办公厅、国务院办公厅印发了《关于深化律师制度改革的意见》（以下简称《意见》），对新时期进一步加强律师工作、健全完善中国特色社会主义律师制度，充分发挥律师在实施“四个全面”战略布局中的重要作用作出了全面部署。《意见》共分6部分29条，从深化律师制度改革的总体要求到完善律师执业保障机制、健全律师执业管理制度、加强律师队伍建设、充分发挥律师在全面依法治国中的重要作用、加强组织领导等方面，全面提出了深化律师制度改革的指导思想、基本原则、发展目标和任务措施。

深入学习、全面贯彻落实《意见》，无疑将推动我国律师事业在新的历史起点上取得新成绩，也将进一步推动社会主义民主法治建设。

三、律师的职业定位

律师的职业定位反映了律师的性质与地位，并在一定程度上决定了律师的权利义务与管理体制。世界上的多数国家，都通过法律明确规定了律师的职业定位。在我国，自1978年律师制度重建以来，律师的职业定位发生了一些阶段性的变化。

1980年8月26日，第五届全国人大常委会第十五次会议通过的《中华人民共和国律师暂行条例》第1条将律师定位为“国家的法律工作者”。该条例是我国第一部关于律师制度的法律规范，也是首次以立法形式对律师的职业性质作出规定。根据该条例规定，律师是国家公职人员，受国家司法行政机关的领导和管理。律师事务所由国家设立，编制由国家确定，统一接案，统一收费并上缴国库。律师经费列入国家财政支出，律师按分配承办的业务领取工资，律师工作具有非营利性。这一职业定位符合当时的社会历史条件，反映了计划经济时期的社会现状。

随着我国改革开放的深入发展，律师为社会主义市场经济建设服务的职能日益突出。由于律师的职能与公、检、法司法人员承担的职能明显不同，“国家的法律工作者”这一职业定位日益不能满足律师职业的发展需要。在此情况下，1996年5月15日，第八届全国人大常委会第十九次会议通过的《中华人民共和国律师法》将律师定位为“依法取得律师执业证书，为社会提供法律服务的执业人员”。这一职业定位强调了律师的社会性与服务性。律师不再是国家机关工作人员，而是通过提供法律服务取得报酬的执业人员。

“为社会提供法律服务的执业人员”这一定位存在的问题主要有：一方面，没有明确揭示出律师服务的对象主要是当事人这一特点；另一方面，没有揭示律师的社会责任。定位的偏差导致了律师执业实践中的一些问题。一方面，律师执业环境恶劣，为当事人争取合法权益的正当行为经常遭到无理限制；另一方面，个别律师职业道德沦丧，为了打赢官司不择手段，“关系案”“金钱案”现象呈上升趋势，损害了律师职业的整体形象，阻碍了律师业的健康发展。

2007 年 10 月 28 日，第十届全国人大常委会第三十次会议通过的《律师法》第二条规定："本法所称律师，是指依法取得律师执业证书，接受委托或者指定，为当事人提供法律服务的执业人员。律师应当维护当事人合法权益，维护法律正确实施，维护社会公平和正义。"有些文献认为，这一规定将律师定位为"为当事人提供法律服务的执业人员"①。这一理解是不全面的，只注意到第二条第一款对律师的定义，忽视了第二款的"三个维护"。如果说第二条第一款克服了上述"为社会提供法律服务的执业人员"这一定位的第一个方面的缺陷的话，那么第二条第二款则克服了上述定位的第二个方面的缺陷。要正确理解 2007 年《律师法》对律师的职业定位，就要全面把握第二条的规定。那么如何把握第二条第二款对律师的职业定位呢？2014 年 10 月发布的《中共中央关于全面推进依法治国若干重大问题的决定》与 2016 年 6 月中共中央办公厅、国务院办公厅印发的《关于深化律师制度改革的意见》均明确指出，律师是"社会主义法治工作队伍的重要组成部分"。我们认为，正是因为律师是"社会主义法治工作队伍的重要组成部分"，因此应当努力做到"三个维护"。就此而论，"社会主义法治工作队伍的重要组成部分"也是 2007 年《律师法》第二条第二款所作出的职业定位。那么 2007 年《律师法》对律师职业的完整定位就是："为当事人提供法律服务的执业人员"与"社会主义法治工作队伍的重要组成部分"。

律师的职业定位与律师职业伦理存在紧密联系。我们对律师职业伦理的思考与把握，无法离开对律师职业定位的正确理解。例如，如果律师是国家工作者，那么律师的第一义务相对人就是国家；如果律师仅仅是"为当事人提供法律服务的执业人员"，那么律师就应遵从"党派原则"与"中立原则"，将最大化当事人的利益作为全部目标。正因为律师既是"为当事人提供法律服务的执业人员"，也是"社会主义法治工作队伍的重要组成部分"，以"党派原则""中立原则"等为核心内容的法律职业伦理的"标准概念"对于律师来说同样是不适当的，"忠诚于法律"是律师职业伦理的最佳概念。

---

① 中华全国律师协会编：《律师职业伦理》，北京大学出版社 2017 年版，第 7 页。

第二节　律师职业伦理的一般理论

一、律师职业伦理的含义与性质

律师职业伦理是指律师在履行职责时应当恪守的道德准则,表现为律师在执业活动中应当遵守的行为规范。律师职业伦理具有如下性质。

首先,律师职业伦理具有角色性。第三章中提到,所谓角色道德,是指某人因为扮演某种制度化或非制度化的社会角色而应恪守的各种道德准则。律师职业伦理以律师的职业行为为调整对象,以律师的职业性质和职务活动的特点为根据,只对律师职业群体具有约束力,是一种典型的角色道德。正因为律师职业伦理是一种角色道德,它可能和一般的日常道德发生冲突。例如,律师为犯罪嫌疑人辩护的勤勉义务可能会和一般公众观念中实现正义的义务相悖。当角色道德与日常道德发生冲突时,和其他类型的道德冲突一样,不是哪一种道德绝对优先,而是应当在不同的道德之间进行权衡。戴维·鲁本(David Luban)为我们提供了一个权衡思路。其一,律师的角色并不能一般地豁免其共同道德。其二,在特定情况下,律师的角色可以通过如下论证作为豁免共同道德的制度性理由:(1)证明制度具有道德上的善从而是合理的;(2)通过诉诸制度的结构来支持角色的合理性;(3)通过证明角色义务对于该角色来说至关重要来支持义务的合理性;(4)通过证明角色义务要求实施角色行为来支持角色行为的合理性。①

其次,律师职业伦理具有广泛性。长久以来,囿于法律职业伦理的“标准概念”,人们在讨论律师职业伦理时,仅关注律师在法庭上为当事人辩护的活动。实际上,律师职业伦理的内容非常广泛。一方面,它涉及律师执业行为的各个方面。从业务推广活动到收费,从选择当事人到提供公益活动,从事实调查到法律辩论,律师所有的业务活动都受到职业伦理的约束。另一方面,律师

---

① 参见[美]戴维·鲁本:《律师与正义:一个伦理学研究》,戴锐译,中国政法大学出版社2010年版,第120页。

职业伦理也不仅涉及律师与当事人之间的关系，还涉及律师与司法机关之间的关系、律师与同行之间的关系等各种职业关系。

最后，律师职业伦理具有制度性。和日常道德不同，在当代社会的多数国家中，律师职业伦理都有成文的规范体系。从历史上看，律师职业伦理经历了一个"从单纯不成文的伦理道德到成文制度体系的演变"①。例如，美国律师协会 1908 年就制定通过了首部《职业道德准则》，该准则后为 1983 年制定的《职业行为示范规则》代替。我国的情况同样如此。1990 年，司法部颁布《律师十要十不准》，首次简明扼要地对律师执业提出了守法、尽职、保密、合理收费、公平竞争等基本要求。当下，律师职业伦理的主要内容都已经规定在《律师法》以及司法部制定的《律师执业管理办法》和中华全国律师协会制定的《律师执业行为规范》中了。律师职业伦理的制度性还体现在，它不仅通过律师成员的自我约束以及其他律师的监督等方式来实施，而且通过制度性的惩戒方式来实施。例如，美国律师协会除制定了《职业行为示范规则》外，还制定了《律师处罚标准》，为律师职业中的不当行为设置了处置的措施和程序。在我国，几经修改的《律师法》中也有一些有关律师惩戒的程序与规则。中华全国律师协会制定的《中华全国律师协会章程》《律师协会会员违规行为处分规则（试行）》等文件也详细规定了律师不当行为的惩戒措施与程序。就此而论，和一般社会伦理不同，律师职业伦理具有强制性。

二、律师职业伦理的类型

根据不同的标准，律师职业伦理可以分为不同的类型。

首先，根据规范是倡导性的还是强制性的，律师职业伦理可以分为期待性规范与惩戒性规范。美国法学家富勒（Lon Fuller）将道德分为愿望的道德（morality of aspiration）与义务的道德（morality of duty）。愿望的道德是"人类所能达致的最高境界"；义务的道德则是对行为的最低要求。② 与此相应，期待性规范是关于律师行为的最高道德标准，惩戒性规范则是最低要求。正如

① 马驰：《律师职业伦理制度化的法哲学意义及其风险》，《广西社会科学》2014 年第 6 期。

② 参见［美］富勒：《法律的道德性》，郑戈译，商务印书馆 2005 年版，第 6 页。

本书第四章中提到的，如果我们在狭义上使用“伦理”与“道德”的话，那么期待性规范可以称为律师职业“伦理”，惩戒性规范可以称为律师职业“道德”。期待性规范与惩戒性规范之间的区别在于：行为是否符合惩戒性规范没有程度之分，而行为是否符合期待性规范具有程度的差别。例如，美国律师协会《职业行为示范规则》规则 1.6 规定——“……律师不得披露与代理委托人有关的信息”。这是一条惩戒性规范，因为律师或者披露了相关信息从而违反了这一规范，或者没有披露相关信息从而没有违反这一规范，不存在在多大程度上披露相关信息这一问题。而美国律师协会《职业行为示范规则》规则 1.3 规定——“在代理委托人的过程中，律师的行为应当合理地勤勉、迅捷”——则是一条期待性规范，因为律师的行为是否“勤勉”与“迅捷”都是有程度之分的。

其次，根据道德依据不同，律师职业伦理可以分为特殊道德与一般道德。上面说过，律师职业伦理从根本上说是一种角色道德。但有些角色道德来源于所有人都应恪守的共同道德。换句话说，律师应当恪守这些道德并不是因为他/她是律师，而是因为他/她是公民。例如，律师在执业过程中发现当事人以及其他律师的犯罪行为时应当及时举报，是因为公民都有义务举报他人的犯罪行为。这些道德可以称为一般道德。有些道德根源于律师特殊身份，例如，律师对客户的保密义务。可以看出，特殊道德与一般道德区分标准是，不具有律师身份的主体是否需要遵循相同的或类似的道德准则。

再次，根据调整社会关系不同，律师职业伦理还可以分为律师与委托人之间的关系规则、律师与司法机关之间的关系规则、律师与同行之间的关系规则等。不过值得注意的是，这一分类不是完全的，即不是所有的律师伦理规范都适宜被归入某种关系规则中的。

此外，律师职业伦理还可以根据其他标准进行分类。例如，根据规则旨在达成的目标不同，可以分为维护委托人利益的规则与维护社会公共利益的规则。对律师职业伦理类型的研究有助于系统地认识律师职业伦理的内容。

三、律师职业伦理的意义

律师职业伦理对于律师职业发展、平衡当事人利益与社会公共利益、社会主义法治建设具有重要的意义。

律师职业伦理是律师职业健康发展的重要前提。一方面,律师只有恪守职业伦理,律师群体才能具有社会公信力,人们才能放心地将案件交到律师手中。另一方面,只有律师职业具有良好的社会形象,获得社会公众的认可与尊重,律师才能顺利地开展各项业务、进行执业活动。在我国,律师职业曾一度既被普通公众误解、抨击,又被法官、检察官等职业所冷落、歧视。这固然有社会大环境的原因,但也与少数律师的不当执业行为有着密切的关系。例如,有些律师为获得业务,对客户虚假承诺,或贬低作为竞争对手的同行;有些律师为了胜诉行贿法官;有些律师为博人眼球、扩大自己的影响力与知名度,故意采取胜算不高但能引起轰动效果的辩护策略;等等。少数律师的不当行为不但影响公众对自己的评价,而且降低了律师职业的整体形象,阻碍了律师职业的健康发展。随着人们对律师职业伦理的重视、律师行业自律的加强,律师的社会形象正在逐步改善。但要全面获得社会公正以及其他法律职业群体的认可与尊重,还需要全体律师继续努力,自尊自重、规范执业,恪守职业伦理,维护良好形象。

律师职业伦理是权衡当事人利益与社会公共利益的重要途径。根据定义,律师是接受委托或者指定,为当事人提供法律服务的执业人员。当事人是律师的服务对象,对当事人的忠实义务是律师应当承担的核心义务。律师应当最大限度地维护当事人的利益。但律师同时还是"社会主义法治工作队伍的重要组成部分",应当努力维护社会公共利益。就此而论,律师应当努力平衡当事人利益与社会公共利益。如果当事人利益与社会公共利益发生冲突是由于当事人的诉求违反国家法律的相关规定,律师自然应当选择忠于国家法律的规定。但当当事人利益与社会公共利益发生冲突但并不违反法律规定时,律师就不能一概地以社会公共利益或当事人利益优先,而是应当进行利益权衡。律师职业伦理可以为这一权衡提供指引。

律师职业伦理是社会主义法治建设的重要保障。社会主义法治建设是一项系统复杂的工程,需要从立法、守法、执法、司法多方面、多角度展开,需要所有法律工作者的共同努力。律师作为"社会主义法治工作队伍的重要组成部分",也从多个角度参与到国家的法治建设中来:律师通过建言献策、提交议案、参与民主协商等方式参与到立法工作中;律师通过宣传法律知识,引导公民依法活动、守法讲理,促使有罪的当事人伏法认罪;律师通过监督执法机关的行为促进执法机关合理、规范执法;律师通过提供相关个案的事实与法律方面的信息帮助司法机关作出正确的裁判;律师通过上书行使自己的合法性审查建议权促进法律体系的完善;等等。律师的执业行为是否规范,影响上述活动能否顺利有效地开展,从而影响法治建设的进程与最终成果。从这个意义上说,律师职业伦理保障了律师的各种活动符合法治理念,体现法治精神,从而保障了社会主义法治建设。

第三节　律师执业的具体规范

一、律师执业规范的渊源与体系

律师职业伦理表现为律师在执业活动中应当遵守的各种行为规范。上面说过,律师职业伦理具有制度性的特点,这些行为规范多数已经被规定在一些规范性文件中了。这些规范性文件被称为律师执业规范的渊源。从律师执业规范的各种渊源出发,可以总结律师执业规范的体系。

(一) 律师执业规范的渊源

我国律师职业伦理规范的渊源有如下几个方面。

1. 法律与司法解释

一些重要的执业行为规范通常会规定在法律中。《律师法》在“律师的业务和权利、义务”中集中规定了律师应当承担的一些义务。例如,《律师法》第40条规定:“律师在执业活动中不得有下列行为:(1)私自接受委托、收取费用,接受委托人的财物或者其他利益;(2)利用提供法律服务的便利牟取当事人争议的权益;(3)接受对方当事人的财物或者其他利益,与对方当事人或者第三人恶意串通,侵害委托人的权益;(4)违反规定会见法官、检察官、仲裁员以及其他有关工作人员;(5)向法官、检察官、仲裁员以及其他有关工作人员行贿,介绍贿赂或者指使、诱导当事人行贿,或者以其他不正当方式影响法官、检察官、仲裁员以及其他有关工作人员依法办理案件;(6)故意提供虚假证据或者威胁、利诱他人提供虚假证据，妨碍对方当事人合法取得证据；(7)煽动、教唆当事人采取扰乱公共秩序、危害公共安全等非法手段解决争议；(8)扰乱法庭、仲裁庭秩序，干扰诉讼、仲裁活动的正常进行。”在这一条文中，既规定了律师对当事人的忠实义务，也规定了律师在处理职业关系以及诉讼、仲裁活动中应当承担的义务。

除了《律师法》之外，在《刑事诉讼法》《民事诉讼法》《行政诉讼法》中也有一些关于律师执业的行为规范。例如，《刑事诉讼法》第 44 条第 1 款规定了辩护律师对于法庭的真实义务：“辩护人或者其他任何人，不得帮助犯罪嫌疑人、被告人隐匿、毁灭、伪造证据或者串供，不得威胁、引诱证人作伪证以及进行其他干扰司法机关诉讼活动的行为。”

此外，最高人民法院与最高人民检察院的一些司法解释也涉及律师的行为规范问题。例如，最高人民法院《关于适用〈中华人民共和国刑事诉讼法〉的解释》中的相关条文对辩护人的范围问题、律师保密义务等作出了更加具体的规定。

2. 行政法规与行政规章

针对律师执业行为，国务院及其相关部门发布了一些行政法规与行政规章。例如，国务院发布的《法律援助条例》，司法部发布的《律师执业管理办法》《律师和律师事务所违法行为处罚办法》，国家发展改革委和司法部共同制定的《律师收费管理办法》，等等。这些行政法规与行政规章对律师和律师事务所应当承担的义务与责任作出了较为详细的规定。

3. 行业自律规范

行业自律规范是律师执业规范的重要渊源。中华全国律师协会与地方律师协会均发布了一些相关的规范性文件。例如，中华全国律师协会发布的《律师执业行为规范(试行)》《律师职业道德基本准则》《律师办理刑事案件规范》等。律协是律师的行业自治组织，负责对律师执业的日常监管。因此律协制定的行业自律规范往往更加合理细致，可以说是律师执业规范的核心渊源。

4. 职业伦理理论

律师执业规范作为律师职业伦理的具体要求，并不仅限于法律法规、行业规范等规范性文件中明确提到的那些义务与责任。有些义务相当重要，例如律师对客户的勤勉义务，但相关规范性文件并没有作出具体的规定；有些义务之间可能会相互冲突，例如律师对客户的保密义务与律师对法庭的真实义务，相关规范性文件也没有给出一般性的处理方案。因此律师职业伦理理论是律师执业规范的补充性渊源。实际上，为跟上时代发展的脚步，律师执业规范应是一个动态发展的体系，而律师执业规范体系的动态发展，离不开律师职业伦理理论的支持。从这个意义上说，律师职业伦理始终是律师执业规范的源泉。

（二）律师执业规范的体系

从上述律师执业规范的各种渊源出发，不同的教材总结了律师执业规范的不同体系。例如，中华全国律师协会编的《律师职业伦理》的框架是：(1)规范委托关系；(2)避免利益冲突；(3)依法合理收费；(4)保守职业秘密；(5)规范业务推广；(6)处理职业关系；(7)承担社会责任。[①] 这一体系安排的优点在于，根据活动内容来编排规范体系，方便律师查阅、学习与遵循。缺点在于，缺乏层次性与体系性。例如，理论上说，避免利益冲突、依法合理收费与规范业务推广都属于业务开展方面的规范，与规范委托关系不应在同一个层次上。此外，职业秘密既有国家秘密也有商业秘密与当事人隐私等相关信息，而保守国家秘密的义务与保守商业秘密与当事人隐私的义务有着不同的来源，归为同一类也稍有不妥。许身健主编的《法律职业伦理》的框架是：(1)律师与委托人之间关系规则；(2)律师与裁判机关之间关系规则；(3)律师与检察官的关系规则；(4)律师与同行的关系规则；(5)律师与律师事务所之间关系规则。[②] 这一框架是按照与律师相关的主体进行分类的。优点是分类标准统一，结构清晰。缺点在于，形式上的规整性掩盖了实质上不同主体对于律师职业伦理来说的不同重要性。对于律师来说，对于客户的忠实义务在一定意义上说是最重要的义务，在有些学者看来，甚至是唯一的义务。例如，亨利·布鲁厄姆(Henry Brougham)在一次辩护中声称："一名律师，在履行职责的过程

---

① 参见中华全国律师协会编：《律师职业伦理》，北京大学出版社 2017 年版，第 3 章至第 9 章。

② 参见许身健主编：《法律职业伦理》，北京大学出版社 2014 年版，第 1 章至第 5 章。

中,在全世界只认一个人,这个人就是他的委托人。”[①]就这点而言,中华全国律师协会编的《律师职业伦理》将律师与客户之外的其他主体的关系归入处理职业关系这一大的类别中,应当说是更妥当的。李本森主编的《法律职业伦理》的框架是:(1)律师与委托人的关系规范;(2)律师在诉讼、仲裁活动中的规范;(3)律师职业内部规范;(4)律师与行业管理机构关系中的规范;(5)律师执业机构的行为规范。[②] 这一体系安排略显凌乱。

综合不同教材的编排方式,并结合美国律师协会《职业行为示范规则》等比较成熟的执业规范体系编排方式,我们作出如下框架安排。首先将全部的执业规范总结为“业务开展规范”“忠实义务规范”“职业关系规范”“社会责任规范”这四个大的类型。然后在每一个类型下又细分若干个子类型。力求在形式与实质上都做到规整。

二、业务开展规范

业务开展规范的目标是规范律师揽业、收费、选择客户等业务活动。业务开展规范包括业务推广规范、收费规范与利益冲突规范。

(一) 业务推广规范

在多数国家,律师都曾被禁止做广告或采用其他方式进行业务推广。理由主要有如下几条:(1)凸显律师的商业色彩,淡化律师公共服务的精神,从而有损律师形象以及律师职业的尊严。(2)律师广告具有误导性,一方面,公众并不熟悉法律事务,容易受到误导;另一方面,律师服务是个人化的,很难加以比较,而固定价格的标准化服务又很难与委托人需求相匹配。(3)律师广告会教唆诉讼。(4)律师广告的费用最终要转嫁给委托人,使得律师费提高,从而使得年轻律师可能没有客户。

1977 年,美国联邦最高法院在贝茨诉亚利桑那州律师协会(Bates v.State Bar of Arizona)一案中对上述理由进行了有力的回应。(1)关于律师广告凸显

---

① Nightingale, *Trial of Queen Caroline*, Vol.2, London: J.Robins & Co.Albion Press, 1820-1821, p.8.

② 参见李本森主编:《法律职业伦理》(第三版),北京大学出版社 2016 年版,第 172—208 页。

商业性。法院认为,没必要隐瞒律师同样要靠执业而谋生的事实。银行家、工程师都做广告,并没有影响到他们的职业尊严。(2)关于律师广告具有误导性。法院认为,绝大多数律师会自觉维护职业的合理性,也会披露其他律师的不当行为;标准收费的广告并不意味着服务也是标准化的。总之,律师广告并不必然具有误导性。(3)关于律师广告教唆诉讼。法院认为,诉讼增多未必是坏事,总不能为了减少诉讼而让人们在沉默中忍受权利被侵犯。(4)关于律师广告的经济影响。法院认为,广告也可能会减少而不是增加法律服务的成本。基于这些理由,美国联邦最高法院认为律师广告是一种受美国宪法第一修正案保护的商业言论,对律师广告的一般性禁令是违宪的。

和美国的情况类似,从 20 世纪 80 年代开始,许多国家开始允许律师做广告。例如,德国宪法法院也宣布德国律师协会禁止律师广告的规则是违宪的。不过,虽然律师广告不被禁止了,但仍然受到一些限制。例如,在美国,律师现场揽业行为仍然是被禁止的,同样被禁止的推广行为还有支付介绍费、明示或暗示自己是专家等。[①] 日本律师协会制定的《执业律师伦理准则》、18 个欧盟成员国通过的《欧洲律师行为准则》对于律师广告也都有一些类似的规定。[②]

我国律师业务推广方面的规范可以总结为如下三类。

1. 推广主体规范

北京市律协 2000 年颁布施行的《北京市律师事务所执业广告管理办法(试行)》曾规定律师事务所是唯一的广告主,律师个人不得做广告。但这一规定被后来的规范否定了。中华全国律师协会 2004 年通过的《律师执业行为规范(试行)》第 125 条规定:“律师广告可以以律师个人名义发布、也可以以律师事务所名义发布。……”但一般来说,律师以个人名义进行业务推广,应当经过执业的律师事务所同意。

2. 推广方式规范

业务推广的方式直接影响律师职业在人们心目中的形象。因此《律师执

---

① 参见美国律师协会《职业行为示范规则》规则 7. 1、7. 2、7. 3、7. 4。

② 参见 Kyoko Ishida,“Ethical Standards of Japanese Lawyers: Translation of the Ethics Codes for Six Categories of Legal Service Providers”, *14 Pacific Rim and Policy Journal*, (2005), pp.385-386;《欧洲律师行为准则》规则 5. 4。

业行为规范（试行）》第 30 条规定："律师和律师事务所不得以有悖律师使命、有损律师形象的方式制作广告，不得采用一般商业广告的艺术夸张手段制作广告。"对于业务推广的方式，《律师业务推广行为规则（试行）》第 11 条进一步规定了如下禁令："禁止以下列方式发布业务推广信息：（1）采用艺术夸张手段制作、发布业务推广信息；（2）在公共场所粘贴、散发业务推广信息；（3）以电话、信函、短信、电子邮件等方式针对不特定主体进行业务推广；（4）在法院、检察院、看守所、公安机关、监狱、仲裁委员会等场所附近以广告牌、移动广告、电子信息显示牌等形式发布业务推广信息；（5）其他有损律师职业形象和律师行业整体利益的业务推广方式。"此外，《律师业务推广行为规则（试行）》第 13 条还明确规定："律师、律师事务所不得以支付案件介绍费、律师费收入分成等方式与第三方合作进行业务推广。"

3. 推广内容规范

律师广告的内容应当严谨适当。一般来说，律师个人广告的内容应当限于：律师的姓名、肖像、年龄、性别、学历、学位、专业、律师执业许可日期、所任职律师事务所名称、在所任职律师事务所的执业期限；收费标准、联系方式；依法能够向社会提供的法律服务业务范围；执业业绩。律师事务所广告的内容应当限于：律师事务所的名称、住所、电话号码、传真号码、邮政编码、电子信箱、网址；所属律师协会；所内执业律师及依法能够向社会提供的法律服务业务范围；执业业绩。①

根据《律师业务推广行为规则（试行）》第 10 条的规定，广告内容中不得有如下内容："（1）虚假、误导性或者夸大性宣传；（2）与登记注册信息不一致；（3）明示或者暗示与司法机关、政府机关、社会团体、中介机构及其工作人员有特殊关系；（4）贬低其他律师事务所或者律师的；或与其他律师事务所、其他律师之间进行比较宣传；（5）承诺办案结果；（6）宣示胜诉率、赔偿额、标的额等可能使公众对律师、律师事务所产生不合理期望；（7）明示或者暗示提供回扣或者其他利益；（8）不收费或者减低收费（法律援助案件除外）；（9）未经客户许可发布的客户信息；（10）与律师职业不相称的文字、图案、图片和视听

① 参见许身健主编：《法律职业伦理》，北京大学出版社 2014 年版，第 9 页。

资料;(11)在非履行律师协会任职职责的活动中使用律师协会任职的职务;(12)使用中国、中华、全国、外国国家名称等字样,或者未经同意使用国际组织、国家机关、政府组织、行业协会名称;(13)法律、法规、规章、行业规范规定的其他禁止性内容。"

(二) 收费规范

毋庸置疑,多数律师提供服务的目的是收费。收费本身并不是不道德的,但不适当的收费方式或过高的收费数额可能有违职业伦理。因此对于律师收费,多数国家都规定了"公平合理"的伦理义务。例如,《欧洲律师行为准则》规定:"律师收取费用应当向客户完全公开,并且要公平合理。"①下面结合不同的收费方式,来考察我国律师服务的收费规范如何指导律师事务所公平合理地进行收费。

1. 计件收费规范

计件收费一般适用于不涉及财产关系的法律事务,如刑事案件、不涉及财产关系的民事诉讼、行政诉讼案件、代书法律文书等。涉及财产关系的案件,如果争议标的额较低,律师的服务成本通过按标的额比例的方式不能得到合理的反映,也可以和当事人协商采取计件收费方式。②

对于计件收费,如果有政府指导价标准,律师事务所应当在指导价的幅度内收费。对实行市场调节价的法律事务,律师事务所可以就每件业务与委托人协商确定收费标准,协商应当考虑如下因素:所需的工作时间;事务的难易程度;委托人的承受能力;律师可能承担的风险与责任;律师的社会信誉与工作水平等。

对于委托人来说,计件收费的好处在于公开透明,但坏处在于律师可能倾向于迅速结束案件,从而损害委托人的利益。

2. 计时收费规范

对于计时收费,首先应当结合律师的执业年限与经验、业务能力、社会信誉以及承办案件的类型、复杂程度等合理确定律师的计时收费标准。其次应

---

① 《欧洲律师行为准则》规则 3. 4. 1。

② 参见中华全国律师协会编:《律师职业伦理》,北京大学出版社 2017 年版,第 142 页。

当规范工作时间的计算。律师事务所应当出具计时收费清单，列明工作的具体内容以及对应的小时数。

在理论上说，按照工作时间收费是较为合理的。但计时收费在我国律师行业的适用不是非常普遍，社会公众的接受程度也不高。在一定程度上是因为，委托人很难测算律师的服务时间，有被瞒报的风险，此外也很难对律师的拖延进行监督。律师严守职业伦理规范，有助于这一收费方式的普及。

3. 比例收费规范

比例收费是根据标的额按照一定比例收取费用，适用于涉及财产关系的法律事务。对于当事人来说，比例收费是一种至少看上去较为公平的收费方式。但律师事务所应当合理确定争议标的金额。特别是在当事人提出不切实际的诉讼请求时，律师应当引导当事人合理确定标的金额，不能径自根据当事人提出的金额按照比例收费。

4. 风险收费规范

在传统上，风险代理在多数国家中是被禁止的。理由在于，风险代理不利于律师在“对客户的义务与对社会的总体义务之间保持平衡”①。因为这种收费方式直接将律师的个人利益与客户的利益绑定在一起。我国 2006 年施行的《律师服务收费管理办法》明确了风险代理收费是一种合法的收费方式。但同时规定，以下八类案件不得适用风险代理：(1)婚姻、继承案件；(2)请求给予社会保险待遇或者最低生活保障待遇的；(3)请求给付赡养费、抚养费、扶养费、抚恤金、救济金、工伤赔偿的；(4)请求支付劳动报酬的；(5)刑事诉讼案件；(6)行政诉讼案件；(7)国家赔偿案件；(8)群体性诉讼案件。案件类型的限制，出于不同理由。但未必所有的理由都是合理的。例如，对于“请求给予社会保险待遇或最低生活保障、抚养费、赡养费、救济金、抚恤金、工伤赔偿以及劳动报酬”的案件，禁止风险代理的目的是保护弱势群体。但可能会使得弱势群体无法获得高水平的法律服务，反而损害弱势群体的利益。

除了案件类型的限制，律师事务所进行风险代理还受到如下限制：第一，

---

① Olga M. Pina, *System of Ethical Regulation: An International Comparison*, 1 Geo. J. Legal Ethics, (1987-1988), pp.813-815.

在进行风险代理前，应当事先告知委托人政府指导价。未事先告知委托人政府指导价的风险代理条款是可撤销的，我国司法实践中出现过这样的案例。[①]第二，实行风险代理收费，最高收费金额不得高于收费合同约定标的额的30%。

5. 关于收费的其他规范

此外，在收费规范上，根据《律师法》的规定，律师承办业务，应当由律师事务所统一向委托人收取律师费和有关办案费用，不得私自收费，不得接受委托人的财物或者其他利益。

（三）利益冲突规范

忠实义务是律师—委托人关系的核心，为了确保律师对委托人的忠实，多数国家都规定了律师代理业务应当避免利益冲突。例如，美国律师协会《职业行为示范规则》规则1.7(a)规定："如果代理行为涉及同时性利益冲突，那么律师不应当代理客户。下列情况存在同时性利益冲突：(1)律师对一个客户的代理将直接损害另一客户；(2)律师对一个或多个客户的代理将导致重大风险，该律师可能因此而违背对另一客户、前客户、第三方或律师个人利益的责任。"由于避免利益冲突义务是为了保护客户利益而设计的，如果客户并不觉得需要这一保护，理论上客户至少在一定条件下可以豁免这一义务。基于此，《职业行为示范规则》规则1.7(b)规定："尽管存在同时性利益冲突……如果满足如下条件，律师仍可以代理：(1)律师合理地相信，其能够为每一个相关客户提供合格、勤勉的代理；(2)法律不禁止该种代理；(3)律师同时代理的两个客户之间不在同一诉讼中或者同一其他法庭程序中存在诉讼请求；(4)每一相关客户均提供知情同意并以书面形式确认。"

欧盟律师协会制定的《欧洲律师行为准则》规则3.2.1规定："如果两个或两个以上的客户在利益上存在冲突或重大的冲突风险，那么律师不得在同一事务中为这些客户提供咨询、代理或其他服务。"规则3.2.2规定："如果两个客户之间发生利益冲突，律师应当停止对两个客户的代理；如果存在违反律

① 参见张小玲：《请律师风险代理 律师未告知收费指导价》，《浙江法制报》2015年1月30日。

师保密义务或损害律师独立性的风险,律师也应当停止对客户的代理。”规则3. 3. 3规定:“如果存在侵犯前客户保密信息的风险或者知悉律师掌握的前客户信息,将对新客户产生不正当利益,律师不得对新客户进行代理。”从这些表述上看,《欧洲律师行为准则》关于利益冲突的规范更加严格,客户不能豁免律师的避免利益冲突义务。对此,《意大利律师伦理准则》第37(1)条规定就说得更加清楚了:“如果存在潜在利益冲突,客户无权表达意见,律师必须拒绝与现客户存在潜在利益冲突的新业务。”

总的来说,利益冲突规范可以分为利益冲突预防规范、利益冲突处理规范与利益冲突豁免规范。

1. 利益冲突预防规范

利益冲突预防规范要求律师事务所与律师尽力避免可能发生的利益冲突。为了避免可能发生的利益冲突,律师事务所应当建立专门的业务资料信息库和完善的档案管理制度,并设置专门的利益冲突查证程序。

一般地说,利益冲突既可能发生在律师与客户之间,也可能发生在同时或相继的两个及以上的客户之间。全国律协《律师执业行为规范》第50条、第51条对存在冲突关系的情形进行了较为详细的罗列,使得冲突查证能够较为方便地进行。其中,第50条规定了委托人不得豁免的利益冲突的各种情形:“有下列情形之一的,律师及律师事务所不得与当事人建立或维持委托关系:(1)律师在同一案件中为双方当事人担任代理人,或代理与本人或者其近亲属有利益冲突的法律事务的;(2)律师办理诉讼或者非诉讼业务,其近亲属是对方当事人的法定代表人或者代理人的;(3)曾经亲自处理或者审理过某一事项或者案件的行政机关工作人员、审判人员、检察人员、仲裁员,成为律师后又办理该事项或者案件的;(4)同一律师事务所的不同律师同时担任同一刑事案件的被害人的代理人和犯罪嫌疑人、被告人的辩护人,但在该县区域内只有一家律师事务所且事先征得当事人同意的除外;(5)在民事诉讼、行政诉讼、仲裁案件中,同一律师事务所的不同律师同时担任争议双方当事人的代理人,或者本所或其工作人员为一方当事人,本所其他律师担任对方当事人的代理人的;(6)在非诉讼业务中,除各方当事人共同委托外,同一律师事务所的律师同时担任彼此有利害关系的各方当事人的代理人的;(7)在委托关系终止后,同一律师事务所或同一律师在同一案件后续审理或者处理中又接受对方当事人委托的;(8)其他与本条第(1)至第(7)项情形相似,且依据律师执业经验和行业常识能够判断为应当主动回避且不得办理的利益冲突情形。”

第51条规定了委托人可以豁免的利益冲突的各种情形:“有下列情形之一的,律师应当告知委托人并主动提出回避,但委托人同意其代理或者继续承办的除外:(1)接受民事诉讼、仲裁案件一方当事人的委托,而同所的其他律师是该案件中对方当事人的近亲属的;(2)担任刑事案件犯罪嫌疑人、被告人的辩护人,而同所的其他律师是该案件被害人的近亲属的;(3)同一律师事务所接受正在代理的诉讼案件或者非诉讼业务当事人的对方当事人所委托的其他法律业务的;(4)律师事务所与委托人存在法律服务关系,在某一诉讼或仲裁案件中该委托人未要求该律师事务所律师担任其代理人,而该律师事务所律师担任该委托人对方当事人的代理人的;(5)在委托关系终止后一年内,律师又就同一法律事务接受与原委托人有利害关系的对方当事人的委托的;(6)其他与本条第(1)至第(5)项情况相似,且依据律师执业经验和行业常识能够判断的其他情形。律师和律师事务所发现存在上述情形的,应当告知委托人利益冲突的事实和可能产生的后果,由委托人决定是否建立或维持委托关系。委托人决定建立或维持委托关系的,应当签署知情同意书,表明当事人已经知悉存在利益冲突的基本事实和可能产生的法律后果,以及当事人明确同意与律师事务所及律师建立或维持委托关系。”

律师和律师事务所在接受案件之前应当查证是否存在上述情形。

2. 利益冲突处理规范

虽然律师事务所和律师进行了查证,尽到了注意义务,但可能仍然无法避免利益冲突。对此问题,《律师执业行为规范》没有明确的规定。律师事务所应当确立一些处理规范。基本内容应当包括:(1)按时间优先和律师事务所整体利益优先的原则进行协商,以确定只接受一方的委托。(2)律师事务所在发现利益冲突之后,应当督促律师告知委托人,征求委托人是否同意豁免的意见。(3)如果本所同一律师在同一业务中接受双方或多方委托人的委托,应当只保留一方委托人的委托,解除与其他委托人的代理或委托关系。(4)如果数个律师分别接受同一案件双方或多方委托人的委托,律师事务所应当征求各方委托人是否同意豁免。(5)如果律师事务所在两个或两个以上有利害关系的案件中,分别接受委托人委托,或办理的后一个法律事务与前一个法律事务存在利益冲突的,应当协商解除其中一个案件的代理或委托关系;协商不成的,应当解除后一个案件的代理或委托关系。(6)如果本所律师代理与本人或其近亲属有利益冲突的法律事务,应当解除委托关系或将案件移交给本所其他律师办理。①

3. 利益冲突豁免规范

避免利益冲突不应当成为一种绝对的不可豁免的义务。从理论上说,应当尊重当事人对自己利益的判断和选择,否则将有损现代社会的自治精神;从实际情形来看,随着律师业务范围的扩大,如果严格避免各种利益冲突,那么律师和律所的案源就会直线下降,并可能产生各种不正当竞争现象。因此对于避免利益冲突的义务,应当存在豁免规范。全国律协《律师执业行为规范》第 51 条对可以豁免的利益冲突情形进行了罗列。这些情形下的豁免需要满足如下条件:(1)委托人以书面形式出具豁免函;(2)委托人对利益冲突的基本事实与代理可能存在的全部风险充分知情;(3)委托人签字明确要求或同意承办律师代理。此外,需要注意的是,委托人的书面豁免,并不能豁免律师的保密义务。这意味着,如果在新的委托业务中将不可避免地披露或利用已知的保密信息,从而违反对前委托人的保密义务,那么即便有书面豁免,也不得接受该项新委托。

三、忠实义务规范

律师和委托人之间的关系可以总结为一句话:律师必须对委托人忠实。具体来说,律师应当履行诚信义务、勤勉义务与保密义务。

(一) 诚信义务规范

诚信作为社会主义核心价值观,是社会稳定和发展的基本保障,也是律师职业的基本道德要求。中华全国律师协会制定的《律师职业道德基本准则》

① 参见中华全国律师协会编:《律师职业伦理》,北京大学出版社 2017 年版,第 132—133 页。

第5条规定:“律师应当牢固树立诚信意识,自觉遵守职业行为规范,在执业中恪尽职守、诚实守信、勤勉尽责、严格自律。积极履行合同约定义务和法定义务,维护委托人合法权益,保守在执业活动中知悉的国家机密、商业秘密和个人隐私。”司法部《关于进一步加强律师职业道德建设的意见》中也谈道:“要教育引导广大律师恪守诚实信用。引导广大律师牢固树立诚信意识,自觉遵守职业道德准则和执业行为规范,在从事法律服务中恪尽职守、诚实守信、勤勉尽责、严格自律,不得违反或者懈怠履行合同约定的义务,不得违反执业利益冲突限制性规定,不得利用提供服务便利牟取当事人争议的利益,不得向委托人索取额外财物或利益,不得与他人串通侵害委托人的权益,不得泄露当事人的商业秘密和个人隐私,不得采用不当方式与同行进行竞争,做社会诚信建设的表率。”

作为律师职业的基本道德准则,诚信义务体现在律师执业的全部活动中。但其中最重要的是律师应当对当事人保持诚信。诚信义务对律师提出的具体要求主要有如下几项。

1. 如实告知委托人相关信息

《律师执业管理办法》第33条第1款:“律师承办业务,应当告知委托人该委托事项办理可能出现的法律风险,不得用明示或者暗示方式对办理结果向委托人作出不当承诺。”《律师执业行为规范》第35条:“律师应当充分运用专业知识,依照法律和委托协议完成委托事项,维护委托人或者当事人的合法权益。”这一义务对律师提出的具体要求主要包括:(1)如实告知自己的专业技能等,不得接受自己不能办理的法律事务;(2)如实告知相关的进程、费用等相关情况;(3)不得作出虚假承诺。

2. 禁止串通损害委托人利益

《律师法》第40条第(三)项规定,律师在执业活动中禁止“接受对方当事人财物或其他利益,与对方当事人或者第三人恶意串通,侵害委托人权益”。《律师和律师事务所违法行为处罚办法》第十八条对“接受对方当事人财物或者其他利益,与对方当事人或者第三人恶意串通,侵害委托人权益”的行为具体界定为:“(1)向对方当事人或者第三人提供不利于委托人的信息或者证据材料的;(2)与对方当事人或者第三人恶意串通、暗中配合,妨碍委托人合法行使权利的；(3)接受对方当事人财物或者其他利益，故意延误、懈怠或者不依法履行代理、辩护职责，给委托人及委托事项的办理造成不利影响和损失的。”

3. 禁止非法牟取委托人权益

《律师法》第40条第(二)项规定，律师在执业活动中禁止“利用提供法律服务的便利牟取当事人争议的权益”。《律师和律师事务所违法行为处罚办法》第十八条对“利用提供法律服务的便利牟取当事人争议的权益”的行为具体界定为：“(1)采用诱导、欺骗、胁迫、敲诈等手段获取当事人与他人争议的财物、权益的；(2)指使、诱导当事人将争议的财物、权益转让、出售、租赁给他人，并从中获取利益的。”《律师执业行为规范》第46条进一步规定：“律师和律师事务所不得违法与委托人就争议的权益产生经济上的联系，不得与委托人约定将争议标的物出售给自己；不得委托他人为自己或为自己的近亲属收购、租赁委托人与他人发生争议的标的物。”总的来说，律师要避免自己成为当事人，从而损害律师职业的专业性以及当事人的信任。

4. 妥善保管委托人财产

在处理法律事务的过程中，律师事务所可以接受委托，保管委托人的财产。在保管委托人财产时，律师事务所应当坚持不挪用、不侵占、严格分离、妥善保管四原则。一般来说，委托人的资金应当保存在律师事务所所在地信用良好的金融机构的独立账号内，或委托人指定的独立开设的银行账号内。

5. 不得随意转委托

转委托是指律师接受委托后，又将代理事项的一部分或全部再委托他人代理。一概禁止转委托是不可行的，因为受委托律师可能遇有患病、工作调动等情况不能继续承办。但转委托很可能损害委托人的利益，因此要受到严格限制。一般来说，转委托应当遵循如下规则：(1)转委托是为了委托人的利益需要；(2)原则上应当取得委托人的同意；(3)紧急情况下不能及时取得委托人同意的，事后应当及时告知委托人；(4)转委托不得超过律师自己的代理权限。

(二) 勤勉义务规范

律师对当事人忠实的最主要体现就是，尽职尽责地为当事人服务。从这个角度说,勤勉义务应是律师职业伦理的核心规范。因此美国律师协会制定的《职业行为示范规则》规则 1.1 就谈到律师必须"称职",并在说明了代理范围以及律师和委托人之间关系的规则 1.2 之后,紧接着在规则 1.3 中规定,"律师的行为应当合理地勤勉、迅捷"。在我国,勤勉义务实际上也是敬业这一社会主义核心价值观在律师职业中的体现。但相当遗憾的是,国内已有的法律职业伦理教材中,并没有对勤勉义务进行太多的讨论,有些教材甚至没有任何讨论。《律师执业行为规范》等也仅有一般性的规定。因此下面主要从学理上讨论勤勉义务在代理前、代理中与代理后对律师执业提出的一些具体要求,以及勤勉义务的限制。

1. 代理前的勤勉义务

代理前的勤勉义务主要体现在,律师应当努力提高自己的专业素质和执业水平。这是律师尽职尽责地为当事人服务的前提。因此美国律师协会制定的《职业行为示范规则》一开始就规定"称职"。法律事务种类繁多、日新月异,新的法律、解释层出不穷,为了保持称职,律师必须不断学习。

2. 代理中的勤勉义务

勤勉义务主要体现在代理法律事务的过程中,具体的一些要求如下:

(1)充分调查。律师必须对案件相关的事实与法律做充分、细致的调查与研究。对事实的调查,一方面要仔细、耐心地听取当事人的陈述,另一方面要努力收集一些客观资料。当两处获得的信息有出入时,应当尽力消除两者的不一致。律师不仅要尽力调查事实,而且要充分、细致地研究法律,包括司法解释以及过往的判例。

(2)方案确定。在调查基本完成之后,律师应当制定对当事人最有利的解决方案。由于当事人可能缺乏法律知识,不知道什么样的方案在法律上对自己最有利,律师衡量不同方案的成本、收益、风险,尽量使当事人利益最大化。虽然律师在方案制定的过程中起着主要作用,但在此过程中必须与当事人协商,取得其对该方案的认可。有时,律师认为最好的方案可能和当事人提出的心理预期及其提出的方案不一致,这时律师应当充分说明当事人的预期、方案为什么是不合理的,督促当事人再行考虑。

(3)迅速处理。方案确定之后,律师应当立即开始着手处理,不得拖延。

美国律师协会制定的《职业行为示范规则》规则1.3注释3谈道："可能没有比拖延更为令人不满的职业缺点了。委托人的利益经常因时间的推移和条件的变化受到不利影响。在极端的例子中，如由于律师忽视了关于诉讼时效的法律规定，委托人的法律地位遭到了破坏。但是，即使委托人的利益没有受到实质影响，不合理的拖延仍然会引起委托人不必要的焦虑，会破坏对律师可信性的信心。"

（4）及时沟通。律师不仅在确定方案的过程中要与当事人充分沟通，在实施方案的过程中也要就每一步重要的进展或遇到的问题与当事人充分沟通，使委托人对相关事态有合理的了解。此外，律师在方案实施过程中采取的重要行动应当取得当事人的认可。在情况紧急无法及时取得认可时，律师应当采取自己认为最合理的行动，并事后告知。最后，在案件终了后，律师应当及时将结果告知当事人。

在代理过程中，当律师因为客观原因无法履行勤勉义务时，可以辞去委托。例如，在调查过程中，无法消除当事人陈述与客观材料之间的不一致；在方案确定的阶段，无法说服当事人采取律师认为最合理的方案；在方案实施的阶段，当事人不听从律师的劝阻，执意采取伪证、贿赂等律师认为不合法或不合理的行动；等等。

3. 代理后的勤勉义务

委托合同终止后，并不意味律师不用对当事人承担任何义务了。根据民法一般原理，合同双方在法律明文规定以及合同约定之外，尚有附随义务。这些附随义务的目的在于确保合同目的的实现。附随义务根据时间不同，可以分为先合同义务、合同履行中的附随义务以及后合同义务。委托合同的后合同义务主要有：代收法律文书后及时通知、送达当事人；提醒胜诉当事人申请执行期间；紧急事务的代处理；及时进行费用退还、材料移交等。

（三）保密义务规范

忠诚义务对律师提出的另外一个要求是：律师不得随意泄露提供法律服务过程中所获得的信息。律师承担保密义务是有效代理与辩护的前提，因此美国律师协会制定的《律师职业行为标准规则》认为律师保密是律师与委托人之间关系的"基本原则"。只有律师承担保密义务，当事人才可能毫无保留地将所有涉案信息告诉律师,只有充分获得信息,律师才可能合理地制定各种方案。就此而论,保密义务是律师制度赖以存在的前提。因此,多数国家都规定了律师的保密义务,欧洲一些国家甚至规定,即便律师获得了当事人的同意,也不能豁免保密义务。例如,法国全国律师协会理事会制定的《统一执法规则》第二章第一条规定:“律师尊重客户秘密的义务是法律规定的强制性义务。这种义务是普遍的、绝对的,在时间上是没有限制的。……保密义务的确立也是为了公共利益的考虑。因此,律师的这种义务不能被自己的客户所免除,不能被任何政府部门所免除,或者更一般地说,不能被任何人免除。”①

我国《律师法》第 38 条规定:“律师应当保守在执业活动中知悉的国家秘密、商业秘密,不得泄露当事人的隐私。律师对在执业活动中知悉的委托人和其他人不愿泄露的有关情况和信息,应当予以保密。但是,委托人或者其他人准备或者正在实施危害国家安全、公共安全以及严重危害他人人身安全的犯罪事实和信息除外。”《律师执业行为规范》第 8 条作出相同规定。《刑事诉讼法》第 48 条规定:“辩护律师对在执业活动中知悉的委托人的有关情况和信息,有权予以保密。但是,辩护律师在执业活动中知悉委托人或者其他人,准备或者正在实施危害国家安全、公共安全以及严重危害他人人身安全的犯罪的,应当及时告知司法机关。”根据这些规定,结合相关理论,下面从主体、内容与例外这三个方面来考察保密义务。

1. 保密义务的主体

保密义务的主体首先是受委托律师。由于现在很多律师事务所都有集体讨论案件或借阅案卷作为办案参考的情况,受委托律师以外的其他律师,因为各种渠道接触到其他律师代理的案件信息,同样应当承担保密义务。由于律师执业受到律师事务所的管理,律师事务所不可避免地会接触到案件信息,如果保密义务只约束律师,不约束律师事务所,那么就形同虚设了,因此律师事务所也是保密义务的主体。例如,《律师事务所从事商标代理业务管理办法》第 15 条规定:“律师事务所及律师承办商标代理业务,应当遵守律师执业保

---

① 参见[美]詹姆士·E.莫里特诺等:《国际法律伦理问题》,刘晓兵译,北京大学出版社 2013 年版,第 107 页。

密规定。未经委托人同意,不得将代理事项及相关信息披露给其他单位或者个人。”此外,应当承担保密义务的主体还包括律师的助理、秘书等辅助工作人员。

2. 保密义务的内容

根据《律师法》和《律师执业行为规范》的规定,保密义务的内容是:律师在执业活动中知悉的国家秘密、商业秘密、当事人隐私、委托人和其他人不愿泄露的信息。在理论上说,从律师的忠实义务产生的保密义务的内容只包括商业秘密、当事人隐私以及委托人和其他人不愿意泄露的信息,并不包括国家秘密。但这并不是说,保守国家秘密不是律师应当承担的义务,而只是说,这一义务不是由忠实于客户的义务产生的。下面将要谈到,保守国家秘密的义务实际上是由公民的基本义务产生的。另外一点值得注意的是,律师的保密义务并不是只在委托合同存续期间。实际上,保密义务具有时间上的前置性和后续性。即对签订合同之前的商谈阶段所获得的信息,即使最后未签订委托合同,律师同样承担保密义务;委托关系终止之后,律师也仍然承担保密义务。

根据《反不正当竞争法》第 9 条的规定以及相关学理,保密义务内容中的商业秘密可以从“不为公众所知悉”“具有商业价值”“权利采取相应保密措施”“技术信息和经营信息”这四个方面来把握。至于当事人隐私和委托人与其他人不愿泄露的信息,律师应当从严把握,只要是相关主体不愿泄露而律师因为职务活动才获得的信息,律师原则上都应承担保密义务。

3. 保密义务的例外

保密义务虽然重要,但并不是律师应当承担的唯一义务。对于法庭,律师还应承担真实义务;对于社会,律师更应承担公民责任。保密义务可能和这些义务相冲突。此外,律师的保密义务有时也会因为自保的需要而免除。据此,保密义务的例外主要有:

(1)危及重大利益。一般来说,对于委托人已经实施的犯罪,律师应当保密。但是对于委托人想要实施的犯罪,为了防止将来可能发生的危险,律师不承担保密义务。《律师法》等也规定了这样的例外,对于“委托人或者其他人准备或者正在实施危害国家安全、公共安全以及严重危害他人人身安全的犯罪事实和信息”,律师应当积极向司法部门举报。这是律师应当承担的公民责任。

(2)当事人提交伪证。律师应当尽力劝阻当事人提交伪证。如果当事人已经提交,律师在知情之后应当予以披露。这是律师对法庭应当承担的真实义务。当保密义务与真实义务发生冲突时,真实义务优先。

(3)维护自身合法权益。在律师和委托人之间的关系出现问题,律师为了自身利益而起诉或为自己辩护时,律师可以披露和委托人交流的内容。此外,在纪律惩戒程序和刑事追诉程序中,律师也可以援引和委托人交流的信息进行抗辩。

四、职业关系规范

虽然律师—委托人之间的关系是律师职业伦理的核心关注。但是律师不仅和当事人打交道,还和同行、律所以及司法机关打交道。正确处理各种职业关系,也是律师职业伦理的重要一环。

(一) 律师与同行之间的关系规范

律师与同行之间是既相互合作又相互竞争的关系。总的来说,律师与同行之间的关系规范旨在促进合作与良性竞争、避免恶性竞争。为了达成这一目标,律师在处理同行关系时应当自觉履行如下义务。

1. 互相尊重的义务

对于律师来说,尊重同行既是一种基本的道德修养,也是维护整个律师行业形象的基本要求。《律师执业行为规范》第72条规定:“律师与其他律师之间应当相互帮助、相互尊重。”相互尊重的义务提出如下具体要求:(1)律师不得随意贬损、诋毁同行。无论是在与客户的私下交流中,还是在公共传媒或庭审过程中,律师都不得对同行进行人身攻击或使用挖苦、讽刺或侮辱性的言辞。(2)律师不得教唆或放任当事人贬损、诋毁对方律师。(3)律师应当尊重其他律师保守秘密的职业操守,不得因为好奇等目的打听自己未参与服务的法律事务,尤其是不得向同行打听客户信息、收费标准等情况。① (4)律师应

① 参见中华全国律师协会编:《律师职业伦理》,北京大学出版社2017年版,第196页。

当尽力维护与同行之间关系的融洽。

2. 互相帮助的义务

律师之间相互帮助有利于提升律师的职业认同感,也是一个社会具有规范、成熟的法律服务市场的表现。在美国律师界有一种所谓的"造雨者"(rainmaker),即因为资历、水平等因素而获得远超过自己能够亲自承办的业务量,从而不得不将一些业务转给其他律师处理的律师。"造雨者"通过介绍案源为其他律师提供了一种实质性的帮助。有学者主张,我国律师也应当相互介绍案源。"律师相互介绍案源的前提和动因是专业化分工和资源整合、优势互补,这是由法律服务市场内在经济规律决定的,是律师业走向成熟的必然选择。"①严格说来,律师之间相互介绍案源可能是合法合情合理的,但并不是现阶段我国律师必须履行的义务。现阶段我国律师必须履行的互相帮助的义务包括:(1)律师不得通过虚构事实的方式破坏其他律师的业务或降低其他律师获得业务的可能性。(2)在多名律师共同代理的案件中,律师之间应当相互包容,加强沟通协作,共同维护当事人利益;不得因为律师之间关系的不融洽或看法上的不一致等给当事人带来损害。(3)对于影响对方诉讼利益的事项,律师之间应当相互告知。

3. 良性竞争的义务

俗话说,同行是冤家。律师之间也存在相互竞争的关系。和其他任何行业一样,律师也应履行不进行任何不正当竞争的行为的义务。根据司法部《关于反对律师行业不正当竞争行为的若干规定》,律师不得从事以下不正当竞争行为:"(1)通过招聘启事、律师事务所简介、领导人题写名称或其他方式,对律师或律师事务所进行不符合实际的宣传;(2)在律师名片上印有律师经历、专业技术职务或其他头衔的;(3)借助行政机关或行业管理部门的权力,或通过与某机关、部门联合设立某种形式的机构而对某地区、某部门、某行业或某一种类的法律事务进行垄断的;(4)故意诋毁其他律师或律师事务所声誉,争揽业务的;(5)无正当理由,以在规定收费标准以下收费为条件吸引客户的;(6)采用给予客户或介绍人提取'案件介绍费'或其它好处的方式承

① 许身健主编:《法律职业伦理》,北京大学出版社2014年版,第77—78页。

揽业务的;(7)故意在当事人与其代理律师之间制造纠纷的;(8)利用律师兼有的其他身份影响所承办业务正常处理和审理的。”

根据全国律协《律师执业行为规范》第78条的规定,律师不得从事以下不正当竞争行为:“(1)诋毁、诽谤其他律师或者律师事务所信誉、声誉;(2)无正当理由,以低于同地区同行业收费标准为条件争揽业务,或者采用承诺给予客户、中介人、推荐人回扣、馈赠金钱、财物或者其他利益等方式争揽业务;(3)故意在委托人与其代理律师之间制造纠纷;(4)向委托人明示或者暗示自己或者其属的律师事务所与司法机关、政府机关、社会团体及其工作人员具有特殊关系;(5)就法律服务结果或者诉讼结果作出虚假承诺;(6)明示或者暗示可以帮助委托人达到不正当目的,或者以不正当的方式、手段达到委托人的目的。”

根据全国律协《律师执业行为规范》第81条的规定,依照有关规定取得从事特定范围法律服务的律师或律师事务所不得采取下列不正当竞争的行为:“(1)限制委托人接受经过法定机构认可的其他律师或律师事务所提供法律服务;(2)强制委托人接受其提供的或者由其指定的律师提供的法律服务;(3)对抵制上述行为的委托人拒绝、中断、拖延、削减必要的法律服务或者滥收费用。”

此外,全国律协《律师执业行为规范》第82条规定:“律师或律师事务所相互之间不得采用下列手段排挤竞争对手的公平竞争:(1)串通抬高或者压低收费;(2)为争揽业务,不正当获取其他律师和律师事务所收费报价或者其他提供法律服务的条件;(3)泄露收费报价或者其他提供法律服务的条件等暂未公开的信息,损害相关律师事务所的合法权益。”

(二) 律师与律所之间的关系规范

律师事务所既是律师的执业机构,也是律师业务的管理机构。律师事务所对本所执业律师负有教育、管理和监督的职责。

1. 律所对律师应当承担的义务

根据全国律协《律师执业行为规范》的相关规定,律所对律师应当承担如下义务:(1)律师事务所应当建立健全执业管理、利益冲突审查、收费与财务管理、投诉查处、年度考核、档案管理、劳动合同管理等制度,对律师在执业活动中遵守职业道德、执业纪律的情况进行监督。(2)律师事务所应当依法保障律师及其他工作人员的合法权益,为律师执业提供必要的工作条件。(3)律师事务所应当定期组织律师开展时事政治、业务学习,总结交流执业经验,提高律师执业水平。(4)律师事务所应当认真指导申请律师执业实习人员实习,如实出具实习鉴定材料和相关证明材料。(5)律师事务所对受其指派办理事务的律师辅助人员出现的错误,应当采取制止或者补救措施,并承担责任。(6)律师事务所有义务对律师、申请律师执业实习人员在业务及职业道德等方面进行管理。

2. 律师对律所应当承担的义务

根据学理以及全国律协《律师执业行为规范》的相关规定,律师对律所应当承担如下义务:(1)律师应当积极参加律所组织的各种学习与其他活动。(2)律师应当服从律所的管理与监督。(3)律师在承办受托业务时,对已经出现的和可能出现的不可克服的困难、风险,应当及时通知委托人,并向律师事务所报告。(4)律师与委托人发生纠纷,律师应当接受律所的解决方案。(5)律师变更执业机构的,应按规定办理转所手续。转所后的律师不得损害原所属律师事务所的利益,尤其是不得劝诱原所属律师事务所的委托人选择新所属律师事务所。不过,如果委托人是基于对律师本人的信任选择随律师流动,当无问题。

(三) 律师与司法机关之间的关系规范

司法是公正的最后一道防线。为了守卫正义,裁判机关在审理案件的过程中应当"以事实为依据,以法律为准绳"。在这一过程中,律师职业的主要作用在于通过辩护帮助司法机关全面了解事实、正确适用法律,作出公平合理的裁判。律师与司法机关之间的关系规范以充分实现律师职业的这一作用为目标。因此,律师在参与诉讼或仲裁的过程中,应当履行的首要义务为真实义务。这一义务高于律师对当事人的忠诚义务。当事人的忠诚义务并不要求律师一味地迎合当事人的利益,而是要求律师尽力守护当事人的合法利益。此外,为充分实现律师职业的作用,律师在参与诉讼、仲裁过程中和在法庭之外都必须遵循一些活动规范。

1. 律师的真实义务

多数国家都规定了律师的真实义务。例如,日本《律师伦理》第 54 条规定,律师不得教唆作伪证及虚假陈述,不得明知是虚假证据仍然提出。《欧洲律师行为准则》规则 4.4 规定,律师不得故意向法庭提供虚假性的或误导性的信息。美国律师协会《职业行为示范规则》规则 3.3 也对律师的“坦诚”义务作出了较为具体的规定。借鉴这些规定,并结合我国相关法律规定,律师的真实义务主要提出了如下要求:

(1)禁止伪造、提交虚假证据。第一,律师本人不得伪造证据,不得非法改变证据的内容、形式或属性。第二,律师不得帮助委托人伪造证据。第三,律师不得威胁利诱他人伪造或提供虚假证据。第四,律师不得提交明知为虚假的证据。第五,如果律师发现自己或当事人提交的证据不实,应当及时采取补救措施。

(2)禁止隐匿、毁灭证据或妨碍证据的合法取得。第一,律师本人不得隐匿、毁灭证据。第二,律师不得帮助委托人隐匿、毁灭证据。第三,律师不得威胁利诱他人隐匿、毁灭证据。第四,律师不得妨碍他人取得证据。

(3)禁止误导法庭。律师不仅不应在事实方面误导法庭,在法律方面也不得误导法庭。律师应当提出自己认为正确的法律主张,不得出于维护当事人利益的需要故意曲解法律。当相关条文具有多重理解可能时,律师应当努力探究正确的理解,尽力使自己的理解符合立法的目的、原则和原意;不得径自作出符合自己当事人利益的解释。

2. 律师在诉讼或仲裁活动中的规范

为使诉讼或仲裁活动有序进行,律师在参与诉讼、仲裁活动时,应当遵循以下活动规范。

(1)律师应当尊重法院及司法人员。《律师执业行为规范》第 66 条规定:“在开庭审理过程中,律师应当尊重法庭、仲裁庭。”尊重法院还表现在着装得体、用词文明等方面。《律师执业行为规范》第 70 条、第 71 条规定:“律师担任辩护人、代理人参加法庭、仲裁庭审理,应当按照规定穿着律师出庭服装,佩戴律师出庭徽章,注重律师职业形象”,“律师在法庭或仲裁庭发言时应当举止庄重、大方,用词文明、得体”。

(2)律师应当遵守法庭秩序。2012 年发布的《最高人民法院关于适用〈中华人民共和国刑事诉讼法〉的解释》第 249 条规定:“法庭审理过程中,诉讼参与人、旁听人员应当遵守以下纪律:(1)服从法庭指挥,遵守法庭礼仪;(2)不得鼓掌、喧哗、哄闹、随意走动;(3)不得对庭审活动进行录音、录像、摄影,或者通过发送邮件、博客、微博客等方式传播庭审情况,但经人民法院许可的新闻记者除外;(4)旁听人员不得发言、提问;(5)不得实施其他扰乱法庭秩序的行为。"

(3)律师应当遵守程序规定。《律师执业行为规范》第65条规定:"律师应当遵守法庭、仲裁庭纪律,遵守出庭时间、举证时限、提交法律文书期限及其他程序性规定。"

(4)律师不得干扰诉讼、仲裁活动的正常进行。《律师和律师事务所违法行为处罚办法》第19条规定下列行为属于《律师法》第49条第(六)项规定的律师"扰乱法庭、仲裁庭秩序,干扰诉讼、仲裁活动的正常进行的":"(1)在法庭、仲裁庭上发表或者指使、诱导委托人发表扰乱诉讼、仲裁活动正常进行的言论的;(2)阻止委托人或者其他诉讼参与人出庭,致使诉讼、仲裁活动不能正常进行的;(3)煽动、教唆他人扰乱法庭、仲裁庭秩序的;(4)无正当理由,当庭拒绝辩护、代理,拒绝签收司法文书或者拒绝在有关诉讼文书上签署意见的。"

3. 律师的庭外活动规范

律师的庭外活动同样可能破坏法律的公正性。为了消除这种可能性,律师在庭外活动中应当做到:

(1)不得作出破坏司法廉洁性的行为。第一,律师不得贿赂司法、仲裁等工作人员,也不得指使或诱导当事人贿赂司法、仲裁等工作人员。第二,律师不得与承办案件有关的司法、仲裁人员等工作人员有私下接触。第三,律师不得利用与司法、仲裁等工作人员的特殊关系,施加对所办理案件的影响。

(2)不得发表不当的庭外言论。律师的庭外言论可能会对案件产生不当影响,因此在一些国家,禁止律师就所办理的案件发表任何庭外言论。例如,《英格兰与威尔士出庭律师行为准则》规定:"在预期或正在进行的诉讼程序和调解过程中,准备出庭或已经出庭的律师不得就案件事实或程序问题公开发表个人意见。"①这一规定对于我国律师来说有些过于严格。但一般来说,

① 《英格兰及威尔士出庭律师行为准则》规则709.1。

律师应当尽量避免就代理案件发表庭外公共言论。如果出于维护委托人利益的紧迫需要或其他正当理由公开发表言论,那么不得公布未经确认的事实,不得发表歪曲、不实或有误导性的言论。

五、社会责任规范

法律职业从其诞生之日起,就肩负着追求公正、维护正义的目标。律师作为法律共同体中的重要组成部分,同样承担着为这一目标不懈努力的使命。就此而论,律师不仅应当通过其专业技能维护当事人的合法利益,正确处理各种职业关系,而且应当尽力运用自己的专业知识和技能为社会服务。正如罗森(Kenneth M.Rosen)所说:"律师不仅必须忠于客户、忠于出庭的法院或行政机构,而且忠于整个社会。"①

(一) 积极参与立法与公共政策的制定

首先,担任党代表、人大代表、政协委员、政府法律顾问的律师,以及担任人大立法咨询委员、立法助理或接受地方性法规委托立法的律师,应当认真履职。担任党代表、人大代表、政协委员的律师应当积极建言献策、提交议案、参与民主协商等。担任立法咨询委员以及接受委托立法的律师应当仔细思考立法内容与相关程序设计,认真进行调查研究,提供合理适当具体的立法建议、草案。其次,当下公共立法和公共政策在制定之前,通常都会广泛征求意见。律师应当积极发表意见,参与其中。再次,律师应当积极申请或承接立法性研究课题,参与到法律法规的制定与修改过程中。最后,在办案过程中,如果发现相关法律法规存在合宪性或合法性问题,律师应当积极上书行使自己的合法性审查建议权。

(二) 积极参与公益诉讼

公益诉讼是指为"公共利益"而进行的诉讼。律师参与公益诉讼是其通过个案推动民主进步与法治建设的重要手段。公益诉讼的特点是,一方面,当事人之间的关系不对等,一方是经济实力一般的普通公民或者弱势群体,另一

① Kenneth M.Rosen, *Lessons on Lawyers, Democracy, and Professional Responsibility*, 19 Geo.J. Legal Ethics, (2006), p.167.

是经济实力雄厚的大型企业或政府机关；另一方面，诉讼内容通常涉及消费者权益保护、重复性违法交易、环境污染等涉及公共利益的问题。因此，如果没有优秀律师的积极参与，相关的公共利益很难得到维护。很长一段时间以来，囿于原告资格问题，律师只能以代理人的身份或使自己成为当事人的方式进入公益诉讼，但由于某个特定当事人的涉案利益经常很小，经常面临立案难、社会歧视等问题。2012 年修改的《民事诉讼法》第 53 条第 1 款首次明文规定了公益诉讼制度，使得律师可以更方便地参与到公益诉讼中来。追求社会正义是律师的天职。作为具有专业知识和技能的法律人，在发觉不特定人的利益或社会公益被某些强势主体侵犯时，应当积极通过公益诉讼来改变这一局面，促进社会平等与公平正义。

（三）主动提供法律公益服务

为了充分发挥律师在推进全面依法治国中的重要作用，更好满足人民群众日益增长的法律服务需求，2019 年 7 月中共中央办公厅、国务院办公厅印发了《关于加快推进公共法律服务体系建设的意见》。其中提到："公共法律服务是政府公共职能的重要组成部分，是保障和改善民生的重要举措，是全面依法治国的基础性、服务性和保障性工作。推进公共法律服务体系建设，对于更好满足广大人民群众日益增长的美好生活需要，提高国家治理体系和治理能力现代化水平具有重要意义。"

根据这一意见与相关法律法规，司法部出台了《关于促进律师参与公益法律服务的意见》。司法部的这一意见明确了公益法律服务是指"律师事务所、律师为公民、法人和其他组织提供的无偿法律服务"。细化了律师事务所与律师提供法律公益服务的方式："鼓励、引导律师为残疾人、农民工、老年人、妇女、未成年人等特殊群体提供公益法律服务；担任村（居）法律顾问，为城乡群众和基层群众性自治组织提供服务；参与公益性法治宣传活动，担任普法志愿者、法治辅导员等；在公共法律服务平台或者通过其他渠道提供免费法律咨询服务；参与法治扶贫活动，到边疆地区、欠发达地区和少数民族地区担任志愿律师；协助党政机关开展信访接待、涉法涉诉案件化解、重大突发案事件处置、城市管理执法等工作；提供公益性律师调解服务，志愿参与人民调解、行政调解、司法调解和行业性、专业性调解；参与民营企业'法治体检'公益服务;从事公益法律服务政策研究、立法论证、学术交流、人才培养等工作;为公益法律服务活动提供赞助或者支持;从事其他形式的公益法律服务。”明确了服务要求:“律师应当积极参与党委和政府、司法行政机关和律师协会组织的公益法律服务活动。倡导每名律师每年参与不少于50个小时的公益法律服务或者至少办理2件法律援助案件。各地可以结合本地经济社会发展水平和律师行业实际,制定律师公益法律服务工作量的具体指导标准,并可以根据律师执业地域、年龄、身体状况等分类提出要求。公益法律服务工作量的计算方法由各地司法行政机关、律师协会确定。律师从事公益法律服务应当依法依规,勤勉尽责,可以与服务对象签订服务协议,对服务内容、方式、工作条件等进行约定,规范服务流程,保障服务质量。”

(四)履行公民基本义务

律师同时也是公民,应当履行宪法规定的公民基本义务。结合律师的执业行为,公民基本义务主要提出了如下要求。

第一,律师应当维护国家统一与民族团结,维护国家安全、荣誉和利益。这一方面要求律师不得在庭内或庭外发表破坏国家统一和民族团结、危害国家安全、有损国家荣誉和利益的言论;另一方面要求律师不得代理破坏国家统一和民族团结、危害国家安全、有损国家荣誉和利益的“起诉”。

第二,律师应当保守国家秘密。《律师法》和《律师执业行为规范》等规定,律师在执业活动中知悉的国家秘密、商业秘密、当事人隐私、委托人和其他人不愿泄露的信息,应当予以保密。其中,上面也说过,律师保守商业秘密、当事人隐私、委托人和其他人不愿泄露的信息来源于律师忠实于客户的义务,但保守国家秘密的义务则是公民的基本义务。义务的来源不同也往往使得它们的强度不同。一般来说,公民基本义务要强于律师的各种角色义务。

第三,律师在执业过程中发现当事人以及其他律师的犯罪行为,应当及时举报。《刑事诉讼法》第110条规定,任何单位和个人发现有犯罪事实或者犯罪嫌疑人,有权利也有义务向公安机关、人民检察院或者人民法院报案或者举报。律师举报犯罪行为的义务来源于遵守宪法法律这一公民的基本义务,因此这一义务强于律师对当事人承担的保密义务,以及上述来源于职业关系规范的其他义务。

【法治故事】

1834年，25岁的林肯（Abraham Lincoln）当选为伊利诺斯州议员，开始了他的政治生涯。1836年，他通过律师考试成为执业律师。由于他精通法律，口才很好，颇有声望，很多人都来找他帮着打官司。一次，在听完一名当事人的陈述之后，他说：

是的，毫无疑问我们能替你打赢这个官司；我们能够使左邻右舍都卷入争执；我们能够扣押这个寡妇以及她的6个没有父亲的孩子的财产，从而让你拿回600元，而且你看上去对这600元有合法的主张。但是，在我看来，那位妇女与她的孩子同样有正当的理由拥有这笔钱。你应当明白，一些在法律上正确的事情在道德上并不一定正确。我们不会受理你的案子，但是我们会给你提供一个小建议，这并不收费。你是一个富有活力、精力充沛的人；我们建议你努力用自己的双手从其他渠道挣得这600元钱。①

【问题与思考】

1. 如何理解律师职业定位与律师职业伦理之间的关系？

2. 简述律师职业伦理的含义与特征。

3. 简述律师职业伦理的意义。

4. 律师广告与律师的当面劝诱行为有什么不同？为什么在多数国家，前者通常被允许而后者通常被禁止？

5. 合理收费为什么是律师职业伦理中的重要内容之一？

6. 为什么要对风险收费进行限制？

7. 找出全国律协《律师执业行为规范》（2009）中有关利益冲突的规定，并思考如何完善这些规定。

8. 简述诚信义务对律师执业活动的具体要求。

---

① 参见William H.Herndon and Jesse W.Weik, *Herndon's Lincoln*, Chicago: Belford, Clarke & Co., 1889, p.345。转引自［美］戴维·鲁本：《律师与正义：一个伦理学研究》，戴锐译，中国政法大学出版社2010年版，第160页。

9. 对于勤勉义务，我国相关规范性文件中仅有原则性规定，尝试给出具体规定。

10. 为什么保密义务与真实义务冲突时，真实义务应当优先？

11. 律师之间的不正当竞争有什么危害？

12. 在自媒体时代，律师的庭外言论应当受到哪些约束？

13. 律师应当承担哪些类型的社会责任？为什么？

第九章　公证员职业伦理*

第一节　公证员职业伦理概述

公证是公共法律服务的重要组成部分，是推进全面依法治国事业重要内容。党的十八届四中全会明确提出，“建设完备的法律服务体系，推进覆盖城乡居民的公共法律服务体系建设”①，其中就包括公证。2018 年 8 月 24 日，习近平总书记在中央全面依法治国委员会第一次会议上指出，要加快建设覆盖城乡、便捷高效、均等普惠的现代公共法律服务体系，统筹研究律师、公证、法律援助、司法鉴定、调解、仲裁等工作改革方案，让人民群众切实感受到法律服务更加便捷。② 2019 年 1 月 15 日，习近平总书记在中央政法工作会议上强调，要深化公共法律服务体系建设，加快整合律师、公证、司法鉴定、仲裁、司法所、人民调解等法律服务资源，尽快建成覆盖全业务、全时空的法律服务网络。③ 由此可见，公证在整个国家法治体系和框架内的重要性，以及党和国家对公证事业的重视和强调。

公证员是公证事业的核心力量，作为中国特色社会主义法律职业共同体

---

* 本章得到厦门市开元公证处林志芳主任的大力支持，厦门大学法学院博士研究生曾钰诚做了大量文字工作，厦门大学法学院王云清副教授、博士研究生成立文对文字进行了校对和完善。

① 《中共中央关于全面推进依法治国若干重大问题的决定》，《中国法学》2014 年第 6 期。

② 参见《加强党对全面依法治国的集中统一领导　更好发挥法治固根本稳预期利长远的保障作用》，《人民日报》2018 年 8 月 25 日。

③ 参见《习近平出席中央政法工作会议并发表重要讲话》，《旗帜》2019 年第 2 期。

中的成员，公证员在促进社会经济发展、维护社会秩序稳定、推进法治中国建设等进程中扮演着重要角色，发挥着关键性的作用。随着中国市场开放与法治建设，在诸如婚姻、遗嘱、合同、继承、收养、抚养、赡养、监护、福彩、知识产权、财产分割等领域，都蕴藏着新型公证业务开辟与发展的机遇。公证员在上述业务领域，竭力为人民群众提供高品质、内容丰富的法律服务，满足不同社会主体对多元化法律服务的需求，这有助于社会纠纷的及时化解，并在此基础上对繁荣经济社会发展、保障民生福祉实现、维护人民群众人身财产权利、促进婚姻家庭和谐等方面起着重要的作用。2019 年 7 月，中共中央办公厅、国务院办公厅联合印发的《关于加快推进公共法律服务体系建设的意见》（以下简称《意见》）中提出，要加快构建覆盖城乡、便捷高效、均等普惠的现代公共法律服务体系。[①] 其中，公证制度作为公共法律服务体系的重要组成部分，被纳入了体系建设内容。《意见》明确，要充分发挥公证、调解、仲裁、行政裁决、行政复议、信访等非诉讼方式积极作用，促进社会公平正义。由于司法诉讼资源存在有限性，再加上当事人容易受诉讼程序所产生的时间、费用等成本拖累，这为公证等非诉讼纠纷预防与化解机制的运用提供了空间。

党的十八届四中全会提出，全面推进依法治国，必须大力提高法治工作队伍思想政治素质、业务工作能力和职业道德水准。2018 年，教育部、中央政法委联合发布的《关于坚持德法兼修实施卓越法治人才教育培养计划 2.0 的意见》中提出，要加大学生法律职业伦理培养力度，面向全体法学专业学生开设“法律职业伦理”必修课，实现法律职业伦理教育贯穿法治人才培养全过程。[②] 2019 年，中共中央办公厅、国务院办公厅联合制定的《意见》也明确要求，要引导律师、公证员、司法鉴定人、基层法律服务工作者自觉履行社会责任。因此，加强包括公证员在内的法律职业共同体的职业伦理培养与道德建设，对于进一步增强中国特色社会主义法治人才培养质量，推进全面依法治国战略工程，提高公共法律服务水平具有关键意义。随着全面依法治国的深入实施，“法

---

① 参见《中共中央办公厅　国务院办公厅印发〈关于加快推进公共法律服务体系建设的意见〉》，《中华人民共和国国务院公报》2019 年第 21 期。

② 参见教育部、中央政法委：《教育部　中央政法委关于坚持德法兼修实施卓越法治人才教育培养计划 2.0 的意见》，《中华人民共和国教育部公报》2018 年第 10 期。

治”成为组织国家、调整国家与社会、国家与公民之间关系的一种基础性手段,在此基础上必然要形成一个法律职业共同体。[①] 其中,作为法律职业共同体中重要组成部分的公证员,在进行业务活动中不仅要严格遵守法律法规的禁止性与倡导性规定,同时也要遵循行业的职业伦理与道德规范要求,具有坚定的政治立场、过硬的业务素质、较强的纪律意识和较高的职业道德。

一、公证员职业伦理的基本概念

公证是指由国家所认可的公证人对民事法律关系进行确认的,具有权威性与法律效力的证明活动。[②] 公证活动所形成的公证证明在法律上具有约束效力[③],这种法律效力在实践中具体表现为:证明效力、强制执行效力以及法定公证效力。[④] 依据 2017 年修订的《中华人民共和国公证法》的规定,在规范意义上,公证是指公证机构根据自然人、法人或者其他组织的申请,依照法定程序(《公证程序规则》)对民事法律行为、有法律意义的事实和文书的真实性、合法性予以证明的活动。因此,公证的含义具体体现为四个方面的内容:

其一,公证是一种由特定的机构或人员所开展的证明活动。公证是由国家法律规定的特定机构和专职人员,即公证机构以及公证员所进行的证明活动。除公证机构与公证员之外,其他任何单位及其组成人员都不得进行与公证相关的证明活动。

其二,公证活动应当依据当事人申请以及法律法规的规定启动。公证是当事人为了维护自身权益所申请开展的一项活动,公证一般依申请进行,申请公证是法律赋予当事人的一项自主权利。除依法律、行政法规规定必须办理公证的事项外,其他情况下,当事人可以自主选择是否行使公证权利。

其三,公证的对象是民事法律行为、具有法律意义的事实和文书。民事法律行为是指,依意思表示的内容而引起民事法律关系变动的行为。[⑤] 如合同

---

① 参见吴卫平:《司法改革原理研究》,中国人民公安大学出版社 2003 年版,第 256 页。

② 参见张柏峰主编:《中国当代司法制度》(第四版),法律出版社 2006 年版,第 307 页。

③ 参见叶青、黄群主编:《中国公证制度研究》,上海社会科学院出版社 2004 年版,第 112、114 页。

④ 参见李颂银:《也论公证的法律效力》,《法学评论》2006 年第 3 期。

⑤ 参见马俊驹、余延满:《民法原论》(第三版),法律出版社 2007 年版,第 180 页。

订立、赠与、设定遗嘱、拍卖等。民法学通常将能够引起法律关系变动的客观事实称为法律事实。① 例如,证明某人死亡事实,会引起婚姻关系、家庭财产、债权债务、劳动关系等一系列法律关系的变动。法律文书是指在法律上具有一定效力与意义的文件证书,不仅包括国家机关、社会团体、企事业单位出具或制作的有效文件②,也包括作为当事人法律行为表现形式的文件。

其四,公证的内容是证明待证事项的真实性与合法性。其中,真实性是指待证事项是客观、真实的,不是想象、虚构、捏造的③,事实内容与公证证明内容具有一致性。所谓合法性,是指待证事项的内容及形式均需要符合法律的规定,否则不能进行公证。

公证制度是国家为了保证法律的正确实施,维护经济社会发展与民事法律秩序,预防社会纠纷,减少诉讼数量,节约司法资源,满足人民群众对多元化法律服务日益增长的需求,保护公民、法人、其他组织合法权益而建立的一种预防性司法证明制度。《意见》明确提出,要充分发挥公证作为预防性司法证明制度的优势,这凸显出公证能够有效预防纠纷的发生与发展,及时起到定分止争的制度功能。党的十九届四中全会明确提出,坚持和完善中国特色社会主义法治体系,提高党依法治国、依法执政能力。公证制度作为中国特色社会主义法治体系的重要组成部分与推进依法治国和参与社会治理的重要力量,应在我国法治建设中发挥更好的作用。

公证制度历史悠久,最早可溯源至古罗马,在经历不断演变、发展、完善的过程后,现今已经融入许多大陆法系国家的民法体系中,成为民法体系的重要制度性内容。与此同时,公证制度在拉丁美洲国家获得了极大的发展空间,1948 年成立的国际拉丁公证联盟也是迄今为止在国际上影响最广泛的公证组织,该组织于 2003 年吸纳中国公证员协会成为其正式会员。④ 新中国的公证制度起步于 20 世纪 50 年代,"文革"期间法制建设受到了严重冲击并全面陷入停滞,这同样也波及了公证制度建设。到 20 世纪 80 年代,中国公证制度

① 参见王轶:《论民事法律事实的类型区分》,《中国法学》2013 年第 1 期。

② 参见宁致远主编:《法律文书学》(第六版),中国政法大学出版社 2011 年版,第 3 页。

③ 参见江伟主编:《民事诉讼法》(第三版),高等教育出版社 2007 年版,第 143 页。

④ 参见齐祥春、刘璧华:《我国加入国际拉丁公证联盟》,《中国公证》2003 年第 6 期。

在恢复重建后得到了快速发展，在体制上发生了重大调整与变化，借鉴了很多大陆法系国家公证制度建设的宝贵经验，使公证制度体系不断完善与健全。① 标志性事件是2005年《中华人民共和国公证法》的出台与实施，中国公证制度建设逐步走向成熟。

公证员是指符合《公证法》规定的任职资格与条件，由国家依法定程序任命，取得公证员职业资格证书，在公证机构从事公证业务与活动的法律职业人员。《公证法》对公证员的任职条件有着明确的规定，主要包括政治素质与职业道德、国籍和年龄、学历与必备法律基础知识、一定的法律实践经历、通过法律职业资格考试并具有公证员资格等。公证员既承担着国家证明责任，出具产生普遍法律效力的公证文书，又承接市场业务，为当事人提供即期的、现场的、对某一特定事项的多方位的法律服务。② 由于公证处体制的转轨，从行政性机构转变为事业性机构，公证机构成为与国家行政管理体制脱钩，自主开展相关业务，并独立承担责任，按照市场机制运转的非营利性、公益性的事业法人。公证员也从国家公职人员，转变为既享有国家官员的部分职权，又是社会的自由职业者。公证员根据事实和法律，独立自主地办理公证业务，不要国家的编制与经费，自负盈亏。③

作为法律职业共同体的一员，公证员与法官、检察官、律师、仲裁员一样，都必须具备正确的政治立场、熟练的法律知识、丰富的实践经验、优良的道德品质等基本素质。一名合格公证员所具备的职业素养与专业水平丝毫不逊于法官、检察官等职业，实际上对于法律行为、事实以及文书的真实性、合法性进行公证，需要公证员熟练掌握与全面调动民事制度、经济制度、证据制度、职业伦理等各方面的法律知识，才能精确把握真实性与合法性的要求，并形成正确的公证结论。公证活动有效预防了纠纷的发生，缓解了法院“人少案多”的紧张与压力，是一种重要的社会治理手段。随着国家与社会逐步对公证员职业的重视以及公证业务的持续拓展，公证员在中国法治建设中扮演越来越重要

---

① 参见许身健主编：《法律职业伦理》，北京大学出版社2014年版，第179页。

② 参见周志扬：《论公证在社会信用体系中的定位》，《中国法学》2003年第4期。

③ 参见吴允：《论公证人的正当立场——兼谈我国公证制度的改革》，《法学》1989年第8期。

的作用,这客观上也对公证员的职业伦理与道德素质提出了更高要求。

公证员职业伦理是指,公证员在公证活动中,从思想到具体事务的处理所必须遵守的基本行为准则与道德规范。① 美国学者罗斯科・庞德曾说:“所谓职业,就是富有为公共服务精神的,并把一门有学问的艺术作为共同的天职来追求的一群人。”②任何职业与工作都有自己的一套伦理作为支撑,没有伦理支撑的职业缺乏稳定性、凝聚力与发展前景。职业伦理能够有效提升公证员的职业水平与专业化素养,规范公证员的公证行为,提高法律服务的质量。公证员执行公证事务,进行公证活动时应当恪守公证职业伦理与道德要求,确保依法履行公证职责,以职业伦理作为公证行为的指引与依据,确保公证活动的合法规范。公证员职业伦理的适用对象,不仅包括依《公证法》取得公证执业资格的公证员,同时还包括从事公证活动的辅助人员以及其他工作人员。从职业伦理调整的内容看,具体涵盖了开展公证活动、办理公证业务的行为,办证人员的思想观念、道德素质、价值意识等。公证员职业伦理对公证员拓展公证业务以及公证行业的发展起着推动作用。

二、公证员职业伦理的特征

公证员职业伦理是法律职业伦理的重要组成部分,因此公证员职业伦理与律师职业伦理、法官职业伦理、检察官职业伦理等法律职业共同体职业伦理存在共性的一面,同时,由于公证员从事的公证业务的特殊性与独特性,公证员职业伦理有着不同于其他法律职业伦理的个性。因此,公证员职业伦理的特征主要表现为以下几个方面。

(一)公证员职业伦理具有鲜明的职业性

法国著名社会学家涂尔干曾对职业伦理有过描述,他认为:“职业伦理的每个分支都是职业群体的产物,那么他们必然带有群体的性质。”③公证员职业伦理是在公证员职业活动的基础上逐步形成的,具体表现为公证员所特有

---

① 参见马宏俊:《法律人的职业行为规则》,中国法制出版社 2003 年版,第 89 页。

② [美]罗斯科・庞德:《法理学》(第一卷),邓正来译,中国政法大学出版社 2004 年版,第 354 页。

③ [法]涂尔干:《职业伦理与公民道德》,渠敬东等译,商务印书馆 2017 年版,第 8 页。

的执业道德、行为准则、习惯传统、社会公德等规范内容，反映出公证员职业的性质、公证活动的特点以及公证员职业责任和义务，构成公证员职业从业者所特有的道德伦理行为、品质、信念、心理，并对其公证行为产生规范效力与约束力。公证员在行政改制后，不再纳入国家公职人员队伍进行管理，公证机构也转型成为“自收自支、自负盈亏”的事业性单位。因此公证员的公证业务具有一定市场化属性，公证员也逐步走向了职业自由化道路，独立自主地拓展公证业务。① 基于公证员在预防社会纠纷、维护社会秩序、减轻司法负担、促进经济发展、保证公民权益等领域所展现出的重要功能，以及公证员在代表国家行使公证权力、履行公证职能方面的重要作用，完全市场化、利润化的发展模式将对公证行业以及公证员塑造依法、客观、公正、中立的公证行为产生消极影响。由此，国家仍然对公证机构及其组成人员实施必要的管理，由各级司法行政机关统一管辖。然而，无论是站在代表国家意志执行公证的立场，还是站在市场行为的立场，都需要严格遵守公证员这一特定职业的伦理道德要求与行为准则。公证员职业伦理正是对公证员职业行为的言行约束，具有明显的职业属性。

（二）公证员职业伦理具有较高的专业性

公证是一项由法律授权的专业人员或机构对法律行为、有法律意义的文书以及事实进行证明的活动。② 公证活动必须由具备专业知识与素质的公证员主导。公证员主要在民事（经济）领域开展公证活动，业务范围包括不动产、合同、招标投标、提存等，基本涵盖所有市场主体的各类经济事务。③ 而民事法律关系具有高度的复杂性，民事领域涉及的范围与事项也十分庞杂，要从复杂的民事法律关系中“抽丝剥茧”厘清事实，并准确作出公证结论，需要公证员职业伦理规范具备较高的专业性。公证员职业伦理的专业性可以从公证员办理的公证事项上体现出来。依据《公证法》第 11 条的规定，公证员可以办理：(1)合同；(2)继承；(3)委托、声明、赠与、遗嘱；(4)财产分割；(5)招标投标、拍卖；(6)婚姻状况、亲属关系、收养关系；(7)出生、生存、死亡、身份、经

① 参见巢容华主编：《法律职业伦理》，北京大学出版社 2019 年版，第 130 页。

② 参见宫晓冰：《中国公证制度的完善》，《法学研究》2003 年第 5 期。

③ 参见周志扬：《论公证在社会信用体系中的定位》，《中国法学》2003 年第 4 期。

历、学历、学位、职务、职称、有无违法犯罪记录;(8)公司章程;(9)保全证据;(10)文书上的签名、印鉴、日期,文书的副本、影印本与原本相符;(11)自然人、法人或者其他组织自愿申请办理的其他公证事项。这些专业性事项及其背后的法律规定,均构成公证员职业伦理的重要内容。与此同时,不同公证事项均牵涉不同的法律知识,需要公证员在从事公证活动过程中,依据和运用不同的民事法律规定来作出判断与办理公证,而严格遵守相关事项的专业性法律规定开展公证活动,是公证员职业伦理的内在要求。

（三）公证员职业伦理具有法律与道德的双重性

法律与道德均是社会治理的规范来源,同样发挥着稳定的、持续性的调整社会关系、维护社会秩序的功能,二者既相互联系,又存在区别。法律是最低限度的道德,“任何法律制度都以道德的价值秩序作为基础”①。在表现形式上,法律是道德的成文形式,而道德则构成人们内心中的法律。在社会关系调整上,法律是显性、强制性的调整行为与社会关系的他律性规范,而道德则是隐性、潜移默化的调整行为与社会关系的自律性规范。公证员职业伦理中既存在法律性内容②,也存在道德性内容,两套规范内容相互作用形成合力,共同调整影响着公证关系与行为。公证员职业伦理的法律性体现在:公证机构以及公证员执业活动必须遵守《公证法》《公证员执业管理办法》《公证程序规则》《公证机构执业管理办法》《公证员职业道德基本准则》《公证执业违规行为惩戒规则(试行)》等制度规定。公证员职业伦理中所包含的道德性规范主要包括:法律职业共同体所遵循的一些基本职业道德,公证员职业所特有的工作惯例、工作守则、服务须知、职业道德等。公证员违反职业伦理中的道德性要求,将会受到当事人舆论、自我良心以及公证机构的一些压力与谴责,而违反职业伦理中的法律性规定,将可能承担法律上的责任。

（四）公证员职业伦理具有较强的实践性

公证是一项实践性的活动,公证制度所具有的经济监管、社会管理以及法

---

① [德]魏德士:《法理学》,丁晓春、吴越译,法律出版社2013年版,第179页。

② 此处所称的“法律”即狭义上的“法”,是指与国家有着直接关联的“法”,即国家法。参见付子堂主编:《法理学初阶》(第五版),法律出版社2015年版,第92、127页。

律服务等功能也呈现出鲜明的实践导向。① 而公证员职业伦理的功能是对公证员从事公证活动的言行举止和程序性事项等内容进行约束与规范，具有较强的实践属性。公证员职业伦理伴随着整个公证实践过程的推进，调整并指导公证实践的具体开展，在职业伦理的引导下，能够及时使公证员注意到自己的业务行为，与职业伦理中的相关要求规定对标对表，提高为当事人提供公证法律服务的质量。公证员的公证实践活动就是公证员职业伦理的具体呈现过程，公证员是否严格遵守职业伦理道德，也需要在公证办理实践中得到检验。只有在公证活动中，公证员严格遵守职业伦理、践行职业伦理，并在实践中注重培养职业伦理精神，公证员职业伦理所具有的规范、示范、引导等功能才会得到最大限度地展现和发挥。② 与此同时，借助公证活动实践，公证员职业伦理才有了发挥规范效力、调整公证关系的空间，这为进一步使公证员职业伦理由外部性约束内化为公证员的自觉性行为与职业素养创造了条件。

三、公证员职业伦理的功能

《公证员职业道德基本准则》规定，公证员应当忠于宪法与法律，自觉践行社会主义法治理念。公证员应当依法办理公证事项，恪守客观、公正的原则，做到以事实为依据、以法律为准绳。公证员职业伦理是公证员依法开展公证业务，提高法律服务质量、规避职业诱惑风险的根本保证。公证员在执业过程中没有树立法治思维与法治理念，不遵守职业伦理，内心缺乏对法治的信仰与尊重，其职业生涯与公证业务将很难维持长久。公证员职业伦理的作用正是为了规范公证员的执业行为，培育公证员的法治信仰、法治理念、法治思维与法律职业精神，确保公证员能够依法公正行使国家赋予的公证权力。具体而言，公证员职业伦理对于公证员职业发挥了如下功能。

（一）规范功能

对于公证员而言，最重要的执业要求是真实、合法、公平、公正，这些公证

① 参见宫晓冰：《中国公证制度的完善》，《法学研究》2003 年第 5 期。

② 参见巢容华主编：《法律职业伦理》，北京大学出版社 2019 年版，第 130 页。

员职业伦理规范既是公证员执业行为的基本准则，又是一种道德要求。① 公证员职业伦理是在具体公证活动中，对公证员的公证业务行为起到调整与规范作用的基本准则、规则。公证员职业伦理不仅包括内容相对原则、抽象、概括，深植于公证员内心的自律性的职业道德规范，同时还包括内容明确、固定、具体，对公证员执业活动具有强制性规范效力的他律性职业行为规则。公证员职业伦理不仅是公证员职业的价值追求与道德理想，也是公证员办理公证的行为依据与规范约束。作为公证员职业伦理核心构成内容的公证员职业行为规范，妥善地为公证员的公证活动设定了标准与行为界限，明确了公证员在从事公证活动过程中所享有的权利，以及应当履行的义务责任和相应的行为后果，为公证员的职业活动确立了一条不可逾越的行为红线，时刻提醒公证员规范从业行为，提升职业素养。公证员职业伦理能够有效提升公证员职业精神，指引公证员及时主动纠正与职业伦理要求不一致的行为。②

（二）示范功能

公证员是法律职业共同体的重要一员，公证员在执业活动中的言行举止能够产生广泛的辐射效力，对其他法律职业者的业务行为具有极强的带动与示范功能。公证员职业伦理对公证员从事公证活动不仅作了法律上的规定，而且进一步对公证员提出了更为崇高的职业道德要求，而这些道德要求实际上是所有法律职业共同体都需要遵循的行为准则。例如，公证员职业伦理所内含的廉洁、公正、理性、客观、规范、敬业、正义等道德品质与职业素质要求，不仅是针对公证员，包括法官、检察官、职业律师、仲裁员等在内的法律职业者，都需要严格遵守上述的行为规范。公证员以身作则带头践行法律职业准则与公证员职业伦理规范，为同行、其他法律职业者树立了一个具有典型性的榜样形象，客观上对其他法律职业者起到一定的激励、示范作用。

（三）引领功能

公证员职业伦理除了具备规范与示范功能之外，同时还对法治社会建设、良好社会风气营造具有一定的引领功能。示范功能是公证员职业伦理对其他

① 参见么世菊：《公证人的法律责任》，《中国公证》2004 年第 4 期。

② 参见巢容华主编：《法律职业伦理》，北京大学出版社 2019 年版，第 131 页。

法律职业者的业务活动及行为所产生的榜样示范作用，而引领功能则强调公证员职业伦理对当事人行为、社会风气、法治建设所产生的引领、带动、塑造作用。公证员在为当事人办理公证过程中，通过践行职业伦理的规范要求，客观上对当事人起到了教育引导作用，引导当事人遵纪守法，同时也提高了公民的法治意识以及维护和遵守法律的自觉性。[①] 公证员在从事公证活动中恪守职业伦理规范，有助于树立客观公正的职业形象，进而在具体办理公证的实践中，向社会传递出依法办证、忠于宪法法律、清正廉洁、办事公正、恪尽职守、忠于事实真相的法治精神。同时，还向公众展现出严肃认真、勤奋好学、苦干实干、规范服务、举止文明的道德素养。公证员的职业形象与个人面貌通过公证案例、大众媒体、教育教学、国家宣传等方式，潜移默化地影响、引领整个社会风气的改变，提高全社会的法治意识与道德素养，进而有助于推动全民信法守法的法治社会建设。

第二节　公证员职业中的行为准则

2017 年修订的《公证法》第 22 条第 1 款、第 23 条规定了公证员在进行公证活动过程中所应遵守的行为准则与禁止义务，公证员应当遵纪守法，恪守职业道德，依法履行公证职责，保守执业秘密。公证员在办理公证过程中不得有如下行为：(1)同时在二个以上公证机构执业；(2)从事有报酬的其他职业；(3)为本人及近亲属办理公证或者办理与本人及近亲属有利害关系的公证；(4)私自出具公证书；(5)为不真实、不合法的事项出具公证书；(6)侵占、挪用公证费或者侵占、盗窃公证专用物品；(7)毁损、篡改公证文书或者公证档案；(8)泄露在执业活动中知悉的国家秘密、商业秘密或者个人隐私；(9)法律、法规、国务院司法行政部门规定禁止的其他行为。上述禁止性、义务性规定构成公证员开展业务活动所必须遵循的行为规范与准则。

与此同时，为了进一步强化公证员的职业道德素养，中国公证员协会制定

① 参见冷春：《公证的社会价值》，《中国公证》2003 年第 4 期。

了《公证员职业道德基本准则》这一行业(职业)自律性的道德规范机制,以提升公证公信力以及公证法律服务的质量和水平。公信力是公证的根基和生命,也是公证最具价值的社会资本和无形资产,公证法律服务的质量和水平是保证公证行业长期发展、保证人民群众可感知公证公信力的必要保障。《公证员职业道德基本准则》共 29 条,确立了"忠于法律、尽职履责、爱岗敬业、规范服务、加强修养、提高素质、廉洁自律、尊重同行"的 32 字行为准则。[①] 这 32 字行为准则均属于倡导性、自律性、道德性规定,能够对公证员职业活动产生重要的引导作用。无论是法律禁止性规定,还是道德倡导性准则,均是对公证员所从事的公证活动及其行为的调整规范,即处理与规范公证活动中,公证员与当事人、同行、司法人员、律师等主体之间所发生的各类关系的行为准则。因此,上述行为规范要放置于公证员与其他主体的关系之中才能更好被理解。

一、公证员与当事人的关系准则

处理好公证员与当事人的关系是提高公证服务质量,实现公证行业健康有序发展的关键环节。公证员职业伦理将调整和规范公证员与当事人之间的关系作为主要目标。公证员业务活动主要体现为:根据当事人申请,为待证事项的合法性与真实性提供具有法律效力的证明文件,公证活动紧密围绕公证员与当事人之间的权利义务关系展开。因此,公证员职业伦理从各个方面确立了公证员处理与当事人关系的行为准则。在学理上,对于处理公证员与当事人之间关系的准则(原则)存在不同理解:第一种观点认为公证员作为法律专家,负有专家的义务和责任,即高度注意义务、忠实义务和提供正确信息的义务。[②] 第二种观点认为应当包括真实合法、自愿公证与必须公证相结合、直接、回避、保密、便民以及使用本国和本民族语言文字等七条准则内容。[③] 第

---

① 参见巢容华主编:《法律职业伦理》,北京大学出版社 2019 年版,第 132 页。

② 参见屈介民:《专家民事责任论》,湖南人民出版社 1998 年版,第 38—40 页;刘疆:《公证基本原则新论》,《中国公证》2003 年第 4 期。

③ 参见谢佑平:《公证与律师制度》,中国政法大学出版社 1999 年版,第 44—53 页。

三种观点在第二种观点的基础上，再加上本人申请办证与代理人申请办证准则。[①] 第四种观点在第三种观点的基础上，再加上不得随意拒绝公证。[②] 笔者认为，处理公证员与当事人的关系主要遵循以下八条准则。

（一）遵纪守法

根据《公证法》第 22 条第 1 款，“公证员应当遵纪守法”，以及《公证员职业道德基本准则》第 1 条，“公证员应当忠于宪法和法律，自觉践行社会主义法治理念”的规定，公证员在公证活动中，应当依法办理公证。遵纪守法是一条总的行为准则，其他准则均可以看成是遵纪守法行为准则的发展延伸。公证员职能的公共属性要求其自觉承担维护法律权威，与违反法令的一切不法行为作斗争的责任。[③] 这意味着公证员在执业活动中处理与当事人、同行、司法人员、律师的关系时，都必须严格遵守行业纪律与法律法规，不得触碰纪律与法律红线。由于公证员的业务内容是为当事人证明待证事项的合法性与真实性提供公证法律服务，公证法律关系主要表现为公证员与当事人因公证活动所产生的权利义务关系。因此，公证员在处理与当事人之间的关系时，更强调应当恪守“遵纪守法”的职业伦理。公证员办理公证，并不是站在当事人的立场来开展其工作，而是秉持中立的第三方立场，依据事实与法律客观地作出证明。因此，遵纪守法是公证员办理公证的必备职业素质与最基本行为准则。

（二）保密义务

《公证法》第 22 条第 1 款明确公证员应当“保守执业秘密”。第 23 条要求公证员在公证活动中不得存在“泄露在执业活动中知悉的国家秘密、商业秘密或者个人隐私”的行为。《公证员职业道德基本准则》第 5 条同样规定：“公证员应当自觉履行执业保密义务，不得泄露在执业中知悉的国家秘密、商业秘密或个人隐私，更不得利用知悉的秘密为自己或他人谋取利益。”法律服务工作者一般都负有为当事人保守各类秘密与隐私的义务，例如律师开展工

---

① 参见江伟主编：《公证法学》，法律出版社 1996 年版，第 71—72 页。

② 参见崔幸兰：《公证制度》，吉林大学出版社 1999 年版，第 32 页。

③ 参见杨翔：《公证正在失去平衡——论〈公证法〉的影响及公证制度的若干问题》，《湘潭大学学报（哲学社会科学版）》2008 年第 3 期。

作就不得泄露委托人的秘密信息。[1] 公证员与律师在职业属性上存在类似性，均是法律服务工作者。因此，公证员对于在公证活动中所了解掌握到的当事人私人秘密、国家秘密、商业秘密以及其他不宜公开的秘密信息，也应当尽到保密义务，避免泄露相关涉密隐私信息。公证员在办理公证业务中不可避免会涉及当事人的一些隐私信息，例如遗嘱公证的遗嘱内容、婚前财产公证的财产信息等。公证员对公证事项所涉及的当事人私人信息负有保密义务，除基于公益目的外，不得基于任何目的与理由公开、泄露上述信息内容，如因公共利益、教育教学、学术研究等公益目的需要使用上述信息案例的，应当对信息进行加工处理，妥善保护当事人隐私权利。

（三）回避义务

《公证法》第 23 条规定，公证员不得“为本人及近亲属办理公证或者办理与本人及近亲属有利害关系的公证”。《公证员职业道德基本准则》第 4 条规定：“公证员应当自觉遵守法定回避制度，不得为本人及近亲属办理公证或者办理与本人及近亲属有利害关系的公证。”回避规定能够保证公证员在公证活动中始终坚持以事实为依据、以法律为准绳的客观中立性，避免超出公证事项范围的各类利益因素影响。公证业务是公共法律服务的一种表现形式，体现出明显的市场属性，公证职业则具有自由职业的属性。这意味着公证员的收入以及公证活动费用的支出不由国家财政承担，而是来源于申请公证的当事人个人支付。这使得公证员与律师职业存在一定的类似性。但是，公证同时又承担着推进社会治理、预防诉讼纠纷、稳定市场经济秩序、实现公平正义、促进法律实施等重要功能，公证员肩负着行使国家证明权的重任，公证员的执业活动具有国家属性。从这个角度来说，公证员与法官、检察官的职业特征与属性相类似。这决定了公证员办理公证应坚持中立客观的标准，排除任何利益因素与利害关系对公证活动的干扰，保证公证结论的真实、公正、合法。

（四）告知义务

公证员在公证活动中应就实体性与程序性、权利与义务等法律问题，及时

---

① 参见焦悦勤、马力珍：《律师履行保密义务存在的问题及几点建议》，《当代法学》1999 年第 2 期。

向当事人履行告知说明的义务。告知义务的设定是保障当事人知情权的基本要求,不履行告知义务就将承担违反法定程序的后果。①《公证员职业道德基本准则》第8条规定:"公证员在履行职责时,应当告知当事人、代理人和参与人的权利和义务,并就权利和义务的真实意思和可能产生的法律后果作出明确解释,避免形式上的简单告知。"公证员是法律职业者,通过了法律职业资格考试并具有一定的法律实务经验,这使得他们对法律知识与公证技能了如指掌。而其所服务的当事人则可能对相关法律规定知之甚少,这就需要公证员将公证所涉及事项的法律规定与后果,以及当事人在公证活动中依法享有的权利与承担的义务及时告知当事人,让当事人在正确理解法律基础上,真实表达自己的意志并独立承担法律后果。告知义务应当贯穿整个公证程序,从受理当事人申请到公证书送达或者拒绝公证,都要告知当事人所享有的权利、承担的义务、法律后果、注意事项、拒绝公证的原因等内容,如果告知不充分,公证的预防作用就会大打折扣。② 公证员履行告知义务为当事人在公证过程中恰当行使权利与承担义务,更好配合公证员完成公证事项,提高公证效率发挥了重要作用。

（五）规范服务

《公证员职业道德基本准则》第11条规定:"公证员应当注重礼仪,做到着装规范、举止文明,维护职业形象。现场宣读公证词时,应当语言规范、吐字清晰,避免使用可能引起他人反感的语言表达方式。"《公证法》第23条规定,公证员不得"同时在二个以上公证机构执业",不得"从事有报酬的其他职业"。公证机构代表国家统一行使公证职能③,公证员的业务行为具有国家属性。因此,公证员的一言一行、服务面貌都代表着整个公证行业乃至法律职业共同体的形象,代表着国家法治建设的水平。公证员必须提高公证服务质量,强化公证行为与业务活动的规范性,努力提升职业形象,为实现公证行业的健康发展奠定坚实基础。对公证员礼仪、着装、举止、语言等仪容仪表、言行举止

① 参见王联众:《公证告知义务的意义》,《中国公证》2006年第6期。

② 参见刘疆:《公证基本原则新论》,《中国公证》2003年第4期。

③ 参见杨翔:《公证正在失去平衡——论〈公证法〉的影响及公证制度的若干问题》,《湘潭大学学报(哲学社会科学版)》2008年第3期。

等细节性问题进行规定，能够向当事人有效展现出法律的威严、神圣，增强当事人的安全感与信任感，以及公证员法律服务的合法性、专业性与规范性，改善公证法律服务的质量，提升公证行业整体形象。同时，规范公证员的服务行为，对公证员执业进行必要的限制，有利于维护公证活动的中立性与公正性。

（六）提高素质

《公证员职业道德基本准则》第 15 条规定："公证员应当道德高尚、诚实信用、谦虚谨慎，具有良好的个人修养和品行。"第 18 条规定："公证员应当不断提高自身的业务能力和职业素养，保证自己的执业品质和专业技能满足正确履行职责的需要。"第 19 条规定："公证员应当树立终身学习理念，勤勉进取，努力钻研，不断提高执业素质和执业水平。"公证的社会功能在于预防潜在纠纷，缓解社会矛盾并减少诉讼发生率。要想实现公证预防社会纠纷的功能，提高公证活动与结论的合法性、合理性以及可接受性就显得尤为重要，这需要公证员具备较高的综合素质。公证是一项对公证员专业性、技术性以及个人修养等素质要求极高的职业活动。其中，专业性素质是指公证员法律知识的储备程度，"公证职业的最初出现是基于社会分工的需要，要求有人以专业知识和公证职能对民商事活动进行适度干预，确保各种民商、经济活动的真实、合法、公平、公正"①。职业化制度下的公证员，属于具有敏锐法律分析能力与判断力的法律专业人士②，专业素养是一名合格公证员的基本素质。技术性素质是指公证员对公证业务技能的熟练程度，而个人修养则强调公证员的执业品行与道德素养程度。公证员只有不断提高自身综合素质，才能为当事人提供更高质量的法律服务，并适应公证行业与社会发展的需要。

（七）清正廉洁

基于公证员公证行为的国家属性，《公证员职业道德基本准则》对公证员在公证活动中保持廉洁性提出了许多要求。其中，第 16 条规定，公证员在公证活动中应当"忠于职守、不徇私情、弘扬正义"；第 20 条规定，"公证员应当树立廉洁自律意识，遵守职业道德和执业纪律"；第 21 条明确公证员应当将

① 葛建强：《公证的社会价值与公证员职业定位》，《中国司法》2009 年第 11 期。

② 参见葛建强：《公证的社会价值与公证员职业定位》，《中国司法》2009 年第 11 期。

个人事务与公证事务区分开来，不得利用身份谋求私利；第 22 条规定，"公证员不得索取或接受当事人及其代理人、利害关系人的答谢款待、馈赠财物或其他利益"。公证员代表国家行使证明权，公证活动的国家属性使得其产生的公证书具有国家认可的法律效力，与法院裁判书具有同等的执行效力。[①] 在诉讼中，公证书可以直接作为法院定案依据，对当事人的权利义务产生较大影响。因此，公正、中立、客观地开展公证活动对公证结论的真实性与合法性塑造尤为关键。由于公证事务大多涉及经济领域与财产权益，存在较多的利益诱惑，容易造成公证员滥用国家证明权，在公证活动中丧失中立公正的价值以谋求私益。这就要求公证员树立清正廉洁的道德品质，不得利用公证员身份与权力为自己及利害关系人谋取不正当利益。

（八）爱岗敬业

《公证员职业道德基本准则》第 7 条规定："公证员应当珍惜职业荣誉，强化服务意识，勤勉敬业、恪尽职守，为当事人提供优质高效的公证法律服务。"第 16 条规定："公证员应当忠于职守、不徇私情、弘扬正义，自觉维护社会公平和公众利益。"干一行、爱一行，是从事任何职业工作的基本职业精神与道德要求，也是做好一份工作的基本前提与必备素质。只有热爱自己的职业与岗位，才能为事业付出全部的专注与热情。公证行业是一个法律服务行业，公证活动是为当事人提供公证法律服务的活动，公证具有市场属性。随着公证处体制的转轨，公证员从国家公职人员转变为法律从业者，日常收入来源由国家财政负担转变为法律服务费用收取，公证业务量成为公证行业持续健康发展的核心指标。公证行业发展与公证业务量的提升关系到每一位公证员的切身利益。这就需要每一位公证员能够在公证活动中充分发扬爱岗敬业精神，努力办好每一项公证业务，为当事人提供优质的法律服务，并在每一项公证活动中维护好公证行业捍卫公平正义、彰显法治权威的社会形象。爱岗敬业精神是公证员职业荣誉感与职业责任感的具体表现形式，只有忠于职守、热爱岗位的公证员才能公正负责地办理好公证业务，维护好公证员声誉以及当事人

---

① 参见赵霄洛：《公证人的双重性初探——兼谈我国公证制度改革》，《法学研究》1988 年第 6 期。

合法权益,赢得当事人的信任。当事人以后遇到法律问题会更倾向于寻求公证途径,这有助于公证业务量提升以及公证行业发展。

二、公证员同行之间的关系准则

2000 年《司法部关于深化公证工作改革的方案》的出台拉开了公证处体制改革的序幕,公证处由国家机构转型为执行国家证明职能、自主开展业务、独立承担责任的公益性、非营利性的事业法人组织,由各地司法行政机关统一管理。各地公证机构相互之间并无级别、隶属关系。公民通过法定条件取得公证员从业资格,公证员之间也同样是平等的,具有同等的权利义务,每个公证员所出具的公证书也均具备同等的法律效力。这次公证体制改革与国际接轨,推进了公证职业的自由化与市场化,因为在法国、德国等西方发达国家,公证人都属于自由职业者,自负盈亏。① 在市场经济条件下与法律服务市场中,公证机构之间、公证员之间均构成公平的竞争关系。为了规范公证行业的市场秩序,维护平等公正的公证服务竞争关系,有必要确立公证员同行之间的职业伦理与行为准则。

(一)相互尊重、独立公证

《公证员职业道德基本准则》第 24 条规定:“公证员不得以不正当方式或途径对其他公证员正在办理的公证事项进行干预或施加影响。”公证权是一项准司法性权力,作为权力行使主体的公证员,应依据事实和法律、法规、规章,独立办理公证事务,不受其他单位、个人的非法干涉。② 公证员依申请,为特定当事人办理公证事项,在公证活动中,公证员应独立自主办理业务,相互尊重彼此的专业性与独立性,在各自受理的公证业务中依法履职尽责,不得干扰与影响其他公证员的执业行为。公证活动具有一定的市场属性,这使得公证员同律师等自由职业者一样,能够独立承揽拓展业务。不干涉其他公证员的业务活动不仅是维护正常公证市场秩序的基本要求,也是对同行以及当事人的基本尊重。每一项公证业务都包含着当事人对公证员及其公证机构的专

---

① 参见袁彬:《公证人的角色定位》,《中国公证》2005 年第 4 期。
② 参见刘疆:《公证基本原则新论》,《中国公证》2003 年第 4 期。

业性、公正性、中立性的信赖，干涉其他公证员的公证活动将损害这种信赖利益，并对公证行业整体形象产生负面影响。与此同时，公证员承担了通过行使国家赋予的证明权力，对待证事项合法性、真实性进行查证以达到预防纠纷的目的，这需要公证员秉持客观公正中立的基础立场，才能保证公证活动的目的实现。因此，公证员应避免对其他公证员的正常业务活动进行影响干涉，不得基于非正当利益，在法定程序之外发表可能影响、干扰公证员独立思考、导致错误公证结论发生的意见观点。公证员不得替当事人说情送礼以干扰其他公证员办理公证所坚持的中立公正立场，不得泄露公证员的隐私信息以及打听正在办理公证的事项内容情况以影响公证活动的顺利推进。

（二）共同维护公证的严肃性与权威性

《公证员职业道德基本准则》第 12 条规定："公证员如果发现已生效的公证文书存在问题或其他公证员有违法、违规行为，应当及时向有关部门反映。"第 13 条规定："公证员不得利用媒体或采用其他方式，对正在办理或已办结的公证事项发表不当评论，更不得发表有损公证严肃性和权威性的言论。"公证活动的权威性、严肃性以及公证行业的整体形象需要每一位公证员共同维护①，要让当事人以及社会大众真真切切感受到公证的可信与便捷，需要提升行业的价值观与公信力，树立正面的职业形象。② 这要求任何一位公证员都需要具备强烈的职业责任感，并履行好监督职责，共同捍卫公证职业共同体的公正、严谨、权威形象。

其中，公证书作为公证活动的最终结果，具有国家认可的法律效力，是公证严肃性与权威性的文本表现形式。每一位公证员都有维护公证书的严肃性、权威性，并对公证活动进行监督的义务责任，对于公证书所存在的可能影响公证书法律效力与权威性的有关问题，以及发现公证员在公证活动中存在违法、违规行为的问题，应当及时向有关部门反映。公证员不得就其他公证员正在办理或已经办结的公证事项发表有损公证权威性的不当性评价言论，对办理公证事项持有不同意见的，可以依照规定程序与方式向公证机构及其主

① 参见许身健主编：《法律职业伦理》，北京大学出版社 2014 年版，第 185 页。

② 参见黄群：《塑造公证执业精神提升行业社会价值》，《中国公证》2014 年第 6 期。

管部门反映,但在公证活动中要尊重主办公证员的独立决定权,共同维护公证的严肃性与权威性。①

(三)公平正当竞争

《公证员职业道德基本准则》第23条明确了公证员相互尊重、公平竞争的职业伦理与行为准则。第25条规定了公证员应当禁止实施以下不正当竞争行为:"(1)利用媒体或其他手段炫耀自己,贬损他人,排斥同行,为自己招揽业务;(2)以支付介绍费、给予回扣、许诺提供利益等方式承揽业务;(3)利用与行政机关、社会团体的特殊关系进行业务垄断;(4)其他不正当竞争行为。"公平正当有序的竞争秩序对一个行业长期稳定健康发展十分重要。公证机构改制以及公证行业的市场化趋势,使公证员的收入水平与业务量成正比,为了获得更可观的收入,公证员往往想方设法拓宽业务来源,这使得公证市场充满了竞争。在这样一个竞争性的行业中,公证员的业务量又取决于其业务能力、威信以及社会声誉等职业形象。当事人往往根据上述标准来选择公证事项的具体承办人。而利用不正当、不公平手段破坏公证市场竞争秩序的公证员,不仅其声誉与口碑在公证行业内会招受到损害,遭到同行的排斥与抵制,直接造成业务量减少,而且还损害了当事人以及整个公证员群体的利益,破坏了公证行业的良好形象,并助长了社会不正之风。公证员职业伦理道德要求每一位公证员应努力为营造公证行业公平正当的竞争环境而努力,严格遵守行业竞争规范,相互尊重、公平竞争,自觉维护公证执业秩序,捍卫公证员的声誉和社会形象。② 相互尊重是公证员与同行之间相处的基本要求,尊重是相互的,只有尊重同行的声誉与业务活动,同行才会给予你同样的尊重。要做到相互尊重、公平竞争,就要求公证员必须依法从事公证活动,不得通过故意宣传夸大自己在公证服务领域的业务能力,贬低排斥同行、诋毁诽谤其他公证员或者公证机关的信誉和声誉,以及支付介绍费、给予回扣、许诺提供利益等方式以获取业务资源。公证员不得利用其或者所属的公证机构与其他公权力机关及其工作人员的特殊关系,对公证业务进行垄断。

---

① 参见许身健主编:《法律职业伦理案例教程》,北京大学出版社2015年版,第289页。

② 参见李本森主编:《法律职业伦理》(第三版),北京大学出版社2016年版,第222页。

（四）相互帮助合作

《公证员职业道德基本准则》第 23 条确立了公证员应当与同行保持良好合作关系，同业互助，共谋发展的行为准则。相互帮助合作对于培养、塑造公证员与同行之间的职业认同感、归属感，提高公证服务质量与公证业务整体水平，避免同行间的不正当竞争具有重要意义。公证活动是一项专业性与技术性极高的法律服务活动，公证的目标是对待证事项的真实性与合法性进行证明，这对公证员的判断力、观察力、经验以及法律知识掌握程度提出了较高要求。然而，由于人的理性存在有限性，每一个人的特点与优势并不一样，部分公证员可能具有丰富的办证经验，但对不断更新的法律条文的理解与掌握并不是强项。部分公证员对待证事项真实性的判断、观察较为精准，而其他公证员可能并没有显露出这方面的能力。每一位公证员在办理公证过程中都可能基于能力上的差异而遇到各种问题与挑战，如果不加以及时解决，可能产生错证的结果，并削弱公证活动的权威性、严谨性，降低公证法律服务质量。这凸显出加强公证员与同行之间相互帮助合作的重要性。在公证员独自办理公证过程中，有可能会遇到一些专业性、技术性的难题，公证员与同行之间相互帮助合作有助于相关问题及时解决，避免错证的发生。其他公证员有困难时，应主动提供帮助，特别是对刚加入到公证行业不久的新人，更应当积极提供帮助，多多鼓励，他们可能因缺乏办理公证业务经验而更容易遭遇困难，帮助与合作将使他们渡过难关，快速成长。

三、公证员与律师的关系准则

公证员与律师并无太多的工作联系与交集，两者之间关系主要表现为对执业行为的相互监督关系。公证处改制后，公证员与律师的职业属性存在一定的类似性，公证职业与律师职业都被认为是公共法律服务共同体重要一员，均是凭借法律专业知识与技能为市场及委托人、当事人提供法律服务，并收取一定的法律服务费用的中介性职业类型，且共同受到司法行政机关的管理。两者不同之处在于，公证员是公共职务，服务于公共利益，而律师则并不具有这一属性。[1] 因公证

① 参见赵霄洛：《公证人的双重性初探——兼谈我国公证制度改革》，《法学研究》1988 年第 6 期。

员与律师均属于法律工作者,共同负有促进法律实施,推进法治建设的责任义务,从这个层面来说,公证员与律师之间存在共同行为准则进行调整和规范,其中更多通过公证员履行监督义务来践行下列的职业伦理道德。

（一）执业为民

近年来,公证行业不断强化为民服务理念,不断满足人民群众期盼,转变工作作风,为人民群众办实事、办好事。[①] 无论是公证员还是律师,都属于服务性职业,均应将执业为民,全心全意为人民服务,维护人民群众合法权益作为业务活动的出发点与落脚点。公证员与律师在执业过程中承担着推进公共法律服务体系建设,满足人民群众日益增长的高质量法律服务需求,维护法治权威的重任。因此,公证员作为法律职业共同体的一员,除了依法行使好国家赋予的证明权力,根据当事人申请对待证事项的真实性、合法性进行证明之外,还应更多承担起推动法治建设,满足人民群众法治期待的社会责任。“执业为民”的行为准则要求公证员具有强烈的职业责任感、职业使命感,不仅表现为专注于提高与改善公证法律服务的质量水平,而且反映出维护人民群众根本利益的责任担当。律师基于个人利益的考虑,可能存在利用委托当事人在法律知识、思维认知上的局限,侵害当事人合法权益的行为。公证员除了办理好自己的公证业务之外,还应当承担起对包括律师在内的其他法律从业人员的业务行为进行监督的社会责任,确保律师的代理活动与法律服务在符合法律规定,不损害人民群众根本利益与国家法治秩序的前提下,能够最大限度地保障当事人的正当权益。公证职业具有公益性,“对于公证行业来说,公证利益要先于本职业的利益,这也是公证行业存在的理由”[②]。公证员如发现律师存在侵害当事人合法权益、损害人民群众与社会公共利益的违法违规行为时,应当及时向该律师所属单位、事务所以及主管司法行政机关反映。公证员恪守“执业为民”的行为准则,能够充分展现公证行业的社会担当,推进法治国家、法治社会建设,增强法律执业共同体的责任感与凝聚力,提升法律服务行业的整体形象。

---

① 参见黄群:《塑造公证执业精神提升行业社会价值》,《中国公证》2014 年第 6 期。

② [法]让 · 里乌福尔、弗郎索瓦 · 里科:《法国公证》,王立宪、徐德瑛译,法律出版社 1989 年版,第 37 页。

（二）维护法治

无论是律师还是公证员，都属于法律从业人员，遵守法律、维护法治是所有法律职业者最基本的职业道德素质，也是法律业务活动开展的目标追求。今天的公证员、律师等职业已经不是单纯的为当事人提供法律服务的从业者，而是实实在在的法律人、法治人。公证员必须顺应社会经济变革与法律市场所出现的需要，对法治建设中的诸多现象与问题及时作出理性审慎的判断，并依法行使公证权。① 公证员与律师在执业活动中都应当树立法治理念、坚定法治信仰、诠释法治精神，严格遵守宪法法律、行业规范，维护宪法法律尊严与法治权威，依法开展法律服务活动。从业务行为上看，公证员与律师均表现出为当事人、委托人提供专业性法律服务的行为模式，但两者之间存在着较明显的区别，公证具有国家属性，公证员是国家证明权力的行使者，律师更多的是站在国家中立立场来开展业务活动，即公证员追求的是通过证明待证事项的真实性与合法性，从而达到预防纠纷、促进经济社会发展、维护社会法治秩序的目的。因此，公证员负有维护法治权威与公平正义，监督国家法律有效实施的义务职责。而律师则表现出明显的立场倾向性，其执业特点是站在委托人的立场而非中立立场为当事人提供法律服务，追求的是维护当事人的利益。由于律师是站在当事人的角度来开展业务活动，委托—代理关系的建立使律师丧失了独立性。为了使公证结果符合当事人的利益与预期，在当事人经济利益的驱使下，律师可能会违背执业伦理道德，按照委托人的要求替他伪造或者隐瞒对公证事项的真实性、合法性判断产生重要影响的事实证据，或者为当事人实施上述行为提供支持与便利，这就可能对公证员正常公证活动的开展产生消极影响，并导致错证的发生，损害待证事项利害关系人的利益，破坏了公证行业维护社会公平正义与法治权威的形象。因此，公证员应当对律师的代理服务行为进行监督，对于发现的问题要及时向有关主管部门反映或者举报，促进法律服务市场秩序的规范化，维护法治权威。

（三）互相支持

公证员与同行之间需要保持相互帮助、共同合作的关系，通过强化对公证

---

① 参见薛凡：《公证人的职业地位及职业价值》，《中国司法》2002 年第 8 期。

职业及行业的认同感和归属感，增强公证从业人员的凝聚力，以提升公证法律服务的质量。而同为法律服务职业的公证员与律师之间，也需要通过加强相互之间的支持来提升各自的个人声誉与所属行业的信誉，从而能够扩大影响，并形成品牌效应以获取更多的业务资源。除了依法履行对律师执业行为进行监督职责之外，公证员还应当与律师建立相互支持的互助关系。法律服务行业的一个重要特征在于，对法律从业者的专业素质与知识储备要求较高，法律规定变动频繁，这要求公证员具有足够强的法条学习掌握与知识更新能力，才能够满足市场日益复杂多元的公证法律服务需求。然而，由于公证法律服务行业所具有的专业性、积累性、成长性、经验性等特征，公证员队伍的成员在专业与业务素质上存在参差不齐的现象，例如新加入公证员队伍的新人既缺乏公证实践经验，也可能不具备扎实的法律功底与专业素养，为了保证公证活动的顺利进行，提高公证员队伍的整体素质与公证服务质量，需要公证员与同为法律服务工作者的律师建立起良好的互助关系，互相尊重维护各自的声誉与名誉，相互支持、互补互利，不仅在业务资源上互相给予对方以便利，拓展业务渠道与合作空间。同时，还应当在专业基础知识上形成公证员与律师相互学习的局面，以求取长补短，增强业务能力，弥补法律知识缺陷，达到共同进步的效果。公证员与律师之间应当多就各自业务领域的相关法律问题开展探讨交流活动，这将有助于公证员在办理公证过程中所面临的专业性问题得到及时解决。

四、公证员与司法人员的关系准则

公证员在处理与司法行政人员、法官、检察官等司法人员之间关系的过程中，也需要遵循相应的行为准则与道德规范。公证员通过代表国家行使国家证明权以达到预防纠纷的目的，法官、检察官通过代表国家行使国家审判权与国家检察权以实现定分止争、权力监督、惩治犯罪等目的。而司法行政人员除了承担一定量的社会纠纷化解职能外，还代表国家行使对包括公证机构、律师事务所等法律中介组织及其成员进行管理的权力。上述法律职业都具有国家属性，都承担部分国家职能，行使部分国家权力。因此，有必要对公证员与国家公职人员的关系进行规范调整。

（一）公证员与司法行政人员的关系准则

司法行政机关是负责司法行政事务的国家机关，代表国家对包括公证行业、律师行业等法律服务行业及其成员统一行使行政管理权。公证员的执业资格、执业行为与公证活动受到司法行政机关及其工作人员的管理监督。《司法部关于拓展和规范公证工作的若干意见》明确规定了司法行政机关管理公证活动的职权内容，即“组织起草公证法律法规和其他规范性文件；负责审批公证处的设立、公证员的考试、考核、任命和业务辖区的指定；指导公证业务工作，开展对公证质量和公证处、公证员执业行为的检查、监督工作，对违法行为进行行政处罚；指导和监督公证员协会的工作”。因此，司法行政人员的管理权限包括法律职业资格考试组织以及法律从业资格授予、公证员遴选，公证活动的行政复议，公证处的设立、合并、终止审批，公证管辖区域划定，公证管辖争议裁决等内容。① 司法部《公证机构执业管理办法》第 34 条明确，“司法行政机关实施监督检查，可以对公证机构进行实地检查，要求公证机构和公证员说明有关情况……公证机构和公证员应当接受司法行政机关依法实施的监督检查，如实说明有关情况、提供相关资料，不得谎报、隐匿、伪造、销毁相关证据材料。”由此，公证员应当严格依照司法行政机关制定的公证法规与公证程序办理公证，自觉接受司法行政机关及其工作人员的监督和执业检查，积极配合协助司法行政人员的管理工作。②

当事人如果对公证书以及公证员的办证程序持有异议，并向司法行政机关申请复议，公证员应当真实、详细地向司法行政人员说明办证具体情况以及行为理由，全面完整提供与之相关的文件材料，不得隐瞒、捏造、篡改事实和材料。公证员应当积极配合司法行政人员针对公证书与公证程序的审查复议工作，避免对司法行政人员审查工作进行干涉，影响复议工作的顺利进行与审查结论的公正性。如果经审查发现公证书效力存在瑕疵或者办证程序具有违法

---

① 参见李本森主编：《法律职业伦理》（第三版），北京大学出版社 2016 年版，第 222 页。

② 《公证法》第 39 条规定：当事人、公证事项的利害关系人认为公证书有错误的，可以向出具该公证书的公证机构提出复查。公证书的内容违法或者与事实不符的，公证机构应当撤销该公证书并予以公告，该公证书自始无效；公证书有其他错误的，公证机构应当予以更正。参见陈光中、李春霖：《公证与律师制度》，北京大学出版社 2010 年版，第 107 页。

情形的，司法行政人员则依法作出撤销公证书的复议决定，并可以对违法公证员处以行政处罚。被处罚公证员如对行政复议结果存在异议，可以进一步申诉或者提起行政诉讼，请求撤销行政处罚决定。

（二）公证员与法官、检察官的关系准则

在大陆法系国家，公证是与审判同等重要的纠纷解决方式，公证员与法官联系紧密。① 在中国，公证员通过行使国家证明权，承担为当事人提供待证事实真实性与合法性证明服务的工作职责，法官也需要审查、认定事实与证据的真实性、合法性等问题，这就为两者在业务工作领域建立了联系。公证活动的最终结果以公证书的形式呈现，公证书基于公证行为的国家公信力以及法律认可性而获得了较高的法律效力。在诉讼过程中，公证书具有法律上的证据效力，其证明力高于一般的私证，可以作为法官直接认定争议事实的依据，这一定程度抑制了司法腐败，减少法官滥用证据、判决不公的发生概率。② 公证在诉讼活动中具有的强制执行力与证明力是世界各国所普遍认可采纳的基本规则，如法国《公证法》第 19 条规定："公证书不仅具备裁判上的证明力，而且在法兰西共和国全部领域内具有执行力"。③ 因此，公证书常常作为能够证明部分事实的证据材料被"引入"司法诉讼活动中，而公证员与法官之间的关系也主要体现在，公证员以证人的身份加入庭审程序，就其所出具的公证书的真实性、合法性等问题向法官作出说明和解释，并就法官、检察官以及其他诉讼参与人对于公证书所提出的问询进行回应。

公证员以证人身份出庭应当履行法庭针对证人所设定的义务规定与行为准则。公证员有作证义务，在接到出庭通知后，应当按照通知的时间、地点，及时到场接受询问与各方质证，如确有特殊原因无法出席的，应事先与承办法官说明原因情况，不能无故缺席。公证员有如实作证义务，应当如实向法庭提供证言与其他证据，说明公证书的真实性、合法性问题，并如实回答法官的问询，不得作伪证或者隐匿证据。当然，法官有可能不认可公证书对于待证事实的真实性、合法性判断（不包括因实体和程序违法而出具的公证书），这就涉及

① 参见马宏俊主编：《公证实务》，北京大学出版社 2012 年版，第 19 页。

② 参见冷春：《公证的社会价值》，《中国公证》2003 年第 4 期。

③ 转引自周志扬：《论公证在社会信用体系中的定位》，《中国法学》2003 年第 4 期。

公证员的专业判断与法官观点之间存在冲突。[①] 针对法官的质询以及与公证结论相反的判断，公证员应在尊重的基础上与法官进行充分沟通和说明。公证员还应遵守法庭秩序，维护法官权威与法庭程序，尊重法官的独立性。美国法学家德沃金曾经指出："法院是法律帝国的首都，法官是帝国的王侯"。[②] 法官独立行使审判权而不受其他任何因素影响，这是保证司法公正的前提与基础，公证员在履行作证义务的时候，不得对庭审活动施加干扰以及影响法官的独立判断。对于法官所询问的情况以及法庭证言内容，公证员应当自觉履行保密义务，不得向无关人员泄露。此外，当公证员对司法行政机关的行政处罚决定不服并向人民法院起诉时，或者因当事人对公证书及公证程序持有异议，将公证处起诉到法院时，公证员作为原告或者公证处的诉讼代理人，应当忠于事实与程序，向法官作如实陈述。公证员要规范自己的言行举止，不得在公共场合向媒体提供、传播与法官、检察官的任职资格和品行以及案件事实相关，并可能有损司法权威与公正的轻率言论。

公证员所具有的证人身份使其与检察官能够发生一定的关系，即公证员在庭审过程中可能会接受到来自检察官的，针对公证事项及其公证书内容等情况的询问，这就要求公证员应当严格履行作证义务，真实、客观、有效回应检察官所提出的各类问题。除此之外，检察官的法律监督职责能够将公证员的公证活动纳入监督范围。虽然机构改革以及监察委的设立，使针对公共权力与国家公职人员的监督职能实现了重新配置，由检察院转移到了监察委，但涉及的范围仅限于具有公职身份的国家工作人员，对于并不具有公职身份但又在实践中行使公权力的主体，则不属于监察委的监督范围。由于公证处体制改革，公证员失去了国家公职人员身份，但其办理公证过程中行使的证明权仍然具有国家公权力属性，能够对法律关系调整产生直接效力，因而也必须受到有效的规范监督。公证活动实质上是法律实施活动，检察院基于其法定监督权能够实现对公证员及其证明权力实施的监督。公证员在执业活动中应自觉接受检察官的监督，不得妨碍、干扰、影响检察官的法律监督事务，不得利用与

① 参见刘疆、王茵：《公证执业风险的判断与控制》，《中国公证》2006 年第 5 期。

② ［美］德沃金：《法律帝国》，李常青译，中国大百科全书出版社 1996 年版，第 361 页。

检察官、法官具有亲朋、同学、师生等关系以及法律禁止的其他形式，干涉、影响检察官开展监督工作。

第三节　公证员的职业责任

公证是一个高风险、高责任的职业，公证员对其所出具的公证文书负法律责任，错证要依法追究责任。① 公证员职业责任，是指公证员在职业活动中实施了违反法律规定、行业纪律以及职业道德准则的行为之后而应该承担的相应责任。根据行为的性质与行为后果的严重程度，公证员职业责任具体可分为纪律责任、民事责任、行政责任与刑事责任。

一、公证员纪律责任

这里所称的"纪律"是指行业纪律，即由中国公证协会起草颁布的，用以管理与调整整个公证领域包括公证机构以及公证员的业务工作、活动与行为等内容的行业自治性规范。《公证员执业管理办法》第 32 条明确了，公证协会有权对公证员违反职业道德与执业纪律的行为，给予同其行为严重程度相当的纪律处分。② 2018 年，中国公证协会印发的《公证执业违规行为惩戒规则（试行）》进一步完善了公证行业纪律处分机制，在法律规制范围外，设置了更为具体、细化、全面的行为标准。2018 年版《公证执业违规行为惩戒规则（试行）》在 2004 年版《公证员惩戒规则（试行）》的基础上对纪律惩戒的种类的设定进行了大幅度调整，由原来的"警告、严重警告、罚款、记过、暂停会员资格、取消会员资格"纪律处分措施转变为"训诫、警告、通报批评、公开谴责、暂停会员资格、取消会员资格"的纪律处分措施，以符合法律、法规、规章的规

---

① 参见余陆竞：《对公证赔偿制度的若干思考与对策研究》，《福建论坛（社科教育版）》2006 年第 S1 期。

② 《公证员执业管理办法》第 32 条规定：公证协会依据章程和有关行业规范，对公证员违反职业道德和执业纪律的行为，视其情节轻重，给予相应的行业处分。

公证协会在查处公证员违反职业道德和执业纪律行为的过程中，发现有依据《公证法》的规定应当给予行政处罚情形的，应当提交有管辖权的司法行政机关处理。

定以及行业自律性、公证去行政化的特征，从而更好地实现行业的自律、自治以及公证行业秩序的维护。纪律责任与行政、民事及刑事责任的承担并不相矛盾，可以并行适用。《公证执业违规行为惩戒规则（试行）》对每种纪律处分措施均规定了具体的适用条件，主要内容包括：

第一，训诫处分。《公证执业违规行为惩戒规则（试行）》第 27 条列举了 6 种适用训诫处分的行为类型，具体涉及：无正当理由拒绝受理公证申请的；服务态度恶劣，并造成不良影响的；无正当理由，不按期出具公证书的；不予受理、不予办理或终止办理公证的决定未按规定通知当事人，造成不良影响的；违反执业区域管理规定受理公证业务的；不执行公证行业信息平台录入和查询规定的。

第二，警告处分。《公证执业违规行为惩戒规则（试行）》第 28 条详细列举了 6 种适用警告处分的行为类型，具体涉及：在媒体上或者利用其他手段对本机构或本人进行虚假宣传，误导当事人、社会公众或社会舆论，造成不良影响的；故意诋毁、贬损其他公证机构或者公证人员声誉的；故意干扰其他公证机构或者其他公证人员正常办理公证业务的；不按规定缴纳会费、公证赔偿基金，不参加公证执业责任保险的；上报的统计数据存在瞒报、夸大等造假行为的；不按规定履行复查义务的。与此同时，公证员如果实施第 27 条训诫处分所列行为，情节严重的，也将受到警告处分。

第三，通报批评处分。根据《公证执业违规行为惩戒规则（试行）》第 29 条的规定，公证员的从业行为如存在：不按法定程序出具公证书的；同时在两个以上公证机构执业的；同时从事有报酬的其他职业的；严重违反复查处理程序或复查处理结果违法，并造成不良影响的；遗失丢失公证文书或者公证档案，情节严重的。与此同时，公证员如果实施第 27 条训诫处分以及第 28 条警告处分所列行为，情节严重的，也将受到通报批评处分。

第四，公开谴责处分。《公证执业违规行为惩戒规则（试行）》第 30 条详细列举了 9 种适用公开谴责处分的行为类型，具体包括：通过压价、支付佣金、支付回扣等不正当方式争揽公证业务的；在公证收费之外，直接或变相收取当事人财物的；利用执业便利为自己或者他人牟取、收受不正当利益的；拒不执行地方公证协会复查争议投诉处理意见的；擅自减免、提高公证收费或不向当事人开具收费凭证的；尚未取得公证员执业证的人员直接或变相独立办理《公证法》第 11 条规定的公证事项的；泄露在执业活动中知悉的国家秘密、商业秘密或者个人隐私的；对投诉人或相关人员进行打击报复的；拒不履行惩戒决定的。此外，公证员如果实施第 28 条警告处分以及第 29 条通报批评处分所列行为，情节严重的，也将面临公开谴责处分。

第五，中止会员资格与取消会员资格处分。《公证执业违规行为惩戒规则（试行）》第 31 条规定，公证员有下列情形之一的，予以中止公证员会员资格：私自出具公证书的；故意为不真实、不合法的事项出具公证书的；因重大过失为不真实、不合法的事项出具公证书，造成重大损失的或者造成恶劣社会影响的；泄露在执业活动中知悉的国家秘密、商业秘密或者个人隐私，造成重大损失或恶劣社会影响的；毁损、篡改、遗弃公证文书或者公证档案，情节严重的；侵占、挪用公证费或者侵占、盗窃公证专用物品的；发生重大公证质量事故、限期整改仍未改正的；受到司法行政机关停止执业或停业整顿行政处罚期间，继续执业或变相执业的；其他严重违反公证法律法规或者职业道德和执业纪律的行为，造成严重不良影响的。同时，公证员如果实施第 29 条通报批评处分以及第 30 条公开谴责处分所列行为，情节严重的，也将受到中止会员资格处分。《公证执业违规行为惩戒规则（试行）》第 31 条也对“取消会员资格处分”进行了规定，即公证员行为符合本条款所列举的情形，且情节严重的，将会被取消会员资格。

《公证执业违规行为惩戒规则（试行）》第 19 条至第 26 条规定了纪律惩戒措施的具体适用问题以及与法律手段的关系。其中，中止会员的处分期限为 1 个月以上 1 年以下，在适用中止会员资格的惩戒时，可以同时给予警告、通报批评、公开谴责的惩戒处分。给予警告及以上惩戒的，可以同时责令违规公证员接受专门培训或者限期整改。地方公证协会拟对违规公证员作出中止会员资格或取消会员资格的惩戒决定之前，应当建议司法行政机关对该公证员给予相应的行政处罚。公证员可能构成犯罪的，地方公证协会可以建议司法行政机关移送司法机关处理。公证员受到司法行政机关行政处罚或者司法机关刑事处罚的，公证协会应当作出相应的惩戒。《公证执业违规行为惩戒规则（试行）》第 23 条、第 24 条规定了纪律处分减轻或免除以及从重或加重的情形。减轻或免除惩戒的情形包括:初次违反执业纪律或职业道德并且情节轻微;主动报告、积极配合协会调查的;及时消除或减轻危害后果的。从重或加重的情形包括:同时具有两种以上应予惩戒的行为的;在2年内发生2次以上同一性质的应予惩戒的行为的;在协会调查期间,拒不停止违规行为的;逃避、抵制、阻挠调查或者隐匿、伪造、销毁相关证据材料的;对投诉人或相关人员进行威胁以及打击报复的。

二、公证员民事责任

公证员民事责任是指,公证员向公证当事人或利害关系人基于过错所需承担的民事赔偿责任。因自己的错误而对他人造成损害的一方必须赔偿损害,这适用于公证员。[①] 然而,由于我国公证立法采取公证机构本位主义,因此对当事人或者利害关系人的赔偿主体是公证员所属的公证机构。[②] 正如《最高人民法院关于审理涉及公证活动相关民事案件的若干规定》第1条所明确的,当事人、公证事项的利害关系人依照《公证法》第43条的规定向人民法院起诉请求民事赔偿的,应当以公证机构为被告。公证机构不得以其无过错为由对当事人的赔偿请求进行抗辩。虽然公证机构对外承担民事赔偿责任,但依据《公证法》第43条的规定,对于存在故意或重大过失的公证员,公证机构在对当事人、利害关系人赔偿后,可以向公证员追偿。中国公证协会印发的《关于进一步加强公证执业过错责任追偿工作的意见》也明确了公证机构在履行民事赔偿义务后,向责任公证员追偿的权利。由此可见,公证员并不能因民事赔偿主体为公证机构而完全免除民事责任。

《最高人民法院关于审理涉及公证活动相关民事案件的若干规定》第4条列举了公证机构、公证员须承担过错赔偿责任的7种情形,具体包括:为不真实、不合法的事项出具公证书的;毁损、篡改公证书或者公证档案的;泄露在执业活动中知悉的商业秘密或者个人隐私的;违反公证程序、办证规则以及国务院司法行政部门制定的行业规范出具公证书的;公证机构在公证过程中未

---

① 参见[法]让·吕克·奥贝尔:《公证人的民事责任》,《中国公证》2003年第1期。

② 参见熊选国主编:《公证理论与实务》,法律出版社2018年版,第106页。

尽到充分的审查、核实义务，致使公证书错误或者不真实的；对存在错误的公证书，经当事人、公证事项的利害关系人申请仍不予纠正或者补正的；其他违反法律、法规、国务院司法行政部门强制性规定的情形。公证员在办理公证过程中因故意或者重大过失导致了损害的结果，公证机构在损害赔偿的范围内对责任公证员进行追偿，而损害的认定标准仅以直接经济损失为限。根据全国人大法工委编写的《中华人民共和国公证法释义》对侵权赔偿范围的解释，"原则上仅限于直接经济损失，对于间接经济损失，一般不予赔偿"①。与此同时，公证侵权对公证当事人、公证事项利害关系人造成的预期可得利益损失和精神损失，也不在赔偿的范围内。②

三、公证员行政责任

公证员行政责任是指，公证员在公证活动或其他与公证有关的活动中，违反行政法规、规章或未履行行政法律义务时所需要承担的行政处罚责任。由于公证机构以及公证员的主管部门是司法行政机关，对于公证员和公证机构在公证活动中所存在的违法违规行为，司法行政机关具有行政处罚权。司法行政机关的行政处罚手段也是针对公证员的执业行为进行规制的主要法律手段。根据《公证法》的规定，对于公证员的违法违规行为，司法行政机关可以对其处以警告、罚款、停止执业、没收违法所得、吊销执业证书等行政处罚措施。而对于公证机构的违法违规行为，司法行政机关则可以对其处以警告、罚款、没收违法所得以及停业整顿的行政处罚措施。行政处罚机制与行业纪律惩戒机制存在实施上的衔接性，两套治理机制可以同时适用，并行不悖。例如，《公证执业违规行为惩戒规则（试行）》第21条规定，地方公证协会拟对违规公证员作出中止会员资格或取消会员资格的惩戒决定之前，应当建议司法行政机关依法对该公证员给予相应的行政处罚。第22条规定，对于需要承担行政责任或刑事责任的公证员，公证协会应当作出相应的惩戒。

《公证法》第41条规定了6种应予行政处罚的情形，具体包括：以诋毁其

① 转引自熊选国主编：《公证理论与实务》，法律出版社2018年版，第108页。

② 参见王雄杰、俞剑英：《公证执业风险的识别、评估与控制》，《中国公证》2009年第12期。

他公证机构、公证员或者支付回扣、佣金等不正当手段争揽公证业务的；违反规定的收费标准收取公证费的；同时在二个以上公证机构执业的；从事有报酬的其他职业的；为本人及近亲属办理公证或者办理与本人及近亲属有利害关系的公证的；依照法律、行政法规的规定，应当给予处罚的其他行为。第 41 条明确了公证员、公证机构存在上述 6 类情形之一的，由省、自治区、直辖市或设区的市人民政府司法行政部门给予警告；情节严重的，对公证机构处 1 万元以上 5 万元以下的罚款，对公证员处 1000 元以上 5000 元以下罚款，并可以给予 3 个月以上 6 个月以下停止执业的处罚；有违法所得的，没收违法所得。《公证法》第 42 条规定了 6 类较第 41 条更为严重的违法违规情形，主要涉及：私自出具公证书的；为不真实、不合法事项出具公证书的；侵占、挪用公证费或者侵占、盗窃公证专用物品的；毁损、篡改公证文书或者公证档案的；泄露在执业活动中知悉的国家秘密、商业秘密或者个人隐私的；依照法律、行政法规的规定，应当给予处罚的其他行为。与此同时，该条款还规定，公证员存在故意犯罪或者职务过失犯罪的，司法行政机关应当吊销公证员的执业证书。司法部《公证员执业管理办法》《公证机构执业管理办法》对公证机构和公证员行政处罚的程序性事项进行了规定，提高了《公证法》实施的可操作性。

四、公证员刑事责任

公证员刑事责任是指，公证员在办理公证或履行其他公证职责过程中，其违法违规行为的严重程度在达到满足犯罪的标准与要件时，所需承担的刑事处罚的法律责任。对于公证员以及公证机构刑事犯罪的规制，主要集中在《公证法》《刑法》以及最高人民检察院《关于公证员出具公证书有重大失实行为如何适用法律问题的批复》的司法解释之中。其中，《公证法》第 42 条对 6 类公证员及公证机构可能构成犯罪，需要承担刑事责任的行为类型进行了明确，这包括：私自出具公证书的；为不真实、不合法事项出具公证书的；侵占、挪用公证费或者侵占、盗窃公证专用物品的；毁损、篡改公证文书或者公证档案的；泄露在执业活动中知悉的国家秘密、商业秘密或者个人隐私的；依照法律、行政法规的规定，应当给予处罚的其他行为。这与受行政处罚的部分情形相一致，说明了上述行为的情节与严重程度决定了不同的法律责任。但也存在同时适用行政责任与刑事责任的情形,例如公证员在故意犯罪与职务过失犯罪的条件下,将会被处以吊销公证执业证书的行政处罚。

《刑法》规定中涉及的“出具证明文件重大失实罪”“提供虚假证明文件罪”“职务侵占罪”“非国家工作人员受贿罪”“挪用资金罪”等罪名与公证员存在关联性。2009 年 1 月 6 日,最高人民检察院出台《关于公证员出具公证书有重大失实行为如何适用法律问题的批复》的司法解释,明确了公证员在履行公证职责过程中,严重不负责任,出具的证明文件有重大失实,造成严重后果的,以出具证明文件重大失实罪追究刑事责任。《刑法》第 229 条第 3 款规定了“出具证明文件重大失实罪”的适用条件,即承担法律服务职责的中介组织人员,严重不负责任,出具的证明文件有重大失实,造成严重后果的,处 3 年以下有期徒刑或者拘役,并处或者单处罚金。而公证员属于为当事人提供法律服务职责的公证机构的成员。《刑法》第 229 条第 1 款规定了“提供虚假证明文件罪”的适用条件,即承担法律服务职责的中介组织的人员故意提供虚假证明文件,情节严重的,处 5 年以下有期徒刑或者拘役,并处罚金。该条第 2 款在第 1 款的基础上规定,对提供虚假证明文件罪的第 1 款规定的人员,同时还存在索取他人财物或者收受他人财物的,属于加重情节,处 5 年以上 10 年以下有期徒刑。公证员通过行使国家证明权,能够对当事人权利义务关系产生关键性影响,同时由于公证事项大多涉及经济领域,公证员可能受到利益诱惑而触犯经济类型犯罪。基于非国家工作人员的身份,公证员在公证活动中存在的,收受或者索取他人财物,为他人谋取利益的行为,可能构成“非国家工作人员受贿罪”;而公证员在公证活动中存在的侵占、挪用公证费或者侵占、盗窃公证专用物品的行为,则可能构成“职务侵占罪”“挪用资金罪”“盗窃罪”;泄露在执业活动中知悉的国家秘密、商业秘密或者个人隐私的行为,可能涉及侵犯国家秘密、商业秘密类犯罪。

第四节　公证员职业伦理的培养

公证员职业伦理对于规范公证员的执业行为与公证活动,维护公证行业秩序与提高社会形象,推动公共法律服务质量提升及法治国家、法治社会建设具有重要意义。公证职业伦理不仅是一整套规范公证员执业行为的制度体系,也是一个对于公证员思想理念以及行为产生深刻引导、示范、教育作用的道德系统。公证员并不是天生就了解与具备公证员执业伦理所要求的职业素质与道德操守,这需要经历培养与实践的过程,实现逐步积淀。通过加强公证员职业伦理教育,提升公证员职业伦理修养,促进公证员执业行为的规范化、合法化。

一、加强公证员职业伦理意识的培养

公证员职业伦理意识,是指公证员在公证活动中严格依据职业伦理规则开展公证活动的意识与思维。公证职业是法律职业共同体中的重要组成部分,法律职业共同体是以共同利益、共同职业(以法律为职业)、共同伦理、共同符号(法言法语、行为符号以及思维方式)、共同知识、共同意志(理想、信念、目标追求)为特征的共同体。① 公证员作为共同体成员,一方面要捍卫法律的尊严与权威,另一方面要维护法律工作者以及职业共同体的整体形象。② 公证员职业道德素养与规则意识的高低不仅关系到公证服务的质量,而且对公证行业乃至整个法律服务行业的社会形象都产生重要影响。有意识、有针对性地强化公证员职业伦理意识能够有助于上述积极影响与功效的实现。一方面,要加强公证员职业伦理的培训与宣传,提高公证员对增强自身职业道德素质的重视程度;另一方面,要强化公证员的职业责任意识,将责任意识贯彻公证活动及其行为的始终。

(一) 加强公证员职业伦理的培训

加强公证员职业伦理的培训,是公证员队伍建设的一项重要内容,是司法行政机关、公证协会以及公证机构在增强公证公信力、打造公证员良好职业形象与公证行业良好社会形象的一项长期重要的工作任务。加强公证员职业伦理的培训,可以从以下几方面入手:第一,培养公证员的忠诚意识,忠诚于党和人民、忠诚于宪法和法律、忠诚于客观事实、忠诚于职责义务。公证员在公证

① 谢晖在"中国法治之路与法律职业共同体"学术研讨会上的发言。参见张文显等主编:《法律职业共同体研究》,法律出版社 2003 年版,第 74—75 页。

② 参见刘疆、王茵:《公证执业风险的判断与控制》,《中国公证》2006 年第 5 期。

活动中应当具备正确的政治立场与价值导向，坚持公证为民的理想信念，坚守以事实为依据、以法律为准绳的正义准则，努力履行职责义务所赋予的法治使命。这些道德素养都是公证员忠诚意识的直接展现形态，通过加强公证员忠诚意识的培养，有助于更好提升公证服务质量与水平。第二，培养公证员理解与适用法律与行业纪律的能力。这包含两个方面：一方面是加强对公证员与业务相关的法律法规规章及公证执业纪律的培训和教育，提高公证员熟练运用法律、严格依照纪律开展公证活动的意识；另一方面是培养公证员运用法官思维适用法律、认定事实的能力和习惯。公证员为当事人办理公证必须建立在待证事实的真实性、合法性基础上，这与法官的司法活动相类似，即都需经历认定事实、适用法律、采用证据的过程。培养公证员的法官思维，有助于提高公证员的业务素质与办证能力。第三，培养公证员树立正确的世界观、人生观与价值观。公证业务大多涉及经济领域，利益关系复杂、利益诱惑众多，这容易腐化公证员，影响公证的中立客观性。通过正确世界观、人生观、价值观的培养塑造，能够帮助公证员妥当处理在公证活动中所可能出现的经济、权力等利益因素影响，实现办证取得法律与社会效果的统一。

（二）加强公证员职业伦理的宣传

公证员的办证过程是道德准则、法律法规、行业纪律的实施过程，道德准则提供了公证员开展公证活动的行为规范，法律法规为公证员设定了办证的基本规则，而行业纪律则是根据公证行业管理实际与需要，针对公证员行为及活动所设置的惩戒性的制度安排。道德准则、法律法规以及行业纪律构成了公证员职业伦理的基本内容，都是公证员办理公证过程中所必须严格遵循的制度依据。公证员如果能够及时、全面了解掌握公证职业道德的要求，以及最新公证法律法规和行业纪律规范的调整变动情况，势必对增强其依法办证、依纪办证的能力，夯实公证员的法治思维具有助益。因此，加强公证员职业伦理的宣传，能够使公证员职业伦理深入公证员内心，并形成指导公证员业务行动的理念与思维，这有助于公证员在及时全面获取职业伦理所内含的各类制度规范与行为准则信息的基础上，以更合法、更规范的方式开展公证活动。与此同时，加强公证员职业伦理的宣传也有助于促进社会与民众对于公证活动及其制度规则的了解，客观上增进对公证员执业行为的监督。另外，加强公证员职业伦理的宣传,一定程度可以提高公证行业的规范性与社会形象。

（三）加强公证员职业责任意识

违反公证员职业伦理就会导致责任承担,无论是承担纪律责任还是承担法律责任,都会对公证员的职业前景产生负面影响,乃至退出公证行业,丧失执业资格。加强公证员职业责任意识,其目的就是为了让公证员能够严格遵照法律规定与道德准则的要求,尽职履责、忠于职守,努力做好本职工作,廉洁自律,不触犯纪律与法律。加强公证员职业责任意识可以从以下几方面予以推进:第一,保证公证员能够中立公正行使国家证明权,客观独立地对公证事项的真实性与合法性作出判断和认定,不受任何行政机关、社会团体以及个人的干扰,不受经济、权力、利益、人情等因素的影响。第二,加强对公证员职业责任意识的教育。通过对公证员"遵纪守法"与"违纪违法"的正反两方面典型案例进行形象剖析,着重突出公证员违纪违法行为所产生的消极影响及其后果责任,对公证员进行教育与引导,使公证员职业责任意识能够入脑入心,转化为公证员的思想与行动,从而达到约束公证员执业行为的目的。第三,强化对公证员执业行为的监督检查力度。公证员的执业活动与行为不仅受到主管单位司法行政机关及其工作人员的监督检查,也受到包括公证协会人员、法官、检察官、同行、律师、当事人及社会公众等主体的监督。通过整合各方监督主体资源,强化检查监督的力度,对公证员行为及活动施加责任压力,从而一定程度上实现公证员职业责任意识的加强。

二、加强公证员职业素质培养

公证员职业素质,是指公证员在公证活动中,依据职业伦理的要求所需要具备的基本职业素养。公证员职业素质的缺失,是导致公证活动存在规范性、合法性问题,并引发错证的根本原因。因此,有必要加强公证员职业素质的培养,这包括三个方面,即加强政治素质培养、加强业务素质培养、加强个人道德素质培养。

（一）加强公证员政治素质培养

公证员的执业行为并非单纯意义上的市场服务行为,而是代表国家依法行使国家证明权的公共权力行为。公证员承担着重要的国家职能,通过公证活动达到预防纠纷、减少诉讼的效果，从而满足维护国家与社会稳定的目标。因此，公证员应当具备过硬的政治素质，不仅能够深刻理解与坚定服从党和国家的各项公证政策，服务于人民利益与公共利益，而且在办证过程中，努力维护国家公证权威与尊严，保障公证程序和公证结论的公平正义，始终保持公证行为的廉洁性以及公证活动的国家中立立场。第一，应当加强对公证员政治意识的培养，提高公证员办证为民，服务党和法治国家、法治社会建设的政治部署的行动自觉。第二，应加强对公证员忠诚意识的培养。公证员应当爱岗敬业，忠诚于公证事业，忠实履行国家证明职责，努力维护公证行业法治形象与公证公信力。公证员忠诚意识的培养可以通过正反两方面典型教育、职业道德宣传、职业培训、学历教育等方式实现。第三，还应当培养公证员对政治的兴趣。兴趣决定了注意力的分配，培养公证员对政治的兴趣能够促使公证员更愿意关注政治环境及动态，而公证的目的背后就暗含了政治价值。因此，培养公证员对政治的兴趣与关注，有利于实现公证活动持续、有序地推进。

（二）加强公证员业务素质培养

公证是一项对公证员法律专业知识与业务素质要求极高的法律服务性活动。成功办理一项公证业务，需要公证员自身具备一定的理论功底，对公证法理有一定程度的理解认知。同时要求公证员对待证事项所涉及的领域的相关法律规定有着全面充分的掌握，并能够基于证据材料，对民事法律行为以及具有法律意义的事实和文书的真实性、合法性进行精准的判断与证明。还须严格遵照规定的程序以及公证技术性规范开展办证活动，这就对公证员的业务（专业）素质提出了较高的要求。因此有学者认为，“公证人必须受过高等法学教育，经过国家考试，有良好的职业道德，由国家授予资格”①。业务素质的内容不仅包括法律知识理论方面的素养，即对法律规范的理解和法律意识，还包括公证员在执业过程中处理公证事项所需要的社会经验、职历经验。② 要加强公证员业务素质的培养，可以从以下几方面进行着手：第一，加强实务经

① 赵霄洛：《公证人的双重性初探——兼谈我国公证制度改革》，《法学研究》1988 年第 6 期。

② 参见么世菊：《公证人的法律责任》，《中国公证》2004 年第 4 期。

验与业务技能的积累和训练。法律的生命在于经验①,这是美国大法官霍姆斯的至理名言,客观上展现出法律的经验属性。与法律一样,法律职业也对从业者的业务熟悉程度、实务经验、实践能力提出了较高要求。一个优秀的公证员,必然是一个具备丰富的实务经验与突出的实践能力,并精通公证业务的法律执业人员。除了公证理论学习外,实务经验积累与业务技能训练对于公证员素质的提升至关重要,因而需要持续推进针对公证员的业务技能培训。第二,加强法律理论教育。法律理论是开展公证法律实践的基础与前提,公证活动需要法律理论的指导,公证员具备的法律理论素养高低决定了其实践水平与业务能力。加强法律理论教育的目的是更好地指导实践以及业务活动。第三,加强公证员同其他法律从业者的交流。不同职业的法律从业者虽然在工作所涉领域的业务内容与分工上存在一定区分,但归根结底都是为了更好地推进法律的实施,实现社会公平正义。因此,在专业知识与法律适用方面,公证员与其他法律从业者可以借助业务培训、同行交流会、学术研讨会等形式加强沟通交流,取长补短,实现共同进步。第四,加强公证员执业技能培养。公证员执业技能包括法律思维与辨别技能、对法律规范的理解与解释技能、搜集和使用证据的技能、思辨和撰写法律文书的技能等。② 这些技能的掌握有助于提高公证员的服务质量以及办证熟练度和效率。

（三）加强公证员个人道德素质培养

公证员的个人形象不仅代表着整个公证行业的形象,也代表着整个国家的法律服务从业者的形象。国家与社会法治建设的重要成果之一,就是要实现公共法律服务的规范化与现代化。公共法律服务的规范化与现代化,以为当事人供给优质法律服务为目标,这就对公共法律服务从业者的个人道德素质提出了要求。无论是律师、仲裁员、调解员,还是公证员,均是以服务市场化的法律需求为导向,他们的收入福利也一定程度上取决于所承接的业务量,而法律服务行业的整体社会形象对业务量的获得以及行业健康发展有重要影

① 参见[美]小奥利弗·温德尔·霍姆斯:《普通法》,冉昊、姚中秋译,中国政法大学出版社 2006 年版,第 1 页。

② 参见么世菊:《公证人的法律责任》,《中国公证》2004 年第 4 期。

响。由于法律服务行业中的各职业呈现紧密关联性,不同职业从业者的个人形象与信誉发生减损,将会动摇社会对整个公共法律服务行业的态度与信任,并对整个行业的发展产生负面作用。所以,加强针对公证员的言行举止、职业形象、服务态度、个人品行等个人道德素质的培养和塑造具有重要意义。首先,应提升公证员自身的形象素质。公证员在办理公证事项过程中要维护公证活动的严谨性与庄重性,注重公证礼仪,做到着装规范、遵守公德、举止得体、诚实守信、谦虚谨慎。其次,应提升公证员言论的规范性与合法性。公证员在公证活动中应当语言规范、吐字清晰,避免使用导致他人反感的语言表达方式。同时,公证员不得发表影响、干扰其他公证员办理公证进程的言论,在讲授自己承办的公证案例或者对待证事项发表看法时,应当尽到保守国家秘密、商业秘密以及个人隐私的义务。最后,应加强对公证员自我约束意识的培养。公证员代表国家行使国家证明权,公证员的公证行为具有国家权威属性,代表国家公共形象。因此,公证员在办理公证过程中应当自觉约束、规范自己的行为,端正自己的职业态度与工作作风,不得实施违反职业伦理,损害公证权威、国家公信力、公共利益以及行业形象的行为。不得为寻求个人私益违反廉洁纪律与法律法规。

【典型案例】

孙某作为公证处的主任和公证员,利用出具公证证明文件的便利,故意为刘某某提供内容虚假的证明文件,严重违反了公证员职业道德要求。一方面,孙某的行为违反了《公证法》第 22 条第 1 款、《公证员职业道德基本准则》第 1 条所规定的,关于公证员应当遵纪守法,忠于宪法与法律的职业道德要求。孙某的行为严重违背法律规定与职业精神,基于个人私益出具失实性、虚假性的公证文件,严重破坏了公证法律服务行业的市场秩序,降低了公证员职业的公正正义形象,损害了公证与法治权威。另一方面,孙某的行为违反了《公证员职业道德基本准则》第 21 条、第 22 条规定,即公证员应当将个人事务与公证事务区分开来,不得利用身份谋求私利,不得索取或接受当事人及其代理人、利害关系人的财物等利益。孙某通过向请托人提供内容虚假的证明文件,以获取不正当经济利益,其行为严重损害了公证员职业与公证活动的廉洁性和纯洁性,违反了清正廉洁的职业纪律与职业道德要求。

孙某故意提供内容虚假的证明文件,并非法收受他人财物的行为已满足《刑法》第229条第1款"提供虚假证明文件罪"的适用条件,即承担法律服务职责的中介组织的人员故意提供虚假证明文件的,构成"提供虚假证明文件罪"。因此,孙某的行为需要承担刑事责任。除此之外,《公证执业违规行为惩戒规则(试行)》第22条规定,"会员受到司法行政机关行政处罚或司法机关刑事处罚的,公证协会应当作出相应的惩戒"。第31条规定,"故意为不真实、不合法的事项出具公证书的",情节严重的,公证协会将给予"取消会员资格"的纪律处分。由此,孙某故意提供内容虚假的证明文件行为,因情节严重,在承担刑事责任的基础上,同时也需要承担被"取消会员资格"的责任。

【问题与思考】

1. 2013—2014年,孙某在H省Z市E公证处担任公证员期间,利用职务便利,为Y投资管理有限公司在该公证处办理公证业务过程中给予额外照顾,其间,共收受Y投资管理有限公司总经理周某某安排下属吕某所送人民币160000元。

该案件中,公证员孙某的行为可能违反了哪些公证员职业伦理,需要承担哪些公证员职业责任?

2. 2016年11月,郑某、魏某等人为骗取J县农村商业银行的贷款,由魏某指使宋某办理虚假公证书。2016年11月13日,宋某来到H省Y市L区公证处,冒称自己是周某前来办理委托书公证,该公证处公证员贾某某在未核实宋某真实身份的情况下,出具了周某委托魏某的委托书公证。同年11月16日,魏某凭借失实的公证书以周某委托人的身份将周某的900万元银行定期存单进行质押,使得郑某成功骗取J县农村商业银行存单质押贷款810万元,造成J县农村商业银行巨大经济损失。

该案件中,公证员贾某某违反了哪些公证员职业伦理所要求的行为准则,需要承担哪些公证员职业责任?

3. 刘某某于2012年以来，在得知于某可以办理“车辆二人共同出资，一方自愿转让”的公证书从而保留汽车号牌后，先后通过于某，在一方独资购买车辆的情况下，从时任某公证处主任的孙某处办理内容失实的公证书19份，于某通过孙某办理内容失实的公证书20份(其中为刘某某办理19份，为他人办理1份)，于某每次获利400元，共获利8000元。孙某在明知于某提供虚假材料的情况下，仍为其出具“车辆二人共同出资，一方自愿转让”的公证书20份，并非法收受于某给其的好处费每份200元，共收取4000元。

该案件中，公证处主任孙某违反了哪些公证员职业道德要求，需要承担哪些责任？

第十章　仲裁员职业伦理

随着社会经济的发展和国际贸易的扩大,人类文明的进步,当事人解决经济纠纷的途径也日益多元化,除了诉讼这种最传统、最权威的争议解决方式外,选择性争议解决方式也日益增多并扮演着重要角色。其中,仲裁作为选择性争议解决方式的一种形式,由于具有诸多诉讼不具有的优点,受到当事人的欢迎,并成为当事人选择解决经济纠纷的重要途径。在仲裁案件审理的实践中,由于不可避免地会产生一些违背仲裁公平、公正的现象,为维护仲裁的信誉和社会公信力,实现仲裁制度依法、诚信、善意、及时地保护当事人合法权益的价值目标,在完善法律约束机制的同时,也应把仲裁员的职业伦理建设作为完善仲裁制度的重要一环。

第一节　仲裁员职业概述

选择性争议解决方式(Alternative Dispute Resolution,ADR),也译作"替代性争议解决方式",通常是指以诉讼外的方法解决争议的纠纷解决方式,包括谈判、调解、仲裁、微型审判等。其中,仲裁基于其自主、灵活、简便、快捷、保密等自身的特性,受到当事人的欢迎,日益成为当事人选择解决商事纠纷的一个重要途径。

一、我国仲裁制度的建立

早在新中国成立前的革命根据地和解放区,仲裁制度就已出现,但由于历史的局限和战争的影响，仲裁制度难以全面顺利地推行。新中国成立后，我国仲裁制度在长期的仲裁实践中逐步建立并发展起来，形成了包括涉外仲裁和多种具有行政权的机构进行仲裁的仲裁机构体系。它们对经济合同、劳动合同、技术合同、消费者权益、著作权、房产、国际经济贸易和海事等方面的争议和纠纷进行仲裁。

1994 年 8 月，第八届全国人民代表大会常务委员会第九次会议通过了《中华人民共和国仲裁法》①。该法颁布前，有关仲裁的法律规定分散凌乱，并且国内仲裁部门林立，行政色彩较浓。该法的颁布，统一了仲裁机构，结束了多头仲裁、各自为政的混乱局面。《仲裁法》体现了仲裁的民间性、自治性和独立性，强调仲裁的自愿性和协议性，实行一裁终局制度，将国内仲裁与涉外仲裁有机地协调起来，彻底改变了原来“行政仲裁”的概念，把下列四类争议事项排除在了仲裁委员会受理范围之外：（1）婚姻、收养、监护、扶养、继承纠纷，这类传统民事纠纷由法院受理。（2）依法应当由行政机关处理的行政争议，这类纠纷由行政决定或行政诉讼受理。（3）职工与用人单位之间关于劳动合同、工资、福利等方面的劳动争议纠纷。（4）农村集体经济组织内部的农业承包合同纠纷等。上述法律法规的制定，对于公正、及时地解决纠纷，保护当事人的合法权益，保障社会主义市场经济的健康发展，加强国际贸易，都具有重要意义。

二、仲裁的概念及其特点

仲裁，广义上是指争执双方同意的第三者对争执事项作出决定，如国际仲裁、海事仲裁、劳动仲裁等。② 狭义的仲裁仅指商事仲裁，是指当事人在自愿的基础上，将有关的商事争议提交给第三者（即仲裁员或公断人）进行审理，并依据法律或公平原则作出对双方当事人均有拘束力的裁决的一种解决争议的法律制度。③ 商事仲裁的内涵包括以下几个要素：（1）仲裁是当事人双方自

① 该法分别于 2009 年 8 月 27 日第十一届全国人民代表大会常务委员会第十次会议第一次修正，2017 年 9 月 1 日第十二届全国人民代表大会常务委员会第二十九次会议第二次修正。

② 参见《现代汉语词典》，商务印书馆 2012 年版，第 1690 页。

③ 参见邓杰：《商事仲裁法》，清华大学出版社 2008 年版，第 5—6 页。

愿,达成仲裁协议选择的一种民间性争议解决方式。(2)仲裁是由当事人依据协议选定的中立第三者担任仲裁员或公断人来实现对争议的解决。(3)仲裁中的中立第三者作出的裁决对双方当事人具有强制的法律约束力,裁决作出后,当事人就同一纠纷再申请仲裁或者向人民法院起诉的,仲裁委员会或者人民法院不予受理。① 仲裁既包括国内仲裁又包括国际仲裁。

仲裁相比较于诉讼及其他纠纷解决方式具有自身的特点,包括仲裁的优点和仲裁的缺点两个方面。仲裁的优点体现在以下方面。

1. 自主性。《仲裁法》第四条规定:"当事人采用仲裁方式解决纠纷,应当双方自愿,达成仲裁协议。"这一规定,体现了当事人在选择仲裁方式时的高度的自主性。在仲裁过程中,是否选择仲裁以及仲裁机构的选定、仲裁员的指定、仲裁地点的确定、仲裁程序的确定、提交仲裁的争议范围、仲裁的法律适用、是否进行和解等,均交由当事人自行约定,当事人可以对仲裁程序起支配作用,对争议的解决也可以发挥最大的影响。关于友好仲裁的裁决,当事人在仲裁协议中约定,或在仲裁程序中经协商一致书面提出请求的,仲裁庭可以进行友好仲裁。仲裁庭可仅依据公允善良的原则作出裁决,但不得违反法律的强制性规定,不得侵犯社会公共利益和第三人的合法权益。

2. 专业性。根据《仲裁法》的要求,担任仲裁员的条件之一,就是要"具有法律知识、从事经济贸易等专业工作并具有高级职称或者具有同等专业水平"。由于根据案件的需要选取来自各行各业的行家和专家组成仲裁庭,对仲裁案件作出专业裁断,这不仅有利于争议得到合理解决,而且有利于增强仲裁裁决的权威性和可执行性,也有利于保证仲裁的质量和结果的公正。

3. 经济高效性。《仲裁法》第九条规定,仲裁实行一裁终局的制度。仲裁决定一经作出,对双方当事人具有强制的法律约束力,当事人就同一争议再申请仲裁的,仲裁委员会不予受理;案件受理后,经仲裁庭审理确认属于一事再理的,依法驳回仲裁申请。仲裁一裁终局的特点避免了程序的烦琐、冗长和高成本的不足,既节省时间,又节约成本,使得当事人可以期限短、经济高效地解决纠纷。

---

① 关于仲裁的法律约束力,参见《中华人民共和国仲裁法》第九条。

4. 保密性。与诉讼一般要求公开审理不同,根据《仲裁法》第四十条的规定,仲裁不公开进行。当事人协议公开的,可以公开进行,但涉及国家秘密的除外。这一规定有利于当事人保护自己的商业秘密,也有利于当事人双方在解决争议的同时维护自己的商业信誉。

5. 国际性。随着国际经济交往与合作及商事活动的增多,仲裁在解决国际商事争议和纠纷方面的功能也在加强。国际商事仲裁成为国际经济交往和商事活动中一项十分重要的争议解决制度。我国《仲裁法》第七章对涉外经济贸易、运输和海事中发生的纠纷的仲裁进行了专门规定。

仲裁也有其自身局限性或缺点,表现在:一是仲裁庭权力的有限性,仲裁庭的权限严格限于仲裁协议范围内;二是仲裁公正的不确定性,仲裁的一裁终局的制度,其程序公正和实体公正常常为当事人所担心和怀疑。①

三、仲裁庭的组成与仲裁员的任职资格

(一) 仲裁庭的组成

仲裁的核心组织是仲裁委员会,仲裁委员会系解决作为平等主体的自然人、法人及其他经济组织之间发生的合同和其他财产权益纠纷的仲裁机构。无论是何种类型的仲裁,仲裁委员会都要组成仲裁庭进行审理。

仲裁庭是指由当事人选定,或者其他有权机构依据当事人的授权,或依据法律或仲裁规则的规定所指定的仲裁员组成的,具体负责对已交付仲裁的商事争议进行审理,并作出裁决的组织。② 仲裁庭是主持仲裁活动的主要组织,是行使仲裁权的主体。《仲裁法》规定,仲裁庭可以由三名仲裁员或者一名仲裁员组成。由三名仲裁员组成的,设首席仲裁员。与法院指定法庭审判员模式不同,按照《仲裁法》规定,仲裁员的人选,当事人可从仲裁员名册中选定仲裁员;当事人也可以推荐仲裁员名册外的人士担任,亦可以约定共同推荐仲裁员名册外的人士担任首席仲裁员或独任仲裁员。

当事人约定由三名仲裁员组成仲裁庭的,应当各自选定或者各自委托仲

---

① 参见邓杰:《商事仲裁法》,清华大学出版社 2008 年版,第 12 页。

② 参见邓杰:《商事仲裁法》,清华大学出版社 2008 年版,第 121 页。

裁委员会主任指定一名仲裁员,第三名仲裁员由当事人共同选定或者共同委托仲裁委员会主任指定。第三名仲裁员是首席仲裁员。当事人约定由一名仲裁员成立仲裁庭的,应当由当事人共同选定或者共同委托仲裁委员会主任指定仲裁员。当事人没有在仲裁规则规定的期限内约定仲裁庭的组成方式或者选定仲裁员的,由仲裁委员会主任指定。

根据《中国(上海)自由贸易试验区仲裁规则》第三十三条、第二十八条第七款的规定,组成仲裁庭的仲裁员可以更换,存在下列情形之一的,仲裁员应当更换:(1)仲裁员在法律上或事实上不能履行其职责,或者没有按照本规则的要求或在规则规定的期限内履行应尽职责时,仲裁委员会主任有权自行决定将其更换;该仲裁员也可以主动申请不再担任仲裁员。(2)可能影响正确公正审理的其他情形,并由主任决定的。(3)仲裁员死亡或者因健康等特殊原因被除名、回避、由于自动退出或者双方当事人一致要求其退出等其他原因不能履行职责、从事仲裁工作时,应当按照原选定或者指定该仲裁员的程序,选定或者指定替代的仲裁员。(4)替代的仲裁员接受选定或者指定后,由新组成的仲裁庭决定已进行的全部或部分审理是否需要重新进行。(5)是否替换仲裁员,由仲裁委员会主任作出决定并可不说明理由。

(二) 仲裁员的任职资格

根据《仲裁法》,对仲裁委员会的组成人员和组成仲裁庭的仲裁员有明确的资格要求。仲裁委员会组成人员的资格要求是:仲裁委员会的主任、副主任和委员由法律、经济贸易专家和有实际工作经验的人员担任。仲裁委员会的组成人员中,法律、经济贸易专家不得少于三分之二。

《仲裁法》第十三条规定,名册内仲裁员的选任应当符合下列条件之一:(1)通过国家统一法律职业资格考试取得法律职业资格,从事仲裁工作满八年的;(2)从事律师工作满八年的;(3)曾任法官满八年的;(4)从事法律研究、教学工作并具有高级职称的;(5)具有法律知识、从事经济贸易等专业工作并具有高级职称或者具有同等专业水平的。

一些地方还规定了名册外仲裁员的资格条件:(1)当事人申请名册外的人士担任仲裁员的,该名人士至少要满足以下基本条件之一:①通过国家统一法律职业资格考试取得法律职业资格,从事仲裁工作满 8 年的;②从事律师工作满8年的;③曾任法官满8年的;④从事民商法领域的教学或研究工作,具有副教授、副研究员以上高级职称的;⑤具有法律知识(法律或法学本科以上毕业,或通过国家统一法律职业资格考试的)、从事经济贸易等专业工作并具有高级、中级以上职称、职级的。(2)仲裁委员会有权对相关人士进行资格审查并提出其他具体的要求。①

根据国务院文件规定,公务员及其他国家机关工作人员符合仲裁法规定条件的,可以担任仲裁员。最高人民法院文件规定,现职法官不得担任仲裁员。

第二节 仲裁员职业伦理的基本内容

仲裁员的选任除符合上述专业资格条件外,在职业伦理方面也有较高的要求。仲裁员作为商事活动中纠纷的裁决者,同从事法律职业的其他法律群体一样,必须遵循共同的法律职业伦理,但仲裁这一法律活动的民间性、自主性和非营利性的特征,对仲裁员的职业伦理有着特殊的要求。《仲裁法》第十三条规定:"仲裁委员会应当从公道正派的人员中聘任仲裁员。"这条规定内容虽然看似简单,但内涵丰富,对仲裁员职业伦理提出了明确的标准。

公道是指坚持公正的道理,处理事情合情合理。正派是指品行规矩,作风严肃,为人处世正大光明。世界各国都将公道正派、公正廉洁作为仲裁的前提和基础。

仲裁员职业伦理要求是由仲裁的价值目标决定的。《中华人民共和国仲裁法》明确规定了仲裁的价值目标,如《仲裁法》第一条规定,制定该法的目的是"为保证公正、及时地仲裁经济纠纷,保护当事人的合法权益,保障社会主义市场经济健康发展"。各地依据仲裁法制定的仲裁规则,也都开宗明义地作了类似的规定。如仲裁委员会、仲裁庭、当事人及其代理人均应本着依法、诚信、善

---

① 参见《上海仲裁委员会仲裁规则》(2018年7月28日第六届上海仲裁委员会第二次会议审议通过,2018年10月1日起施行)第80条。

意、合作及妥善解决纠纷的原则适用各地制定的仲裁规则并参与仲裁活动。

为了推动仲裁委员会仲裁工作的开展，促进仲裁员的队伍建设，树立仲裁员的公正形象，根据《中华人民共和国仲裁法》和各地仲裁委员会的有关规定，北京、上海、广州、沈阳等地都结合本地实际制定了仲裁委员会仲裁员守则。这些仲裁员守则对仲裁员的职业伦理、应遵守的道德规范进行了较为系统的规定。独立、公正、公平、勤勉、高效地审理案件，为当事人解决争议，是仲裁员职业伦理的核心要求。具体而言，依据《仲裁法》和各地制定的仲裁员守则，仲裁员应遵循的职业伦理规范可概括归纳为以下内容。

一、依法仲裁案件

仲裁员仲裁案件时，应当遵守《中华人民共和国仲裁法》，严格执行本人所在地仲裁委员会的仲裁规则等各项规定。仲裁员依法仲裁，及时、公正地仲裁案件，解决纠纷，这是仲裁员在受理案件时应确立的底线思维。《仲裁法》第七条规定："仲裁应当根据事实，符合法律规定，公平合理地解决纠纷。"一些地方制定的仲裁规则也要求，仲裁委员会受理的仲裁案件，由仲裁庭根据案件事实，符合法律规定，参考国际惯例，遵循公平合理原则，独立、公正、及时地进行仲裁。①

在受理仲裁案件过程中，仲裁员的一切行为都要合法合规，不能作出违法违规的行为。仲裁员会见当事人、代理人应经仲裁庭或者仲裁委员会的同意，并在仲裁委员会指定的地点进行；未经同意，仲裁员不得私自会见任何一方当事人、代理人，不得单独接受一方当事人、代理人提供的证据、材料，或者与一方当事人、代理人交流有关仲裁案件的情况。在作出裁决时，仲裁员应当根据事实，符合法律规定，公平合理地作出裁决。仲裁员在案件仲裁时，只有依据事实、适用法律以及仲裁规则发表意见，才能使自己的意见具有说服力，做到以法服人、以理服人。

二、认真勤勉履职

仲裁员应当严格依照《中华人民共和国仲裁法》和所在地仲裁委员会所

---

① 参见《上海仲裁委员会仲裁规则》（2018 年 7 月 28 日第六届上海仲裁委员会第二次会议审议通过，2018 年 10 月 1 日起施行）。

制定的仲裁规则的规定，保障当事人行使仲裁活动中的各项权利，促使当事人切实履行仲裁活动中的各项义务。

仲裁员应当切实履行仲裁员职责，接受当事人的选定或仲裁委员会主任的指定，无正当理由不得拒绝。仲裁员接受案件后，应当认真、详细地审阅当事人提交的全部证据和材料，确定应当查明的案件事实、证据及有关责任承担等。在开庭审理前，仲裁员应当参与讨论、商定审理方案，首席仲裁员应当提出审理方案作为讨论的基础。仲裁庭由独任仲裁员组成时，独任仲裁员也应当在开庭前拟定开庭审理的方案。

仲裁庭开庭日期确定后，仲裁员应当妥善安排，按时参加庭审，保证开庭仲裁的时间，认真参加开庭、评议等各项仲裁活动，不得无故迟到、早退、缺席，影响或耽误案件的仲裁。仲裁员已经预见本人不能参加开庭的，应当在开庭3日前通知首席仲裁员或办案秘书，以便作出合理补救。仲裁庭组庭后案件审结前，仲裁员外出7日以上，可能影响案件审结的，应提前通知并将相关联系方式告知首席仲裁员或办案秘书。

仲裁员应认真勤勉地履行自己的全部职责，在规定的期限内尽可能迅速审结案件。案件审结后应及时评议并作出决定，首席（独任）仲裁员应在仲裁庭评议后十五日内完成仲裁文书撰写，防止案件久拖不决。兢兢业业、认真勤勉履职，确保自己专注地处理案件，是仲裁员应尽的义务。

仲裁员在接受当事人选定或仲裁委员会主任指定时，应当具有办理该案件的经验和能力，并且能够保证办理案件的时间。有下列情况之一，可能影响案件办理的，应当主动说明情况并向仲裁委员会主任提交不能担任该案件仲裁员的申请：(1)对案件涉及的法律或专业知识不熟悉的；(2)不能保证案件审理时间的；(3)因其他工作任务较重，难以悉心完成案件审理工作的；(4)因健康原因难以参加案件审理工作的；(5)尚有在审案件已超过审理期限未能审结的；(6)审理期限内外出20日以上的。

三、公正、中立、平等地对待当事人

仲裁员要公平开展仲裁程序，确保各当事方均有合理时间陈述自己的案情，主张和提供证据，为当事人提供均等的机会。

仲裁庭组成人员应当在首次开庭时当庭承诺将遵循仲裁法和相关规则的规定,独立、公正、及时地履行仲裁员职责。仲裁员在案件审理时,要处于超然中立的地位,与各当事方等距离相处,平等对待。

仲裁员在开庭审理中,应当遵循公平合理原则,凭借仲裁员的良知和社会责任心,公正、及时地仲裁案件,应平等、公允地对待双方当事人,避免使人产生不公或偏袒印象的言行,不得代表或偏袒任何一方当事人。

开庭审理时,仲裁员应当客观、公正、耐心地听取当事人、代理人的陈述及辩论意见,认真查明事实。提问要客观,并注意语气和方式。在任何情形下,仲裁庭均应当公平、公正行事,给予各方当事人陈述与辩论的合理机会。案件裁决前,仲裁员不得对案件性质、是非责任表示自己的倾向意见。语言规范、准确、避免随意性和倾向性。在辩论终结时,首席仲裁员或独任仲裁员应当征询当事人的最后意见。

在仲裁中,仲裁员的身份类似于法院的法官,其职责是依据事实和法律以及公平和合理的原则来审理案件,分清是非,并对争议事项作出裁决。所以仲裁员应当是中立、独立和公正的,不代表任何一方的利益,也不从任何一方收受报酬。

四、诚实信用

仲裁员应诚实信用,只有确信自己具备下列条件,方可接受当事人的选定或仲裁委员会主任的指定:(1)能够毫不偏袒地履行职责;(2)具有解决案件所需的知识、经验和能力;(3)能够付出相应的时间、精力,并按照法律、法规和仲裁规则的要求的期限审理案件;(4)参与审理且尚未审结的案件不满10件。

五、依法独立仲裁

《仲裁法》第八条规定,仲裁依法独立进行,不受行政机关、社会团体和个人的干涉。仲裁员在案件审理中,应当依法独立地审理案件,不因任何私利、外界压力而影响裁决的公正性。

六、履行仲裁员的回避义务

仲裁员为谋求选定而与当事人接触的，属于不符合仲裁员道德规范的行为。当事人对仲裁员的公正性和独立性产生合理怀疑的，可以申请该仲裁员回避。

按照《仲裁法》第三十四条的规定，仲裁员有下列情形之一的，不得隐瞒，应当向仲裁委员会自行提出回避申请，当事人也有权提出回避申请：(1)是本案当事人或者当事人、代理人的近亲属。(2)与本案有利害关系。(3)与本案当事人、代理人有其他关系，可能影响公正仲裁的。“其他关系”是指：为本案事先提供过咨询的；与任何一方当事人、代理人在同一单位工作的；担任任何一方当事人常年法律顾问或其他顾问，或曾担任当事人法律顾问或其他顾问，该顾问关系结束未满两年的；担任过本案或者与本案有关联的案件的证人、鉴定人、勘验人、辩护人、诉讼代理人的；曾担任当事人的代理人结案未满两年的；为本案当事人推荐、介绍代理人的；在同一仲裁委员会同时审理的两宗案件中，各自互为案件的代理人和仲裁员的，后一案件被选定或指定成为仲裁员的；法律规定的其他关系。(4)私自会见当事人、代理人，或者接受当事人、代理人的请客送礼的。

七、履行保密义务

仲裁员在仲裁过程中，应当履行保密义务：(1)仲裁庭审理案件不公开进行。如果双方当事人要求公开审理，当事人协议公开的，可以公开，也可以由仲裁庭作出是否公开审理的决定。但涉及国家秘密、第三人商业秘密或者仲裁庭认为不适宜公开的除外。

(2)不公开审理的案件，双方当事人及其仲裁代理人、证人、翻译人员、仲裁员、仲裁庭咨询的专家和指定的鉴定人、仲裁委员会的有关人员，均不得对外界透露案件实体和程序进行的情况。

仲裁员应忠实履行仲裁保密义务，在案件审理期间和结案后，不得向当事人或外界透露本人的看法、案情、仲裁过程和仲裁庭合议的情况，对涉及仲裁程序、仲裁裁决、当事人的商业秘密等所有相关问题均应保守秘密。

八、仲裁员具有信息披露义务

仲裁员接受选定或指定时，知悉与案件当事人或者代理人存在可能引起当事人对其独立性和公正性产生合理怀疑的情形的，有义务向当事人披露。

披露的内容包括但不限于：(1)是本案的当事人、代理人或当事人、代理人的近亲属的；(2)与本案结果有利害关系的；(3)对于本案事先提供过咨询的；(4)私自与当事人、代理人讨论案件情况，或者接受当事人、代理人请客、馈赠或提供的其他利益的；(5)在本案为当事人推荐、介绍代理人的；(6)担任过本案或与本案有关联的案件的证人、鉴定人、勘验人、辩护人、代理人的；(7)与当事人或代理人有同事、代理、雇佣、顾问关系的；(8)与当事人或代理人为共同权利人、共同义务人或有其他共同利益的；(9)与当事人或代理人在同时期审理的其他仲裁案件中同为仲裁庭的组成人员，或者，首席仲裁员两年内曾在其他仲裁案件中被一方当事人指定为仲裁员的；(10)与当事人或代理人有较为密切的交谊或嫌怨关系的；(11)其他可能影响公正仲裁的情形。

在仲裁过程中，如果发生可能引起此类怀疑的新情况，仲裁员应继续履行披露义务；未履行披露义务，将视为该仲裁员违反相关守则，即使未予披露的事由本身并不构成不宜担任仲裁员的情形。

九、仲裁员应体现良好的道德素养

仲裁员在案件审理中应当谦虚、谨慎、互相尊重、相互支持、相互配合；对当事人、代理人、证人、鉴定人等其他仲裁参与人应当耐心有礼、言行得体。

仲裁员应注重仪表，做到服装整洁、举止得体，在开庭、调查询问时，不得查看或使用手机、呼机；不得随便出入仲裁庭或从事其他与审理无关的事项。

仲裁员以当事人代理人的身份代理仲裁案件的，不得有下列行为：(1)违反出庭时间和提交法律文书的期限；(2)在当事人或对方代理人在场的情况下，与本案仲裁员或办案秘书谈论其作为仲裁员承办的其他案件；(3)与本案仲裁员或办案秘书私下讨论本案情况；(4)向当事人、代理人表示自己与本案仲裁员、办案秘书的密切关系；(5)知悉自己担任代理人有可能出现仲裁员回避的情形时，不主动向仲裁委员会或仲裁庭讲明；(6)向仲裁庭和办案秘书提出与代理人身份不符合的要求。

十、仲裁员应遵守的工作纪律和履行的职责

仲裁员应严格遵守职业工作纪律，如不得代人请客送礼、提供利益、打听与自己无关的案件情况；不得代理当事人向人民法院申请撤销或申请不予执行自己制作或参与制作的仲裁裁决。

仲裁员也应履行相应的岗位职责，仲裁员应当以推行仲裁法律制度为己任，积极开展仲裁法律制度宣传，不发表与仲裁法律制度相悖的文章或言论，实事求是地维护仲裁委员会的声誉。仲裁员以仲裁委员会名义对外参加有关会议或者活动，发表文章或者讲演，应当提前得到仲裁委员会允诺；仲裁员在受聘任期内，职业、职务或者通信方式发生变化的，或者长期出国的，应当及时通知仲裁委员会；仲裁员应当积极向仲裁委员会及其办公室，提出工作意见和建议。

十一、提高专业办案能力

仲裁员应当认真参加仲裁委员会组织的各类业务培训，并接受相关的考核，努力学习仲裁法律知识，熟悉和掌握仲裁程序及庭审方法，不断提高专业水平和办案能力。

第三节　仲裁员违法违规行为惩戒

根据《仲裁法》的规定，中国仲裁协会是仲裁委员会的自律性组织，根据章程对仲裁委员会及其组成人员、仲裁员的违纪行为进行监督。

一、仲裁员的禁止性行为

（一）仲裁员不得以任何直接或间接方式接受当事人或其代理人的请客、馈赠或提供的其他利益。

（二）仲裁员在仲裁期间不得私自会见一方当事人、代理人，接受其提供的证据材料；不得以任何直接或间接方式（包括但不限于谈话、电话、信件、传真、电传、电子邮件等方式）单独同一方当事人、代理人谈论有关仲裁案件的

情况。

在调解过程中,仲裁庭应慎重决定由一名仲裁员单独会见一方当事人或代理人;如果仲裁庭决定委派一名仲裁员单独会见一方当事人或其代理人,应当有秘书在场,并告知对方当事人。

(三)仲裁员不得接受当事人、代理人请客、馈赠或提供的其他利益。

(四)仲裁员不得在其所在的仲裁委员会的仲裁案件(包括申请撤销或不予执行其所在仲裁委员会仲裁裁决的案件)中担任代理人,亦不得代人打听案件情况或代人向仲裁庭成员、秘书实施请客送礼或其他提供好处和利益的行为。

二、仲裁员违法违规行为的惩戒

(一)《仲裁法》对仲裁员违法行为的惩戒

《仲裁法》对仲裁员违反职业伦理的行为,也规定了相应的惩戒措施。仲裁员有《仲裁法》第三十四条第四项规定的情形,或者第五十八条第六项规定的情形,应当依法承担法律责任,仲裁委员会应当将其除名。

这两种情形是:(1)仲裁员私自会见当事人、代理人,或者接受当事人、代理人请客送礼,情节严重的;(2)仲裁员在仲裁案件时有索贿受贿,徇私舞弊,枉法裁决行为的。

《民事诉讼法》对违法和违反职业伦理的行为也规定了相应的处理措施。该法第二百三十七条关于仲裁裁决执行的条文中规定,对依法设立的仲裁机构的裁决,一方当事人不履行的,对方当事人可以向有管辖权的人民法院申请执行。受申请的人民法院应当执行。被申请人提出证据证明仲裁裁决有下列情形之一的,经人民法院组成合议庭审查核实,裁定不予执行:(1)当事人在合同中没有订有仲裁条款或者事后没有达成书面仲裁协议的;(2)裁决的事项不属于仲裁协议的范围或者仲裁机构无权仲裁的;(3)仲裁庭的组成或者仲裁的程序违反法定程序的;(4)裁决所根据的证据是伪造的;(5)对方当事人向仲裁机构隐瞒了足以影响公正裁决的证据的;(6)仲裁员在仲裁该案时有贪污受贿,徇私舞弊,枉法裁决行为的。人民法院认定执行该裁决违背社会公共利益的,裁定不予执行。裁定书应当送达双方当事人和仲裁机构。仲裁裁决被人民法院裁定不予执行的，当事人可以根据双方达成的书面仲裁协议重新申请仲裁，也可以向人民法院起诉。

仲裁员枉法裁决，情节严重的，要承担刑事责任。《中华人民共和国刑法修正案（六）》在《刑法》第三百九十九条后增加一条，作为第三百九十九条之一："依法承担仲裁职责的人员，在仲裁活动中故意违背事实和法律作枉法裁决，情节严重的，处三年以下有期徒刑或者拘役；情节特别严重的，处三年以上七年以下有期徒刑。"①

（二）仲裁委员会对仲裁员违规行为的惩戒

仲裁员违反仲裁委员会仲裁守则规定的，仲裁委员会有权根据其情节轻重予以告诫、不予续聘直至解聘。仲裁员有下列情形之一的，仲裁委员会有权将其解聘或者除名：

1. 隐瞒应当回避的事实的。

2. 无正当理由三次拒绝接受当事人选定或仲裁委员会指定的。

3. 仲裁庭开庭日期确定后，仲裁员应当按时参加庭审。仲裁员已经预见本人不能参加开庭的，应当在开庭 3 日前通知首席仲裁员或办案秘书，以便作出合理补救。一年内两次未按上述要求办理请假等补救措施，造成案件审理延误的。②

4. 在案件审理中，有违仲裁员的公正立场，多次出现下列情形之一的：

（1）在开庭审理中，违背公正原则，代替一方向另一方质证、辩论、提出请求的；

（2）拒绝说明理由，坚持有利于一方当事人的裁决事项的；

（3）借故拖延办案时间的；

（4）表现出其他偏袒倾向的。

5. 案件审理期间，私自会见当事人、代理人或接受当事人、代理人请客送

---

① 《中华人民共和国刑法修正案（六）》由中华人民共和国第十届全国人民代表大会常务委员会第二十二次会议于 2006 年 6 月 29 日通过，自公布之日起施行。

② 参见《中国广州仲裁委员会仲裁员守则》（1995 年 9 月 1 日第一届广州仲裁委员会第一次会议通过，根据 2003 年 11 月 11 日第三届广州仲裁委员会第三次委员会议《关于修订〈广州仲裁委员会仲裁员守则〉的决定》第十条、第二十三条）。

礼的。

6. 案件审理期间，对案件不关心、不过问、不发表意见，对裁决书不认真审查、严重不负责任的。

7. 逾期仍未审结案件，造成严重迟延的。

8. 违反保密规定，泄露仲裁案件秘密或向当事人透露本人看法、仲裁庭合议情况的。

9. 擅自携带仲裁案件的有关材料外出导致材料被盗、丢失、毁坏，造成严重后果的。

10. 在仲裁案件中有索贿受贿，徇私舞弊，枉法裁决行为的。

11. 本人已被依法追究刑事责任的。

12. 其他违反法律、仲裁委员会仲裁规则及守则，不宜继续担任仲裁员的情形。

三、仲裁员的行为免责

为使仲裁员排除干扰，独立公正地履行以上职责，应给予仲裁员一定的民事责任豁免。在仲裁过程中，仲裁员有行使司法职责的行为，也有提供仲裁服务的行为。各国仲裁实践中，仲裁员以“准法官”身份行使司法职能的行为享受责任豁免。①

仲裁员民事责任的豁免，应限于其履行司法职责的行为，并且已尽到适当谨慎和勤勉的义务，超出了这一范围，则应承担相应民事责任。若是仲裁员在主观上存在故意或重大过失，在客观上违反了法律或合同义务，并给当事人造成了实际损害，就应当承担民事责任。

【典型案例】

湖南衡阳 A 公司 2018 年 5 月向衡阳仲裁委申请仲裁，要求仲裁与 B 公

① 参见邓燕才编著:《商事仲裁基础实务与案例选》，华南理工大学出版社 2018 年版，第 18 页。

司发生的施工合同纠纷。该纠纷案仲裁庭由三名仲裁员组成,B和A各选择一名仲裁员,在选择首席仲裁员时没有达成一致,2018年6月22日由仲裁委员会主任指定了杜某担任首席仲裁员。根据《仲裁法》的规定,仲裁庭不能形成多数意见时,裁决应当按照首席仲裁员的意见作出。出于慎重,B公司在了解杜某的人品学识情况时,竟然发现他“涉嫌诈骗犯罪”。B公司先后6次申请首席仲裁员回避,均被驳回。其申请回避的理由之一是,坐在庭上的首席仲裁员,在一场民事纠纷中被法院认定涉嫌诈骗犯罪,正移送公安机关立案侦查。但衡阳仲裁委认为,该首席仲裁员不存在法律及仲裁规则明文规定的回避情形,对此申请予以驳回。B公司负责人表示,“我们接受调解也接受依法作出的仲裁,但不能接受犯罪嫌疑人给我们下裁定”,衡阳仲裁委的驳回仲裁决定值得商榷。

案件争论的焦点:

B公司向衡阳仲裁委6次提出首席仲裁员杜某的回避申请,在其中一次申请中,他们认为:“杜某是经济犯罪嫌疑人,也就是说衡阳仲裁委聘用了犯罪嫌疑人为仲裁员,并指定为本案的首席仲裁员。杜某是利用其担任仲裁员的便利通过仲裁程序涉嫌实施经济犯罪,足见他不具备仲裁员最起码的首要的基本条件,有继续利用仲裁员的便利实施不正当行为影响公正审理的可能。”此外,其申请回避的理由还有,根据《仲裁法》第十三条的规定,“公道正派”是聘任仲裁员首要的基本条件,衡阳仲裁委应该撤销杜某的仲裁员资格;依据《衡阳仲裁委员会仲裁规则》第三十六条第六项“仲裁员有其他不正当行为,可能影响公正审理的”的规定,当事人有权申请其回避;“仲裁庭是建立在对仲裁庭和首席仲裁员的信任基础上”,现依据证据和客观事实6次申请回避,揭露杜某涉嫌犯罪,杜某对B公司可能生怨恨,继续担任仲裁员必然严重影响仲裁公正。

2018年12月4日,衡阳仲裁委作出决定:驳回B公司对杜某的回避申请,认为,杜某担任本案首席仲裁员不存在《仲裁法》第三十四条以及《衡阳仲裁委员会仲裁规则》第三十五条、第三十六条规定的仲裁回避情形。B公司主张杜某是经济犯罪嫌疑人证据不足,其申请杜某回避和申请撤销杜某仲裁员资格没有事实和法律依据,依法应予驳回。

多名仲裁行业专家认为,《仲裁法》虽无明文规定仲裁员涉嫌犯罪是回避事由,但仲裁是名誉型行业,对于当事人提出的明显具有合理理由的回避申请的认可,是仲裁制度的应有之义,也是仲裁机构对自身信誉的一种维护。①

这个案件是因为仲裁员违背职业伦理,对仲裁公信力引起质疑的典型案例。

【问题与思考】

1. 仲裁的特点及优势体现在哪些方面?
2. 仲裁员职业伦理规范的基本内容有哪些?
3. 仲裁员违反职业伦理规范如何惩戒?

① 参见《仲裁员涉嫌诈骗犯罪被申请回避,湖南衡阳仲裁委驳回引争议》,澎湃新闻,https://m.sohu.com/a/282915372_260616/,访问日期:2020 年 5 月 17 日。

第十一章　立法人员职业伦理

第一节　立法人员职业伦理概述

一、立法人员释义

立法是指国家专门机关遵循掌握国家政权的社会集团的意志，根据一定的指导思想和基本原则，依照法定的权限和程序，使之上升为国家意志从而创制、修改和废止法律的专门活动。关于立法人员，狭义上来说专指立法者，即由人民选出、代表人民行使立法权的人民代表。但是随着立法工作专门化、专业化程度的提高，产生了一批非民选却实际参与到立法工作中的工作人员。在西方不少国家，这类非民选的立法工作人员以立法助理的形式存在；在我国，这样的立法工作人员则是以立法工作者的形式存在。因此，广义的立法人员应当包括立法者与立法工作者。根据2016年中共中央办公厅印发的《从律师和法学专家中公开选拔立法工作者、法官、检察官办法》，立法工作者是指在具有立法权的人大常委会的法制工作机构、政府法制部门中从事法律法规起草工作的工作人员。

有学者从立法主体角度解释立法人员。立法主体是拥有法定立法权的主体或者能够对立法产生实质性影响的机关、组织、团体和个人。各国政体不同，有直接民主制与代议民主制的分别，立法主体也随之存在差异。直接民主政体之下，以公民为主体进行公民直接立法，“国民有直接创制法律之权，有直接复决法律之权”①；代议民主政体之下，则以代议机关为主体进行公民间

① 《孙中山选集》，人民出版社1981年版，第602页。

接立法。而且,这两种立法都是由享有立法权的主体提议、审议表决并通过由国家强制力保证实施的规范性活动,与之相比,实际参与和影响立法活动的主体远不止于此。在经验主义的视角下,不仅宪法或法律规定的主体或者有效授权的主体可以成为立法主体,各种实际参与立法活动,或者对立法活动产生实质性影响的主体也是立法主体。该视角下的立法主体并不限于由宪法和法律直接规定或有效授权来限定,而是倾向于根据社会生活中主体对立法活动的实质性影响来判定。能对立法活动起到实质性影响的,即便不享有法定立法权,或不享有被有效授予的立法权,也属于立法主体的范围。①

有权参与立法活动的人员,首先是指立法机关即议会或代表机关中有权提案、审议、表决的议员、议会领导人员,也指参与立法活动的国家元首、行政首脑,还指其他参与立法活动、在成文法的制定和判例法的创制过程中通过行使自己的立法权或立法性职权发挥作用的有关人员。② 这些人员代表国家利益、民意或其他利益,在实际的立法活动中发挥着重要作用,他们按照实际需要制定和补充法典,“完善以往制定的法律,其中包括法学家们在不断的研究工作中发现的有缺陷的法典”③,他们的艺术“在于减少国家的需要,而不在于增加便利于满足国家需要的收入”④。他们是立法活动的实际推动者和实施者。因此,有学者从两个层面对立法工作者进行界定,认为狭义上的立法工作者仅仅指立法机关中的国家工作人员;而广义上的立法工作者不仅包括立法机关中的国家工作人员,还包括从事立法论证、法案起草、立法后评估等立法工作的专家学者、社会组织工作人员。⑤ 这是一个相对宽泛的立法工作人员的界定。还有学者从“隐性立法者”角度提出划分立法工作者的三个层面,认为广义上的立法工作者,既包括人大的工作人员,也包括享有立法权的行政机关的立法工作人员(如政府法制局、部委法制局中从事立法工作的人员),还包括最高人民法院和最高人民检察院中起草司法解释的工作人员;中义上的

---

① 参见周旺生:《立法学教程》,北京大学出版社 2006 年版,第 178 页。

② 参见周旺生:《立法学教程》,北京大学出版社 2006 年版,第 210 页。

③ [美]约翰·亨利·梅利曼:《大陆法系》,顾培东等译,知识出版社 1984 年版,第 94 页。

④ 《马布利选集》,何清新译,商务印书馆 1983 年版,第 55 页。

⑤ 参见汪全军:《论立法工作者的职业伦理》,《法学教育研究》2018 年第 3 期。

立法工作者，指人大中从事立法辅助工作的工作人员，主要包括全国人大及享有立法权的地方人大各专门委员会有关工作人员、法律委员会和法制工作委员会的工作人员以及聘任的立法助理；狭义上的立法工作者，包括全国人大，省、自治区、直辖市人大，较大的市的人大，以及自治州、自治县等民族自治地方的人大法制工作委员会中的工作人员。① 除此之外，在国家军事机关中具有立法职能的机关也属于广义立法主体范畴，也有部分立法人员，其中主要有：(1)中央军事委员会；(2)中央军事委员会各总部；(3)各军兵种；(4)各军区。

二、立法人员职业伦理的产生背景

（一）立法职业化

1. 编制立法规划

立法规划，是立法机关为了有效、有序立法所制定的用于指导立法的措施、步骤、安排及筹划。1991 年，七届全国人大常委会开始编制立法规划，试图通过这种方式调节立法需求与立法供给间的不平衡关系。时至今日，编制立法规划已经成为从中央到地方各级拥有立法权的立法主体的工作惯例。立法实践表明，立法规划对立法案的通过影响巨大，只要规划内的法案完成起草工作，那么基本都可以最终成为正式立法；反之，在立法规划之外提出的立法案，往往难以成为正式立法。有学者指出，立法规划已经成为绝大多数立法事实上的起点。②

2015 年《中华人民共和国立法法》修订后，第 52 条第一款规定，“编制立法规划和年度立法计划，应当认真研究代表议案和建议，广泛征集意见，科学论证评估”；第四款规定，“全国人民代表大会常务委员会工作机构负责编制立法规划和拟订年度立法计划”。这一规定将作为“工作惯例”的编制立法规划确定为了法工委的一项法定“权力”，强化了其作为职业立法工作机构的定位；同时，“科学论证评估”也对参与编制立法规划的立法工作者提出了更高的职业化要求。

---

① 参见卢群星：《隐性立法者：中国立法工作者的作用及其正当性难题》，《浙江大学学报（人文社会科学版）》2013 年第 2 期。

② 参见彭超：《论立法的职业化》，《理论月刊》2019 年第 11 期。

2. 法案起草工作

法案起草，是指拥有立法提案权的主体或受委托的主体，将需要以书面形式提交的法案撰写成文字的活动。法案起草工作是立法过程中的重要阶段，法案起草质量的高低直接影响着立法内容的优劣。“彻底研讨法律欲达成之目标或希冀规范之事物，并细考法律适用之对象，施行之范围，与实施之客观条件，然后拟定法律之结构，充实法案之内容，配制妥适之条文，详加推敲润饰，使法案内容旨有所归，意有所指，此乃法案起草最基本义理”①。法律法规草案包含着立法的核心要素，如权利义务关系、行为模式设定、法律责任认定等，可以完整地表现立法者的立法目的、立法指导思想、问题解决方法。可以说，法案起草工作对立法内容的形成与确定具有重要意义，法案草案就是法律法规的“毛坯”。②

在立法实践中，人大代表的兼职化（非专职代表）现状使得作为“立法者”的人大代表并不是全员拥有充足的立法知识和时间。就目前的立法现状来看，绝大多数立法都是由全国人大常委会法制工作委员会或政府法制工作办公室等机构提出立法草案，人大代表的提案直接转化为立法草案的情况并不多见。因此，由于人大代表从事立法工作的能力不足、时间无法得到保障，要提出高质量的立法草案、解决经济社会生活中迫切需要解决的问题，就必须发挥职业立法工作者的专业技能。《中华人民共和国立法法》第53条第1款规定，“全国人民代表大会有关的专门委员会、常务委员会工作机构应当提前参与有关方面的法律草案起草工作；综合性、全局性、基础性的重要法律草案，可以由有关的专门委员会或者常务委员会工作机构组织起草”。这进一步表明，职业立法工作者依靠其专业技能在法案起草工作中承担着重要作用。

3. 法案审议工作

法案审议，就是在由法案到法的阶段，由有权机关对法案运用审议权，决定其是否应当列入议事日程，是否需要修改以及对其加以修改的专门活动。③法案审议工作的主要内容包括，法案是否符合社会的立法需求，以及此时立法

---

① 罗成典：《立法技术论》，文笙书局1983年版，第14—15页。

② 参见彭超：《论立法的职业化》，《理论月刊》2019年第11期。

③ 参见周旺生：《立法学》，法律出版社2009年版，第230页。

所需的条件是否具备、立法时机是否成熟，还有法案本身的形式与内容是否符合相应要求等方面，此外还需进行合法性与是否合乎政策要求与技术要求的审查等。而法案审议过程中，立法工作者同样扮演着重要的角色。以全国人大为例，全国人大常委会法制工作委员会虽然不是独立行使立法职权的国家机关，但在审议过程中发挥着重要辅助作用。①

这种辅助作用主要表现在工作性辅助和专业性辅助两个方面。工作性辅助主要是主持召开座谈会、论证会、听证会等相关会议，收集整理和听取有关专家、代表、团体、部门等的意见建议。《中华人民共和国立法法》第 36 条规定："列入常务委员会会议议程的法律案，法律委员会、有关的专门委员会和常务委员会工作机构应当听取各方面的意见。听取意见可以采取座谈会、论证会、听证会等多种形式。法律案有关问题专业性较强，需要进行可行性评价的，应当召开论证会，听取有关专家、部门和全国人民代表大会代表等方面的意见。论证情况应当向常务委员会报告。法律案有关问题存在重大意见分歧或者涉及利益关系重大调整，需要进行听证的，应当召开听证会，听取有关基层和群体代表、部门、人民团体、专家、全国人民代表大会代表和社会有关方面的意见。听证情况应当向常务委员会报告。常务委员会工作机构应当将法律草案发送相关领域的全国人民代表大会代表、地方人民代表大会常务委员会以及有关部门、组织和专家征求意见。"可见，常委会工作机构负有组织召开座谈会、论证会、听证会等会议听取意见建议的工作职责。专业性辅助则表现为对法律草案中主要制度规范的可行性、法律出台时机、法律实施的社会效果和可能出现的问题等进行评估。《中华人民共和国立法法》第 39 条规定："拟提请常务委员会会议审议通过的法律案，在法律委员会提出审议结果报告前，常务委员会工作机构可以对法律草案中主要制度规范的可行性、法律出台时机、法律实施的社会效果和可能出现的问题等进行评估。评估情况由法律委员会在审议结果报告中予以说明。"

4. 法律出台后的适用问题

根据《中华人民共和国立法法》第 47 条、第 63 条、第 64 条、第 99 条的规

① 参见周旺生：《立法学》，法律出版社 2009 年版，第 234 页。

定,法律出台以后,立法工作机构仍负有研究拟定法律解释草案、组织对有关法律或者法律中有关规定进行立法后评估、对有关具体问题的法律询问进行研究予以答复、对报送备案的规范性文件进行主动审查等职责。这些事关法律实施效果的实质性工作由立法工作者深度参与,立法工作者必须高度职业化才能够胜任相关工作。

（二） 立法人员职业伦理的提出

实践中立法工作者对立法工作的广泛参与,对立法工作者职业伦理提出了相应的要求。规范立法人员职业伦理,主要来源于以下几方面的考虑。

1. 民主性困局

立法工作者并非由民众选举产生,而是基于其立法专业技能而进入具有立法职能的机构工作。因此,严格来说,立法工作者并不具有民意的代表性。但随着立法职业化的推进,可以清晰地发现,无论是进行立法规划,还是起草、审议法律草案,本应当作为立法辅助人员的立法工作者实际上主导了立法过程,成为事实上的“立法者”。而立法工作者主导立法地位的形成,无疑会影响具有代表性的立法者的代表功能,形成“名”与“实”的错位。① 因此,如何打破立法工作者所面临的民主性困局,是立法人员职业伦理首先要考虑的问题。

2. 专业性挑战

从专业能力来看,立法工作者存在着专业能力的挑战。在立法内容方面,地方立法中存在越权立法、与上位法相冲突、平行法规之间相冲突、法规适应性差、地方特色不够突出、可操作性差等实体性问题;在立法形式方面,亦存在用语不规范、不清晰、不简约,条文表述的结构不完整(条件、行为模式和法律后果),条文之间逻辑性不严密,法律结构设置不合理等问题。立法实践显示,立法起草者可能存在能力短板:一是起草者对法律的功能及其相应任务的误解;二是起草者在立法技术、社会科学研究技术、立法理论和方法论上缺乏

① 参见卢群星:《隐性立法者:中国立法工作者的作用及其正当性难题》,《浙江大学学报(人文社会科学版)》2013 年第 2 期。

适当的训练;三是旨在界定起草过程的规则证明不充分。①

3. 道德性风险

立法是一个利益再分配的过程。法律条款中的权利、义务、责任等规范事实上是对现有社会秩序、社会利益的确认、调整、分配的过程。由于法律规范具有普遍适用性,法律条文的内容对于利益发挥着关键影响,因此,立法者、立法工作者容易成为利益集团游说的对象。区别于西方立法过程中利益团体对议员、议会的直接游说,我国立法实践虽然具有更强的人民性、代表性,但仍然存在立法者、立法工作者被俘获的道德风险。尤其是立法工作者,其并非人民代表,却实际地发挥着主导立法的作用,更容易成为立法相关利益集团的游说对象。现有的立法实践也表明,特定利益团体试图介入立法过程时,立法工作者往往是其努力通道。这种游说可能使立法工作者无形中丧失其所应有的中立性,利用自己对立法的主导能力,有意无意地突出某个或某几个部门、集团的特殊利益。②

第二节　立法人员职业伦理的原则与内容

一、立法人员职业伦理的原则

(一) 科学立法原则

科学立法原则是指立法必须符合客观实际、遵循客观规律。③《中华人民共和国立法法》第 6 条规定:"立法应当从实际出发,适应经济社会发展和全面深化改革的要求,科学合理地规定公民、法人和其他组织的权利与义务、国家机关的权力与责任。法律规范应当明确、具体,具有针对性和可执行性。"这一条要求立法既要在形式上使法律规范文本"明确、具体",也要

---

① 参见卢群星:《隐性立法者:中国立法工作者的作用及其正当性难题》,《浙江大学学报(人文社会科学版)》2013 年第 2 期。

② 参见卢群星:《隐性立法者:中国立法工作者的作用及其正当性难题》,《浙江大学学报(人文社会科学版)》2013 年第 2 期。

③ 参见宋方青:《立法质量的判断标准》,《法制与社会发展》2013 年第 5 期。

求立法的实质内容“科学合理”。这些要求的实现都体现在立法工作者的实际立法工作中。例如，立法人员在法案起草过程中如何取舍不同利益诉求、如何设计行为模式与相对应的法律后果等，都实际地影响着立法的科学性。立法人员职业伦理则有助于督促立法人员按照科学立法的要求开展立法辅助工作。①

（二）民主立法原则

民主立法原则是指在立法过程中应当贯彻民主原则，如立法主体的广泛性、立法内容的人民性以及立法程序的民主性等。《中华人民共和国立法法》第 5 条规定：“立法应当体现人民的意志，发扬社会主义民主，坚持立法公开，保障人民通过多种途径参与立法活动。”简言之，民主立法就是要让人民的意志更好地融入法律文本之中。民主立法原则有多种体现方式，最直观的是在法案表决阶段实行少数服从多数的表决形式。重要性不同的法律有着不同表决比例的表决规则，多数决是民主政治得以运行的重要保障。除此之外，亦有其他多种体现民主立法的实践形式，如立法草案向全社会征求意见、召开专家座谈会、民众听证会等形式对相关法案进行讨论等。这些公众参与立法的活动都是在立法人员的组织下开展的，立法人员对于民主立法原则的落实发挥着十分重要的作用。立法人员职业伦理有助于约束立法人员，要求其严格按照民主立法的原则组织相关公众参与立法的活动。②

（三）依法立法原则

依法立法原则是指立法活动必须严格按照相关法律规范的规定进行。《中华人民共和国立法法》第 3 条规定：“立法应当遵循宪法的基本原则，以经济建设为中心，坚持社会主义道路、坚持人民民主专政、坚持中国共产党的领导、坚持马克思列宁主义毛泽东思想邓小平理论，坚持改革开放。”第 4 条规定：“立法应当依照法定的权限和程序，从国家整体利益出发，维护社会主义法制的统一和尊严。”在立法实践中，立法规划的编制、法案的起草、议程的具体设置、法的公布、法的解释、备案审查等活动通常都是由立法人员具体组织

① 参见汪全军：《论立法工作者的职业伦理》，《法学教育研究》2018 年第 3 期。

② 参见汪全军：《论立法工作者的职业伦理》，《法学教育研究》2018 年第 3 期。

实施的。相应地,这些活动的开展是否符合法律规范的规定也在很大程度上取决于立法人员。立法人员职业伦理可以通过要求立法人员严格按照法律规范开展相关活动,保障依法立法原则的落实。①

二、立法人员职业伦理的内容

(一) 忠诚

忠诚于法律,忠实地理解和实施法律,是所有法律职业者都应遵循的基本伦理准则。法律职业者的任何职业行为,其本身必须合于法律,并且必须是为了有效地实施法律而开展的。② 立法人员作为法律职业共同体的一部分,也自然要把忠诚于宪法法律作为自身职业伦理的一部分。

首先,在立法准备阶段,立法人员应当依照《中华人民共和国宪法》和《中华人民共和国立法法》等法律制定立法规划、进行立法调研以及起草法律案,准确地反映人民的意志。其次,在由法案到法阶段,立法人员应当严格按照《中华人民共和国立法法》所规定的审议表决程序参与立法意见的收集和立法评估等工作,尤其是地方立法人员要着重注意避免下位法对上位法的僭越与立法抄袭等现象,做到自觉维护国家法制统一。最后,在立法完善阶段,立法人员应当依据《中华人民共和国立法法》和《中华人民共和国各级人民代表大会常务委员会监督法》等开展法律解释以及相关规范性文件的备案审查工作,还要主动接受党的领导和人民的监督。

(二) 中立

立法人员在立法过程中所扮演的角色决定了立法人员只能是人民意志的反馈者,而不能在立法中掺杂个人价值判断。一般而言,普通公民自己无法充分完成利益的表达,需要凭借立法职业者的收集、整理和代表民意的活动和中介活动发挥利益聚合功能。③

首先,在立法准备阶段,中立规范要求立法人员排除个人偏好进行立法规划、立法调研,并避免将自己的个人意志融入法律文本草案之中。其次,在由

---

① 参见汪全军:《论立法工作者的职业伦理》,《法学教育研究》2018 年第 3 期。

② 参见唐永春:《法律职业伦理的几个基本问题》,《求是学刊》2003 年第 5 期。

③ 参见秦前红、李元:《关于建立我国立法助理制度的探讨》,《法学论坛》2004 年第 6 期。

法案到法阶段，中立规范要求立法人员中立地听取、征求、收集、整理来自各方面的立法意见，如实记录立法建议，并不预设结果的前提下，对法律草案中主要制度规范的可行性、社会效果等进行客观评估。最后，在立法完善阶段，中立规范要求立法人员忠于法律原意对法条进行解释、答复，严格按照法律位阶体系和相关法律规范的含义对法律法规进行备案审查，不掺杂个人情感、观点。①

（三）审慎

有学者将我国立法质量不高归因于两个方面：一是立法违背科学，或立法技术存在问题，使法不能实行或难以实行。建设现代化法治国家需要大量良法，但现今中国的法律、法规和规章中，存在相当一部分法既不是良法也不是恶法，而是诸如立法“抄袭”产生的低质量立法。二是法的渊源和法的体系中存在大量的相互矛盾、抵触、冲突的情况。因此，如果立法人员对立法不抱有一种审慎的态度，那么只会让低质量立法越来越多，产生一定的立法风险，给执法、司法和守法等环节带来巨大困扰。②

首先，立法人员应当根据法定的立法权限，结合社会经济发展实际情况，科学地编制立法规划，并就立法的相关内容展开全面、深入的调研，审慎评估法律草案的合理性、合法性。其次，立法人员应当全面听取、征求、收集、整理立法相关意见，审慎考虑意见的科学性、合理性，并从合法性、民主性以及科学性三个维度对法律草案的可行性、法律出台时机、可能的社会效果等问题进行评估。最后，立法人员应当考虑法律解释草案与被解释的法律之间的一致性，以及法律解释草案与其他法律规范的融贯性，审慎评估法律解释草案中的相关内容；并在进行立法后评估时，严格从合法性、民主性、科学性三个维度评估法律实施的效果，充分发挥事后监督与纠偏的作用。③

（四）廉洁

在现代社会中，随着社会利益结构的变迁，多元利益共生于同一场域共同争夺着稀缺的资源。面对利益冲突，现代立法的利益调控功能日显重要。现

① 参见汪全军：《论立法工作者的职业伦理》，《法学教育研究》2018年第3期。
② 参见周旺生：《论法之难行之源》，《法制与社会发展》2003年第3期。
③ 参见汪全军：《论立法工作者的职业伦理》，《法学教育研究》2018年第3期。

代立法其实质是一个利益识别、利益选择、利益整合的交涉过程。立法人员作为利益衡量的中心，需要在不同的利益冲突中进行选择与衡量，这使得立法人员需要保持一种中立客观的立场，不能为利益所裹挟，作出错误的判断。因此，立法人员必须保持廉洁，要让立法人员在阳光下行使权力。

首先，在立法准备阶段，立法人员的立法规划、立法调研、立法草案要言之有据，规划、调研报告、草案的形成过程都需要有书面材料记录，每一位立法人员的意见都要详细记载。其次，在由法案到法阶段，对于无法在审议中保持中立的利益相关者可以适用回避制度，立法人员要广泛听取公众、专业人士的意见和建议，并对各项意见和建议进行回应；在立法评估时，立法人员的评估意见均要备案在册，评估结果要进行公示。最后，在立法完善阶段，拟定法律解释草案时，要拓宽公众、专业人士、利益相关群体建言献策的渠道；在立法后评估时，立法人员要实地考察调研，听取人民群众的声音，而不能流于形式；在备案审查时，在全覆盖的基础上，要争取做到对不同的备案审查建议和要求进行有效回应。

第三节　立法人员职业伦理的养成

一、培育机制

立法人员职业伦理培育机制是指立法人员行业协会、法学院等培育主体通过采取一定的培育方式引导立法人员将职业伦理规范内化为个体道德准则的机制。① 立法人员职业伦理是一种责任伦理而非大众伦理，“这种责任伦理并非是一种整体的目的伦理，它并非需要一个个人德性作为伦理起点，也并非需要一个宇宙天地性目的为终极追求；它是一种受到职业或专业限制的伦理，其目的性只能在一定范围内的职责中去寻找，在一定的知识、技术中去认定”②。因此，这种责任伦理可以通过学习而获得，在职业化的培训和实践过

① 关于立法人员职业伦理的养成，重点参考了汪全军教授的相关论述。参见汪全军：《论立法工作者的职业伦理》，《法学教育研究》2018 年第 3 期。

② 唐永春：《法律职业伦理的几个基本问题》，《求是学刊》2003 年第 5 期。

程中,经由长期熏染而逐步体会、吸纳并内化为一种思维定式。

首先,立法人员职业伦理的培育主体是立法人员行业协会、法学院等对立法人员具有管理、教育职责的组织。作为法律职业从业人员的主要培养组织,法学院应当在教学过程中融入法律职业伦理方面的课程,这其中就包括立法人员职业伦理的内容。① 行会制度是加强法律职业伦理塑造的有效途径,应当加强行业协会内的职业伦理自律规范。从我国法律职业伦理养成的实践来看,法官、检察官、律师等法律职业主体均建立了诸如法官协会、检察官协会、律师协会等行业组织,唯独立法人员尚未建立相关行业协会组织。人大制度研究组织侧重于围绕人民代表大会制度、人大工作积极开展理论和实践研究,对人民代表大会制度、人大工作中的重大理论和实践问题开展理论性、政策性研究,对立法人员职业伦理的养成尚未发挥相应作用。

其次,立法人员职业伦理的培育对象是立法人员和准立法人员。在立法活动中,作为立法者的助手,立法工作者已经对立法活动产生了实际影响。因此,必须切实加强立法工作者的职业伦理教育。而即将参与立法活动的准立法工作者也应当是立法人员职业伦理培育的重要对象。准立法工作者是潜在的立法工作者,如正在法学院学习的法科生或者已经被立法机关录用但尚未参与立法工作的人员,其有相当大的可能成为真正的立法人员,因此,提前对其进行立法人员职业伦理教育十分必要。②

再次,立法人员职业伦理的培育内容包括立法人员职业伦理的理论知识与实践操作。一方面,需要强调立法人员职业伦理理论知识的教育。立法人员职业伦理是一套逻辑融贯的理论体系,其与民主理论、立法理论等密不可分,要加强立法人员理论学习教育。例如通过培育建立起公正的价值取向。法律职业的本质属性就是公正,它决定了整个法律职业共同体都必须以追求和实现社会公正作为共同的、根本的使命。另一方面,需要重视立法人员职业伦理实践操作经验的传授。在实践中,立法人员职业伦理的具体适用情形多种多样,这些内容需要采取经验传授的方法融入立法人员职业伦理的培育内

① 参见汪全军:《论立法工作者的职业伦理》,《法学教育研究》2018 年第 3 期。
② 参见汪全军:《论立法工作者的职业伦理》,《法学教育研究》2018 年第 3 期。

容之中。①

最后，立法人员职业伦理的培育目标是将立法人员职业伦理规范内化为立法人员个体道德准则。立法人员职业伦理的培育目标包括：一是培养立法人员的职业素养。通过立法人员职业伦理培育，不仅要让立法人员深刻领会其工作的性质，还要让立法人员切实掌握相应的工作方法和注意事项。二是培养立法人员的职业责任感。通过立法人员职业伦理培育，要让立法人员充分认识到其对立法工作所产生的重大影响，并在此基础上理解其所肩负的重大责任。三是培育立法人员的职业荣誉感。通过立法人员职业伦理培育，要让立法人员充分意识到辅助立法者制定法律规范的重大意义，并形成以立法人员这一职业为荣的强烈情感。②

二、惩罚机制

我国尚未成立立法人员行业协会，也未制定立法人员职业伦理规范，这将是未来立法工作和法治建设的一个发展目标。立法人员惩戒机制应当包括：受惩戒行为、惩戒措施、惩戒机构、惩戒程序以及惩戒法律后果等内容。

惩戒机制的建设主要应从如下几个方面展开：一是关于受惩戒行为。主要包括受惩戒者是否滥用了立法人员权威和职权；立法人员工作性质是公共事务还是私人事务；立法人员行为发生于公共空间还是私人空间；立法人员是否违反了立法人员所应奉行的基本准则。二是关于惩戒措施。惩戒措施应当体现立法人员职业特性，建立警告、罚款、强制调离、降级、撤职乃至免职等分级措施。三是关于惩戒机构。应当建立起专门惩戒机构和行业惩戒机构相协调的制度体系。可设立立法人员惩戒委员会、立法人员行业协会惩戒委员会等。前者作为国家机构内惩戒机构，后者作为行业自律组织惩戒机构，各司其职。另外，还应建立起惩戒立案调查启动机制、听证制度以及决定、申诉等程序机制，完善惩戒法律后果承担机制。

---

① 参见汪全军：《论立法工作者的职业伦理》，《法学教育研究》2018 年第 3 期。

② 参见汪全军：《论立法工作者的职业伦理》，《法学教育研究》2018 年第 3 期。

【法治故事】

在十二届全国人大常委会第三十一次会议上，全国人大常委会法制工作委员会首次就十二届全国人大以来暨2017年备案审查工作情况向人大常委会会议作报告，亮出了五年来备案审查工作的"成绩单"。五年来，维护宪法法律尊严和法制统一，保障人民群众利益不受"问题法规"侵害，备案审查制度发挥了重要作用。

《五年来纠正了哪些"问题法规"？——聚焦全国人大常委会法工委备案审查工作"成绩单"》①

过去一年来，国务院、最高人民法院、最高人民检察院以及有地方立法权的地方人大及其常委会，依照宪法法律规定的权限和程序开展法规和司法解释制定工作，按照规定报送全国人大常委会备案的行政法规、地方性法规、司法解释共1485件，其中行政法规53件，省、自治区、直辖市地方性法规516件，设区的市、自治州、不设区的地级市地方性法规718件，自治条例和单行条例99件，经济特区法规58件，司法解释41件。

各报送备案的机关按照"有件必备"的要求，基本做到了报送及时、材料齐全、格式规范，通过报送备案自觉接受全国人大常委会监督，报备工作实现了制度化、常态化。同时，也存在一些问题，需要不断完善和改进。例如，有的地方人大常委会通过的决议决定中规定了公民法人的权利义务或者有关机关的职权职责，设定了法律责任，属于具有法规性质的规范性文件，但并没有报送备案。去年以来，法制工作委员会着力推动地方人大常委会将地方政府规章和地方人民法院、人民检察院制定的涉及审判、检察工作的规范性文件纳入备案审查范围。目前，地方政府规章基本上纳入地方人大常委会备案审查范围，有14个省(区、市)将地方有关司法规范性文件纳入备案审查范围，有2个省纳入依申请审查范围。

---

① 《五年来纠正了哪些"问题法规"？——聚焦全国人大常委会法工委备案审查工作"成绩单"》，新华网，http://www.xinhuanet.com/politics/2017-12/25/c_1122165019.htm。

我们还加强备案审查信息化建设，在实现电子报备的基础上，推进同国务院电子报备系统的联通，实现统一报备，通过全国人大备案审查信息平台将报备的地方性法规同时推送到国务院电子报备系统，促进报备工作便捷化、规范化。

《全国人民代表大会常务委员会法制工作委员会关于2019年备案审查工作情况的报告》①

【典型案例】

1920年1月2日，禁止酿造和发售酒类的《沃尔斯特法令》在美国生效。长期以来，舆论界强烈主张禁酒，至第一次世界大战开始时，美国已有2/3的州是“干”的。但是，需要有一个全国性的法令来最终完成禁酒的使命。美国20世纪20年代国会立法颁布了禁酒令，理由就是酒是犯罪的根源。简单说禁酒令是妇女运动造成的。由于酗酒造成了很多家庭暴力问题，为了保护妇女权益就实施了禁酒令。而且酒在宗教上也和罪相联系，也是宗教组织所反对的。但是禁酒令反而造成私酒泛滥，很多人通过贩卖私酒中饱私囊。《了不起的盖茨比》中的主角盖茨比就是靠贩私酒发家的（虽然小说里没有明说，但是所谓药房，就是指私酒坊。因为唯一可以合法贩卖的酒精是医用酒精）。

美国甚至出台了禁止酒精饮料的酿制、转运和销售的宪法修正案。工业资本家认为工人饮酒影响劳动纪律和生产效率，于是在他们施加压力的情况下，国会于1919年颁布了宪法第十八条修正案：“自本条批准一年以后，凡在合众国及其管辖土地境内，酒类饮料的制造、售卖或转运，均应禁止。其输出或输入于合众国及其管辖的领地，亦应禁止。”这一修正案也得到美国基督教新教徒的支持，因为他们有一种禁欲苦行、节俭自制的思想倾向，禁酒令符合他们的要求。但这一修正案的实施，引起了非法酿造、出卖和走私酒类饮料的新的犯罪行为，禁而不止，而联邦及各州政府又需要以酒税补充其财政收入，

① 《全国人民代表大会常务委员会法制工作委员会关于2019年备案审查工作情况的报告》，中国人大网，http://www.npc.gov.cn/npc/c30834/201912/24cac1938ec44552b285f0708f78-c944.shtml。

1933 年国会颁布宪法第二十一条修正案废止了禁酒令。

【问题与思考】

1. 如何理解“立法工作者”这一概念？

2. 立法人员职业伦理中的“中立”与法官职业伦理中的“中立”有何异同？

3. 如何构建立法人员职业道德基本准则？

第十二章　执法人员职业伦理

执法是执行和运用法律的具体过程，是法律规制从纸面走向实践的主要途径和重要保障。在现代法治国家中，执法是构建法治国家的关键因素。随着我国法治进程的不断加快，法治观念逐渐深入人心，公民对执法的要求也逐步提高。作为执法活动的践行者，执法人员必须要以法律作为出发点和落脚点。然而，法律是最低限度的道德，要实现法律的目的和宗旨，发挥执法的功能和作用，执法人员还应当受到伦理道德的规制。

普遍守法下的政府是法治关键之关键，人民遵守法律的前提是公职人员都能够遵守法律，公职人员守法是人民履行守法义务的示范和前提。从法律的实践来看，执法人员位于行政权力的末端，自由裁量权的赋予更是使得执法人员具有很大的弹性自由，法律与制度的缺失也给道德留下了充足的空间。执法人员很容易偏离法律的轨道，滥用权力，侵犯公民的合法权益。因此，执法人员的自身选择成为规范执法活动和推动良法善治的关键点。职业伦理作为一种内在约束机制，具有与职业相匹配的行为规范和道德准则，为执法人员提供了良知导向，指引执法人员不断进行自我觉醒、自我约束和自我完善。由此看来，现代法治社会建设过程中，关注执法人员职业伦理建设具有十分重要的现实意义。

第一节　执法人员职业伦理概述

一、执法人员职业伦理的概念

把握执法人员的职业伦理，我们首先必须厘清执法人员的具体范围以及职业伦理的概念、特征和内容等，这是研究执法人员职业伦理的逻辑起点。

（一）执法人员的概念

要了解执法人员的概念，首先就需要对“执法”一词予以准确的定位。执法过程中，执法主体是执法活动的承担者。对“执法”一词进行分析，应该从执法主体的角度进行分析。在学界，关于执法主体的争议主要集中在，执法的主体是否仅仅为行政机关。狭义的观点认为，行政执法仅仅是一般意义上的行政管理，表现为行政机关依法实施的影响相对人权利义务的行政行为。① 广义的观点认为，行政执法是行政司法和一般行政意义上的行政管理。② 事实上，法律的实施并不像司法审判活动那样以法官的参与作为必要前提，不同的法律由不同的执法主体承担。因此，仅仅将行政机关作为执法的主体，容易导致对执法内涵的片面理解，无法准确把握执法实践的灵活性和多样性。

根据以上的分析，本书所指的执法是广义上的执法，执法的主体包括行政机关、法律授权行使行政职权的组织、受委托行使行政职权的组织、司法机关。执法人员是直接、具体行使执法职权的行为主体。在性质上，执法人员执行、运用法律；在范围上，执法人员依照法定的职责和权限对国家和社会事务进行管理；在功能上，执法人员要确保法律的顺利实施，保障公民的合法权益，维护正常的社会秩序，促进社会的和谐发展。

（二）执法人员职业伦理的概念

随着社会分工的日益精细化，越来越多的职业团体应运而生，职业化生活成为人们重要的生活方式，职业团体内部形成了一套职业人员一致认可并且可以约束自己言行的行业规范。然而，随着经济的高速发展，道德领域与经济领域出现结构性脱节，并带来经济关系对整个社会的非道德支配，社会亟须解决经济与道德的衔接问题。在这种情况下，伦理道德被引入行业规范并形成职业伦理。它反映了伦理是职业发展的必然需求和选择。从这个层面上来看，职业伦理隐含了两层含义：(1)任何职业的从业者都应当重视道德伦理，并将其内化于行为之中，成为个人实现自律的内在动力；(2)任何职业的从业

① 参见杨惠基：《行政执法概论》，上海大学出版社 1998 年版，第 1—3 页。

② 参见罗豪才主编：《行政法学》，中国政法大学出版社 1999 年版，第 17 页。

者都必须掌握并遵循自身职业所具有的专业性、技术性规范,只有这样做才能促进职业团体的快速发展。这样来看,职业伦理具有价值属性和工具属性,前者体现了职业伦理的道德诉求,后者体现了职业伦理的规范性要求。

执法人员的职业伦理就是指执法人员在执法活动中应该遵循的伦理理念、道德原则和道德准则。随着社会的进步和国家法治进程的需要,执法在现代社会中扮演了越来越重要的角色。与此同时,执法人员面临的诱惑和机会与日俱增。执法人员职业伦理既可以约束执法人员行为,减少执法不正当行为的产生,又可以发挥导向作用,指引执法人员朝着良善的方向不断发展,更能够树立执法人员的良好形象,赢得社会对于执法活动的认同。

二、执法人员职业伦理的特征

执法伦理是执法人员在执法过程中应当遵循的伦理规范。执法人员是法律职业共同体的一个部分,其职业伦理也从属于法律职业伦理。随着法律职业伦理的逐步完善,法律职业团体内部逐渐发展出符合自身职业特点的行业规范与道德伦理。因此,认识执法伦理的实质,了解执法伦理的特征,就只能从执法人员的职业入手。整体上看,执法人员的职业具有以下特点。

第一,执法活动具有主动性。执法活动以维护社会公共利益和公共秩序为前提,法律执行强调迅速、效率、便捷。如果拖延耽误就会给国家利益、社会公共利益和行政相对人的合法权益造成重大损失。因此,与司法活动被动性地提供事后救济不同,执法机关及其执法人员在执法过程中要积极主动地履行职能,而不需要行政相对人的意思表示。

第二,执法内容和形式具有多样性。执法是国家行政机关以国家的名义对社会进行全方位管理与协调,执法活动涉及国家发展和公民生活的方方面面,这就决定了执法内容的多样性。由于各地经济发展、执法配置、文化观念不同,统一的执法形式无法兼顾执法环境的复杂,因此,执法活动在不违反制度安排的情况下出现了灵活多样的执法形式。

第三,执法活动具有强制性。执法是由国家赋予的,依照法定的范围和程序,行使行政管理职权、履行职责、贯彻和实施法律的活动。执法过程中,作为国家权力的执行者,执法人员直接依据法律规范对行政相对人进行监管、处罚、强制、稽查等，以国家强制力为后盾实现法律规范的意图。

第四，执法活动具有风险性。执法风险是指执法机关及其执法人员在行使执法权过程中潜在的，因权力的行使偏离了法律的规定轨道或履行职责的过程中出现了行为失范，侵犯、损害了国家或行政相对人的合法权益，从而引发法律后果，所承担的法律范围内的惩罚。由于执法经常处于矛盾冲突的最前线，受到各种不确定因素的影响，执法过程中存在较大的风险性。

第五，执法活动面向一线、面向基层，与群众密切接触。执法机关及其执法人员是法律、法规的直接、具体执行者，他们将法律从应然的状态转变为实然状态，是连接法律和社会、执法人员和人民群众的重要桥梁。法律实施过程中，执法人员的执法权限、执法资源、个人素质，直接影响着执法效果和执法水平。

执法人员的职业伦理是一种特殊的社会意识形态，它是社会道德在职业领域的具体体现，并且具备法律职业伦理的一切共性。但是，执法活动的特殊性又决定了执法伦理具有其自身的特征。

第一，政治性。执法权是国家权力的组成部分，执法人员的职业伦理从本质上是一种权力伦理，而权力行使必须为一定的社会力量所控制以服务于一定的社会阶级或阶层。在我国，国家权力的本质来源于人民，行政机关只是代替人民行使权力的组织，它必须服务于人民、对人民负责、受人民监督，并在权力行使的过程中实现人民的最大福祉。执法人员职业伦理也要体现权力的政治属性，反映统治阶级在政治上的价值追求。这就要求执法人员在行使权力的过程中，以为人民服务为根本，以为人民谋利益为己任，以维护社会公正为核心，以社会公共利益至上为价值选择。

第二，示范性。所有职业团体的职业伦理都会对其他人产生一定的影响，由于执法活动的特殊性，执法人员的职业伦理产生的示范作用更为鲜明和特殊。之所以会这样，主要有两个方面的原因：一是执法活动的事务涉及社会生活的方方面面，执法对象具有广泛性和普遍性，执法人员的职业伦理会对整个社会产生更为广泛的影响。二是执法人员是国家权力的执行者，执法人员的形象代表了国家的意志和形象，借助国家的影响力，执法人员的职业伦理更容易引起公众的效仿和学习。由此可见，执法人员的职业伦理在整个社会道德体系中处于主导地位，这就对执法人员提出了更高的要求。

第三，强制性。执法伦理的强制性直接反映了法律对伦理道德的介入，是指依靠强制力对执法伦理进行约束，要求执法人员必须遵循执法伦理中存在的一些最基本而必要的伦理要求，否则就要受到惩罚和制裁。执法人员的职业伦理就是指执法人员在执法活动中应该遵循的伦理理念、道德原则和道德准则，虽然它主要依靠传统惯例、风俗文化、社会舆论等潜移默化的力量产生约束力，但是强制力的介入有其存在的合理性：首先，它是国家对执法人员最低限度的道德要求，具有道德合理性。其次，它体现了执法人员对于向善的追求，是权力行使过程中执法人员追求的较高价值目标。最后，道德伦理支配着人们的内心世界，一旦内化于行为之中，就会产生巨大的精神力量。

三、执法人员职业伦理基本法律规范

我国执法人员职业伦理还没有形成统一的职业道德伦理的成文规范。有关执法人员职业伦理的规范，散见于《中华人民共和国公务员法》《行政机关公务员处分条例》《国家公务员行为规范》《交通行政执法职业道德基本规范》《关于推进公务员职业道德建设工程的意见》等法律文件当中。具体来看，这些法律规范具有以下特点。

《中华人民共和国公务员法》以公务员作为法律主体，通过一定的程序和方式，将公务员必须遵守的基本道德规范转化为法律义务，如果违反这些规定，将会受到国家强制力的制裁，承担相应的责任。这是一个道德规范法律化的过程。在这部法律当中，涉及职业伦理的内容主要集中在第十四条，即列举了八条公务员应当履行的法律义务，并从监督、考核、奖惩等角度作出了一些规定。但是，该法律主要是针对一般国家工作人员的行为和理念作出的总体性规定，对执法类的公务员的职业伦理并没有详细阐释，无法体现出执法工作的特殊性。

《行政机关公务员处分条例》是针对行政机关公务员的法律规范。作为处分条例，它有较强的针对性，对行政机关公务员领域存在的十六项违法违纪的行为作出具体明确的规定，并就处分的种类、幅度、权限、程序、法律救济等方面予以配套性的规范，实现了道德规范从实体到程序的法律依据。但是，从

《行政机关公务员处分条例》的具体内容来看，该法律更加偏重于从惩处的角度对行政机关公务员的道德规范进行强化，而作为执法人员职业伦理规范应当体现以职业道德的具体内涵指引执法活动，这是执法伦理需要完善的方向。

《国家公务员行为规范》《交通行政执法职业道德基本规范》《关于推进公务员职业道德建设工程的意见》三个部门文件规范了公务员在履行职责和日常生活中应当遵守的道德要求。虽然具体内容不同，但这三部法律文件有共同的特征，即内容仅仅对道德行为做了简单的概括，缺乏具体的执行标准和方法，也没有上升为纪律责任和法律责任，强制约束力不足。就执法而言，执法活动是一个连续的、完整的过程，缺乏统一的、体系化的规范，这就极易导致执法人员违反职业伦理道德行为的产生。就此而言，我国执法人员职业伦理建设还需要进一步的发展和完善。

第二节　行政执法的行为准则与行为规范

现代法治国家中，执法是构建社会主义法治国家的关键，是贯彻执行法律的重要环节。作为法律实施的主体，执法人员在社会生活中有着非常重要的地位。在法律落实的过程中，执法人员的行为举止受到全社会的广泛关注。从目前我国对执法人员行为规范的内容论述来看，行政执法中的行为准则与行为规范主要包括保证依法执法、确保公正廉洁、坚持执法为民、维护执法形象、坚持群众路线的内容。

一、保证依法执法

依法执法，是指在执法过程中，执法人员以法律规范为基准实施法律活动的方式。习近平总书记强调："领导干部要牢记法律红线不可逾越、法律底线不可触碰，带头遵守法律、执行法律"①。这就要求执法人员应当对宪法法律

① 中共中央宣传部编：《习近平总书记系列重要讲话读本（2016 年版）》，学习出版社、人民出版社 2016 年版，第 99 页。

怀有敬畏之心，坚持法律红线不能逾越、法律底线不能触碰的观念，在具体的法律实施环节，坚持执法合法性和合理性。

合法性就是指执法人员的执法活动必须符合法律的规定，要求执法人员在执法过程中要做到以下几点：第一，执法的主体必须合法。《行政诉讼法》第七十五条规定："行政行为有实施主体不具有行政主体资格或者没有依据等重大且明显违法情形，原告申请确认行政行为无效的，人民法院判决确认无效。"在执法过程中，执法主体必须符合法律规定的主体地位，应当具备相应的资格和条件。第二，执法的程序必须合法，其内容涵盖了执法的权限、手段、方式、方法等。在行政执法公共领域，我国先后制定并颁布了《行政处罚法》《行政许可法》《行政强制法》等法律规范，并就执法的方式和步骤、时限和程序等作出规定。在执法过程中，执法人员应当熟练掌握相关法律规定，严格依照执法程序规范合理执法。第三，执法的证据必须充分。这是行政执法行为正确性和合法性的前提和基础，《行政诉讼法》第七十条、《行政处罚法》第三十条、《行政复议条例》第四十二条都对其作出了具体规定。在执法过程中，执法人员要坚持"事实清楚、证据确凿充分"的法定标准，没有证据或者主要证据不足，执法人员就不能定案，不能对执法对象采取法律措施。

合理性是指执法人员应当正确行使自由裁量权，使其所采取的措施、作出的决定合理，与案件事实、情节、执法对象等本身相符合。具体来看，执法过程的合理性主要体现在：一是执法权的行使应当符合执法权的目的。执法人员要根据执法权的目的，从公共利益的角度出发，全面考虑执法环境和执法行为涉及的因素，使执法行为具有更加充分合理的根据。二是执法应当坚持平等对待原则。《宪法》第三十三条规定："中华人民共和国公民在法律面前一律平等。"党的十八届四中全会强调要"坚持法律面前人人平等"。执法过程中，执法人员应该牢固树立平等观念，抵制权势、金钱、美色、人情、关系等对执法的干扰，做到平等待人。三是自由裁量要适当。党的十八届四中全会报告明确提出，要"加大关系群众切身利益的重点领域执法力度，建立健全行政裁量权基准制度，全面落实行政执法责任制"。执法人员在行使自由裁量权的过程中，要充分考虑各种因素，根据执法对象的具体情况作出适当的执法活动。

二、确保公正廉洁

公正是法律永恒的价值追求，廉洁是执法者最基本的职业操守。执法人员既是国家权力的执行者，也是社会秩序的维护者，在现代法治国家的建立和运行中肩负着重大责任使命。公正廉洁执法，是执法人员在实施法律过程中最基本的行为规范，也是全面推进依法治国、全面从严治党以及建设社会主义法治国家的基本要求。

公正执法是执法人员在执法过程中必须坚持的价值追求，也是执法人员在执法过程中必须坚持的行为规范。习近平总书记在中央政法工作会议上指出："促进社会公平正义是政法工作的核心价值追求"，要努力让人民群众在每一项执法活动、每一起案件办理中都能感受到社会公平公正。公正执法的基本要求有：一是执法人员坚持以事实为根据，以法律为准绳，严格把握法律适用的每一个环节；二是坚持实体公正，依法行政，秉公执法，不偏私、不歧视、不专断，排除个人利益对公平正义的影响，敢于顶住各种压力，杜绝关系案、人情案、金钱案；三是坚持程序公正，防止执法人员的武断和专横，严格执行执法告知制度，明示行政处罚事实、理由、依据和依法享有的权利，不在执法对象事先未知和未申辩的情况下作出对其不利的行政行为；四是强化和完善执法监督，增强执法工作的透明度，依法对行政许可、行政处罚、行政执法监督和举报投诉等内容进行具体公开，以公开促公正，以公正促工作。

廉洁执法是执法人员在面对公权与私利时秉持的态度，即以正确的态度对待权力、地位和钱财。任何权力都必须公正地行使，而公正的前提就在于廉洁。党的十八大以来，在全面从严治党的背景下，习近平总书记就政法队伍建设作出重要指示，要"努力建设一支信念坚定、执法为民、敢于担当、清正廉洁的政法队伍"①。但在执法领域中仍旧存在执法不廉的现象，特别是执法商品化、执法特权化等不规范现象。要改变这种现象，执法人员要做到：一是严于律己，坚守思想防线、坚守道德底线，遵守党和国家的政治纪律、法律纪律和道德纪律，努力做到自重、自省、自警、自励、自律。二是秉公用权，公私分明。反对将权力特权化、私人化，避免权力成为追求个人利益的工具。反思执法过程

---

① 《习近平谈治国理政》第一卷，外文出版社 2018 年版，第 149 页。

中执法不作为、乱作为、简单执法、暴力执法等突出问题，真正做到权为民所用、情为民所系、利为民所谋。三是禁止获取不正当利益。不得利用职务上的权力和便利为个人谋取利益，杜绝权权交易、权钱交易、权情交易甚至于权色交易，反对执法商品化现象，避免为获取不正当利益而导致的选择性执法、重复执法、混乱执法等问题。

三、坚持执法为民

执法为民是由党的根本宗旨和国家的社会主义性质决定的。邓小平指出："中国共产党员的含意或任务，如果用概括的语言来说，只有两句话：全心全意为人民服务，一切以人民利益作为每一个党员的最高准绳。"①在执法实践中，执法人员要将全心全意为人民服务的根本宗旨贯彻落实到执法过程之中。我国《宪法》第二条明确规定："中华人民共和国的一切权力属于人民。"我国是实行人民民主专政制度的社会主义国家，人民是国家一切权力的来源。作为国家权力的执行者，执法人员就应当对人民负责、受人民监督、为人民服务，着眼于保障和改善民生，切实做到便民利民。

民生的改善是人民群众最主要、最直接的愿望。习近平总书记指出："让老百姓过上好日子是我们一切工作的出发点和落脚点。"②在执法活动中，应当把改善民生作为第一要务，推动人民群众生存和生活状态的实际改善。具体来说需要做好以下几个方面的工作：一是要加快经济全面协调可持续发展，增进社会物质财富的积累，增加就业机会，逐步提高人民群众的物质生活水平。二是要缩小区域间、城乡间、阶层间、群体间的发展差距，加大对困难群体的社会救助、社会扶持和社会保障，走全社会共同发展和富裕的道路。三是要保障人民群众的生命财产安全，依法防范和打击各类危害人民群众利益的违法犯罪活动，增加人民群众的安全感。四是要建立规范、顺畅的民情民意表达和反映机制，及时了解人民群众的困难和疾苦，把党和国家以及全社会对每一个社会成员的关心和体贴，落实到人民群众的实际生活之中。五是要妥善、及

---

① 《邓小平文选》第一卷，人民出版社 1994 年版，第 257 页。

② 中共中央宣传部编：《习近平总书记系列重要讲话读本（2016 年版）》，学习出版社、人民出版社 2016 年版，第 213 页。

时地处理和化解涉及人民群众利益的社会矛盾,最大限度地减少社会纠纷对人民群众物质和精神层面的伤害,为人民群众创造和谐安宁的生活氛围。

便民利民是我们党优良作风和传统在法治实践活动中的具体体现。便民利民,就是要在不损害实质性法律利益和不违反法定程序的前提下,尽可能为人民群众行使权利和履行义务提供各种便利。实现便民利民,需要切实做好以下几个方面的工作:一是应当不断改革和完善各种执法程序和执法手续,科学、合理地设置执法流程,减少不必要的环节,减轻当事人的负担,特别是对于人民群众日常生活所涉及的事务,应当尽量做到简单易行、方便快捷。二是应当从我国经济社会文化发展的客观状况出发,使执法活动与广大人民群众参与法律活动的能力大体适应,同时,执法机关自身的规范化、科学化建设,也要朝着更加便利于人民群众的方向发展。三是应当加强执法工作的主动性,牢固树立服务意识,不断丰富服务的内容和提高服务的水平,赢得人民群众对执法活动的配合和尊重。

四、维护执法形象

执法形象是社会公众对执法人员的外在表现和客观效应的综合认知和评价。良好的执法形象具有十分重要的意义,有利于执法人员进行自我约束,营造执法的庄严感与神圣感,激发执法人员的归属感、使命感与责任感;能够消除公众对于执法人员的误解,争取社会公众对执法活动的理解、支持与配合;有利于改善执法的环境,提升执法在人民群众中的公信力;有利于执法人员更好地履行自己的职能,推进建设社会主义法治国家进程。

执法形象离不开执法人员的职能和角色定位。当前我国处于社会转型时期,经济快速增长,利益日益分化,各种社会矛盾较为突出,一方面人民群众对执法活动有强烈的期待和需求;另一方面,人民群众对法律的了解和认知尚不充分,执法人员素质参差不齐,这就导致执法过程中冲突矛盾时有发生。党的十八大以来,面对执法工作的形式和执法环境发生的深刻变化,党和政府从完善和发展中国特色社会主义制度、推进国家治理体系和治理能力现代化的战略高度出发,就全面推进依法治国、建设社会主义法治国家作出了全面部署,对执法工作提出了新的更高要求,执法人员要理性文明执法。这不仅是社会主义法治所应有的重要特性，更是人民群众对于执法活动的强烈要求。理性文明执法，既关系到执法的实际效果，也关系到法治的权威，还关系到党和政府的形象。

理性文明执法，要求执法机关及其工作人员在执法过程中做到以下几点：一是满腔热忱和诚恳踏实地实施执法行为，真正从有利于人民群众出发，主动积极地为人民群众着想，创造性地把国家利益、社会利益和个人的合法利益统一在执法活动之中；二是以高度的政治智慧，把握大局、识别主流，分清是非、因势利导，遇险不惊、居危不乱，沉着冷静地处置各种复杂的矛盾和冲突，有效地应对各种复杂局面和处理各种复杂问题；三是不断提高自己的素质与修养，遵守执法程序，讲究执法方式，改善执法态度，注重执法艺术，执法人员始终做到仪容整洁、言行文明、举止得当、尊重他人，使各种执法活动真正为广大人民群众所充分理解和接受。

五、坚持群众路线

群众路线是中国共产党的根本工作路线和工作方法，是坚持和保障人民主体地位的根本方式，其具体内容可以概括为“一切为了群众，一切依靠群众，从群众中来，到群众中去”。执法人员要不忘初心、牢记使命，以马克思主义群众观为依据，坚持从群众中来到群众中去的群众路线。经常深入执法实践、深入执法基层、深入人民群众，把解决人民群众最关心、最直接、最现实的利益问题作为执法工作的出发点，把人民群众的利益和福祉作为第一选择，把人民群众的安全感和满意度作为执法工作的第一标准，并做到回应民意和教育群众。

回应民意要求执法人员在一切可能的条件下，积极主动回应执法的社会需求，要以“人民拥护不拥护、人民满意不满意、人民赞成不赞成、人民高兴不高兴”作为评判执法活动的基本标准。为了更好地回应民意，执法人员需要注意以下三个方面：一是保证公众的参与权和表达权。积极畅通公众参与执法的渠道，允许、鼓励公众通过听证会、执法协助、群众评议等方式参与执法活动，推动执法活动朝着民主化、高效化方向发展。二是健全人民群众的监督机制。执法过程中，要不断提高人民群众的监督意识。通过营造良好的监督氛围、制定完善的监督方法、保护合法的监督行为，引导并动员人民群众实施监督活动。三是正确认识和甄别民意。执法人员不能片面地强调尊重、迁就或屈从“民意”，而应该及时有效正确地认识和把握民意，切实做到走群众路线，让人民群众能够满意。

在坚持群众路线过程中，执法人员还需要加强法制宣传教育，合理地教育和引导人民群众，提高人民群众的法律意识和法律素质。党的十八届四中全会明确提出：“坚持把全民普法和守法作为依法治国的长期基础性工作，深入开展法治宣传教育，引导全民自觉守法、遇事找法、解决问题靠法。”就此而言，主要有以下几方面的要点：一是要教育和引导人民群众认识到公民的权利和自由不是没有限制的。引导和教育人民群众正确对待自己的各项权利与自由，在法律的框架内进行活动。二是要教育和引导人民群众认识到公民的权利和义务是密不可分的。执法人员需要从理论上阐明和澄清权利和义务的关系，正确地教育和引导公民形成健康的权利义务观。三是要教育和引导人民群众正确认识个人利益与社会利益、国家利益的关系。要强调国家利益、社会利益和个人利益三者统一，反对个人权利的绝对化。四是要教育和引导人民群众学习法律知识，增强法律意识。使广大人民群众在法治社会中做一个合格的现代公民，从容自如、有尊严地生活于社会主义法治社会。

第三节　当前执法人员职业伦理现状

一、执法人员职业伦理违反现象

与立法、司法、守法等制度相比，执法更加关注权利的落实，执法人员在执行法律权力的过程中始终要围绕政府与公民二者之间的关系这一主题展开。执法是发生在具体的社会层面的法律实践活动，执法人员要面临不同的社会群体，处理更为复杂的社会问题。因此，执法人员的职业伦理水平不仅反映了执法人员的形象，展示了执法人员的声誉和地位，而且关系到执法行为的合法性和正当性，关系到民众与政府之间的信任，也关系到我国法治建设的进程以及社会的稳定和谐。虽然我国为解决执法人员职业伦理问题出台了相关的法律规范，执法人员的规范管理和执法活动也有了长足发展，但是执法人员还存在违反职业伦理的问题。

（一）执法人情化

执法人情化是指执法人员受到“以情代法”“情大于法”等观念影响，在执法过程中违反法定职权或法定程序，不按统一执法尺度平等对待一切违法者，给关系留下进行非法活动的空间，使执法沦为“人情”的屈从者。执法人情化严重违背了执法伦理，势必影响法律的权威和执法的公正。

在执法实践过程中，执法人情化主要有三种表现。第一，人情与法律关系认识错位，人情超越、凌驾于法律之上，人大于法，以人情因素代替法律约束的现象时常发生，影响正常的执法秩序。第二，受人情、面子、关系等多种因素影响，不按统一执法尺度平等对待一切违法者，导致执法显失公平、公正。第三，受利益驱使和人情怪圈的影响，违反法定职责和法定程序，将人情作为交易的砝码和工具，为自己谋取利益。这些执法人情化的现象都反映出，执法人员在执法中超越法律职权，违反法定职责和法定程序，办人情案、关系案，从而造成执法不公、民怨较多。

（二）执法商品化

执法商品化是指执法人员在利己主义的目的和动机支配下，将法律赋予的权力作为商品进行交易，从而为自己谋求非法利益的权力异化现象。执法商品化的实质在于执法人员将商品经济领域的交换原则引入权力运行当中，其中，权力私有化是执法商品化的前提，权力的使用价值是推动执法进行交易的内在动力，权力的可支配性是执法进行交易的重要保障。一般来说，执法权具有价值属性和工具属性，前者体现了权力的道德诉求，即权力具有公共性与责任性；后者体现了权力的强制性和规范性，强制性表现为支配与控制关系，这就使权力具有天然扩张的本能，规范性是对权力的规制与驯服，它要求将权力装进制度的笼子里行使。执法商品化违反了公共权力使用规范，背离了公共权力的授权目标，与执法人员的职业伦理格格不入。

当前，执法商品化的表现形式主要有三种类型。第一，利用自己的权力给违法行为人提供保护伞，并从中获取利益。城管执法在我国城市发展过程中发挥了重要作用，使得城市更加干净、美观。但是拥有监管权的城管人员却很容易贩卖公共权力，为商贩提供“保护伞”。第二，利用自己的职务设定执法指标、搞办案提成。在许多执法场合，将罚没以指标的形式分配给执法人员，为调动其执法活动的积极性，将罚款费用与个人收入挂钩，允许其根据完成的指标情况提取部分费用。执法本身是一个法律兑现的行为，针对的是不可预期的违法。指标的出现使得违法行为成为执法人员攫取利益的工具，从而引发了各种乱罚款、乱办案等行为。第三，利用自由裁量权，灵活控制惩罚形式和范围。在执法过程中，凡法律没有详细规定，行政机关在处理具体事件时，可以依照自己的判断采取适当的方法的，是裁量的行政措施。① 从目前来看，针对大部分违法行为，执法人员都有惩罚的权力。在办理赌博、卖淫嫖娼等案例中，有的公安机关罔顾法律，以罚代刑、以罚代教，甚至与犯罪分子谈判，从而使得惩处权像市场上的其他商品一样，按质论价。

（三）执法者特权化

所谓特权是指在法律或者政策之外享有的、以利益分配不公平为基础的特殊权力。② “无论何种特权，其目的自然都在于免受法律的管束，或赋予法律所未禁止的某种事物以专属权利。”③执法特权化是执法人员基于自身掌握的公权力，并在法定利益之外享受因其权力而带来的特殊利益和权利。特权总是与腐败联系在一起，反对特权就是预防、遏制权力扩散和权利特殊化。

从本质上讲，执法特权化现象是典型的官僚主义作风，是封建残余和“官本位”思想在执法领域的延伸和伴生现象。当下，执法特权化的现象是多种多样的。第一，在思想上将权力或职务视为高人一等的标签，在执法过程中打官腔、摆官谱、抖官威。在执法活动中，缺乏社会平等与平民意识，以居高临下、傲慢、蔑视的态度对待民众。以权压法、以己代法的行为严重损害了执法人员的形象，并引发民众对执法人员素质产生怀疑。第二，在执法活动中，罔顾规章制度，无视组织程序，放任权力任意行使。第三，秉持无利不起早的心态，利用手中的权力为自己谋取利益，导致执法权沦为权力寻租的工具。这种公共权力部门化，部门权力市场化，最终使权力成为个人谋利的利器。第四，

---

① 参见王珉灿主编：《行政法概要》，法律出版社 1983 年版，第 80 页。

② 参见李守庸、彭敦文：《特权论》，湖北人民出版社 2000 年版，第 28 页。

③ ［法］西耶斯：《论特权　第三等级是什么？》，冯棠译，商务印书馆 1990 年版，第 1 页。

将权力与个人享受的待遇画等号,利用职务之便或假借公务的名义进行消费和享受。虽然国家为了提高办公的效率给执法人员配备了车辆,但是一些执法人员却将其视为自己可以随意使用的个人财物,公车私用,在职务活动之外也开着车辆到处休闲娱乐。这些人将职务待遇个人化,使公共资源变相成为个人私有资源,甚至还使国家资源不断为私有化服务,公然违反法律法规,不断挑战大众接受程度,刺激人们的神经。

二、执法人员的职业伦理困境

必须看到,执法人员在执法过程中确实存在违反职业伦理的现象,但现象只是表面,其背后隐藏的是执法伦理困境的深层次问题。从当下来看,执法伦理困境是执法环节普遍存在的现象,也是执法人员不可回避的问题,反映了执法人员在执法过程中因价值观念、规则标准、多重角色相互冲突时而产生的两难情境。

(一) 价值冲突

价值是指人们头脑中关于事物的基本看法和总的观点,它表现为人们对事物认识过程中形成的相对稳定的信念、理想等,并为人们提供对该类事物的价值取舍模式和指导主体行为的价值追求模式。执法伦理的意义在于为执法人员提供了执法过程中的价值排序,为其执法活动提供合法性的依据,从而建立稳定的社会秩序。但是,执法伦理是理性设计的产物,个人的价值观念使执法伦理遭遇挑战,产生价值选择的冲突,最终形成了伦理困境。

从执法的实际过程来看,执法不仅仅是法律活动,也是执法人员与民众发生深入互动的场域。在这一场域中,执法人员受到外部环境和各种力量的影响。在中国传统社会,人与人之间构成以人为中心,通过血缘、地缘、人缘为纽带的关系网,每个人不可能脱离社会、脱离关系网而存在。即使在法治大行其道的今天,“讲人情、重面子、托关系”等潜规则普遍存在于社会当中,某种程度上成为滋生和蔓延执法人情化的重要土壤。而执法活动嵌入盘根错节的人情网络关系中,执法人员与民众之间在长年累月的互动交往过程中,建立起不同程度的熟悉关系,致使执法人员无法完全遵循法治社会的规则来办事。特别是在复杂、多变、开放的执法空间中,执法人员必须要与形形色色的人打交道，人情关系网络可以帮助执法人员快速进入执法场域，更加高效地获取执法信息和地方性知识，这就使得执法人员在执法过程中不得不考虑人情因素。

必须看到，执法伦理强调执法人员要以法律正义作为执法活动的出发点和落脚点，权力的支配和运作需要以法律为中心。它主张在执法过程中，导入法律的思维模式，要以法律为中心，减少甚至排斥情感对法律的影响和干涉。法律的实施要以“法”作为主要参考维度，过多地摄入情感、主观、自由等角度，都不会得到一个客观公正的结果。但是，中国自古就是一个人情社会、熟人社会。在中国的传统思维中，考虑问题的出发点是人性、感情，而不是逻辑和理性。这就促使执法人员在实施法律的过程中从社会关系、人性人情角度认识执法对象，追求多方满意的执法结果，甚至以违反法律规定为代价。究其实质，这主要是因为法理与情理的属性不同，两者的价值追求不同造成的。

（二）标准异化

根据马克思的观点，异化是指主体在自身的发展过程中，由于自身的活动而产生出自己的对立面，这个对立面又作为一种外在的、异己的力量反过来奴役危害主体自身。① 近年来，各地试图通过逐步完善规范体系来对执法活动中的各个环节作出规定，以此来规范执法人员在执法过程中产生的失范现象。但在执法实践中，“人”是关键性的因素，执法伦理被个人意识所支配，并导致执法标准发生异化，从而使得执法活动有损社会公平正义，并形成了伦理困境。

执法过程中，执法人员往往需要面对工具理性和价值理性。根据韦伯的观点，工具理性是指行为人追求的和经过理性计算的目的的“条件”或“手段”，价值理性是指追求的行为符合伦理的、审美的、宗教的价值等。② 在执法领域，工具理性试图通过科学化、技术化手段实现执法效果的最大化，价值理性则强调公平性、回应性，通过执法不断向社会传播和输入公共精神。这两种截然不同的标准给执法人员带来了两难的伦理困惑。实际上，执法人员在行

① 参见肖前主编：《马克思主义哲学原理》（合订本），中国人民大学出版社 1994 年版，第 43 页。

② 参见［德］马克斯·韦伯：《社会学的基本概念》，顾忠华译，广西师范大学出版社 2005 年版，第 32 页。

使权力过程中，很容易为了追求目标产出的高效率，维护社会稳定秩序，更加关注形式表达上，用手段取代目标价值，从而产生目标置换。例如钓鱼执法，执法人员为了达到一定的行政管理目的，诱使没有犯罪意图的民众作出违法行为。虽然这在一定程度上有利于打击黑车等违法现象，维护社会合法经营者的利益，在短期内可以有效规范运输市场，但它却触及民众的道德底线，偏离了执法伦理，并且引发了执法的信任危机。

价值理性从本质上讲是一种内化行为，需要以内心的认同和主观接受为基础，以自律为行为约束方式，并内化为执法行为中的责任意识。但是，这种价值理性是难以计量的，它很难纳入到执法的具体实践当中用以控制执法人员的行为模式，这就致使执法行为很容易偏离价值伦理，并逐步将工具理性作为执法行为标准。因此，如何平衡工具理性和价值理性，如何确保执法标准不被异化，就成为执法伦理面临的重要问题。

（三）多重角色冲突

角色冲突是个人所扮演的不同角色所具有的价值观之间产生矛盾，并导致主观心理期待和客观行为的冲突。在现代社会，执法人员“被置于一种充满矛盾和疑虑的状态中：在一系列的对抗角色中，如何分配我们的注意力、实践和精力”①。具体来看，执法人员充当了“经济人”“道德人”“公共人”等多重角色，而“那些塑造并指导每个角色行为的价值观将你推向两个不同的方向，并使你面对两种互相排斥的选择方法。你得面对那种由我们扮演的角色所引起的道德困境”②。

经济人是西方经济学关于人性的基本假设，它指一个人无论处于什么地位，都强调通过较少的投入谋取个人利益的最大化。在经济人假设理论中，人的本性都是一样的，利己心是人类活动的唯一动机，侧重物质利益追求是其基本行为表现，外在力量是经济人的主要约束方式。道德人是道德关系的人格

① ［美］特里·L.库珀：《行政伦理学：实现行政责任的途径》，张秀琴译，中国人民大学出版社2001年版，第37页。

② ［美］特里·L.库珀：《行政伦理学：实现行政责任的途径》，张秀琴译，中国人民大学出版社2001年版，第96页。

化。① 虽然它不排斥对物质利益的追求，但它重视对于精神利益的追求和实现。当个人利益与社会利益发生冲突时，倡导超越个人利益的社会利益。与经济人不同，道德人强调通过道德原则、规范等自律行为获得精神世界的满足。而行政人是现代国家分工体制下的产物，其行为受到职业伦理和行业规范的制约，它要求行为人完成职业赋予他们的责任，并且承担与之相匹配的责任。执法人员作为维护公共利益和执行国家权力的“行政人”，既有维护公共利益的职权，也有承担维护公共利益的一系列责任和义务。执法人员也是“经济人”，有自己的利益需求，并且以利益最大化作为自己的行为目标。同时，执法人员还有作为“道德人”的角色，它具有较强的伦理色彩，要求执法人员摒弃个人好恶，执法行为符合社会提出的理想化要求和期待。

通过以上的分析可以看出，执法人角色的多重属性——经济人、道德人、行政人，多重的角色属性使得他们的执法行为受到更为严格的行为准则的约束，才能得到公众信任。应当看到，在某些私人领域合乎伦理的行为并不必然得出在公共领域合乎职业伦理的结论。而且，执法人员始终无法将这些多重角色分隔开来，特别是在执法过程中，由于权力本身蕴含着巨大能量，利益和机会总是相伴而生，这就导致执法人员的价值观产生碰撞，并最终形成执法伦理困境。

第四节　执法伦理的影响和塑造因素

一、执法面临的利益冲突

法律与利益天然地联系在一起，法律是对利益的确认、分配与保护机制。任何一种利益的实现，都不能单纯地依靠法律文本来维系，而是需要将这种利益通过具体的法律实施将其转变为现实，这就是执法存在的目的。通过具体的执法活动，公平合理地调节各种社会群体的利益，避免矛盾冲突，保护和确认合法利益，打击各种获取非法利益的行为，从而促进社会稳定和谐前进。但

---

① 参见贲国栋：《行政执法的伦理研究》，法律出版社 2010 年版，第 215 页。

是，社会本身是一个多重利益并存的复杂体，追求利益又是人的自然本性，随着民众权利意识的觉醒，各方利益主体都有明确的利益取向和意识，并采取各种措施满足自身的利益诉求，甚至多方利益主体在相互博弈过程中产生各种利益冲突，具体来看，执法面临的矛盾冲突主要表现在以下两个方面。

（一）群众之间的利益冲突

随着市场经济的发展，社会结构、经济关系、社会身份、价值观念等发生重大变化，中国由过去同质性社会转变为社会结构阶层化、经济关系复杂化、利益主体多元化的社会，这就孕育了社会的不稳定性因素，潜含了群众之间利益冲突的可能性。除此之外，转型时期社会发展失衡、利益分配格局、利益意识觉醒等因素也会引发群众之间的利益冲突。改革开放以来，中国社会经济总量快速增加，社会成员从中获益，但行业之间、城乡之间、阶层之间收入差距较大，由此带来社会成员的相对剥削感，增加了群体利益矛盾冲突。随着市场在分配制度中地位的凸显，单一、平均的分配格局被打破，社会群体之间的收入差距加大。与此同时，不同社会群体的阶层意识和利益意识逐渐觉醒并发育，在共同利益的驱动下，不同利益主体很容易联合起来，并形成利益之间分庭抗礼的格局，甚至采取公开博弈的形式争取自身利益。

对执法人员来说，利益冲突的加剧增加了他们的执法难度。由于利益冲突的同源性、关联性，如果问题处理不当，就容易引发叠加和聚合效应，个体之间的小纠纷逐渐演变为群体社会矛盾，甚至出现交叉感染，引发其他社会矛盾。这就对执法人员的职业伦理提出了更高的要求，要防止群众之间利益冲突的扩大化，必须通过制度设计的方式规范执法行为，给予群众更多的人文关怀。

（二）执法者与群众的利益冲突

作为执法者，执法人员是国家公权力的象征，按照法定程序执行国家的法律、法规和规章。从法律合法性的角度来看，执法必须以法律规定的规则和程序作为支配其行为的正当性基础，并以法律体系内部的标准作为评判执法行为的标准。因此，严格遵循法律进行执法活动是执法人员的必然要求。但是，如果进入执法实践，就会发现执法者与群众之间总是存在利益冲突。以城管执法为例。城市中的流动摊贩是城管执法的主要对象。由于没有固定合法的经营场所和经营执照，他们往往随意摆摊、任意占道，不但影响城市的市容市貌，造成交通拥堵，还存在极大安全隐患。从公共利益需求和合法性角度来看，城管必须对小商贩进行管理和整治。但是这些摊贩往往由学历低、收入少、年纪大的群体构成，他们往往迫于生计的压力在城市中谋生。因此，城管与流动摊贩之间往往因为秩序利益与生存利益而产生冲突。除此之外，城管与反对取缔小摊贩的群众之间也会存在利益冲突。小摊贩的经营行为具有一定的外部性，可以为群众带来一定的生活便利，而且小商贩出售的商品的价格往往比正规商品价格低廉，这就在一定程度上节约了群众的生活成本。因此，城管执法还要面临秩序利益与生活便捷利益的冲突。

二、执法的社会舆论和社会意识

（一）执法的社会舆论

权力具有天然的冲动和自我扩张性，任何一种权力的运作，不能仅仅依靠强制暴力来进行规范，社会舆论的表达也可以对权力进行监督。它通过为公众的自由表达提供可能，防止权力的滥用和腐败，督促执法人员积极履行自己的职责。执法作为行使国家权力的一部分，也必然受到社会舆论的影响。执法过程中，虽然执法人员处于权力支配的地位，但是社会舆论的表达也将执法置于被动的境地，致使执法人员不得不对其进行回应。对于这个问题的认识，可以从以下两个方面展开。

舆论中的话语表达在很大程度上有其积极意义，例如：加大了对国家权力的监督制约、防范国家权力被滥用而侵害公民的权益、督促政府更为及时地履行相应的职责（例如民生方面的）、加大对社会弱势群体利益的基本保障等等。

但在许多社会舆论中，媒体往往比较关注执法人员与执法对象之间的对立关系，聚焦执法的应然设计和执法实然表达，忽略执法实践过程中的具体情境以及法律的实施效果。法律层面的应然描述，是对执法人员及其执法行为的理想化追求，但法律一旦进入实然层面，执法牵涉的各方利益主体之间的关系比较复杂，这就意味着，不能单纯地以非此即彼的观念看待执法行为。例如城管执法过程中，通常要面临小商贩的生存利益，部分民众的生活便捷利益以及公共秩序利益,“有法必依、执法必严、违法必究”这样的要求很难支撑其行为的正当性。

在具体的新闻报道中,媒体通常在没有进行深入调查的基础上,仅仅根据爆料者的只言片语就对执法的活动进行总体判断,从而导致信息的客观真实性出现偏差。新闻采集过程中,媒体偏爱执法人员的负面新闻和舆论,而且往往采用歪曲性标题和误导性按语,吸引眼球,博取关注。而过分追求关注度则导致媒体通常不会对新闻进行自我审查,对执法实践进行选择性报道,只对部分问题给予重视和集中报道,忽视或者遮盖其他问题,致使媒体偏离中立立场。日常新闻报道中,“城管暴力执法”“警察滥用职权”“执法人员腐败”等新闻屡见不鲜。媒体总是有意无意间建构执法人员专制、暴力、非人性等形象,这种以刻板印象为基础的标签式社会舆论,实际上是对执法人员的污名化。与此同时,社会舆论总是站在执法对象的角度,将执法人员与执法对象之间的关系直接表述为“强者”与“弱者”之间的关系,将执法对象的抗争行为解读为弱者的武器、自我维权的过程。这种舆论表达机制让那些对执法人员不了解、缺乏理性思考和社会经验的人对执法人员产生先入为主的认知印象,加剧了执法人员与民众之间的矛盾冲突,致使执法人员面临巨大的工作压力。

(二)执法的社会意识

社会主义意识形态也是塑造执法伦理的一种话语,在传统的政治话语下,我国的新闻媒体被当作一种政治工具和宣传手段,党性原则和社会主义意识形态贯穿了传媒生产的全过程,以人民为中心的理念也让新闻媒体带有极强的政治色彩,这都直接影响了执法的方式和行为。

从话语表达上看,新闻传媒报道中总是充斥着大量政治话语,社会公众经常可以看到“人民政府”“以人民为中心”“为人民服务”“维护人民的利益”“群众路线”等字眼。在这套话语体系之下,执法对象从行为失范人员变成了“人民群众”,执法人员从执法者变成了“人民的公仆”,执法活动被解读为“做群众工作”,在执法活动中,执法人员要坚持“为人民服务”“以群众为中心”“走群众路线”“维护人民的利益”,执法过程不应该是冷漠无情的严格执法,还应当体现人性化的要求。在社会主义意识形态中,执法的最高境界并不是将法律置于至高无上的地位,而是应当坚持全心全意为人民服务的宗旨,将人民的利益放在首位,强调以权利服务为中心。这种社会主义意识形态的表达给执法人员提供了法律之外的用于解决执法困难的工具和手段,执法人员可以借助这套话语拉近人与人之间的距离,缓解执法人员与执法对象之间的紧张关系,使执法活动得到人民群众的支持与配合,赢得人民群众的信任与支持。但是,这也可能会助长执法对象嚣张气焰,通过借助"苦难群众""底层人民"等词语博取社会的关注,提出更多的要求,进而达到为自己谋取私人利益的目的。

虽然执法带有一定的政治属性,但是部分新闻媒体利用这套话语,将执法过程中的言论、行为都引入政治生活,以政治的逻辑和思维来讨论执法现象,对执法过程中出现的问题进行泛政治解读。例如,针对城管执法过程中出现的商贩抗拒执法现象,媒体经常不去讨论事件发生的具体原因,而是直接寻找政治原因,直接将问题简单归纳为城管制度的弊端,甚至将其指向国家体制这一根本上。这就给执法工作带来更大的挑战,干扰了执法活动的正常秩序,并导致执法活动得不到广大群众的理解和支持。

三、执法依据的法律制度

改革开放以来,我国从人治社会向法治社会转变,即法治在国家和社会中居于统治地位,任何权力的行使要以法律作为最高的行为准则,执法的行为更应该如此。作为法律实施的重要环节,执法活动在社会生活中扮演着重要角色。通过执法,遏制社会违法犯罪活动,解决社会矛盾纠纷,保护人民合法利益,维护社会安全和社会秩序,促进社会稳定和谐。在执法实践过程中,执法要通过执法人员的执法权力和执法活动得以实现。因此,一些执法机关及其执法人员的执法权力应在法律的框架内运行和实施,并将法律制度作为执法活动的出发点和落脚点。随着改革的深入发展和经济建设的快速发展,社会流动性和开放性日益增强,利益多元化趋势比较明显,社会矛盾的对抗性增强,执法承担的任务越来越繁重。但是,目前执法过程中也存在诸多问题,其中一个非常突出的问题就是执法人员往往处于各种矛盾的焦点,经常引发舆论旋涡,执法行为的合法性遭到社会的质疑,导致执法对象产生抵触和轻视心理,甚至带来执法过程中的矛盾和冲突,影响执法人员与执法对象和谐关系建设,最终不利于执法效果与社会效果的有机统一。当前执法合法性的争议之所以会存在,主要是因为执法的行为有无明确的法律依据。因此,讨论执法行为的合法性问题就必须关注执法依据的法律制度,它一方面展示了我国法治建设的整体情况,代表了国家公权力机关的公平和正义;另一方面为执法活动提供行为准则,是保障权力的规范运行以及社会平稳发展的重要基础。因此,只有找到问题关键之所在,才能切实保障执法活动的顺利进行。

总体上来看,为了解决执法出现的各种问题,我国出台了数量众多的法律法规,但法律规范间存在着规定不一致,规章的加入使得法律法规的打架现象更加明显,包括下位法与上位法相抵触,法律概念或词语不统一,分则具体条款与总则原则不协调等,这就导致执法人员在法律适用过程中不知道如何选择适用法律,从而导致执法活动无法进行。例如,针对占道摆摊设点问题,《湖北省城市市容和环境卫生管理条例》第十四条、第四十二条规定:“任何单位和个人不得擅自占用城市道路、桥梁、广场、地下通道及其他公共场所摆摊设点、销售或者加工制作商品。……违反第十四条规定的,责令停止违法行为,处 20 元以上 1000 元以下罚款。”然而,《武汉市市容环境卫生管理条例》第二十二条规定:“任何单位和个人不得擅自占用城市道路、桥梁、广场、地下通道及其他公共场所堆放物品、摆摊设点、销售商品。……违反规定的,责令改正;拒不改正的,按占地面积每平方米三百元的标准处以罚款,但罚款最高不超过二万元。”同样针对摆摊设点的问题,罚款的金额标准不一样,而且金额差距比较大,且相互冲突。对于城管执法人员来说,流动商贩是他们重点监管对象,随意摆摊设点是他们重点整治的行为,对违法对象进行罚款是他们经常用到的执法手段,罚款金额的不一致让他们在执法过程中很容易出现错误。

与法律相互冲突不同,对于执法人员来说,法律空白、法律操作性不强也是执法实践过程中存在的制度漏洞与不足。由于执法行为和执法环境的复杂性,执法人员亟须法律制度作为现场执法的重要依据。从进入执法的实际过程来看,许多日常性执法活动还存在立法的空白。虽然法律规范就某些执法行为进行了原则性规定,但是原则性规范很难单独直接适用,致使执法过程中无法对违法违章行为进行一一对应,执法出现模糊地带。在没有具体法律依据的时候,执法人员需要根据自己的理解对执法进行解释,这对执法人员的法律素质提出了极高的要求，执法人员很容易出现定性不准、界限不清、职责不明等问题，给执法实务造成困扰。执法是一项法律性、专业性很强的工作，但很多有关执法行为或者执法活动的规范性文件可操作性不强，实用性欠佳，与现实脱节，从而造成执法过程中的执法依据混乱、不适应等情况影响执法人员正常履行职责，甚至有些法律文件在落实过程中引起负面后果。

四、党政体制和政治伦理

法律规范落实为社会现实，需要经过法律实施的复杂过程。执法并非直线过程。如何有效执行法律，提高法律实效，使法律规范承载的目标得以实现，是执法系统需要面对的问题。与西方的法治观念和法治体系不同，目前，我国的法治政府和法治社会还处于建设阶段，各种关系的调整模式尚不稳定，在制度和实践中，执法过程受到了党政体制和政治伦理的深刻塑造。

党政体制的轴心是党的领导，而党的领导主要是政治、思想和组织的领导。党的领导不是直接用党的命令来指挥政府，也不是用党组织替代行政和执法机构，而是在宪法、法律和党内法规范围内，通过一系列政治、思想和组织的制度和机制，运用意识形态、组织、纪律、工作管理等多种工具来实现。其中，组织领导贯穿于条块结构，政治领导内含于其中，思想领导则落实为政治伦理。

在组织领导层面，政府实行“党委（党组）领导，归口管理”制度。党的领导是指通过设置“党组织”“党委领导班子”“党委委员会”“指挥部（临时党委）”“党管干部”等措施落实党委（党组）对政府的政治领导。党委（党组）负责当地全面工作，处于领导和决策地位，发挥总揽全局、协调各方的功能。在具体的工作中，党委实行“归口管理”，由党委职能部门或特定领导主管联系负责。按照国家和社会事务的性质划分特定领域，党委将政府的不同部门划分为政法口、文教口、农业口等不同的口，并将其纳入党的领导工作范畴内，形成了党政双轨运行结构，强化了党政机构职能统筹，有利于发挥好党的职能部门统一归口协调管理职能，统筹本领域重大工作。当然，党政体制的有效运作，依托纵横交错的条块组织网络，与行政系统的制度安排耦合在一起。其中，“条条”是指纵向上业务相同或相近的机构部门，他们在业务系统存在上下级领导关系。“块块”是指中央和地方各级党委政府，要管理同级的各个职能部门。条块关系是我国行政管理中的一种实践形态，不可避免地影响了执法活动，如何协调地方利益和法制统一成为执法面临的巨大挑战。

在党政体制的条块结构中，执法部门往往接受双重领导。“条条”关系着眼于上级对下级对口职能部门有法定的指导或领导权，下级要服从上级的指挥。“条条”关系下的执法活动强调规范化建设，讲究执法的权限和程序要符合法律的规定，并在上级部门的监督和考核过程中开展常规执法、专项行动等。“块块”关系则着重于横向层面，强调地方党政机关对于执法部门的领导。在具体的工作机制上表现为，地方党政通过统筹协调，将某些具体的执法目标纳入“中心工作”，通过党委决策、成立专门的领导小组或者专班、整合多部门协调联动、综合考核、宣传动员，进而凝聚执法资源，回应社会需求，弥补执法事务因“条条”机制而带来的孤岛现象。但是，“块块”治理的协调机制往往会出现执法活动规范性不足、执法效果难以持续、执法摇摆不定等弊端。

党的思想领导，目前主要通过学习中国特色社会主义理论体系，引导党员提高党性修为，提升思想境界，改进工作作风，提升执政能力，其实质是要保持官方意识形态的指导地位。在实践中，就落实为党员干部需要遵循的政治伦理。主要体现为党员要始终将“为人民服务”当作执政活动的价值目标，树立为人民服务的理念。要以作为人民公仆为行为准则，为群众做好事、干实事，不断提高人民群众的幸福感。要将人民的利益作为执法行为的逻辑起点，回应并满足人民群众的多方面需求。

在党政体制下，执法机构接受党的思想领导，执法人员作为党的干部，既是“组织结构的行动者”，也是“意识形态的担当者”。① 执法的过程就是执法主体按照法定程序和法定权限，实现和维护公共利益和社会秩序的过程。因此，意识形态从理论到实践的转型，就是政治伦理全方位、全覆盖影响并制约执法活动的全过程。在执法理念上，执法人员遵循“执法为民”的政治伦理，坚持“情为民所系，利为民所谋，权为民所用”，强调将实现、维护和发展广大

① 参见王海峰：《干部国家——一种支撑和维系中国党建国家权力结构及其运行的制度》，复旦大学出版社2012年版，第71页。

人民群众的根本利益作为实施法律的出发点和落脚点。虽然执法活动具有很强的专业性和规范性,但是执法人员仍旧需要将执法为民的政治伦理与严格执法结合起来。李克强总理针对上海滩“网红美食店”因经营地点为居住房屋无法办理证照被关停时强调:“政府部门也应更多从百姓角度考虑一下,尽量寻求更多人的‘共赢’……监管也不一定是冷漠的,要多带一点对老百姓的感情。”①与此同时,为了提高党的执政能力,唤醒执法人员的责任意识,执法为民的理念与责任追究结合起来。习近平总书记指出,“确保安全生产、维护社会安定、保障人民群众安居乐业是各级党委和政府必须担负的重要责任”,在安全生产工作领域,“要坚决落实安全生产责任制,真正做到党政同责、一岗双责、失职追责”。② 这主要是着眼于提高党的执政能力,唤醒党员的责任意识,通过追责将对人民负责的政治伦理内化于执法的自觉行动之中。在这套话语体系之下,执法不仅仅是一项法治工作,还是一项政治工作。一方面,执法涉及与人民群众之间的关系,站在执政党的角度来看,执法承担了重要的政治功能,执法过程中要实现党与群众的良性互动。这意味着执法人员往往很难动用强制措施对抵制执法的行为予以惩戒,法治话语下的执法权受到约束和限制。另一方面,执法应当致力于得到群众的理解、认可、信任与支持,避免执法过程中的矛盾冲突引发的不稳定事件的发生,并将其纳入到执法的考评指标当中。

第五节　执法人员职业伦理的建设路径

作为权力的行使者和社会秩序的维护者,执法人员的职业伦理对整个行业乃至整个社会都有极其重要的影响,它既能为执法人员的执法行为提供正确的导向,又能调节和控制执法行为和执法活动,更是法治社会之下建设一支

---

① 《李克强总理从小食店读出哪些“大智慧”?》,中国政府网,http://www.gov.cn/xinwen/2016-11/27/content_5138518.htm,访问日期:2020 年 7 月 16 日。

② 中共中央文献研究室编:《习近平关于社会主义社会建设论述摘编》,中央文献出版社 2017 年版,第 157、158 页。

具有良好的法律素质和职业道德素质的执法队伍的关键。因此,应当加强执法人员职业伦理的建设。具体来说,可以从制度—教育—监督三个层面进行:一是建立统一的法律规范,为执法伦理的建立提供外在的制度保障;二是通过强化执法伦理教育培训,将执法伦理从外在的制度约束转化为内在的行为自觉;三是完善执法伦理监督机制,纠正和防止执法人员在权力运行过程中出现的违反职业伦理的行为。

一、加强执法伦理制度建设

“法律是最低(或基本)道德要求,立法就是对一个社会最基本的道德观念的认同。”①执法伦理制度化、法治化是保障道德实现的必然选择。它为道德建设提供了稳定的、规范的、具体的长效机制,对人们的行为起到了规范作用和指导作用。应当看到,在价值观念多元、利益冲突多发、价值标准混乱的情况下,仅仅依靠个体的道德自律无法完成道德的规约。通过执法伦理制度化,道德义务上升为法律义务,并借助褒奖和惩罚措施对行为个体施加压力,强化了人们的道德责任心和道德义务感,提高了履行职责和义务的能力。

从目前来看,我国执法伦理制度建设相对落后,尚且没有一套完整的规范执法人员职业伦理的成文规范。涉及执法人员职业伦理的法律规范比较少,有的散落在公务员职业道德建设当中,有的缺少配套的和具体的实施细则,有的可操作性空间不足,有的没有真正贯彻实施,有的已经无法解决执法实践中出现的新问题,这些都大大制约了执法队伍的建设和执法活动的开展。因此,加强执法伦理制度建设是回应执法实践的现实需求。

第一,加强执法伦理制度建设,要明确“以人为本”的执法理念。随着我国法治进程的推进,在倡导文明执法和执法为民等背景下,针对执法过程中因暴力执法而产生的各种冲突矛盾,党中央提出了人性化执法理念。人性化执法的出发点是对于人性和尊严的保护。因此,在执法活动中,“以人为本”的执法理念应当贯穿执法全过程。首先,执法人员应当注意执法态度,理解并照

① 王海峰:《干部国家——一种支撑和维系中国党建国家权力结构及其运行的制度》,复旦大学出版社2012年版,第71页。

顾相对人的感受，给予他们足够的人文关怀，尽量考虑执法的实际和当地的人情世故。其次，执法人员应当注意执法方式，避免出现管理执法、暴力执法、打骂执法等不规范现象。同时，可以尝试将批评教育、劝诫、警告、引导和行政建议等"柔性手段"融入执法活动中。最后，在法律程序上，尊重和保障相对人的合法权益，提供优质服务。特别是针对那些弱势群体，执法人员要在法律框架内尽量简便执法程序，提高执法的效率和效能。

第二，执法伦理制度化的内容，应该直面现实，回应执法伦理困境。一是要关注执法人员的价值取向。引导执法人员形成以党的事业至上、人民利益至上、宪法法律至上的价值观念，并且告诉执法什么可以做，什么不可以做。为解决执法过程中的价值冲突提供一般性指导，也为执法人员的价值选择提供法律依据。二是要关注自由裁量权的运用。执法过程中，行政自由裁量权大量存在，它赋予了执法人员极大的自由度和灵活性。但是，"无限自由裁量权是残酷的统治，它比其他人为的统治手段对自由更具破坏性"①。因此，执法人员应该避免自由裁量权的滥用。执法伦理应该对其作出相对明确的规定，提供相应的行为标准，消除自由裁量权带来的负面影响。三是要关注执法人员多重角色冲突。在行政执法领域，执法人员多重角色冲突主要表现为个人利益与公共利益的冲突，个人利益与个别群众利益的冲突。执法伦理应当引导执法人员树立正确的价值观，并通过制定相应的措施强化对执法人员的监督和制约。

第三，执法伦理制度化在内容范围上，应该尽可能覆盖执法全过程。具体包括：一是强调职业准入专业化。高度重视执法人员专业素养，提高选任、招录执法人员的标准，对执法人员的身份、学历、执法水平、综合素质等严格把关，从而提高执法人员的岗位匹配度。二是强调执法活动规范化。在执法活动期间，强化执法人员的职业伦理约束，并依照法定权限和程序行使权力、履行职责。三是重视执法人员离职后的规范化建设。为强化执法人员责任意识，加大对执法权力的监督约束，避免权力滋生腐败，可以借鉴法官、检察官离职后的从业限制规定，对执法人员离职后的行为活动作出限制性规定。

---

① ［美］施比茨：《行政法》，徐炳译，群众出版社 1986 年版，第 567 页。

二、强化执法伦理教育培训

强化执法伦理的教育培训是执法人员职业伦理建设的内在动力。执法人员职业伦理的教育培训,是执法人员职业伦理精神从外在的各种制度约束转化为其内在的职业品行,从而形成自觉行为的内在过程。① 与执法伦理制度化建设不同,执法伦理的教育培训主要是针对执法人员道德伦理意识淡薄的现状,通过定期培训交流、日常宣传强化、个体自觉学习等方式不断提高执法人员的认知水平,将职业道德以潜移默化的方式融入执法人员的价值体系之内,从而使其树立正确的执法伦理观念,指导执法人员的日常工作和生活。强化执法伦理培训,要坚持宣传与教育同步推进。

第一,注重宣传引导,营造良好氛围。宣传是教育培训的重要手段,它可以通过潜移默化的方式渗透道德教育,进而影响人们的行为和心理。同时,宣传工作也是教育培训的重要内容,它可以营造社会氛围、凝聚道德理论。但它具有倾向性、目的性和社会性,因此要注重引导,使执法伦理更加深入人心。在执法伦理建设过程中,执法伦理的教育培训离不开宣传工作,宣传工作在执法伦理的教育培训过程中具有不可替代的重要作用。为进一步强化宣传引导,动员执法人员更加积极地进行执法伦理建设,应该从以下两个方面进行。首先,坚持正确的舆论引导,营造良好的执法氛围。在执法伦理的宣传工作中,要坚持正确的舆论导向,把坚定的政治导向放在一切工作的首位。这就意味着,宣传工作并不是随意的,没有底线的。具体到执法工作中,宣传工作应该服务于执法伦理建设。新闻要全面、准确地认识执法活动,引导公众正确认识和理解执法的方针、理念、原则。特别是那些突发性危机事件,新闻媒体要注意正确引导,破除不实传言,扭转公众对执法人员的行为产生的误解和偏见,减少或者避免因为舆论给执法活动带来的麻烦,从而给执法人员营造良好的执法氛围。其次,树立先进典型,发挥模范带头作用。与其道德教育方式不同,通过树立典型,可以将抽象的道德观念从精神层面转化为鲜活的、具体的道德实践,从而引起公众情感上的共鸣,激励人们的学习和效仿。在执法伦理建设过程中,应当注重挖掘执法人员身上的伦理品质,树立"道德模范""先进

---

① 参见郭哲主编:《法律职业伦理教程》,高等教育出版社 2018 年版,第 245 页。

工作者”“执法能手”等先进典型，发挥模范带头作用。通过设置专栏对执法人员的优秀事迹进行持续关注，并跟踪报道，借助报纸、杂志、电台、网络等平台对其进行广泛宣传，进一步增加先进典型的影响力。从而推动全社会形成学习先进、争当先进的良好氛围，以此来促进执法伦理建设的形成。

第二，以育人为目标，提高教育实效。我国历来重视公务员的教育培训，不但在《中华人民共和国公务员法》《关于推进公务员职业道德建设工程的意见》等法律规范中对公务员的教育、培训作出明确规定，更是制定了《公务员培训规定》，对培训对象、培训内容、类型、方式方法、保障、登记与评估等作出具体规定。这些都为执法人员执法伦理教育培训提供了充分的制度保障。但是从目前来看，虽然教育培训的力度不断加大，培训的内容、类型、方式等不断创新，但是培训的效果却不尽如人意。因此，改进教育培训模式，切实提高教育实效成为目前重要而现实的任务。为了实现这一目标，可以从以下两个方面进行。首先，充分发挥政法院校的功能，重视教育培训的质量。政法院校是我国法治人才教育培训的重要基地，可以充分利用学校的专业结构、师资力量、学术资源等为国家培养高素质人才，是提供执法伦理教育培训的主力军。在教育培训的课程设置上，政法院校要根据执法人员职业伦理的需求和岗位性质来进行，便于与政法院校的专业特色课程相衔接，进而保证课程的专业性和可操作性。其次，强调一切从实际出发，提高教育培训的针对性。执法是实践性很强的工作，执法活动中遇到的问题也是多种多样的。因此，教育应该从实际出发，围绕执法工作中的重点、热点和难点培训，并对不同层次、不同职业执法人员进行有效指导。教育培训要紧跟形势，及时介绍新颁布的法律法规和司法解释，交流执法中的经验和心得，有重点地剖析执法过程中的典型个案。

三、完善执法伦理监督机制

执法伦理监督机制，就是对执法人员的职业伦理情况进行评价、监督、纠正，通过外在的约束促成行动上的自觉。行政伦理作为对执法人员的约束手段，其本质特征在于行政执法人员的自律和自觉。① 但是，单纯依靠执法人员

① 参见贲国栋：《行政执法的伦理研究》，法律出版社 2010 年版，第 275 页。

的自律和自觉很难形成自我约束，特别是在物质利益的追求和权力的双重驱动下，执法人员很容易出现违反职业伦理的行为。因此，加强执法人员执法伦理建设，不仅需要制度建设和教育培训提供外在支撑和内在动力，更是需要依赖执法伦理监督机制的制约。

监督也是强化执法人员职业伦理，它使执法人员时刻处于一种约束状态，防止执法人员滥用权力而导致的违法乱纪行为，确保执法活动有序化、规范化，促使执法人员更好地履行职能。从目前来看，我国已经出台了大量的法律规范对行政权力进行监督，并形成了相对比较完整的监督体系。但是，从内容上看，现有的法律规范主要是从权力运行的角度对执法人员的行为进行了监督，并且侧重从规范的角度考察执法依据、执法权限、执法程度等，例如执法信息公开制度、行政复议制度、行政诉讼制度等。对于执法的道德评价则涉及比较少，且散落在不同的法律文件当中，没有形成统一的规范体系。而且在这些制度中，执法伦理的激励性不足，这就很难调动执法人员的积极性和能动性。从这个层面来讲，我国执法人员职业伦理机制还有很大的完善空间。

第一，建立多主体参与下的监督机制。具体来看，应该包括以下三个方面的具体监督。一是国家监督机关的监督。监察委员会是行使国家监察职能的专责机关，并对所有行使公权力的公职人员进行监察。在具体的职责中，《中华人民共和国监察法》第 11 条明确规定："对公职人员开展廉政教育，对其依法履职、秉公用权、廉洁从政从业以及道德操守情况进行监督检查"。可以看出，监督是监察委员会的首要职责，在执法伦理建设过程中，监察委员会是对执法人员最直接最有效的监督。二是执法对象的监督。这是执法伦理监督机制中最直接的监督者。由于权力具有扩张性、任意性，执法活动具有一定的灵活性。在执法实践中，作为权力执行者的执法人员，其职业伦理水平直接关系到执法对象的合法权益。因此，我们必须高度重视执法对象的监督权，确保其监督权能够落到实处。三是新闻媒体的监督。洛克认为，媒体应当被视为政治系统中一个自治的"第四权力"，其任务是持续不断地监控其他三大权力，①

① 参见［英］P.埃瑞克·洛:《西方媒体如何影响政治》，陈晞、王振源译，新华出版社 2013 年版，第 30 页。

这其中必然包含执法人员的行政权力。新闻媒体监督最为广泛。他们借助报纸、杂志、电台、网络等媒体平台对执法人员违反职业伦理的行为进行曝光，通过舆论对执法人员形成压力，促使执法人员不断规范自身的执法行为，提高执法的水平和质量。但是，在商业利益的诱导下，新闻媒体的话语往往无法形成全面、公允的认知和表达，信息失真和立场不中立往往阻碍执法活动的开展。因此，新闻媒体应该慎重对待自己的监督权，坚守媒体的责任与理性。

第二，实施奖惩机制，激发争先动力。奖惩机制是推进执法人员伦理建设的重要环节。一方面，激励措施能够激发执法人员工作的积极性和热情，进一步提高执法的效率和优化执法服务。另一方面，惩戒措施的落实，能够约束执法人员的行为，促使其提高执法人员公正执法、为民服务的意识。一是设置具体的执法伦理标准和实施细则，加大对执法人员执法伦理的管理力度。执法人员要将执法伦理融入执法实践中，强化日常管理监督，对待执法人员违反职业伦理的行为绝不姑息，做到发现必究、究必从严。同时，做到执法伦理面前一律平等，不允许有不受执法伦理约束的执法人员，杜绝部分人特殊化，使每个人不敢以身试法。二是将执法伦理纳入考核制度当中。对执法日常实践当中的伦理操守进行评价，并将其纳入执法业绩考核评定中。在对执法人员职业伦理进行评价时，应提高公众的参与度。可以直接将群众纳入年度考核小组内，对执法人员实施的执法活动进行打分；也可以通过收集网上群众留言、意见建议等方式落实公众参与。三是关注执法人员切实利益。将考核结果与政治利益和经济利益相勾连。对模范执行执法伦理的执法人员进行表彰，并给予经济上的奖励和人事上的提拔重用。同时提升他们的社会福利，在职工医疗、子女教育、住房优惠等方面进行相互协调，使执法人员能够身心无忧地投入到执法活动中。四是加大对于违反职业伦理行为的执法人员的惩罚力度，真正起到威慑作用。可以参照《行政机关公务员处分条例》，对其进行警告、记过、记大过、降级、撤职、开除等不同等级的处罚，同时在经济方面进行处罚，防止执法伦理制度流于形式。

【典型案例】

2006年8月11日下午，李某某等城管执法人员在中关村附近清理流动商贩无照经营的专项行动中，发现科贸电子商城北侧路边有无照经营的现象，便依法扣押了在那里无照卖烤肠的小商贩崔某某的三轮车等经营工具。当城管执法人员收缴成功撤离时，崔某某手持切烤肠的刀冲出，并刺向李某某的颈部，随后夺路逃走。当日18时06分，因伤势过重抢救无效，年仅36岁的李某某死亡。随后，崔某某在天津被警方抓获。

小商贩杀死城管事件曝光以后，在网络上吵得沸沸扬扬。一个是生活困苦，无奈杀人；一个是严格执法，意外殉职。该事件持续升温，受到社会各界的关注和热议。报道显示，李某某担任北京市海淀区城管监察大队副队长，是个宽容、和善的人，即使要罚款，也是笑眯眯的，很有耐性。崔某某是来自河北农村的一个普通人，也是一名转业军人，在部队多次立功受奖。他没有文化，不懂技术，摆摊卖烤肠是生活所迫。扣押的三轮车是崔某某一天前刚向同事借了一千多元新买的。他之所以在车被没收后又提刀上前，是希望在最后关头要回车。案件发生后，从市委书记到李某某生前同事好友等普通市民，自发到李某某家里去吊唁。对于崔某某，网络上大批网友对他抱有同情之心，众多学者也发出"慎用死刑、枪下留人"的呼声。

最终，公安机关以故意伤害罪侦查终结，检察院将公安起诉意见书中的故意伤害罪变更为故意杀人罪。2006年12月12日，崔某某被控故意杀人罪，在北京市第一中级人民法院受审。2007年4月10日，北京市第一中级人民法院宣判，被告崔某某犯故意杀人罪一审判处其死刑，缓期二年执行，剥夺政治权利终身。

崔某某案件判决了，但执法人员的职业伦理问题留给人们更加深刻的思考。近年来，无证摊贩、城管强制治理、暴力抗法等现象引发社会关注，城管与摊贩之间发生矛盾与冲突的新闻屡见报端。一声"城管来了"，小商小贩们携筐推车，望风而逃。你来我逃，你走我来，城管与流动摊贩为了各自的"饭碗"而博弈，现代都市版的"猫捉老鼠"的游戏在大小城市中上演。一方面，人们确实需要一个相对规范、有序的市场和生活环境，作为城市秩序理念的维护者与执行者，城管人员需要严格、规范执法，除了制服及其所代表的公共权力，城管并不拥有令人畏惧的其他要素。另一方面，城管作为政府的派出执法人员，是人民政府的代表，仍旧属于“人民的公仆”，应该坚持“权为民所用、情为民所系、利为民所谋”，为无权无势的老百姓服务，耐心而妥善地处理这类事件。在该案件中，李某某尽职尽责，为城市的秩序不断努力，甚至付出了自己的生命。

我们应该对李某某表示无限的尊敬和怀念，但是我们更应该反思，执法人员应该如何执法？他们到底需要坚持什么样的职业伦理？

【问题与思考】

1. 执法人员的职业伦理要求有哪些？
2. 当前违反执法伦理的现象有哪些？
3. 影响和塑造执法伦理的因素有哪些？
4. 当前环境下，如何完善我国执法人员职业伦理建设？
5. 结合城管执法的实践，谈谈执法人员的职业伦理困境。
6. 以暴力执法为例，分析社会舆论和社会意识如何影响执法伦理。

第十三章　人民调解员职业伦理

人民调解是我国多元化纠纷解决机制的重要组成部分，不仅关注纠纷的解决与权益救济，而且注重社会关系的调整与社会秩序的维护。人民调解员作为解决纠纷的主体，不同于法官或仲裁员，从事的职业有特殊性，要求其遵守相应的职业伦理规范。人民调解员的职业伦理规范是这一群体应当遵守的道德标准，对于当事人权益维护、纠纷解决的质量及效果等均有重要保障作用，对于提高人民调解员的权威性与公信力、加强人民调解员队伍建设、推动人民调解的发展等也有重要促进作用。

第一节　人民调解制度的功能

人民调解制度是我国特有的纠纷解决机制，是我国多元化纠纷解决机制的重要组成部分，基本的社会功能是解决民间纠纷与适当预防民间纠纷的发生，同时在社会治理层面发挥着维护社会稳定的作用，并与行政机关、司法机关建立联动机制，成为辅助行政与司法的重要力量。

一、解决和预防民间纠纷

（一）解决民间纠纷

人民调解制度的基本功能就是解决民间纠纷，这是在其产生之初即已明确的功能。经历不同时期的发展，目前人民调解制度已经成为我国多元化纠纷解决机制的重要组成部分。《中华人民共和国人民调解法》（以下简称《人民调解法》)第一条明确本法的制定目标之一即为“及时解决民间纠纷”,《人民调解工作若干规定》(以下简称《规定》)第三条也明确人民调解委员会的任务之一为“调解民间纠纷,防止民间纠纷激化”。

事实上,人民调解制度在解决民间纠纷方面确实发挥了重要作用,争取最大限度将矛盾化解在基层,成效显著。“近年来,全国人民调解组织每年调解各类矛盾纠纷达900万件左右,调解成功率在96%以上。”①人民调解组织不仅独立解决民间纠纷,而且能够接受其他国家机关的委托或委派解决纠纷,如接受派出所的委托解决纠纷。②

(二)预防民间纠纷

在解决纠纷的同时,人民调解通过对纠纷当事人的宣传教育,提高当事人的法律意识,加深当事人对政策、道德、习俗等其他社会规范作用的理解,强化当事人对传统文化、现代主流价值观等内涵的认知,从而适当防止纠纷的再次发生。《规定》第三条中明确人民调解委员会的任务之一是“通过调解工作宣传法律、法规、规章和政策,教育公民遵纪守法,尊重社会公德,预防民间纠纷发生”。

在预防与排查民间纠纷的过程中,人民调解员的宣传教育工作非常重要。人民调解员是当然的宣传员,应“充分发挥其分布广、贴近群众的优势,坚持在调解工作中深入开展法制宣传和道德教育,提高群众的法律素质和道德修养。尤其是在党和国家重大政策出台时,要结合调解事例有针对性地加强与群众切身利益密切相关的法律法规和政策的宣传,增强时效性,从源头上防范矛盾纠纷”③。这种法治教育“不同于法庭上或课堂上的宣传教育,是真正的以案释法,能够实现调解一案教育一片的法律效果和社会效应”④。

---

① 赵颖:《司法部:人民调解年均处理矛盾纠纷900万件》,https://www.chinacourt.org/index.php/article/detail/2018/04/id/3284910.shtml,访问日期:2020年3月20日。

② 人民调解组织可以接受派出所的指派或委托解决民间纠纷,包括民事纠纷(如宠物伤人引起的人身损害赔偿纠纷)、治安处罚类案件(如打架斗殴引发的纠纷)、刑事案件(如涉及轻伤的刑事和解纠纷)等。

③ 《最高人民法院、司法部关于进一步加强人民调解工作切实维护社会稳定的意见》(司发〔2004〕1号)。

④ 赵颖:《司法部:人民调解重在“调解一案教育一片”》,http://www.legaldaily.com.cn/zfzz/content/2018-04/27/content_7531705.htm,访问日期:2020年3月20日。

二、社会治理的制度性措施

人民调解不仅是纠纷解决与预防的重要途径,也是社会治理的制度性措施,①成为治理网络中的一元,担负着社会治理的职责,②不仅维护社会稳定与和谐,而且与行政、司法机关建立联动机制,成为实现社会治理的有效辅助性手段。

(一)维护社会稳定与和谐

人民调解制度在依法治国、社会基层治理中发挥重要作用,是公共法律服务体系的重要组成部分,也是社会基层治理中不可或缺的重要环节。人民调解制度以社区组织为依托,避免或缓解矛盾激化,解决和预防民间纠纷,注重纠纷当事人之间关系的修复及长远关系或利益的维持等,进而维护社会的稳定和谐,兼具纠纷解决与社会治理的双重功能。《人民调解法》第一条明确其制定目标为“及时解决民间纠纷,维护社会和谐稳定”。《最高人民法院关于人民法院进一步深化多元化纠纷解决机制改革的意见》(法发〔2016〕14 号)中也明确指出要注重发挥人民调解组织及时就地解决民间纠纷、化解基层矛盾、维护基层稳定的基础性作用。

近年来,人民调解坚持“调防结合、以防为主”,大力加强矛盾纠纷排查化解工作,取得了明显成效,③成为新时期维护社会稳定与和谐的“第一道防线”。④

---

① 参见强世功:《权力的组织网络与法律的治理化——马锡五审判方式与中国法律的新传统》,载强世功编:《调解、法制与现代性:中国调解制度研究》,中国法制出版社 2001 年版,第 209、231 页;熊易寒:《基层治理体系中的人民调解——以上海市杨伯寿工作室为个案》,载徐昕主编:《调解:中国与世界》,中国政法大学出版社 2013 年版,第 288 页。

② 中国内地的人民调解工作肩负着拥护和推广政府政策和社会目标的职责,而不仅仅是帮助当事人协调他们个人利益和需求。参见[英]迈克尔·努尼:《法律调解之道》,杨利华、于丽英译,法律出版社 2006 年版,第 6 页。

③ 参见赵颖:《司法部:人民调解年均处理矛盾纠纷 900 万件》,https://www.chinacourt.org/index.php/article/detail/2018/04/id/3284910.shtml,访问日期:2020 年 3 月 20 日。

④ 人民调解作为一项具有中国特色的法律制度,是诉讼程序之外化解矛盾、消除纷争的有效手段,是提高公民法制观念和道德水平、推进基层民主法制建设的有效途径,是新时期维护社会稳定的“第一道防线”。参见《最高人民法院、司法部关于进一步加强人民调解工作切实维护社会稳定的意见》(司发〔2004〕1 号)。

（二）辅助行政与司法

人民调解作为综合治理系统工程中的重要一环，成为基层政府行使行政权的辅助力量，促进基层民众与政府间的沟通，对基层社会秩序与经济社会的发展具有重要的保障功能。同时，人民调解作为普法乃至基层司法的重要基础力量，沟通国家法与民间社会规范，承担分流诉讼、参与（委托或协助）诉讼调解①、协助司法裁决的执行、协助公安机关进行社区矫正等工作，具有重要的辅助性司法功能②。如法院近年来着力创建诉调对接平台，完善诉调对接机制，不断扩大人民调解组织协助法院解决纠纷的范围和规模。③

第二节　人民调解活动的特殊性

人民解调活动是由人民调解员实施的纠纷解决活动。人民调解员来源于人民群众，以兼职者、志愿者为主体，不谋求职业化或专业化，与当事人地位平等。人民调解组织也是群众自治性组织，不隶属于行政和司法机关，不带有国家公权力性质。因此，人民调解活动与诉讼、仲裁活动相比，具有一定的特殊性。它植根于城乡基层社会，以群众的自我管理、自我教育和自我约束为基础，随时随地以灵活的方式解决民间纠纷。④

---

① 《最高人民法院关于人民法院进一步深化多元化纠纷解决机制改革的意见》（法发〔2016〕14 号）中第 28 点：强调健全委派、委托调解程序。对当事人起诉到人民法院的适宜调解的案件，登记立案前，人民法院可以委派特邀调解组织、特邀调解员进行调解。委派调解达成协议的，当事人可以依法申请司法确认。当事人明确拒绝调解的，人民法院应当依法登记立案。登记立案后或者在审理过程中，人民法院认为适宜调解的案件，经当事人同意，可以委托给特邀调解组织、特邀调解员或者由人民法院专职调解员进行调解。委托调解达成协议的，经法官审查后依法出具调解书。

② 参见范愉：《非诉讼程序（ADR）教程》（第四版），中国人民大学出版社 2020 年版，第 196 页。

③ 《最高人民法院关于人民法院进一步深化多元化纠纷解决机制改革的意见》（法发〔2016〕14 号）中明确人民调解与法院之间通过诉调对接机制发挥的作用。其中第 5 点明确人民法院诉调对接平台负责的工作，包括对诉至法院的纠纷进行适当分流，对适宜调解的纠纷引导当事人选择非诉讼方式解决；开展委派调解、委托调解；办理司法确认案件；等等。第 8 点强调人民法院进一步扩大人民调解组织协助人民法院解决纠纷的范围和规模。

④ 参见范愉：《非诉讼程序（ADR）教程》（第四版），中国人民大学出版社 2020 年版，第 194 页；范愉：《〈人民调解法〉：让人民调解回归民间》，《中国法律》2010 年第 6 期。

一、非正式性

人民调解活动的解纷依据、程序、方式等均体现灵活、多样、便利的特点，不似仲裁、审判般严格、正式，这也正是人民调解的优势所在。

（一）依据多元

人民调解员在解决纠纷过程中，可以依据法律、政策、道德、行业标准和规则、村规民约、风俗习惯等多种规范协助当事人达成合意。尽管人民调解员经常考虑法律的重要性，但也要结合道德、风俗、习惯等其他规范的作用，根据纠纷情况作出合理判断，提出适合于当事人的公正的解决方案，促使当事人理解依据的合理性并自愿接受调解方案或调解协议。法官或仲裁员主要依据法律进行裁判，少数情况下才会运用其他规范处理案件，且要作出充分、详细的解释与说明。

（二）程序灵活

这是人民调解相比于审判或仲裁活动在程序方面的突出优势。“人民调解以灵活性、便利性为基本特征，因此程序不宜过分强调严格和规范。”①人民调解活动没有严格的程序要求，注重通过非正式、和谐的方式解决纠纷，因此程序设置与实施较为灵活、简便，不似审判或仲裁程序般固定且正式。② 例如，在调解程序的启动方面，既可以由当事人申请，也可以由人民调解员主动介入，还可以由法院或派出所委托或移送调解；在调解期限方面，也没有严格的规定，不限定在特定期限内解决纠纷；在事实确认③、举证责任④、质证等方

---

① 范愉、李浩：《纠纷解决——理论、制度与技能》，清华大学出版社2010年版，第177页。

② 《人民调解法》对人民调解的具体程序并未作出固定、程式化规定，体现了对人民调解程序灵活性的认同，更符合人民调解的实际需要。

③ 人民调解员确认事实，可以根据纠纷性质、复杂程度、影响力大小、当事人状况等因素灵活掌握。如果是一般性、较为简单的纠纷，影响范围不大，如家庭纠纷或邻里纠纷等，人民调解员可以基于当事人陈述并根据自己的经验简单作出事实判断，无须采取其他较为复杂的手段；如果是较为复杂的纠纷，影响范围较大，如涉及人身伤亡损害赔偿纠纷等，人民调解员在基于当事人陈述基础上需要采取实地调查等方式全面了解情况，确认事实，必要时还要进行鉴定、评估等，甚至有时要求地方政府部门介入。

④ 举证责任要求不严格，并不严格遵循民事诉讼关于举证责任的基本原则，如“谁主张谁举证”等，而是由人民调解员根据纠纷性质、掌握的事实信息等灵活取证，只要能证明纠纷事实情况，无须严格要求由哪一方当事人提供。

面也较为灵活、便利，且不拘于固定顺序。

（三）方式灵活

在调解活动中，人民调解员根据现场情况和需要（当事人情绪、冲突激烈的程度等），可以采取灵活的方式处理纠纷。《人民调解法》第二十二条规定，人民调解员根据纠纷的不同情况，可以采取多种方式调解民间纠纷。例如，人民调解员可以采取“面对面”或“背靠背”调解方式，①促成当事人之间达成符合双方利益、双方均能接受、具有实际可行性的方案或协议，这在诉讼或仲裁中完全不可能。“面对面”或“背靠背”调解方式各有优缺点，人民调解员在实践中根据纠纷性质、特点、影响范围、当事人能力等因素经常交叉使用两种方式，充分利用两种方式的优点，避免两种方式的缺陷与风险，最大限度引导当事人沟通，分析情况，必要时可以劝解甚至教育当事人，最终达成合意。

二、非对抗性

人民调解相对于诉讼或仲裁来讲，属于非对抗的纠纷解决方式。人民调解强调通过相对平和、非对抗、协商的方式在较为温馨的氛围中解决纠纷，“注重修复当事人之间的关系，恢复安定和谐的秩序，着眼于长远关系的维系”②。而诉讼或仲裁更突出双方当事人的对立和对抗，在正式的程序和氛围中解决纠纷。

三、公益性

人民调解活动属于一种公共服务，不以营利为目的，不收取任何费用，具

① “面对面”调解方式，也称对席式调解方式，是双方当事人同时在场、面对面协商，人民调解员当面听取双方当事人陈述的方式，其特点是完全公开，有利于消除当事人的疑虑，避免因信息不对称而导致的不公平，减少因诱导调解而产生的风险，也有利于减轻人民调解员的责任，但较为依赖于双方当事人的能力，如协商能力、控制情绪的能力等。“背靠背”调解方式，也称交互式调解方式，是双方当事人不直接见面而由人民调解员分别会见、听取当事人陈述的方式，其特点是相对隐蔽，有利于当事人敞开心扉、理性思考，避免引发激烈的冲突，但依赖于当事人对人民调解员的信任程度，有可能产生人民调解员诱导调解的风险。参见范愉、李浩：《纠纷解决——理论、制度与技能》，清华大学出版社 2010 年版，第 307 页。

② 范愉、史长青、邱星美：《调解制度与调解人行为规范——比较与借鉴》，清华大学出版社 2010 年版，第 13 页。

有公益性。①《人民调解法》第四条对此有明确规定，即人民调解委员会调解民间纠纷，不收取任何费用。人民调解活动的经费由政府、企事业单位、村（居）委会等提供（《人民调解法》第六条和第十二条）。在国家和地方政府的公共财政支持和自治组织的保障下，人民调解能够提供最具亲和力、便利性和低成本的解纷途径和服务。②

四、禁止强制性裁判

这是人民调解活动与诉讼或仲裁的主要区别，即人民调解员"没有权力对争执的双方当事人施加外部的强制力，也没有权力（和义务）对争议事项作出判断和决定"③。人民调解员不是裁判者，只是作为中立第三方参与调解活动，帮助当事人达成和解。与法官或仲裁员相比，调解人缺乏"有效的权力"，无权强加某一结果给争议的当事人。④ 在调解活动中，人民调解员即便为了当事人利益，也不能强迫当事人接受调解方案，不能对争议事项作出强制性裁判。

五、调解协议不具有国家强制力

人民调解协议，是当事人在人民调解员帮助下经过协商达成的解决纠纷的协议。从性质上来讲，相当于当事人之间的合同⑤，对双方当事人具有法律约束力，但并不具有国家强制力。从这个意义上来说，调解协议对双方当事人具有法律效力，一方有权请求对方履行，对方也确实负有履行的义务，但实际履行只能依靠当事人的自觉。如果一方或双方当事人反悔或不自觉履行调解协议，人民调解员也只能督促履行，不能强制履行。但是，人民调解协议经司

---

① 参见范愉：《非诉讼程序（ADR）教程》（第四版），中国人民大学出版社2020年版，第196页。

② 参见范愉：《〈人民调解法〉：让人民调解回归民间》，《中国法律》2010年第6期。

③ 范愉、李浩：《纠纷解决——理论、制度与技能》，清华大学出版社2010年版，第298页。

④ 参见[美]斯蒂芬·B.戈尔德堡等：《纠纷解决——谈判、调解和其他机制》，蔡彦敏、曾宇、刘晶晶译，中国政法大学出版社2005年版，第115页。

⑤ 2002年司法部颁布的《人民调解工作若干规定》第五条明确规定："经人民调解委员会调解达成的、有民事权利义务内容，并由双方当事人签字或者盖章的调解协议，具有民事合同性质。当事人应当按照约定履行自己的义务，不得擅自变更或者解除调解协议。"亦参见范愉、李浩：《纠纷解决——理论、制度与技能》，清华大学出版社2010年版，第173、300页。

法确认后效力等同于生效判决，具有国家强制力，如果一方当事人拒绝履行或未全部履行调解协议，对方当事人可以向人民法院申请强制执行。

第三节　人民调解员的职业伦理规范

基于人民调解制度的重要功能以及人民调解活动的特殊性，要求人民调解员具备相应的职业伦理，遵守相应的职业道德，既有利于维护当事人的利益、提高当事人的满意度，也有利于保障和提高调解的正当性、成功率，还有利于树立人民调解员的权威和公信力以及加强人民调解员队伍建设，更好地适应目前人民调解处理纠纷范围不断扩大、种类日益复杂、难度不断加大的需求以及人民调解员队伍不断壮大的发展需求。①

人民调解员的职业伦理规范是对调解员从事调解过程中行为的约束与规范，②是这一群体应当共同遵守的道德标准，主要包括中立、公平、尊重当事人、善意、保密、不剥夺当事人诉权、不违反法律和公共道德等内容。

一、中立

尽管人民调解员的地位和功能不同于法官和仲裁员，但是人民调解员作为第三方参与纠纷解决，也必须做到中立，做一个中立的辅助者，在尊重当事人自愿③的基础上促使当事人之间达成协议。这是人民调解员职业道德中的重要内容。

---

①　2018 年 4 月 27 日，司法部举行主题为“人民调解员队伍建设”的新闻发布会。司法部副部长刘振宇指出，目前我国人民调解工作范围不断扩大，调解的纠纷类型越来越复杂，从婚姻家庭、邻里等传统矛盾纠纷向医疗、道路交通、劳动争议、物业等行业专业领域拓展；人民调解员队伍也在不断壮大，截至 2018 年全国共有人民调解员 366. 9 万人，其中兼职人民调解员有 317. 2 万人，占总数的 86. 5%；专职人民调解员 49. 7 万人，占总数的 13. 5%。参见刘嫚、唐孜孜：《我国专职人民调解员不足二成，六部门发文规定配备数量》，《南方都市报》2018 年 4 月 27 日。

②　参见蒋丽萍：《调解员职业道德的内涵与规范》，《人民法院报》2015 年 5 月 15 日。

③　人民调解员坚持中立与居中裁决的法官和仲裁员的中立有所区别，即以尊重当事人自愿或合意为基础，帮助当事人进行谈判并达成合意，如此确保调解的正当性。

（一）不偏不倚

人民调解员坚持中立，首先意味着人民调解员在调解过程中始终保持中立的立场，不偏不倚，不偏袒任何一方当事人。具体说来，即人民调解员在调解中尽量做到平等、客观对待双方当事人，不因当事人的性格特征、社会背景、学历、年龄、民族、收入、信仰、价值观等情况的差别而有所偏袒或区别对待。例如，人民调解员对双方当事人在沟通时间或机会方面予以公平分配、避免歧视或偏见等。

但是，中立并不意味着“价值无涉”。完全的“价值无涉”在现实世界根本不存在。人民调解员有其自身的阅历、经验、情感、价值观等，不可避免将这些因素无意识地渗透在调解过程中，影响沟通的方向和结果，甚至参与判断或作出评价。

（二）适当区别对待

值得注意的是，在调解过程中，人民调解员也不可能完全中立。在特殊条件下，人民调解员应当适当向弱者偏向或倾斜，对当事人进行合理的区别对待，实现调解的实质公正。例如，双方当事人地位、实力不对等，相差悬殊，力量失衡，为了防止强势当事人对弱势当事人施加压力或强制，人民调解员可以在当事人之间进行“力量平衡”，即对弱势一方给予更多的帮助，甚至在调解方案中予以适当倾斜，如此达成公平的调解协议，体现调解的实质公正。① 再如，涉及未成年人利益的纠纷，人民调解员可能会倾向于保护未成年人利益，适当偏离中立的立场。

二、公平

公平是纠纷解决程序中所有参与者的最终目标②，因此人民调解员在调解过程中也必须做到公平、公正，这是对人民调解员从事这一职业的基本道德

① 调解相对于司法诉讼而言，更强调实质公正而不是单纯的程序公正，当代调解往往可以适当规避法律规则，对弱势一方给予更多的优惠、帮助，例如在无过错的情况下给予弱势一方一定人道主义的补偿。由此实现双方当事人的“势均力敌”，使双方达至“等距离”。参见范愉、史长青、邱星美：《调解制度与调解人行为规范——比较与借鉴》，清华大学出版社 2010 年版，第 17、141 页。

② 不管选择哪一种纠纷解决程序，公正——同时在程序公正和符合良知的结果方面——应该总是成为所有参与者的最终目标。参见［英］迈克尔·努尼：《法律调解之道》，杨利华、于丽英译，法律出版社 2006 年版，第 4 页。

要求，以维护当事人利益，确保人民调解的质量和效果。[①]《人民调解法》第二十一条规定，人民调解员调解民间纠纷，应当坚持原则，明法析理，主持公道。

（一）不牟取不当利益

人民调解员不能为追求或实现一方当事人的目标而牟取任何不当利益，包括非法利益或其他不应得到的利益，这有悖于人民调解的目标。《规定》在人民调解员应当遵守的纪律中明确，人民调解员不得徇私舞弊、不得吃请受礼。这就要求人民调解员不为人情、金钱、权势所动，不谋私利，进而确保调解过程和调解结果的公正性。

（二）不对当事人施加强制、欺诈、诱导等不当行为

人民调解员不能为达至某种调解结果而对当事人施加强制、欺诈、胁迫、诱导等不当行为，否则会损害当事人利益；也有可能导致调解协议在司法确认过程中遇到障碍[②]，或者因程序瑕疵而导致调解协议被申请变更、撤销或确认无效等。例如，人民调解员采取"背对背"调解方式时，可能存在诱导调解的风险。因为双方当事人不是同时在场，人民调解员分别会见当事人，听取他们的陈述（包括对纠纷发生原因、经过、自己的主张、证据、情绪等），并在充分了解双方当事人想法的基础上，引导当事人进行沟通。在这个过程中，人民调解员可能基于某种原因对当事人进行诱导，而当事人有可能因为信息不充分或不对称而作出某种违背自己意愿或不利于己的让步。尽管可能因此而达成调解协议，但却有损当事人利益，且将来有可能因诱导行为而导致调解协议无效。

（三）不得与案件有利害关系

人民调解员不得与案件有利害关系，主要包括两层含义：一是不得与案件

---

① "人民调解工作要尤为重视体现法治精神，给当事人一个明明白白、合乎法律规定的调解结果，真正使每一个案件不仅案结事了，还要让当事人双方心悦诚服，做到公平正义。"司法部副部长刘振宇在司法部新闻发布会上的发言。参见赵颖：《司法部：人民调解重在"调解一案教育一片"》，http://www.legaldaily.com.cn/zfzz/content/2018-04/27/content_7531705.htm，访问日期：2020年3月20日。

② 参见《最高人民法院关于建立健全诉讼与非诉讼相衔接的矛盾纠纷解决机制的若干意见》（法发〔2009〕45号）中的规定，如果调解组织、调解员强迫调解或者有其他严重违反职业道德准则的行为，导致当事人在违背真实意思的情况下签订调解协议，人民法院不予确认调解协议的效力，但当事人明知存在上述情形，仍坚持申请确认的除外。

有实体牵连，即不得与案件有直接或间接的、潜在或实际的利益关系等；二是不得与案件当事人有利害关系，包括与一方当事人具有直接或间接的、过去或现在的、人身或职业的利害关系等。人民调解员如果与案件有利害关系，可能影响其中立的立场以及调解结果的公正性，导致调解协议无法得到司法确认①或被申请变更、撤销或确认无效。当事人如果认为人民调解员与案件有利害关系，可以要求调解员回避、更换调解员、终止调解或者采取其他适当措施。②但是，就第二层含义而言，在实践中，人民调解员也不可能与案件当事人完全没有任何利害关系。例如，作为乡镇一级的基层人民调解员，不可避免与当事人之间可能是亲戚、朋友、同学等关系，此时只能要求人民调解员尽力做到公平解决纠纷。另外，"熟人调解"有时可能也会促进调解的进行，因为人民调解员了解当事人的性格、特点、为人处事的风格，了解当事人之间的关系，了解纠纷的情况，反而会使当事人更加信任人民调解员，认为其提供的帮助更有效，从而更容易接受人民调解员提出的调解方案，在调解协议达成后能够积极履行，使得纠纷最终得以解决。

人民调解员不仅在调解过程中不得与案件有利害关系，而且在调解结束后也要避免与案件产生利害关系。例如，人民调解员"不得在参与调解后又在就同一纠纷或者相关纠纷进行的诉讼程序中作为一方当事人的代理人，除非当事人有约定"③。否则，有可能导致调解信息的泄露，或者导致对诉讼另一方当事人的不公平。

三、尊重当事人

人民调解员为当事人解决纠纷提供一种对话的中介，促成当事人和解。在这个过程中，人民调解员必须尊重当事人，主要体现为尊重当事人的自愿和尊重当事人的人格，防止人民调解员滥用调解权限。

---

① 《最高人民法院关于建立健全诉讼与非诉讼相衔接的矛盾纠纷解决机制的若干意见》（法发〔2009〕45号）中明确规定，调解组织、调解员与案件有利害关系、调解显失公正的，人民法院对调解协议效力不予确认，但当事人明知存在上述情形，仍坚持申请确认的除外。

② 参见《最高人民法院关于建立健全诉讼与非诉讼相衔接的矛盾纠纷解决机制的若干意见》（法发〔2009〕45号）。

③ 《最高人民法院关于建立健全诉讼与非诉讼相衔接的矛盾纠纷解决机制的若干意见》（法发〔2009〕45号）。

（一）尊重当事人的自愿

人民调解是非强制性的纠纷解决程序，以当事人自愿为前提，无论是调解程序的启动、进行、结束，还是调解结果的接受，均应尊重当事人意愿，即当事人自愿选择通过人民调解途径解决纠纷，在调解程序方面有控制权；当事人自愿接受调解方案或调解协议，在调解实体方面有处分权。从这个意义上说，当事人主导着调解过程，掌握主导权①，人民调解员不得强迫。《人民调解法》第二十三条第二款规定，当事人有权接受调解、拒绝调解或者要求终止调解，第四款规定当事人有权自主表达意愿、自愿达成调解协议。

1. 参加调解的自愿：程序控制

人民调解员要尊重当事人在调解程序选择及实施方面的自主性，即当事人在调解过程中程序方面的选择权与控制权，这是当事人的“首要角色”，即愿意以相互进行谈判的意愿参与调解并自始至终保持这种意愿。②

首先，对于调解程序的启动而言，当事人的自愿选择非常重要，人民调解员应当予以尊重。一般情况下，一方当事人向人民调解委员会申请调解，自愿选择通过调解解决纠纷，是调解程序启动的一种重要方式。同时，另一方当事人也愿意选择人民调解解决纠纷，人民调解员才能介入，启动调解。如果一方或双方当事人不愿意采用人民调解方式解决纠纷，人民调解员不得强迫。特殊情况下，为了防止纠纷激化或扩大，人民调解员可以主动调解，只要当事人不明确反对，即视为自愿。但如果当事人明确拒绝，则不得调解。《人民调解法》第十七条规定，当事人可以向人民调解委员会申请调解；人民调解委员会也可以主动调解。当事人一方明确拒绝调解的，不得调解。

其次，对于调解程序的进行而言，也要充分尊重当事人的意愿。当事人如

---

① 从“当事人拥有纠纷”的视角来看，对于诉讼外纠纷解决途径而言，最重要的是以当事人找到自己能够接受的解决方法为基础。这不仅是在纠纷的最终阶段由当事人同意解决方案，而且在解决方案形成过程中也必须由当事人掌握主导权……如果不是以当事人自己推动程序的形式，纠纷的解决怎样都会有变成被强加的东西的危险。参见棚濑孝雄：《诉讼外纠纷解决方式的理念与实践》，载[日]小岛武司等编：《诉讼外纠纷解决法》，丁婕译，中国政法大学出版社2005年版，第16页。“调解的特色在于‘在当事人同意的前提下通过协商来妥善解决纠纷’”。参见[日]草野芳郎：《调解技术论》，韩宁、姜雪莲译，中国法制出版社2016年版，第11页。

② 参见[英]迈克尔·努尼：《法律调解之道》，杨利华、于丽英译，法律出版社2006年版，第29页。

果基于某种原因不愿意继续通过调解方式解决纠纷，可以选择退出，终止调解，人民调解员不得阻拦，不得强迫当事人继续调解。

2. 接受调解方案或协议的自愿：实体处分

人民调解员也要尊重当事人对调解结果的自主处分，即尊重当事人在实体权利义务方面的处分权。

对于调解方案或调解协议，须当事人自愿接受，不得强迫，如此才有利于当事人对调解结果的履行以及纠纷的真正解决。① 调解方案是在双方当事人充分协商的基础上，由当事人或人民调解员提出的纠纷解决方案，涉及双方当事人权利义务的分配，是否接受应当充分尊重当事人的意愿。调解协议是就纠纷解决最终达成的双方合意，涉及当事人对自己权利的处分及对自己利益的让渡等，必须充分尊重当事人的意愿。人民调解员不得以任何理由强迫当事人接受自己提出的调解方案或调解协议，即便有些情况下，当事人接受调解协议有利于快速、高效地维护其自身权益，但只要当事人不愿意，则不能强迫其接受。

（二）尊重当事人的人格

人民调解员在调解过程中应当尊重当事人的人格和名誉，不得侮辱当事人。人民调解员的工作主要是充当双方当事人的沟通桥梁，引导双方缩小分歧，并通过确认事实、寻找依据促成当事人达成合意。但是，在调解过程中，有时可能因为当事人性格、能力等因素使其过于感性、犹豫、无法理性思考和沟通；或过于沉默、散漫、怀有恶意等，导致调解陷入僵局。人民调解员可能出于推进调解的目的或者其他原因不尊重当事人，对当事人使用不当言语，讽刺、挖苦、批评或贬低当事人，甚至实施对当事人有敌意的行为或散布有损当事人人格和名誉的言论等，导致当事人对人民调解员的质疑，使得调解停滞甚至可能退出调解。因此，《规定》中明确要求人民调解员不得侮辱纠纷当事人。

四、善意

人民调解工作的特殊性要求人民调解员对当事人、调解事项始终都持有

① 调解自愿，可能是大多数调解协议成功得以被执行和具有终局性现象的心理学原因；因为与由法官或者仲裁员强加的裁决相比，当事人更愿意接受并执行他们自己协商同意的协议。参见［英］迈克尔·努尼：《法律调解之道》，杨利华、于丽英译，法律出版社 2006 年版，第 7 页。

善意。参加调解的纠纷当事人都是因为自身无法解决分歧而寻求帮助的，彼此之间互不信任，并可能感到愤怒、沮丧、泄气或痛心，都陷入不能接受对方的困境中。[①] 因此，要求人民调解员善意地对待当事人，认真对待调解活动，具有较强的公益心，热情、真诚地对待当事人，耐心倾听当事人的主张和要求，[②] 引导双方当事人沟通和交流、消除分歧和对立，及时制止矛盾升级或冲突激化，促使双方求同存异，帮助双方当事人解决困难。

"善意"还意味着人民调解员在调解过程中尽力帮助当事人解决障碍和问题。例如，当事人因性格、能力等因素影响在调解过程中出现一些沟通障碍，无法准确陈述等，人民调解员"在征得当事人的同意后，可以邀请当事人的亲属、邻里、同事等参与调解，也可以邀请具有专门知识、特定经验的人员或者有关社会组织的人员参与调解"（《人民调解法》第二十条）。另外，在当事人难以作出判断和选择时，人民调解员也要给予善意、必要的帮助，如更详细地解释或分析调解方案的合理性，引导、劝解当事人作出符合其利益的选择。

"善意"也意味着人民调解员在调解过程中创造和缓的氛围，鼓励双方当事人之间的善意和谅解，引导双方当事人尊重彼此、相互宽容、互谅互让，必要时可以通过道歉[③]、妥协等方式消除隔阂，进而有利于达成调解合意。

五、保密

人民调解员是"整个调解过程的捍卫者"[④]，对调解过程、调解信息、调解结果负有保密义务，为当事人提供安全的环境，消除当事人的顾虑，促使当事

① 参见[美]斯蒂芬·B.戈尔德堡等：《纠纷解决——谈判、调解和其他机制》，蔡彦敏、曾宇、刘晶晶译，中国政法大学出版社 2005 年版，第 117 页。

② 资深调解员梁德金，作为"全国人民调解能手"，认为拥有"四个心"是衡量调解员合格与否的首要条件，即热心、诚心、耐心和细心。参见梁德金：《老梁说调解：人民调解实务"四五六"工作法》，中国法制出版社 2019 年版，"引言"。

③ 道歉在纠纷解决中可能发挥重要作用，如缓解紧张气氛、修复当事人之间的关系，有时甚至是解决纠纷的关键。参见[美]斯蒂芬·B.戈尔德堡等：《纠纷解决——谈判、调解和其他机制》，蔡彦敏、曾宇、刘晶晶译，中国政法大学出版社 2005 年版，第 150 页。但是，需要注意的是，道歉并不意味着道歉者需要承担责任，它只是纠纷解决中的一种方式。

④ 廖永安主编：《中美调解培训启示录：中美调解培训启示录》，湘潭大学出版社 2013 年版，第 158 页。

人在调解过程中自由、坦诚地表达自己的要求、利益和感受，在充分沟通的基础上达成合意，确保调解的质量。

（一）调解过程不公开

调解过程以不公开为原则，即调解程序的启动、进行、结束均要保密，不能向公众公开，确保当事人能够平等、自愿、真诚地对话与沟通，保障当事人的权利，除非双方当事人同意公开①，或者根据需要可以公开，允许当事人的亲属、邻里和当地（本单位）群众旁听，但是涉及当事人的隐私、商业秘密或者当事人表示反对的除外（《规定》第二十九条）。

但是，有些纠纷较为复杂或影响范围较大，如涉及农民工工资、土地承包、村务管理、征地拆迁、物业等方面的群体性纠纷或公共利益纠纷等，无法保证调解过程的保密性。而且，在这些纠纷调解过程中，可能需要跨区域人民调解组织的协调，需要政府部门或其他社会组织的合作，有时甚至需要新闻媒体的介入等，因此无法完全保证调解过程的保密性。

（二）调解信息保密

人民调解员对调解过程中知悉的当事人商业秘密及个人隐私等信息必须保密，有利于保护当事人权益，获得当事人的信任。另外，人民调解员对于调解过程中当事人提出的证据、主张、作出的道歉、妥协、承认的不利事实、达成的协议内容等信息，也必须予以保密，同时也不得就调解信息出庭作证②，确保与当事人相关的重要信息得到保护。

调解信息保密不仅体现在调解过程中，也体现在调解结束后，即在调解协议达成后，当事人纠纷已经解决，人民调解员对上述信息仍须承担保密义务。

---

① 调解过程不公开，但双方当事人要求或者同意公开调解的除外。参见《最高人民法院关于建立健全诉讼与非诉讼相衔接的矛盾纠纷解决机制的若干意见》（法发〔2009〕45号）。

② 参见范愉、史长青、邱星美：《调解制度与调解人行为规范——比较与借鉴》，清华大学出版社2010年版，第14页；参见《最高人民法院关于建立健全诉讼与非诉讼相衔接的矛盾纠纷解决机制的若干意见》（法发〔2009〕45号）。从事调解的机关、组织、调解员，以及负责调解事务管理的法院工作人员，不得披露调解过程的有关情况，不得在就相关案件进行的诉讼中作证，当事人不得在审判程序中将调解过程中制作的笔录、当事人为达成调解协议而作出的让步或者承诺、调解员或者当事人发表的任何意见或者建议等作为证据提出，但下列情形除外：（一）双方当事人均同意的；（二）法律有明确规定的；（三）为保护国家利益、社会公共利益、案外人合法权益，人民法院认为确有必要的。

否则,可能会影响调解协议的履行或再起争端,降低人民调解员的权威性与公信力。

但是,调解信息的保密也有例外情形,即特殊情况下,出于对另一方当事人利益的维护,或保护某些群体的特殊利益,或保护公共利益的需要,人民调解员对于获得的某些信息要予以披露或反映。例如,涉及未成年人抚养权的纠纷,如果一方当事人要保密的信息可能对未成年人利益造成威胁,人民调解员就有义务披露;涉及"有可能引起治安案件、刑事案件的纠纷,应当及时向当地公安机关或其他有关部门报告"(《人民调解法》第二十五条)。

（三）调解结果保密

人民调解员对于当事人之间达成的调解结果应当予以保密,因为涉及当事人对自己权利的处分以及双方对利益的让步等信息。但是,在特殊情况下,调解结果也无法保密。如上文所述,一些较为复杂、影响范围较大的纠纷,尤其涉及群体性、公共利益的纠纷,因其涉及公众知情权的保护,调解结果最终要予以公开,但调解信息的具体细节仍需要保密。

六、不能剥夺当事人诉权

人民调解相较于诉讼或仲裁而言具有很多优势,但并不意味着为此可以剥夺当事人寻求司法救济的机会。当事人参加调解、接受调解协议均须自愿,如果一方当事人或双方当事人拒绝参加调解、拒绝接受调解协议或调解不成的,原则上可以不受限制地提起或转入诉讼程序,人民调解员不能剥夺当事人的诉权。①《人民调解法》对此有明确规定,第三条第三款规定尊重当事人的权利,不得因调解而阻止当事人依法通过仲裁、行政、司法等途径维护自己的权利;第二十六条规定,人民调解员调解纠纷,调解不成的,应当终止调解,并依据有关法律、法规的规定,告知当事人可以依法通过仲裁、行政、司法等途径维护自己的权利。

另外,如果当事人对已经达成的调解协议反悔而向人民法院申请调解协

① 参见范愉、李浩:《纠纷解决——理论、制度与技能》,清华大学出版社 2010 年版,第 177 页。

议的变更、撤销或确认无效，或因对方当事人不履行协议而向人民法院起诉、寻求司法救济的，人民调解员也不得干涉或阻拦。《人民调解法》第三十二条规定，经人民调解委员会调解达成调解协议后，当事人之间就调解协议的履行或者调解协议的内容发生争议的，一方当事人可以向人民法院提起诉讼。

七、不违反法律和公共道德

人民调解员从事调解活动，不得违反法律和公共道德，这是人民调解员的"底线"，否则必然会损害当事人利益、损害人民调解员的权威性或破坏调解活动的正常进行等。

（一）受理纠纷的范围不违反法律

人民调解员受理纠纷的范围要合法。对于范围的确定，《人民调解法》和《规定》中有明确表述，既从正面说明人民调解受理的纠纷范围，也从反面说明人民调解不得受理的纠纷范围。

人民调解受理的纠纷范围主要是民间纠纷（《人民调解法》第二条），具体是指发生在公民之间、公民与法人之间、公民与法人和其他社会组织之间涉及民事权利义务的各种纠纷（《规定》第二十条），范围非常宽泛。实践中，各地受理的纠纷范围也十分广泛，涉及邻里纠纷、婚姻家庭纠纷、物业纠纷、损害赔偿纠纷、道路交通事故纠纷、合同纠纷、房屋宅基地纠纷等。①

人民调解受理纠纷也有限制性规定，即不得受理的纠纷范围，如"法律、法规规定只能由专门机关管辖处理的，或者法律、法规禁止采用民间调解方式解决的"纠纷（《规定》第二十二条第一款），人民调解不能受理，如房屋确权纠纷、林地权属争议、涉及婚姻效力的纠纷等；"人民法院、公安机关或者其他行政机关已经受理或者解决的"纠纷（《规定》第二十二条第二款），人民调解不能受理，除非受法院、行政机关和当事人委托或当事人撤诉后另行

① 参见《2016年全市（厦门）人民调解案件情况分析报告》，http://sf.xm.gov.cn/zwgk/tjxx/201701/t20170103_1478169.htm；参见《2017年广州市人民调解案件量逾七万　调解成功率超99%》，http://news.southcn.com/gd/content/2018-01/10/content_180262533.htm，访问日期：2020年4月5日。

申请人民调解的。①

（二）调解程序不违反法律

人民调解的程序注重便利性与灵活性，即调解的启动、人民调解员的选任、是否公开进行、当事人陈述、事实确认、如何达成并签订调解协议等步骤由人民调解员根据纠纷性质、复杂程度、当事人状况、社会影响等因素灵活适用，只要不违反《人民调解法》的基本规定即可，防止在调解过程中侵犯当事人权利或者侵犯他人利益和社会公共利益。

（三）调解依据不违反法律和公共道德

人民调解员解决基层民间纠纷，依据多元，既包括法律，也包括法律以外的其他相关社会规范，如政策、道德、行规、村规民约、风俗习惯等。法律在调解民间纠纷中发挥重要作用，但是涉及一些繁杂、琐碎的民间纠纷适用法律解决可能会遇到障碍，如发生在亲属、邻里、朋友之间涉及风俗等因素的纠纷，很难分清是非、责任，在这种情况下通过道德、风俗习惯、村规民约等规范解决纠纷可能会更有效率，纠纷解决效果可能更好，只要这些规范不违反法律和公共道德的内容即可。

（四）调解协议内容不违反法律和公共道德

调解协议应当载明当事人的基本情况、纠纷的主要事实、争议事项以及各方当事人的责任、当事人达成调解协议的内容以及履行的方式、期限等内容，这些内容不得违反法律的禁止性规定，不得违反公共道德。也就是说，调解协议的内容不得显失公平、不得侵犯他人合法权利、不得损害公共利益、不得破坏公序良俗等，否则调解协议可能无法得到司法确认②或者被申请变更、撤销或被确认无效。

人民调解员的职业伦理规范本质上是自律性规范，但是如果人民调解员

---

① 参见范愉、李浩：《纠纷解决——理论、制度与技能》，清华大学出版社2010年版，第178页。

② 《最高人民法院关于建立健全诉讼与非诉讼相衔接的矛盾纠纷解决机制的若干意见》（法发〔2009〕45号）中有明确规定，即调解协议有下列情形之一的，人民法院不予确认其效力：（一）违反法律、行政法规强制性规定的；（二）侵害国家利益、社会公共利益的；（三）侵害案外人合法权益的等。

在调解过程中违背职业伦理规范，如偏袒一方当事人、侮辱当事人、向当事人索取、收受财物或者牟取其他不正当利益、泄露当事人的个人隐私、商业秘密的，由其所在的人民调解委员会给予批评教育、责令改正，情节严重的，由推选或者聘任单位予以罢免或者解聘（《人民调解法》第十五条）。对因违法违纪不适合继续从事调解工作；严重违反管理制度、怠于履行职责造成恶劣社会影响的人民调解员，司法行政部门应及时督促推选或者聘任单位予以罢免或者解聘。①

【法治故事】

骆驼继承

有位阿拉伯老人，临死前嘱咐三个儿子说："我留给你们17峰骆驼，你们分吧。老大生活最困难，该得一半；老二也不怎么富裕，就给他三分之一；老三家境较好，拿九分之一好了。你们要照我的话去办，不要争吵！"老人死后，三个儿子便牵出骆驼来分，可想来想去，总想不出怎么分法，三个儿子便争吵起来。此时，一个年轻人骑着骆驼路过这里，在了解事情经过后说："把我这峰骆驼加进去分吧！"年轻人的骆驼一加进去，难题便立即迎刃而解。18峰的一半是9峰，三分之一是6峰，九分之一是2峰。兄弟三人高高兴兴把骆驼分了，年轻人骑上剩下来的那峰骆驼，笑着对他们说："你们没有分掉我的骆驼，太感谢你们了，我还要赶路哩！"在这个故事中，年轻人作为中立第三方，通过非对抗的调解方式，帮助三兄弟和平、高效、公正地解决了继承纠纷，解决结果合情合理，得到三兄弟的认可和称赞。

【典型案例】

群体性纠纷

说明：之所以选择此案例，一是纠纷本身的典型性，即群体性纠纷，涉及农

① 参见《关于加强人民调解员队伍建设的意见》（司发〔2018〕2号）。

民工工资问题，影响较大，关系到社会秩序的稳定；二是该案主要调解员从业时间长、处理纠纷多，经验丰富；①三是该案中人民调解员的行为体现了职业伦理的大部分要求，如中立、公正、尊重当事人自愿、善意、不违反法律和公共道德等；四是该案解决效果非常好，成为当地日后处理类似纠纷的典范；五是该案情况以及调解过程等的描述均来自笔者调研的第一手资料。

某外商至某镇某地段（总面积约3000亩）投资开发高尔夫球场、商品房、酒店、国际会议中心及与之配套的水上运动场、陆上娱乐会所等游乐场所，总计投资12亿元。某外商为了实施开发，成立某公司。开发伊始，某公司大力宣传其投资项目，各种广告铺天盖地、轰轰烈烈。但直至开发结束，许多资金未能及时到位，导致许多建筑工程承包人因未能按合同约定取得工程资金而无法发放农民工工资。其中，有两位来自外地的建筑工程承包人（A和B）在工程结束后的两年多时间内不断向某公司催要工程款，但都没有成功。某公司应付A工程款180多万元，应付B工程款360多万元，工程款中很大一部分属于农民工工资。在多次催要工程款未果的情况下，A和B纠集参与施工的农民工50多人在某公司门口拉起横幅“还我血汗钱”、“团结起来，坚决反对某公司的欺诈行为”，并用汽车、翻斗车、杂物等堵住某公司大门，不准进出，导致某公司管理人员及员工、车辆进出等全部受阻。这种情况反复出现好几次，且讨债人员不断增加，严重影响社会秩序。

人民调解员老徐在获悉情况后，带着另外两位调解员一起赶赴现场。分别与双方当事人沟通后，了解纠纷基本情况，采用“面对面”方式召集双方坐下来商讨解决办法及可行性方案。

开始调解时，来自外地的建筑工程承包人A和B不愿意参加，因为不信任老徐及另两位调解员，认为他们是当地政府的，为了推动当地经济发展而招商引资，还认为外商一定有过硬的“后台”，否则不会征用到3000亩土地进行投资。老徐认真向A和B解释和说明人民调解员的性质和地位，表明中立、

① 某市基层资深人民调解员徐新云，从事调解工作36年，处理过大量各类民间纠纷，包括许多重大、疑难纠纷，深知调解的基本原则和职业道德的内涵，积累了丰富的调解经验，熟练掌握调解技巧，目前成立了“老徐工作室”，继续从事人民调解工作。

公平和公正是人民调解员的基本行事信条，实事求是也是他们工作的基础，帮助当事人解决困难是他们的目标，维护当事人权利也是他们的任务，才渐渐获得 A 和 B 的认可，促使调解继续进行。

调解过程中，老徐及另外两位调解员又采用“背靠背”方式分别与双方当事人沟通。他们先与某公司沟通，了解某公司的利益要求。某公司提出公司资金实在困难，员工工资都难以按时发放，其他流动资金也捉襟见肘，因此每月只能支付 A 和 B 各自 2000 元。老徐与另两位调解员分析，如果采用某公司的方案，则 A 要在 75 年后才能获得全部工程款，B 要在 150 年后才能获得全部工程款，纯属无稽之谈，不具有可行性，完全不切实际。这个方案 A 和 B 根本不可能接受，其他农民工更不能接受，一定会闹得更凶，引发新的冲突。于是，老徐向某公司说明他们的想法，并告知某公司参加调解要有诚意，某公司违约在先，导致农民工工资无法发放，并引发激烈的冲突，影响了社会秩序的稳定。而某公司每月给付 2000 元的方案杯水车薪，会引发更激烈的冲突，要求某公司提出更有诚意的解决方案。然后，老徐与同事又与 A、B 和农民工们交流，告知他们拉横幅、堵大门等行为是不可取的，不能解决问题，应该静下心来商讨解决方案而不是采取过激的行为。

经过数轮沟通与协商，双方当事人之间反反复复，拉锯式讨价还价，老徐等人民调解员积极采取各种方法不断斡旋、沟通、劝说，最终双方当事人达成合意：某公司作出明显让步，答应在调解协议签订后三个月内向 A 和 B 支付全部工程款的 50%，当作支付农民工工资的专门款项；剩余工程款于调解协议签订后三年内付清。至此，该案经调解结束，双方当事人均未起诉，纠纷得以有效解决，当事人权利得以维护，社会秩序得以恢复。由于调解效果显著，该案成为当地日后调解此类纠纷的典型案例。

【延伸阅读】

美国《模范调解人行为准则》

美国仲裁协会（AAA）、美国律师协会（ABA）的纠纷解决部门以及纠纷解

决协会（ACR）联合制定《模范调解人行为准则》（2005年修订），规范调解人的行为，主要内容包括：①

1. 自治。调解人主持调解应当以当事人自治为基础。自治是指每方当事人都有权在信息充分的前提下和进行自由选择的基础上对过程和结果自愿地而非受强制地作出决定。当事人可以在调解的任何阶段行使其自治权，包括调解人的选择、调解过程的设计、参加或退出调解程序、调解结果。调解人不得基于以下原因损害任何一方当事人的自治权：高和解率，自我利益，报酬，或者来自法院人员、项目管理人员、提供调解案件的组织、媒体或其他来源的压力。

2. 中立公平。如果调解人不能以中立公平的方式主持调解，那么他必须拒绝主持该调解。中立公平意味着远离偏爱、偏私或偏见。调解人必须以中立公平的方式主持调解，并且避免产生偏爱的外观。无论何时，只要调解人不能以中立公平的方式主持调解，都必须退出调解。

3. 利益冲突。调解人必须在调解过程中和调解结束后避免出现利益冲突或利益冲突外观。利益冲突可能源自调解人与案件实体问题有牵连，也可能源自调解人与一方当事人之间存在的某种关系，不论是过去的关系还是当前的关系，人身关系还是职业关系，只要能够引起对调解人公正性的合理质疑即可。调解人必须对是否存在潜在的或实际的利益冲突进行合理调查。调解人的合理调查义务可以视实际情况而有所不同。调解人必须尽快披露所有调解人理应知晓的被合理认为可能影响其公正性的、实际的和潜在的利益冲突。披露之后，如果所有当事人均同意其留任的，调解人可以继续主持调解程序。如果调解人在接手调解案件之后发现了潜在的或实际的利益冲突事实，必须立即予以披露。披露之后，如果所有的当事人均同意其留任的，调解人可以继续主持调解程序。如果调解人的利益冲突被合理地认为破坏了调解的公正性，调解人必须不顾当事人合意要求其留任的意愿而退出调解或拒绝继续主持调解。在调解结束后，调解人不得与任何一方当事人另行建立某种可能影

① 以下内容转引自范愉、史长青、邱星美：《调解制度与调解人行为规范——比较与借鉴》，清华大学出版社2010年版，第87—88页。

响调解程序公正性的关系。如果调解人与一方当事人或其他调解参与人建立了某种私人的(personal)或职业的(professional)关系,在判断该关系是否产生了一项潜在的或实际的利益冲突时,调解人应当考虑以下各种因素:距离调解结束的时间、关系的性质以及提供的是何种服务。

4. 能力。调解人必须具备必要的能够满足当事人合理期望的能力时才可以主持调解。如果调解人在调解过程中认为自己不能胜任该调解,那么该调解人必须立即与当事人就该问题进行讨论,并采取适当措施解决这一问题,这些措施包括但不限于:退出调解或者请求适当帮助。如果调解人主持调解的能力因毒品、酒精、药物治疗等受到影响,那么该调解人不得主持调解。

5. 保密。调解人必须对在调解过程中获得的所有信息予以保密,除非获得当事人同意或者基于法律要求。调解人在私下会议上获得的有关信息在未经该当事人同意的情况下不得直接或间接地传达给任何其他人。调解人必须提高当事人对调解过程中获得信息的保密范围的理解和认识。根据调解中的具体情形,当事人可以改变其对调解人保密的预期。当事人可以自己设置保密规则,或者接受一套公认的调解人或调解组织的保密规则。

6. 程序质量。调解人必须遵守本行为准则并采用能够增进勤勉、及时、安全、适当的参加人出席、当事人参与、程序公正、当事人能力以及所有参加人之间的相互尊重的行为方式。如果调解人知晓当事人之间存在家庭暴力,那么该调解人必须在必要时采取适当措施,包括推迟调解、退出调解或者终止调解。如果调解人认为包括调解人在内的参加人的行为有违反了该行为准则,那么该调解人必须在必要时采取适当措施,包括推迟调解、退出调解或终止调解。

7. 广告宣传。调解人在宣传自己的资格经验、服务和收费时,必须实事求是,不得误导消费者。调解人不得以对某类当事人有偏向的方式或者其他损害程序公正的方式进行宣传。调解人不得在未经接受过服务的当事人的同意的情况下使用其姓名和资料进行宣传。

8. 报酬和其他费用。调解人必须向当事人或其代理人提供有关调解酬金、开支和其他潜在收费项目的完全真实的信息。调解人不得以损害调解人中立公平的方式收取报酬。

9. 调解实践的推广应用。调解人应当采取措施推进调解的普遍应用。调解人应当对本领域中存在的不同观点给予尊重，学习其他调解人的优点，与其他调解人共同协作推进调解的专业化程度，为纠纷当事人提供更好的服务。

【问题与思考】

1. 如何理解人民调解员职业伦理规范中“中立”与“公平”的区别？
2. 怎样理解“等距离”中立的要求？
3. 如何确保人民调解员在调解过程中真正地尊重当事人的自愿？
4. 人民调解员保密的例外情况是什么？
5. 人民调解员违反职业伦理规范，是否应当承担责任？为什么？

第 三 编

法律职业伦理的培育和保障

第十四章　法律职业伦理的法治功能

法治中国建设是一项高度复杂的系统工程,要求坚持科学立法、严格执法、公正司法、全民守法全面推进,坚持依法治国、依法执政、依法行政共同推进,坚持法治国家、法治政府、法治社会一体建设。中国特色社会主义法治体系是一个立体、动态、有机完整的体系,包括法律规范体系、法治实施体系、法治监督体系、法治保障体系和党内法规体系。建设一支包括法治专门队伍、法律服务队伍、法学教育队伍在内的高素质法律从业者队伍,培养法治建设各层次各环节的合格“站岗人”,是推进法治中国系统工程的关键举措,也是形成有力的法治保障体系的重要方面。法律职业伦理通过坚定法律从业者的理想信念、提升法律从业者的职业素养、规范法律从业者的执业行为,承担着建设高素质法律从业者队伍的重要任务,发挥着完善法学教育、巩固法律职业共同体、捍卫法律权威、维护公平正义四项法治功能。

第一节　完善法学教育

法学教育是培养法律从业者的重要方式,当代中国的法学教育主要包括法学知识教育和法律技术教育。但仅仅依靠法学知识教育或者法律技术教育,都不足以培养适应社会主义法治建设需要的法律从业者。进一步完善当代法学教育,实现“立德树人,德法兼修,培养大批高素质法治人才”的教育目标,必须发挥法律职业伦理的积极作用。

一、弥补法学知识教育的不足

法学知识教育是高等学校法学教育的主要模式，主张学生从权利、义务、责任、法律行为、法律关系等一般法律概念和犯罪、刑罚、合同、侵权、债务、行政相对人、行政处罚、开庭、证据、质证等特殊法律概念入手，掌握法律的规则、原则、原理和体系。

从内容角度看，法学知识教育的突出特征有三：一是“抽象性”，即超越纷繁复杂的生活细节和可触可感的现实情境，寻找普遍规律。“抽象性”特征决定了法学知识教育不利于培养法律从业者的“同情心”和“同理心”。仅仅接受法学知识教育的法律从业者，倾向于用一种“冷冰冰”的眼光看待法律事务，缺乏面向实际生活场景换位思考、将心比心的能力，难以得到当事人的内心认同。① 二是“静态性”，即致力于把握静态的法律概念、法律结构和法律体系，而不是动态的法律行动、法律过程和法律系统。仅仅接受法学知识教育的法律从业者，对鲜活的法律实践并不熟悉，特别是不善于处理不同法律从业者之间的关系，难以与其他法律从业者分工合作，共同解决问题。三是“形式性”，当代法学知识教育尽管增加了体现民主、自由、平等、公正、法治、诚信等社会主义核心价值的法律原则和法律理念内容，但作为学院式的理论教育，仍然更关注法的形式合理性和作为整体的法律体系的正义。仅仅接受法学知识教育的法律职业者，容易忽视法的实质合理性之维和个案的正义。

法律职业伦理教育有助于弥补法学知识教育的不足。首先，法律职业伦理教育拉近了法律从业者与当事人之间的距离。法律职业伦理揭示出现代法律的人文主义底色，将法律与生活世界真正联系在一起，将法律职业与人的命运、人性尊严、人权保障真正联系在一起。在法律职业伦理的视角下，法律从业者面对的，不再是经由法律概念裁剪而成的抽象的法律关系，而是一个个陷入困境的有血有肉的当事人。法律从业者要做的，不再仅仅是处理脱离了具体生活背景的抽象的法律问题，而是帮助当事人获得权利的救济或者得到公正的审判。其次，法律职业伦理教育将学生置于不同法律从业者持续互动的

① “由实务家来进行的经验性的法教育”与“在特别的法律学校进行的理论性的法教育”的差异，参见［德］马克斯·韦伯：《法律社会学》，康乐、简惠美译，广西师范大学出版社2005年版，第182—189页。

场景之中。“徒法不足以自行”，法律从来不只是法学知识教育所传授的“书本上的法”。真实的法是“行动中的法”，是法官、检察官、律师、公证人、仲裁员、行政执法人员以及法学专业教师等法律从业者，在共同认可的法律职业伦理的约束下分工、配合的结果。① 不遵守职业伦理的法律从业者，在法律场域之中会被视为“异类”甚至“败类”，即便拥有丰富的法学知识，也难以得到其他法律从业者的接受，顺利开展执业活动。最后，法律职业伦理教育在一定程度上能够矫正法学知识教育所塑造的形式合理性思维，突破概念法学、法条主义和形式逻辑的束缚。如果说法学知识教育更加注重法律的确定性和普遍性，把每个案件都视为类似案件中的一个，那么法律职业伦理教育则要求法律从业者关注法律的灵活性和特殊性，把握每个案件的独一无二之处。法律职业伦理教育的这一补充作用意义重大，因为对于法律从业者来说，“让人民群众在每一个司法案件中感受到公平正义”，至少与维持社会秩序和维护法律稳定同等重要。

二、弥补法律技术教育的不足

近年来，为了加强培养学生的法律实践能力，不少高等法学院校都在法学知识教育之外，增加了法律技术教育的元素。法学理论研讨开始与案例分析结合起来，成为更受推崇的先进教学方法；除了法律规则和法律理论，不仅越来越多的法学院将“法律文书写作”“法庭论辩”等法律实务课程列为选修课，法律发现、法律解释、法律推理、法律论证、法律修辞、法律逻辑等法律方法也日益成为重要的教育内容；借鉴国外法律职业教育的“模拟法庭”课程通过将学生置于虚拟的司法场域，强化了学生对不同法律角色及其相互关系的理解，一定程度上促进了法学理论知识向法律实践技能的转化；“法律诊所”课程则通过给需要“法律援助”者提供法律咨询，“诊断”法律问题、开出法律“处方”，在将学生置于现实个案之中锻炼律师职业技能的同时，一定程度上提升了学生的职业伦理意识。

---

① 关于“书本上的法”与“行动中的法的区分”，See Roscoe Pound，“Law in Books and Law in Action”，*44 American Law Review 12*，1910。

但法律技术教育毕竟是一种高度专业的技术教育，带有浓厚的价值中立色彩。众所周知，古罗马法学家乌尔比安认为“法是善良和公正的艺术”，仅仅依靠技术教育无法掌握法的“艺术”。较之法学知识教育，法律技术教育甚至更可能培养出“没心没肺的专家学者”（马克斯·韦伯语），而不是追求公平正义的法律人才。首先，各种法律技术，不论是案例分析的技术，还是法律发现、法律解释、法律推理、法律论证、法律修辞的技术，或者法庭辩论的技术，都在现代法律日益专业化的过程中，远离了日常经验和大众道德的控制。这是现代社会高速发展、社会分工不断扩大、法律事务持续复杂化的必然结果。其次，哪怕是“法律诊所”这样的实践课程，也不能完全解决法律职业伦理问题。毕竟需要“法律援助”的人只是特定的“弱势群体”，为“弱势群体”伸张正义只是法律工作的一个方面。法律社会学的研究早已揭示出，中产阶级才是现代法律的主要使用者，在民商事领域尤其如此。最后，“模拟法庭”也不是真正的法庭。在模拟的法庭之上只有“合法/非法”的考量，但在真正的法庭内外，法律从业者必须经受各种现实的利益关系和人情世故的考验。

法律职业伦理教育有助于弥补法律技术教育的不足。第一，法律职业伦理保障法律技术的独立应用。法律技术的专业性和中立性，使之得以超越不同的道德立场和利益背景，公平公正地处理矛盾冲突，但也导致法律从业者容易遭遇外部的道德批判和舆论压力。法律职业伦理能够有力地支持法律从业者依法独立处理问题，坚持自己运用法律技术得出的专业意见。比如，法律职业伦理帮助检察官坚守职业良知，面对犯罪嫌疑人，坚持排除每一个疑点，用证据说话，不枉不纵，不错不漏，不被任何法外力量左右。第二，法律职业伦理对法律技术应用的负面后果施加控制。一方面，法律职业伦理防止法律从业者运用法律技术达到道德上公认的邪恶目的，比如通过设置“法律陷阱”操纵他人的行动，或者通过“法律规避”破坏社会公德；另一方面，法律职业伦理防止法律从业者运用法律技术破坏现代法治本身，比如作出违背诚实信用、契约自由等法治原则的法律解释。第三，法律职业伦理教育能够加深法律从业者对法律技术的理解。从深层意义上讲，法律技术与法律职业伦理是不可分离的，法律技术总是服务于法律职业伦理所确定的各种目标。缺乏法律职业伦理的指引，法律技术学习容易停留在“知其然不知其所以然”的层次。反过来说，忠诚司法事业的法官、坚持为民宗旨的检察官、维护当事人合法权益的律师，则更可能掌握法律技术的精髓。

第二节　巩固法律职业共同体

一个有力的法律职业共同体的存在，对于实现法治至关重要。古代中国有庞大的法律体系而无法治，原因之一就在于缺少由职业法律家构成的法律职业共同体。有学者曾经论述过法律职业共同体的三项条件："（1）坚决维护人权和公民的合法权益，奉行为公众服务的宗旨，其活动有别于追逐私利的营业（business）；（2）在深厚学识的基础上娴熟于专业技术，以区别于仅满足于实用技巧的工匠型专才（specialist）；（3）形成某种具有资格认定、纪律惩戒、身份保障等一整套规章制度的自治型团体，以区别于一般职业（occupation）。"①如果说法律职业共同体的形成，主要是由于共同的知识背景、训练方法、思维模式和职业利益的塑造作用；那么法律职业共同体的巩固，则主要是由于法律职业伦理的保障作用。

一、凝聚共同的事业追求

法律职业伦理要求所有法律从业者都将法治当成一项值得追求的事业。与单纯的职业不同，事业不仅仅是谋生的手段，也不仅仅通向个人的成功。事业具有公共性，意味着对他人、对社会、对国家负有职责；事业带来使命感，为了不辱使命，人们宁愿牺牲自己的利益。"在一定范围内，他们被期望为公众提供'服务'，而不为眼前私利所动。"②法律从业者肩负的职责，就是通过法律实践，守护自由、人权、公平、正义等法治理念，此即他们共同的事业追求。法律从业者为了践行法治使命，不惜付出任何代价，此即法谚所云"实现公平

① 季卫东：《法律职业的定位——日本改造权力结构的实践》，《中国社会科学》1994 年第 2 期。

② ［美］塔尔科特·帕森斯：《法律与社会控制》，杨静哲译，《清华法治论衡》2012 年第 2 期。

正义，哪怕天崩地裂”。正义女神像总是蒙着双眼，也可以从这里加以理解。

共同的事业追求为法律职业共同体带来了强大的凝聚力，远远超过共同教育背景、共同职业利益甚至共同政治权威的结合作用。法律职业共同体因此更加坚定地团结在一起，成为一个守护法治的意义共同体和精神共同体。[①]这样的共同体尽管没有被高度组织化，但绝不是一群乌合之众，不会因为其成员在政治立场、宗教信仰、经济收入、学术观点、家庭出身、民族种族以及职业角色方面的内部差异而轻易分裂，也不会由于金钱和权力的外部干预而轻易解体。反过来说，如果由于缺乏法律职业伦理的保障，法律从业者不再拥有共同的事业追求，那么作为法治守护者的法律职业共同体就难免分崩离析。

在法律职业伦理的作用下，共同的事业追求还使法律职业共同体得以超越日常道德分歧。法律职业伦理有其道德性，但与普通人的社会道德不同，法律职业伦理与法律职业紧密结合在一起，具有特殊性。一方面，在难以形成道德共识的事项上，法律职业伦理凝聚了法律从业者的共识，比如普通人对情、理、法地位的认识不尽相同，但法律从业者无论何时都尊奉法律至上的信条。另一方面，就具体内容而言，法律职业伦理作为法律从业者的道德共识，往往与社会道德并不一致。比如在社会道德主张“除恶务尽”的地方，法律职业伦理却可能更强调“保障人权”；又如社会道德对不同身份的人作出不同的行为评价，法律职业伦理却要求坚持“法律面前人人平等”。一言以蔽之，在日常道德日益多元的现代社会，法律职业伦理通过凝聚共同的事业追求，仍然在道德层面维持着法律职业共同体的基本同质性。

二、推动相互的行为协调

在著名社会学家布迪厄看来，“法律的社会实践就是‘场域’运行的产物，这个场域的特定逻辑是由两个要素决定的：一方面是特定的权力关系，另一方面是司法运作的内在逻辑，前者为场域提供了结构并安排场域内发生的竞争性斗争（更确切地说，是关于资格能力的冲突），后者一直约束着可能行动的

① 参见郭哲主编：《法律职业伦理教程》，高等教育出版社2018年版，第13—14页。

范围并由此限制了特定司法解决办法的领域”①。法律场域本身并不是和谐的社会空间。恰恰相反,法律场域充满了对立冲突。

在司法场域中,在各种现代法律制度特别是对抗制诉讼制度的安排下,民商事律师各自代表不同委托人的利益展开针锋相对的行动,作为刑事辩护人的律师和作为公诉人的检察官虽有协作关系,但控辩双方在职业身份平等、地位平等、权利平等的前提下职能对立、诉求对立,各自运用不尽相同的证据支撑大相径庭的意见,并由中立的法官作出非此即彼的“合法/非法”判断。在立法场域中,各类社会群体展开激烈的政治博弈,诉诸不同的道德理由、现实依据和意识形态立场,对符合各自利益的法律方案进行正当性论证。法学理论工作者与法律实务工作者的法律见解往往并不一致,前者可能更重视理论上的自洽性和“同案同判”,后者可能更重视解决问题的有效性和“案结事了”。对于众多的法律价值,不同法律从业者显然有不同的排序,比如在秩序、自由、效率、公正之间,行政执法人员可能更崇尚秩序,律师可能更崇尚自由,公证人员可能更崇尚效率,而法官、检察官可能更崇尚公正。更不用说,在高度商业化的现代社会背景下,律师等法律从业者之间为了争夺法律服务市场,可能采用各种手段以获取竞争优势。这一切都意味着,如果法律职业共同体不能借助职业伦理进行自我管理,那么为了防止法律场域内部冲突对法治本身的不利影响,国家就不得不直接从外部干预,而这将对法治的发展带来更具破坏性的冲击。②

法律职业伦理要求不同法律从业者遵守职业伦理规范,“包括适用于所有法律职业者的一般法律职业伦理规范和分别适用于各类法律职业角色的特殊法律职业伦理规范。当所有的法律职业者依照相应职业伦理规范开展法律活动时,一个井然有序又富于效率的法律职业伦理秩序就会生成”③。具体说来,法律职业伦理规范主要通过三种方式,在充满对立冲突的法律职业共同体

---

① [法]布迪厄:《法律的力量——迈向司法场域的社会学》,强世功译,《北大法律评论》1999 年第 2 期。

② 参见《自我管理也有助于避开国家的管理》,载[美]理查德·L.埃贝尔:《美国律师》,张元元、张国峰译,中国政法大学出版社 2009 年版,第 185 页。

③ 唐永春:《法律职业伦理的几个基本问题》,《求是学刊》2003 年第 5 期。

内部促进了行为协调和良性互动。首先,法律职业伦理要求法律从业者互相尊重,这为各方的行为协调创造了条件。比如,在庭审或者谈判过程中,各方律师可以相互辩论,但不得使用挖苦、讽刺或者侮辱性的语言;律师或律师事务所不得在公众场合及媒体上发表恶意贬低、诋毁、损害同行声誉的言论。又如,对一审法院的判决、裁定不服,当事人可以委托律师行使上诉权,但在开庭审理过程中,无论是否同意法官的意见,律师必须无条件地尊重法庭;法官在庭审中也应当认真听取律师意见,不得随意打断律师发言,不得使用训斥、嘲讽律师的语气和语言,不得向当事人发表贬损律师的言论。其次,法律职业伦理要求法律从业者廉洁自律,这为各方能够在一定程度上合理预期他人的行动,进而实现良性互动奠定了基础。如果法官、检察官接受贿赂、以权谋私、贪赃枉法,律师的合理意见可能就得不到采纳;同样地,如果律师在从事法律服务时,不是按照法律合理取得报酬,而是试图牟取非法利益,就可能为了赢得诉讼罔顾事实、不择手段。在这些情况下,法律从业者之间难免发生激烈的冲突。最后,法律职业伦理要求法律从业者崇尚法律、依据事实、追求正义,这是各方行动的最大公分母。法律场域内的行动者不论在角色身份、利益格局、价值偏好、知识类型方面多少存在差异,只要仍然坚持宪法法律的至上地位,仍然坚持以证据能够证明的事实为依据,仍然把实现正义放在比升官发财更优先的位置,就不存在不可调和的矛盾。所有这一切,都使得法律职业共同体客观上能够分工协作,将日常生活中难以处理的"社会冲突",转化为可以按照法治思维和法治方式理性解决的"法律冲突"。①

三、维系职业认同和尊荣感

"无论律师抑或法官,在法律活动促进法律家集团形成之前,其内部就已经酝酿着一种职业的荣辱感,进而发展为一种传承后世的法律家职业伦理,它从集团内部维系着这个团体的成员以及团体的社会地位和声誉。"②法律职业伦理还通过维系职业认同和职业尊荣感,巩固法律职业共同体。职业认同是

① 律师职业化对于抵御法官裁判风险的意义,参见陆宇峰:《走向"社会司法化"——一个"自创生"系统论的视角》,《华东政法大学学报》2012 年第 3 期。

② 孙笑侠:《法律家的技能与伦理》,《法学研究》2001 年第 4 期。

指个体对自己从事的职业的重要性、吸引力以及与其他角色的融合度所做的肯定性总体评价；职业尊荣感则是个体由于认同自己的职业而感到光荣和自豪的心理情感。个体的职业认同和职业尊荣感越强，就越是倾向于参与和维护职业共同体。

如前所述，法律职业伦理凝聚了法律从业者共同的事业追求，这是维系职业认同和职业尊荣感的首要方式。法律从业者在共同追求法治事业、承担实现正义使命的过程中，产生了对法律职业的重要价值和重大意义的充分认同，为自己能够从事法律职业，运用平生所学保护他人权益、维护社会公平正义、推动国家进步感到光荣和自豪。

法律职业伦理也通过向法律从业者提出更高道德要求的方式，维系他们的职业认同和职业尊荣感。按照职业伦理行事的法律从业者，是一个较普通人具有更高道德水准的职业群体，也因此受到社会公众特别的尊重和爱戴，享有特殊的社会地位。比如，法律职业伦理要求法官遵守特殊的司法礼仪，规定法官必须在履职过程中行为规范、着装得体、语言文明、态度平和，保持良好的职业修养和司法作风。这使法官的一言一行都体现着法的精神，被公众视为法律的代言人。又如，法律职业伦理要求检察官慎重社会交往，约束自身行为，不参加与检察官身份不符的活动；谨慎发表言论，避免因不当言论对检察机关造成负面影响；培养健康情趣，坚持终身学习、崇尚科学、反对迷信、追求高尚、抵制低俗。这使检察官树立起铁面无私的庄严形象，成为公众眼中的犯罪追诉者和法律监督者。再如，即便是高度商业化的律师职业，按照法律职业伦理的要求，也必须接受比商人更加严格的限制。律师广告应当符合法律团体的固有尊严和专业属性，避免削弱公众对法律职业的信任和对司法制度的尊重，不能把法律事务当成商业交易，不能像商人那样随意进行业务推广。律师还应当积极参加社会公益活动，按照国家规定履行法律援助义务，为受援人提供符合标准的法律服务，维护受援人的合法权益。这些规定都有助于平衡“过度市场化”给律师职业带来的负面影响，形成守护社会公正的良好律师形象。① 法律职业伦理为法律从业者间接奠定的这种特殊的社会地位，进一步

① 参见许身健：《法律职业伦理》，中国政法大学出版社 2019 年版，第 281 页。

强化了他们的职业认同和职业尊荣感。

法律职业伦理还通过实施惩戒维护法律职业的荣誉，维系法律从业者的职业认同和职业尊荣感。与社会道德主要依靠自律加以实施不同，甚至与医生、教师等同样涉及公共职责的职业不同，法律职业伦理具有更强的他律性或外在约束性，更多依靠处罚和惩戒加以实施。“法律职业伦理总是和法律职业责任密切联系在一起”①，违反法律职业伦理，可能承担纪律责任、民事责任、行政责任甚至刑事责任。比如，律师违反职业伦理，视情节严重程度，可能由律师协会依照会员处分办法给予警告、通报批评、公开谴责、中止会员权利、取消会员资格等纪律处分，也可能由司法行政机关依法予以警告、没收违法所得、停止执业、吊销执业证书等行政处罚，还可能因犯泄露国家秘密罪、行贿罪、介绍贿赂罪、故意或过失提供虚假证明文件罪以及毁灭、伪造证据罪受到刑事处罚。对于法官、检察官、公证员、行政执法人员等法律从业者来说，由于他们系代表国家行使法定职权，违反职业伦理则将受到更为严厉的处罚。借助处罚和惩戒，法律职业伦理能够不断净化法律从业者队伍，始终保持法律从业者队伍的过硬素质、高尚品质和优良作风，使每一名法律从业者对自己所在的队伍感到认同，为自己作为法律从业者队伍中的一员感到自豪。

第三节　捍卫法律权威

法律权威的确立，是法律之治的关键指标，是法治国家的重要表征。法律权威至少有三重含义：一是在整个社会规范体系之中，法律占据核心地位；二是法律得到人们的认同，受到人们的尊崇；三是法律具有相当程度的自治属性，不被外部权力随意左右。从这三个方面看，一国法律是否拥有权威，与法律从业者是否遵守职业伦理密切相关。

---

① 李本森主编：《法律职业伦理》，北京大学出版社 2006 年版，第 14 页。

一、树立法律的核心地位

职业伦理帮助法律从业者牢固树立法律在社会规范体系内部的核心地位。“法律的职业思维往往会与大众思维相冲突，作为扮演多重社会角色的法律人来说，其本人内心就会充斥着多重思维的冲突，此时，就迫切需要一套明确的、具有可操作性的伦理规范予以指引。”①忠于法律、崇尚法律，是法律职业伦理的基本准则。法官、检察官应当忠实于宪法和法律，公证员应当忠于宪法和法律，律师执业应当遵守宪法和法律，这些法律职业伦理规范的基本含义，就是所有法律从业者都应当把法律视为调整社会关系的首要规范。当法律规范与道德规范、宗教规范、民族习惯、乡规民约、地方习俗等其他社会规范发生冲突的时候，法律从业者能否坚持法律至上的理念，把法律规范置于首位，对于捍卫法律权威至关重要。

法律权威的明确体现，就发生在规范冲突的场景下，意味着法律背后的国家主权和人民意志，要高于其他社会规范背后的伦理共同体、宗教共同体、民族共同体、居民共同体、地域共同体的意志，可以对抗这些意志而得到实施。历史地看，前现代社会，国家的政治权力与领主、宗教、宗族、行业的社会权力并存，国家法律与其他社会规范在各自的有限领域内占据支配地位，相互之间长期处于对立冲突的状态；现代法治形成和发展的过程，就是国家权力超越各种社会权力成为“主权”的过程，同时也是国家法律在统一的国家权力的支持下，从各种社会规范之中脱颖而出，发挥主导作用、取得核心地位的过程。

法律从业者不仅要在个人思想观念层面牢固树立法律的核心地位，而且必须推动法律在全社会之中牢固树立核心地位。在法律职业伦理的约束作用下，法律从业者一方面通过示范效应，以自己的一言一行，将法律至上的观念传播到全社会，引导群众形成自觉守法、遇事找法、化解矛盾用法、解决问题靠法的法律思维，理解“有一分证据说一分话”和“程序正义”等迥异于日常道德的法律价值；另一方面也通过立法、司法、行政执法等法律实践，借助权利、义务、责任的分配，在全社会中落实法律至上的原则，特别是通过向那些以个人和特定群体意志对抗人民意志者施加法律的惩罚，保障法律在社会规范体系

① 孙笑侠、李学尧：《论法律职业共同体自治的条件》，《法学》2004 年第 4 期。

中的核心地位。此外，立法工作者、法官、检察官、行政执法人员、律师等法律从业者还承担着普法责任，有义务充分利用法律法规规章和司法解释起草制定过程向社会开展普法，围绕教育就业、医疗卫生、征地拆迁、食品安全、环境保护、安全生产、社会救助等群众关心的执法司法热点难点问题开展普法，以法律进机关、进乡村、进社区、进学校、进企业、进单位等为载体开展经常性以案释法活动，不断提升全社会的法律意识和法治观念。

二、形成普通人的法律认同

职业伦理也促使普通人出于认同法律从业者而认同法律。法治教育是形成法律认同的根本路径，但通过法治教育提升全民族的法治素养，培育全体公民的法治信仰，在全体公民内心之中确立法律的权威，需要一个长期的启蒙过程。在当代的中国社会之中，普通人对法律的认同态度，很大程度上还不是受到良好的法治教育的结果，不是源于对法治目标、法治原则、法治精神、法治理念的充分认识和深刻理解，而是更加直接地源于对法律生活的个人体验，特别是源于对法律从业者的接触和观察。在普通人看来，抽象的法律与法律从业者的具体形象是高度重合、难以区分的，如果法律从业者是一个值得尊重的职业群体，那么他们所制定、解释、适用、执行的法律就也是值得尊重的规则。中国历史上长期存在的“清官文化”强化了这样的认识，在狄仁杰、包公、海瑞等清官断案故事的熏陶下，普通中国人更加倾向于将对法律的认识与法律从业者的道德学问紧密联系在一起。

法律职业伦理向法律从业者提出了高于普通人的道德要求，旨在塑造一个学识渊博、情操高尚、公道正派的职业群体，这间接地促进了普通人的法律认同。“公生明”，人们看到法官遵守职业伦理，在坚持中立的价值立场、落实实体公正的同时，坚持充分保障当事人的诉讼权利、落实程序公正，自然就相信法官能够明察秋毫，就认可法官所做的司法裁判，进而也就认同法律；“廉生威”，人们看到行政执法人员遵守职业伦理，在依法执法的过程之中廉洁自律，拒绝一切利益引诱，不为任何人“开后门”，自然就心生敬畏，进而也就对法律心生敬畏；“为人辩冤白谤乃第一天理，替人洗冤昭雪是不二法门”，人们看到检察官等法律从业者遵守职业伦理，勤勉敬业、讲究高效，真正把保护人权、伸张正义当作自己的人生追求，看到律师遵守职业伦理，不畏强权、坚持公义，为了让当事人得到法律的公正对待不辞辛劳、仗义执言，自然会产生由衷的敬佩，进而服从法律的权威。

反过来说，如果由于缺乏法律职业伦理的有效约束，法律从业者不能维持良好的职业形象，普通人对法律的认同也会大打折扣。比如，法官违反职业伦理，接受一方当事人吃请，无疑会引起另一方当事人的不信任，认为法官存在枉法裁判的动机，产生“法律不外乎人情”的错误认识。又如，律师违反职业伦理，在法庭上发表不尊重法官知识和人品的言论，无疑会影响当事人对法官的态度，消解对法官和法律的认同。再如，法学教师违反职业伦理，向学生传播信奉人治、否定法治的错误思想，无疑会动摇学生的法律信仰。

三、抵御权力的肆意干预

职业伦理还支持法律从业者抵御权力的肆意干预。“忠于法律”作为法律职业伦理的基本准则，除了要求法律从业者牢固树立法律在社会规范体系之中的核心地位，还要求法律从业者维护法律应当具备的自治属性，在法律与权力发生冲突的时候，坚决站在法律的一边。

根据职业伦理，立法工作者尽管必须忠实于立法者的意志，但同时必须坚守合宪性、合法性的底线，确保法律法规不违背上位法尤其是宪法的规定。依法立法是我国《立法法》确立的三大原则之一，是对立法者意志的法定约束。作为立法工作者，应当审慎评估立法者意图，向立法者及时提示违法、违宪风险，提出问题解决方案，供立法者决策参考。

法院依法独立行使审判权，检察院依法独立行使检察权，监察委员会依法独立行使监察权，仲裁依法独立进行，都是宪法或法律确立的基本原则。法律保障法官、检察官、监察官、仲裁员在行使职权的过程中不受行政机关的干涉，而以事实为依据，以法律为准绳行使职权，不得向行政权力低头、枉法审判和裁决，则是法律职业伦理向司法工作者课以的义务。

作为公务员，行政执法人员应当服从和执行上级的决定和命令。但行政执法人员首先是法律法规的执行者。按照职业伦理，一方面，行政执法人员不得执行明显违法的决定或者命令，否则可能依法承担相应的责任；另一方面，行政执法人员必须按照规定的权限和程序履行职责,如果超越权限、违反程序执行上级的决定或者命令,同样应当承担相应的责任。

法律职业伦理赋予律师的职责,是维护当事人合法权益,维护法律正确实施,维护社会公平和正义。为了履行这些职责,律师独立开展执业活动,帮助当事人行使申诉权,纠正行政机关或司法机关的错误或违法的决定、判决,或者国家工作人员的违法失职行为,有效地防止了权力的滥用;律师也运用专业知识和技能,帮助当事人落实各项诉讼权利,确保其获得公正的审判,有效地堵上了权力干预司法裁判的空间。如今还有越来越多的律师担任政府法律顾问,他们不仅代理政府参加诉讼,维护政府依法行使行政职权和维护政府机关的合法权益,也应政府要求对重大决策进行法律论证,对政府起草或者拟发布的规范性文件从法律方面提出修改建议,还就政府行政管理中的法律问题提出建议。总而言之,他们为政府在法律规定的权限内行使管理职能提供法律服务,有效地促进了政府工作的法治化。

如前所述,法律职业伦理有巩固法律职业共同体的作用。通过巩固法律职业共同体,尤其是支持法律职业共同体的自治,法律职业伦理也间接地支持了法律从业者捍卫法律的权威和自治。在法律职业伦理发挥着良好规范作用的地方,权力对法律运行的肆意干预,不仅将被视为对特定法律从业者的冒犯,而且将被视为对整个法律职业共同体的冒犯,这迫使所有掌握权力的人三思而行;反过来说,特定法律从业者不爱惜自己的尊严和名誉,攀附权力甚至超越法律底线接受权力干预,也要受到整个法律职业共同体的强大压力。正如有学者所说,"价值的翅膀是不会自己飞翔的",法律职业共同体作为价值共同体可以:"(1)通过内部一致的'道德声音'的支持,使得共同体的个体在各种压力面前能够坚持原则,维护正义;(2)使得道德共同体,同时也是一个评判共同体,它以一种熟人社会的方式,给成员形成无形价值的压力和评判标准,保证了法律价值和理念在执法者中的坚守和贯彻"。①

当然,法律的自治属性不是绝对的。在任何一个法治国家,法律从业者都是现行政治秩序的支持者、拥护者,而非挑战者、反对者。他们作为民间社会

---

① 李学尧:《法律职业主义》,《法学研究》2005 年第 6 期。

与政治国家的纽带,也不可能完全独立于政治权力。对于我国的社会主义法治建设来说,把党的领导贯彻到依法治国全过程和各方面,更是一条基本经验。因此坚持党的领导与捍卫法律权威,都是法律职业伦理的必然要求。应当认识到,在社会主义法治条件下,这两项职业伦理要求之间并无矛盾。社会主义法治必须坚持党的领导,与此同时,党的领导也必须依靠社会主义法治。党领导立法、保证执法、支持司法、带头守法,把依法治国基本方略同依法执政基本方式统一起来,把党总揽全局、协调各方同人大、政府、政协、审判机关、检察机关依法依章程履行职能、开展工作统一起来,把党领导人民制定和实施宪法法律同党坚持在宪法法律范围内活动统一起来,善于使党的主张通过法定程序成为国家意志,善于使党组织推荐的人选通过法定程序成为国家政权机关的领导人员,善于通过国家政权机关实施党对国家和社会的领导,善于运用民主集中制原则维护中央权威、维护全党全国团结统一,不是否定法律的权威,恰恰是从根本上保障了法律的权威。相应地,全体法律从业者坚持党的领导,就必须捍卫法律权威,应当通过坚持党的领导,捍卫法律权威。

第四节　维护公平正义

众所周知,早在古希腊时期,亚里士多德就提出了法治应包含的两重意义:“已成立的法律获得普遍的服从。而大家所服从的法律又应该本身是制定得良好的法律。”现代法治将公平正义作为根本目标和终极追求,充分认识到法治不仅是法律之治,更是良法善治。通过在法律从业者中间坚定公平正义的法治信念、保障公平正义的法律决定、促进公平正义的执业行动,法律职业伦理有助于维护公平正义,为现代法治赋予价值内核。

一、坚定公平正义的法治信念

法律从业者掌握着特定的法律职权和专业的法律知识,既有能力主持公平、追求正义,也有可能翻手为云、覆手为雨。比如,刑事律师可能通过帮助犯罪嫌疑人隐匿、毁灭、伪造证据或者串供,以及威胁、引诱证人作伪证,改变案件的可能结果;法官可能通过故意曲解法律含义或者借口维护社会稳定、考虑社会效果,作出不公正且难以追责的司法裁判;公证人员可能通过误导当事人对相关事项之法律后果的准确认识,为违背当事人真实意思表示的事项办理公证。与此同时,为了获得非法利益或者逃避法律制裁,不法分子以各种方式诱惑法律从业者,希望法律从业者操纵法律、左右裁判、颠倒黑白、混淆是非。在此背景下,仅仅依靠追究法律责任等他律的方式,还远远不足以规范法律从业者的执业行为。

法律职业伦理通过价值内化的方式提升法律从业者的自律能力。尤其对于掌握法律职权的法律从业者来说,法律职业伦理通过在他们内心之中坚定公平正义的法治信念,使他们能够战胜各种现实的诱惑。法官能够坚持和维护人民法院依法独立行使审判权的原则,客观公正审理案件,在审判活动中独立思考、自主判断,敢于坚持原则,不受任何行政机关、社会团体和个人的干涉,不受权势、人情等因素的影响,很大程度上不是因为趋利避害,而是因为热爱司法事业,珍惜法官荣誉,坚持职业操守,恪守法官良知,牢固树立司法核心价值观,以维护社会公平正义为己任,认真履行法官职责。检察官之所以能够依法履行检察职责,不受行政机关、社会团体和个人的干涉,敢于监督,善于监督,不为金钱所诱惑,不为人情所动摇,不为权势所屈服,很大程度上也不是因为畏惧惩罚,而是因为树立了忠于职守、秉公办案的观念,坚守着惩恶扬善、伸张正义的良知,保持着客观公正、维护人权的立场,养成了正直善良、谦抑平和的品格,培育了刚正不阿、严谨细致的作风。

公平正义是非常抽象的价值概念,既可以从哲学角度展开烦琐的解释,在个案裁判的过程之中,也往往需要高度复杂的法律知识和法律技术加以论证。但没有价值观层面公平正义的法治信念,一切解释和论证都不过是虚言,都可能被利用、被操纵。法律从业者坚定公平正义的法治信念,关键是按照法律职业伦理的要求,做到"不考虑涉案者为何人"。这不是主张法律从业者教条地认识法律、机械地运用法律,摒弃同情心和同理性,恰恰相反,这是要求法律从业者以大无畏的精神,追随自己经过长期法律学习和法律实践形成的良知。孟子曰:"自反而不缩,虽褐宽博,吾不惴焉;自反而缩,虽千万人,吾往矣。"法律从业者判断问题,应当仅仅以事实为依据,以法律为准绳。经过深思熟虑之后,如果内心里自知不合公平正义,哪怕面对弱势个体,也绝不滥用自己的法律职权和法律技能;如果公平正义在手,哪怕面对千军万马,也要凭借自己的平生所学,毫不退缩、勇往直前。

近年来,异军突起的网络公共领域,在强化舆论监督、推动法治进步的同时,也给法律从业者的执业活动带来了前所未有的社会压力。围绕特定的案件,网络舆论所反映的公平正义观念,可能与法律从业者的公平正义观念发生尖锐的冲突,以至于一些法官、检察官、律师、法学专家被置于舆论的旋涡之中。在此背景下,对于法律从业者来说,坚定公平正义的法治信念有了新的重要性。法律从业者应当在谦虚听取公众意见的同时,认识到网络法律舆论的形成往往遵循大众传媒而非法律自身的逻辑,往往体现未经反思的道德观念而非周详缜密的法律观点,对自己经由理性分析并得到法律职业共同体认可的专业判断抱有信心。

二、保障公平正义的法律决定

拥有特定法律职权的法律从业者,能够通过自己依法作出的决定,改变法律/先例的效力,或者实际面向当事人,直接分配权利、义务和责任。这些决定,可以称为法律决定。法律职业伦理不仅从主观层面坚定法律从业者的公平正义信念,而且通过一系列规范,保障法官、检察官、仲裁员、行政执法人员等法律从业者依法作出公平正义的法律决定。“即使在制度性不正义的社会倘若存有清正廉洁、刚正不阿的法律职业者亦能在一定程序上遏制制度不正义所带来的祸害;那么在一个制度充满正义的社会,在‘律法原是好的,只要人用得合宜’的情形下,强调法律职业者的伦理道德尤显重要。”①

按照职业伦理规范,法官应当自觉遵守司法回避制度,审理案件保持中立公正的立场,平等对待当事人和其他诉讼参与人,不偏袒或歧视任何一方当事人,不私自单独会见当事人及其代理人、辩护人。这些规范不仅涉及程序公正,亦即当事人眼中的“看得见的正义”,而且旨在保障司法裁判的实

① 范进学:《法律职业:概念、主体及其伦理》,《山东大学学报(哲学社会科学版)》2000年第5期。

质正义。以遵守司法回避制度的职业伦理为例，"任何人不得做自己案件的法官"之所以成为自然正义的首要准则，就在于如果允许利益相关的法官审理案件，不论从当事人的角度看，还是就法官自身而言，防止偏私都是一件极其困难的事。法官不是普通人，但法官也不是圣人，不能轻易要求法官"大义灭亲"。

类似地，法律和职业伦理都要求行政执法人员在作出行政处罚决定时，充分听取当事人的意见，对当事人提出的事实、理由和证据，应当进行复核；当事人提出的事实、理由或者证据成立的，应当采纳；不得因当事人申辩而加重处罚。这些规范不仅旨在保护当事人的陈述和申辩权利，使当事人感到自己没有受到不公正、不文明的对待，也旨在保障行政执法人员掌握充分的信息，在合理理由的基础上，依法作出实质公正的决定。

履行披露义务是仲裁员的一项特殊职业伦理规范，要求仲裁员签署声明书，向仲裁委员会书面披露可能引起对其公正性和独立性产生合理怀疑的任何事实或情况。这一规定对于保障仲裁员依法独立仲裁、公平合理地解决纠纷，有着特殊的重要性。这是因为，与法官不同，仲裁委员会系由当事人协议选定，而双方当事人都天然地倾向于选择可能偏袒己方的仲裁员。与此同时，仲裁员一般不是专职人员，其来源非常广泛，社会背景十分复杂，可能与一方当事人存在业务上的、工作上的、经济上的、社会上的、家庭和个人方面的种种关系，这些关系很难被另一方当事人知晓，却都可能严重影响仲裁裁决的公正性。

禁止非法取证是检察官职业伦理的重要规定，要求检察官对采用刑讯逼供等非法方法收集的犯罪嫌疑人供述和采用暴力、威胁等非法方法收集的证人证言、被害人陈述，应当依法排除，不得作为移送审查逮捕、批准或者决定逮捕、移送起诉以及提起公诉的依据。这一规定既是为了保护犯罪嫌疑人的人权，防止其遭受刑讯逼供等不人道对待，也是为了防止检察官根据虚假的证据错误认定案件事实，导致冤假错案。实践中，检察官确实可能由于片面理解"惩罚犯罪、伸张正义"的职责，违背发现真实情况的"客观义务"，采用非法方法收集"犯罪证据"。禁止非法取证的职业伦理，构成检察官作出正确法律决定的基本前提。

三、促进公平正义的执业行动

人民调解员、立法工作者和律师等法律从业者尽管并不行使法律职权，但他们的执业行动，仍然实实在在地影响着当事人的权利和利益。法律职业伦理面向这些法律从业者，通过设置各项规范，促进他们开展公平正义的执业行动。

在当事人自愿、平等的基础上进行调解，不违背法律、法规和国家政策，以及尊重当事人的权利，不得因调解而阻止当事人依法通过仲裁、行政、司法等途径维护自己的权利，是人民调解委员会调解民间纠纷必须遵循的三项原则，也是判断人民调解员的调解活动是否符合公平正义的三条标准。法律职业伦理将不得利用调解谋利作为人民调解员的基本执业准则，进而要求人民调解员不得为当事人介绍代理人以及中介机构，不得为律师等法律服务人员介绍案源或者给予其他不当协助，不得在调解结束后代理当事人处理纠纷。这些规范有效抑制了人民调解员故意违反三大调解原则的动机，促进了公平正义的调解活动。

立法工作者作为立法者的辅助人员，在立法过程中并不独立作出内容与价值方面的实质性决定。是否忠实表达立法者在与其他立法参与者和社会公众充分互动沟通基础上形成的立法者意志，进而辅助立法者制定出良法，是检验立法工作者的首要标准。立法工作者职业伦理通过设置贯穿立法工作全过程的忠实规范，促进公平正义的立法活动，包括在立法准备阶段按照立法者意志确定立法规划、开展立法调研、起草法律草案，在由法案到法阶段全面收集、准确整理、如实报告社会各方面意见，在立法完善阶段根据立法者原意拟定法律解释草案、实事求是地评估法律实施情况和报告法律备案情况，等等。①

律师承担维护国家法律和社会正义的职责，仅靠忠于职守、坚持原则是不够的，加上诚实守信、勤勉尽责也仍然不够。现代社会生活越来越复杂，相应地，法律事务也越来越复杂。法律内部专业分工越来越细，在每一个细分的法律服务领域，都越来越需要精深的法律知识和熟练的法律技能。有鉴于此，律师职业伦理一方面与法律知识技能紧密联系在一起，特别强调律师不应接受

---

① 参见郭哲主编：《法律职业伦理教程》，高等教育出版社2018年版，第222—223页。

自己不能办理的法律事务；另一方面要求律师努力钻研业务，掌握执业所应具备的法律知识和服务技能，不断提高执业水平，以及尊重同行，相互学习，相互帮助，共同提高执业水平。这些职业伦理规范有助于在限缩律师执业范围的同时提升律师的专业素养，为律师通过自己的执业行动实现公平正义奠定坚实的基础。

【法治故事】

法律人不仅是法律的代言人，还是人类灵魂的发言人。法律职业不应仅为一己之私利而离群索居，而应为了回应人类内心的一种原始的渴望而产生和存续。

……软弱，是人性中最大的弱点。幸亏有法律职业，这一弱点才不会变得毫无抗辩之力。西塞罗(Cicero)在为罗希斯(Roscius)的案件辩护时，公然挑战无情的独裁者苏拉(Sulla)雇来的指控人。在怀疑自己是否有能力做那些前辈不敢承担之事时，他这样安慰自己：尽己所能吧，"至少罗希斯不会发现自己没有律师"。

马勒塞布(Malesherbes)则公然对抗较之独裁者更无理智、更为恐怖的暴乱者，为其昔日的君主路易十六辩护。站上法庭的路易十六，再也不是高高在上的君主，可他仍是一个人。因此，马勒塞布为其站到辩护席上，伴随他走完所有的程序，直到他走向断头台。

……人，可以被控告但不能被抛弃，可以被背弃但不能被遗弃。①

【问题与思考】

1. 为什么说法律职业伦理教育有助于弥补法学知识教育的不足？

2. 法律职业伦理规范主要通过哪些方式促进了法律职业共同体内部的

① ［美］罗伯特·N.威尔金：《法律职业的精神》，王俊峰译，北京大学出版社2013年版，第25—27页。

行为协调？

3. 法律职业伦理如何促使普通人形成法律认同？

4. 请举例说明法律职业伦理如何保障公平正义的法律决定。

第十五章　法律职业伦理的培育机制

当改革开放后重构中国法律制度，尤其法治成为中国社会发展的共识性目标后，法律职业伦理便成为法治建设中的重要环节之一。“如果因为不道德的法官或道德败坏的律师们而得不到公平的执行，就是拥有正义的法律也是没有用的。”①另外，近年来频出的法律人腐败、枉法裁判的事件和欠缺职业伦理的行为也触发了社会和国家对法律职业伦理缺失的讨论。国家将法律职业伦理建设作为法治建设与社会建设的重要事项予以布置实施，并把法律职业伦理教育作为法律职业伦理养成的基本措施和手段。2017 年 5 月 3 日，习近平总书记考察中国政法大学时提出，中国法学教育和法治人才培养要坚持立德树人，德法兼修，培养大批高素质法治专门人才。2017 年 6 月 18 日，中华人民共和国教育部高等学校法学类专业教学指导委员会召开全体会议，经过讨论，重新设置了我国法学类本科专业核心课程，确立了法律职业伦理的核心课程地位。2018 年 1 月 30 日，《法学类专业教学质量国家标准》正式发布，法律职业伦理课程成为全国各个法学院校学生都必须修习的 10 门必修课之一。2018 年 10 月 8 日，教育部、中央政法委公布了《关于坚持德法兼修实施卓越法治人才教育培养计划 2.0 的意见》，要求：加大学生法律职业伦理培养力度，面向全体法学专业都要开设法律职业伦理课程。自此，为了因应法治建设人才的需要，国内法学院校的法律伦理教育开始出现了蓬勃发展的局面。

在以法学院校的法律伦理教育来提升法律人职业伦理的逻辑链条中，有

① 杨一平：《司法正义论》，法律出版社 1999 年版，第 148 页。

以下几个问题需要澄清：首先，法律人的法律职业伦理缺失是否必然会阻碍中国的法治建设？法律职业伦理的缺失对当代中国法治建设会有哪些危害？法律职业伦理缺失的原因何在？其次，法律职业伦理养成是否必须经过法律职业伦理教育？如果是，法律职业伦理教育在其中具有何种地位？最后，如果法律职业伦理教育有利于法律职业伦理养成，法律职业伦理教育应该如何设计，包括应该教授什么、以什么样的方式来教授等。本章就上述问题进行分析，以求能够对中国的法律职业伦理养成有所裨益。

第一节　法治建设与法律职业伦理缺失

通过法律职业伦理教育来养成法律人的法律职业伦理，必须要考虑法律职业伦理对于法治的价值，即法律人的法律职业伦理是法治实现的必要条件，或者至少是能够影响法治实现的重要因素。除此之外，本节还要讨论法律人缺少法律职业伦理对法治实现的具体危害和当代中国的法律人缺少法律职业伦理的原因两个问题。

一、法治与法律职业伦理的关联

首先，法治的实现有赖于法律人的法律职业伦理。法治建设已经成为中国社会建设的重要步骤和阶段目标。从 1997 年“法治”一词写入党的十五大报告开始，法治已经成为国家的基本治国方略和依凭手段，不断地设置与改革各种制度向纵深推进。2014 年 10 月，中国共产党第十八届中央委员会第四次全体会议通过的《中共中央关于全面推进依法治国若干重大问题的决定》强调把法治作为治国理政的基本方式，为全面推进依法治国作出了重大部署。可是与法治建设的功能预期相悖，法治中国建设始终存在难以解决的问题。“同党和国家事业发展要求相比，同人民群众期待相比，同推进国家治理体系和治理能力现代化目标相比，法治建设还存在许多不适应、不符合的问题，主要表现为：有的法律法规未能全面反映客观规律和人民意愿，针对性、可操作性不强，立法工作中部门化倾向、争权诿责现象较为突出；有法不依、执法不严、违法不究现象比较严重,执法体制权责脱节、多头执法、选择性执法现象仍然存在,执法司法不规范、不严格、不透明、不文明现象较为突出,群众对执法司法不公和腐败问题反映强烈;部分社会成员尊法信法守法用法、依法维权意识不强,一些国家工作人员特别是领导干部依法办事观念不强、能力不足,知法犯法、以言代法、以权压法、徇私枉法现象依然存在。"①从"司法是社会的最后一道防线"的逻辑上看,此类法治不彰的现象基本都是司法难以符合法治对其功能预期的表现。也就是说,如果司法符合了法治的要求——中立、公正,那么涉及执法等诸多纠纷的司法解决都会促使上述与法治要求相悖的事项回归到法治轨道。

故法治或者法治建设也成为讨论法律职业伦理的逻辑起点,也就是说必须从法治的需求角度分析法律职业伦理的功能。法治与人治之间存在着诸多的区别,但是两者都是人和法律的制度或者非制度的结合。在法治(rule of law)状态中,法律也需要人去理解与解释、遵守与执行。在亚里士多德对法治的定义中,也强调了本身制定良好的法律需要获得了人们的普遍遵守。其中,法律人对法律的遵守别具意义,没有法律人对法律的恰当适用就没有其他人对法律的遵守。因此便有了法治是法律人之治的论断。不论此论断是否周延,其都具有相当程度的合理性。在逻辑上,没有合格的法律人,没有能够与法律制度相契合的法律人,不管该法律制度其意图如何优良、设计如何精确,都不能按照预期从"当然状态"的规则过渡到"实然状态"的秩序。法律职业共同体主持着法律的运行,将法治精神贯穿于法律运行之中。只不过在法治中,人包括法律人的法律行为均受制于法律,以法律为行动的圭臬。这也是法治的基本要求——法律至上,也是世界上法治国家的基本特征。"在近、现代文明中,由于自觉的共同利益和成熟的公共理性逐渐形成,因而,人们普遍地倾向于把体现共同利益和公共理性的法律视为至上的权威。"②法律至上要求所有的涉法行为都应当以法律作为评价的最终依据,任何权力的获得与行使

① 《中共中央关于全面推进依法治国若干重大问题的决定》,《人民日报》2014 年 10 月 29 日。

② 郑成良、董进宇、霍存福:《论依法治国之法理要义》,《吉林大学社会科学学报》1996 年第 4 期。

都必须具有法律上的依据,否则就是违法并要承担与此相应的责任。如何保证法律人在适用法律的过程中,能够完全依据法律进行或者是正确适用法律而不是背离法律,是个难题。这个法律适用的过程很难为其他人所知和监督,而不得不诉诸法律人本身所具有的素质——法律职业伦理。

其次,法律职业伦理是法律恰当适用的必然要求。法律适用的过程从来就不是机械式的,即将作为推理大前提的法律规则和作为小前提的法律事实投入逻辑的机器中,就会直接生产出让当事人和社会信服的法律结论。以法官为例,法律适用的正确与否取决于两方面的因素:适用的法律依据和法官的态度、价值观等,前者为客观因素,后者为主观因素。也就是说,法律适用的过程不仅是法律推理和法律解释等技术的结果,也是法律人的主观价值和伦理观念的体现。一旦法律人的法律背离了基本的法律职业伦理,法律适用也就脱离了三段论的限制。

所以,合格的法律人包括两种基本的素质:法律技术和法律职业伦理。法律技术是法律人在分析和解决法律问题时所应用的手段,包括解释、推理等;法律职业伦理是法律人在应用法律解决法律问题时所应遵循的基本伦理要求。法律技术和法律职业伦理相互作用,缺少法律职业伦理的法律技术应用就可能失去了正确的方向和内在的限制;缺少法律技术的法律职业伦理,在法律适用中就会陷入失去法律依据的结论之争。“法律人有专业而无伦理是盲目的,有伦理而无专业是空洞的,专业和伦理都是司法改革成功的必要条件。”①所以,能够限制法律适用中技术理性的法律职业伦理是法律得到妥当适用的必然要求。

再次,法律职业伦理是弥补法律制度开放性的必须手段。作为法律构成要素的法律规则和法律原则,由众多的法律概念和语词组成。在逻辑上,法律概念在内涵和外延上都有不确定之处,即每个法律概念存在一个确定的、没有争议的核心意思,也存在一个不确定的边缘地带,哈特称之为“开放结构”。②

---

① [美]罗伊·斯塔基等:《完善法学教育——发展方向与实现途径》,许身健等译,知识产权出版社2010年版,第26页。

② 参见[英]哈特:《法律的概念》(第二版),许家馨、李冠宜译,法律出版社2006年版,第123页。

法律概念的开放性决定了法律和法律制度的开放性。法律制度的开放性是缓解法律滞后性的重要手段,解决法律与社会之间疏离关系的重要渠道,但是也给法律制度留下了得不到公正适用的隐患。法律的开放性体现在法律人方面就是法律人所拥有的裁量权,尤其是法官与检察官的裁量权。对法律人裁量权的限制成为司法裁判和法治建设必须要解决的问题,否则法治建设就会沦为泡影。保障法律人裁量权得到恰当运用不能仅仅依靠外在的监督,而要诉诸法律人的自我约束——遵守法律职业伦理。这蕴含于裁量权的解释中,"法官酌情作出决定的权力,并且这种决定在当时情况下应是正义、公正、正确和合理的。法律常常授予法官以权力或者责任,使其在某种情况下可以行使自由裁量权。有时是根据情势所需,有时则仅仅是在规定的限度内行使之。"①

法律职业伦理之所以能够解决法律制度的开放性隐患,是因为其恰恰产生于解决法律开放性问题的要求。"法律职业伦理的普遍性,来自于'法律的开放性'不仅仅是任何单个实在法体系的特点,而是法律的一般性质;法律职业伦理的专业性,也来自于对于法律人运用专业技能与这个特点打交道时,所呈现出来的独特道德要求。"②

最后,法律职业伦理是消解法律职业负面效应的基本方式。职业伦理与职业相伴而生,体现了职业的独特运作逻辑和利益需求。在社会体系中,因社会分工而产生的职业是为了满足社会所需要的功能。但是为了满足社会所需要的功能的职业因为专业性可能造成职业垄断,从而产生对社会的反制作用——在职业实现社会所赋予功能甚或是在没有实现该功能的同时,也(却)产生了超出预期的压制社会的负面功能。以法律职业为例,法律职业因其专业性垄断了从事法律职业的机会,也就有可能由于法律人没能提供符合社会要求的产品反而不能实现社会所赋予的纠纷解决功能。与法律职业相伴而生的法律职业伦理,其存在价值就是保证法律职业能够按照预期为社会提供纠纷解决的产品,降低因职业垄断所造成的反制社会的可能。

---

① [英]戴维·M.沃克:《牛津法律大辞典》,光明日报出版社 1988 年版,第 261 页。

② 陈景辉:《忠诚于法律的职业伦理———破解法律人道德困境的基本方案》,《法制与社会发展》2016 年第 4 期。

综上所述，法治的实现与法律职业伦理存在必要的逻辑关系。法治的实现离不开法律职业伦理。法律人在适用法律解决社会问题时，只有严格遵循法律职业伦理才能保证法律适用的妥当性，避免因为职业垄断而产生压制社会的不良后果。

二、法律人缺乏法律职业伦理的危害

一如前述，法律职业伦理是法律得到妥当适用的保障。那么法律职业伦理也是提高司法公信力的有效依凭。一旦人们形成了法律人缺失法律职业伦理的判断，必然会导致司法公信力的降低，法律的权威也会遭到削弱，最终影响的将是法律社会治理功能的良好实现。

近年来，法律人违背法律职业伦理的现象频频出现在新闻媒体中，其中，腐败问题尤为注目。2013 年 5 月，《财经》杂志刊登了《中国法官腐败报告》一文，报告根据收集到的 200 个法官腐败的案例，对法官腐败行为进行了研究，这引起了社会对于法律职业伦理以及功能的讨论。[1] 在一般的认识当中，许多人都把腐败看作是法律人违背职业伦理的主要表现，但实际上，还有很多违背法律职业伦理的执法与司法行为隐藏于法律技术中而难以为外人所知。下面即以法官、检察官和律师为例，重点对后一种违背法律职业伦理的表现及危害作以剖析。

对于法官而言，没有法律职业伦理的限制，他可以运用因裁判权而生的各种司法技术来谋求非法的利益，规避在司法审判中的各种压力和风险。利用法律裁判权谋求非法的利益不难理解，即罔顾法律职业伦理的要求，利用自身的法律技术枉法裁判以谋求非法的利益。而规避风险不太容易理解。法官的审判行为可能面临包括政法传统、社会实质性的法律需求和求利式的诉讼策略等多方面的风险和压力。例如，司法程序内风险是指案件被改判或者发回重审的风险和案件被认定为错案的风险，司法程序外的风险是指在司法程序之外可能给法官带来的风险——当事人的缠诉、缠访、闹访等。此外还有考核所带来的压力。法官只有排解风险和消解压力才能保住自身的职业地位，故

① 参见郑小楼：《中国法官腐败报告》，《财经》2013 年第 15 期。

采取了违背法律职业伦理的诸多策略。

利用审判组织机构的策略:利用裁判文书签发制将风险部分的转移给签发的领导;利用案件合议制由合议庭承担风险;利用审判委员会制度,将审判风险转嫁给审判委员会;案件的请示汇报制度,提前解除风险。

利用司法技术的策略:不采用审判而采用调解方式结案和将案件推给他者。调解案件可以规避诸多风险,不但可以避免当事人上诉和采取其他手段的风险,而且可以避免上级法院可能采取的考核和改判的风险。因此调解案件成为一段时期以来,基层法官努力采取,甚至是不计手段采取的规避风险的手段。为了使案件调解结案,法官可以穷尽一切可以使用的手段,"以劝促调""以拖压调""以判压调""以诱促调"等等。将案件推给他者,包括以地域管辖、级别管辖的名义将案件推给其他审判机关,也包括对审级制度的利用。在实践中,后者常有发生。例如,在办案压力过大的情况下,法官草草下判,然后诱导当事人上诉而将案件推给上级审判机关。总之,在面对风险和压力时,法官可以运用技术、放弃审判权,罔顾法律和法律职业伦理的要求来规避风险和消解压力。

没有法律职业伦理的限制,检察官与法官一样,一方面可以在履行职务的过程中运用法律技术谋取不当利益,另一方面也可以利用法律技术规避自身可能承担的风险。例如,在对轻微刑事案件的犯罪嫌疑人批准逮捕后,承办检察官发现该犯罪嫌疑人罪轻可以不起诉,但是为了规避批捕可能定性为错案的可能而不得不强行提起公诉。

律师缺少法律职业伦理的规制,会作出很多荒唐的行为。为了能够获得案件代理业务和胜诉,不择手段;为了能够获得案件的代理,贬低同行,暗示当事人自己与法院、法官有不当的沟通关系;为了能够胜诉,自己或者引导当事人与法官、检察官进行不正常的沟通,将案件纳入政治逻辑中或者将案件情况上网公开,甚至是引导或者诱使当事人采取自杀或者上访形成舆论等压力逼迫法官或者检察官作出相应的行为。

可以说,缺少法律职业伦理,法律人在适用法律解决问题时,不仅会造成腐败和错案,而且可能会造成所有法律制度脱离既定的轨道,无法实现预期的功能。以审级制度为例,来说明这个问题。纠正判决的错误是审级制度的重要功能。承办案件的法官为了避免案件被改判而被定性为错案，在进行判决前会向上级法院的对口庭室及其法官请示或者私下沟通。在通常的情况下，承办案件的法官会“尊重”，至少要考虑上级法院及其法官的意见；如果案件上诉到上级法院后，承办法官对一审的判决有不同的意见和理由，同样可能基于规避判决可能被定性为错案的风险也不直接作出判决，而是将案件发回重审。如此一番操作后，审级制度的纠错功能就被虚置了。法律人不坚守法律职业伦理，放弃自己的职责，不坚守独立、公正等要求，不仅是审级制度，其他的所有法律制度都可能被扭曲或者撕裂而根本无法实现其预期功能。

三、法律人缺少法律职业伦理的原因

当代中国法律人缺少法律职业伦理是客观存在的现象，而不是揣测或者无根据的判断。这从目前法律人的各种不当行为、党和国家的各种决议、决策和规范性文件中均可得出。

首先需要说明，法律人不遵守法律职业伦理并不是因为缺少法律职业伦理规范。以律师为例，自我国恢复律师制度以来，律师职业伦理规范不仅没有缺失过，反而被不断地完善。1980 年 8 月 26 日第五届全国人民代表大会常委会第十五次会议通过的《中华人民共和国律师暂行条例》中就包含了职业伦理的内容，例如，第七条对律师的保密义务作了规定，“律师对于在业务活动中接触的国家机密和个人隐私，有保守秘密的责任”。1990 年，司法部印发了《律师十要十不准》。其中对律师执业行为有直接的规定，例如：严格依法办案，不准歪曲事实，曲解法律，徇私枉法；要认真办案，尽职尽责，维护委托人的合法利益；不准敷衍推诿，损害委托人的利益；要公平竞争，以优质高效服务树立信誉；不准抬高自己，贬低他人，进行不正当竞争。1992 年 10 月司法部颁布的《律师惩戒规则》对律师违反法律法规和律师职业纪律的行为，有针对性地给予了规范，确立了各种惩戒措施。1993 年 12 月司法部通过的规章《律师职业道德和执业纪律规范》对律师职业伦理给予了较为全面的规范。1996 年 5 月第八届全国人民大会常务委员会通过的《中华人民共和国律师法》（以下简称《律师法》）也包含了律师职业伦理的相关规定。例如，第三十四条规定律师不得双方代理等。1996 年司法部制定《关于认真受理当事人对律师投

诉的通知》和《律师执业证管理办法》，以配套《律师法》的实施。1997 年司法部通过了《律师违法行为处罚办法》。2004 年 3 月，中华全国律师协会通过了全面规范律师行为的《律师执业行为规范（试行）》。2007 年修订的《中华人民共和国律师法》，对律师执业行为规范又有了更为明确的规定。中华全国律师协会于 2011 年修订了《律师执业行为规范》。2008 年司法部发布规章《律师执业管理办法》。2010 年司法部制定《律师和律师事务所违法行为处罚办法》。2013 年施行的《律师法》，对律师执业伦理根据现实需求进行了修订，解决了律师保障社会公正与忠实于委托人之间的角色冲突问题。2016 年司法部修订颁布的《律师执业管理办法》，对律师执业行为作了更为细密的规定。例如，第三十八条规定："律师应当依照法定程序履行职责，不得以下列不正当方式影响依法办理案件：（一）未经当事人委托或者法律援助机构指派，以律师名义为当事人提供法律服务、介入案件，干扰依法办理案件；（二）对本人或者其他律师正在办理的案件进行歪曲、有误导性的宣传和评论，恶意炒作案件；（三）以串联组团、联署签名、发表公开信、组织网上聚集、声援等方式或者借个案研讨之名，制造舆论压力，攻击、诋毁司法机关和司法制度；（四）违反规定披露、散布不公开审理案件的信息、材料，或者本人、其他律师在办案过程中获悉的有关案件重要信息、证据材料。"可以说，我国律师执业行为规范在不断回应社会需求的同时实现了律师执业伦理的制度化，编制了细密的规范之网，将原则性的规定不断具体化为能够直接操作的法律规则。关于法官和检察官的职业伦理也是一样，从制度重建开始就一直与之相伴随。换句话说，从法律制度重建开始，法律职业主管机构和中华全国律师协会就一直在强调、重视法律执业行为规范和法律职业伦理。但是与此相悖的是，人们却偶然会形成法律职业伦理越发低下的判断。

那么就需要考虑，法律人不遵守法律职业伦理的原因。唯有清楚地认识到缺失的原因，才能提出有效解决问题的实际对策。

第一，法律人不遵守法律职业伦理在于其没有将法律职业伦理内化，养成遵守法律职业伦理的思维与行为习惯。基本完备的法律职业伦理存在于既有的法律体系中，虽然法律职业伦理教育课程才进入核心课程范围，但是整个法学教育和入职前教育、继续教育多少都涉及了法律职业伦理的内容，该内容进入司法职业考试也已将近 20 年,而且法律人也有自学的能力,因此很难将责任归咎于不知法律伦理规范。那就需要考虑,既然法律人知道或者应该知道法律职业伦理,那么为什么不遵守法律职业伦理呢?从个人的角度来说,法律人没有认同法律职业伦理规范,是因为没有将法律职业伦理内化为自身的行为规则。

首先,新中国成立后才出现的法律职业共同体缺少法律职业传统。众所周知,职业意义上的我国法律职业在新中国成立后就基本中断,在 20 世纪 80 年代左右才开始恢复,之后才逐渐从行政官员的角色中脱离出来。即使在当下,中国的法律职业也具有行政化的传统,有时也会按照行政化的逻辑运转。而西方法律职业伦理发达国家中,与法治发展相得益彰的法律职业共同体,经历了大约 500 年才基本定型。法律职业伦理也是在共同体的长时间发展中,逐渐形成的。而我国的法律职业共同体实际上从中华全国律师协会——1986 年 7 月成立,依法对律师实行行业管理的全国性律师自律组织——成立算起,只经过短短的三四十年,根本没有可能形成法律职业传统。法律职业共同体虽然名义上是法律职业共同体,但是在法律职业之间根本没有形成良性互动的关系。法律职业之间很难进行职业转换,尤其是从律师到法官和检察官;相互之间缺少理解与尊重,甚至相互倾轧。更为重要的是,法律人并没有形成法律职业的荣誉感,甚至并没有把法律职业作为一种职业看待,而只是一种获取工资以养家糊口的普通工作。在这样的情况下,法律人自然不会将法律职业伦理内化为自己应该遵守的行为规范,只会将其视为一种外在的约束和限制。那么,在不被监督或者监督难以到达之处,确保法律职业伦理的遵守就会成为一个棘手的问题。

其次,作为法律职业应该遵守的基本准则的法律职业伦理,是一种外加的规则,而非从职业群体内部产生。法律人共享法律职业伦理是法律职业共同性形成的标志之一,“法律家共同体内部传承着法律职业伦理,从而维系着这个共同体的成员以及共同体的社会地位和声誉”①。中国的法律职业存在的时间很短,没有内部形成并传承法律职业伦理的可能。现在众多的关于法律职业伦理的规范基本上都是来源于立法机关、主管机关或者具有行政色彩的

① 孙笑侠:《法律家的技能与伦理》,《法学研究》2001 年第 4 期。

中华全国律师协会。虽然这些规范的产生符合了必经的程序,具有合法性,内容上也具有合理性,但是产生的过程却缺少法律职业共同体的协商、讨论,内容也并非是合议产生。如果法律职业伦理规范是从法律职业共同体内部产生,那么其内化为法律人应当遵守的行为规则就顺理成章。可以说,法律职业伦理的形成过程就是法律人的内化过程。而法律职业伦理产生于外部,就需要一个长时间的内化过程且需要社会诸多条件的成就。例如,法律制度和社会支持法律人适用法律职业伦理,也能够监督法律人遵守法律职业伦理。在中国目前的情况下,由于时间过短以及条件没有成就,外加的法律职业伦理规范并没有被法律人认同、内化为应该遵循的行为规则。

最后,当代中国的法律职业共同体一方面还存有行政化的运转逻辑,另一方面备受市场逻辑的冲击,故难以认同并遵守法律职业伦理。中国的法律职业很多时候遵循的是行政机制的运转逻辑,按照命令来执行、适用法律。虽然在法律制度上确认了法律职业,但是在司法中还经常存在用行政逻辑来干扰法律逻辑的现象,甚至行政逻辑成为判断法律逻辑是否合理的最终标准。体现法律运作逻辑并与法律运作逻辑相配合的法律职业及其伦理,很难真正得到法律人的认同和遵守。法律职业共同体在脱胎于行政化体制未能完全形成之时,又面临着市场逻辑的冲击,使得中国法律职业的形成极为艰难。在现代社会,市场已经成为经济资源配置的基础性方式。社会各个领域的市场化是市场经济的特性使然,市场经济本身"具有把社会各个相对对立领域的要素转化为'普遍有用的体系'的内在驱动力",①即由于经济利益的驱动,社会各个相对独立的领域都有被市场化的倾向。市场有效的原因是通过让消费者获得价值的方式,来获得利益并促进社会的发展。与西方法治发达国家一样,受市场逻辑支配的法律职业商业主义也冲击、威胁着中国的法律职业共同体及其伦理。但与西方法治国家不同的是,我国的法律职业共同体尚未形成,法律人对法律职业伦理还未认同和内化。面对行政化运转逻辑的干扰和法律职业商业主义的冲击,法律职业伦理越发难以得到法律人的认同,更不要说内化为自身的行为规则。

第二,法律人不遵守法律职业伦理在于缺少支持法律职业伦理的有利制

---

① 参见张维迎:《市场的逻辑》,上海人民出版社 2010 年版,第 16 页。

度。法律职业伦理缺失的原因,除了法律人不愿认同并内化法律职业伦理的内在原因外,还有外在的诸多原因,例如政治、文化等原因。其中较为突出和直接的原因是,有的法律制度与法律职业管理制度与法律职业制度不符和抵触,让法律人不能按照法律职业伦理来行为。作为法律职业伦理的中立、公正等要求法律人在适用法律过程中,具有受到国家和社会尊重的自主性。这也是法律职业共同体形成的标准之一,“法律职业或法律顾问家专职从事法律活动,具有相当大的自主性或自治性”①。可是在实际的法律运转中,法律人往往不具有自主性或者不愿具有自主性。因为一旦自主地决策,就可能要承担法律或者政治责任。例如,在司法过程中盛行的考核制度及其逻辑就与法律职业伦理存在不符之处。法官面对可能产生风险的案件,为了不在考核中落后,不愿自主按照法律规定进行决策,而将案件的决策权让与给主管的庭室长、副院长,甚至是审判委员会和上级法院。这种情况一般源于法律的工具地位。具体表现为:1. 司法是阶级斗争中人们运用的重要工具。2. 司法是巩固经济基础、促进经济发展的工具。3. 司法是实现国家利益的工具。4. 司法是贯彻党的政策、政府政策的工具。无论在发生还是最终目的上,司法都附从政策,是实现政策的一个重要工具。② 与此相应,在此类案件中,法律人不愿也很难按照法律的逻辑和法律职业伦理适用法律。也就是说,必须具有符合和支持法律职业伦理、保障法律人的合法权益的相关制度,法律人才有动力也愿意认同法律职业伦理。

当然,上述原因并不是法律职业伦理不能得到遵守的全部原因,执笔人只是择其荦荦大端表述出来。甚至有人可能认为不是主要原因,这可能源于关注法律职业伦理与法治等内容角度的不同。

第二节　法律职业伦理养成与法律职业伦理教育

与世界上其他国家一样,我国也将中国法治受阻、法律人腐败和知法犯法

① 孙笑侠:《法律家的技能与伦理》,《法学研究》2001 年第 4 期。

② 参见胡夏冰:《司法权:性质与构成的分析》,人民法院出版社 2003 年版,第 168—169 页。

等现象归咎于法律人缺乏法律职业伦理，并期望通过法学院校的法律职业伦理教育来改变法律人违背职业伦理现象，促进法律人认同和内化法律职业伦理，提升公众对于法律人的信任度，增强公众对司法公正以及法治建设的信心。其中需要考虑的问题是，法律职业伦理教育能否必然实现法律职业伦理养成的目标？如果不能必然达至目标，法律职业伦理教育是否有利于法律职业伦理养成？

一、法学教育中不重视法律职业伦理的现状

之所以国家和学者寄希望于法律职业教育来改变法律职业伦理难以得到执行，是因为我国的法学教育中并没有重视法律职业伦理教育，更没有将法律职业伦理教育视为法律教育的重点。这一方面表现在很长一段时间内教育主管部门并没有把法律职业伦理课程设置为核心课程，另一方面法学院校也很少开设法律职业伦理课程。

在我国法学核心课程设置进程中，1997 年 1 月成立的教育部法学学科教学指导委员会发挥了重要的作用。法学学科教学指导委员会成立的目的在于“研究、指导、评估以及提供咨询和服务”。1998 年，法学学科教学指导委员会根据教育部提出的“宽口径、厚基础”的人才培养要求，在广泛调查研究的基础上，提出将法学本科原有的 7 个专业合并为一个法学专业、强化法学教育中的素质教育的方案，被教育部修订《普通高等学校本科专业目录》时采纳；确立了法学本科专业教育的 14 门核心课程：法理学、宪法学、民法学、刑法学、民事诉讼法学、刑事诉讼法学、行政法与行政诉讼法学、商法学、经济法学、知识产权法学、国际法、国际私法、中国法制史、环境法与资源保护法。2007 年 3 月，高等学校法学类专业教育指导委员会会议将劳动与社会保障法、环境与资源保护法增补为核心课程。核心课程的设置与调整都没有关注到法律职业伦理课程。这并不是说不重视法律职业伦理教育，因为中国的法学课程设置是因应法治建设的需要。在法治建设还局限于制定法律以满足司法实践需要之时，法学教育必然要以培养法律职业技术为目标。

随着中国法律逐渐完备，司法公正、司法公信力等问题成为法治建设的重点，当然也对法律职业共同体提出了更高层次的要求。为“顺应法治专门人才培养的时代使命”，“顺应法学教育特色化发展与法律职业资格准入改革实

践”,在党和国家不断强调培养符合中国法治建设需要的法治人才的大背景下,教育部高等学校法学类专业教学指导委员会在2018年6月18日召开的全体会议上,对法学专业核心课程进行调整。调整后的法学专业核心课程采取“10+X”分类设置模式。其中,“10”是指法学专业学生必须完成的10门专业必修课,包括:法理学、宪法学、中国法制史、刑法学、民法学、刑事诉讼法学、民事诉讼法学、行政法与行政诉讼法学、国际法和法律职业伦理。至此,法律职业伦理课程才成为法学核心课程,所有法学院必须开设的法学课程。

法学核心课程作为法学本科教育必须设置的课程,对中国的法学院校有规范性的功能。在核心课程之外的课程,由于不是教学评估的重要内容、法学院校的认识、授课教师的限制等原因,往往不会被着重进行课程建设。这已经有学者进行了深入的调查研究。研究成果选取了能够代表中国法学教育整体水平的我国首批60所卓越法律人才基地院校,对其法学本科人才培养方案进行了调查,最终得到了41份本科培养方案。通过研究发现:“在41所院校本科生培养方案规定的培养目标中,有法律职业伦理教育要求的一共20所,占整个统计样本的48.78%。其中,明确阐明法律职业伦理要求的院校有16所,占整个统计样本的39.02%,在有法律职业伦理教育要求的院校中,占80%。基本明确阐明法律职业伦理要求的院校有4所,占整个统计样本的9.76%,在有法律职业伦理教育要求的院校中,占20%。”“从具体执行层面来看,在41所院校本科生培养方案中,设置有法律职业伦理教育课程的一共15所,占整个统计样本的36.59%。如果严格限定,那么,明确阐明法律职业伦理要求的院校就只剩下9所,仅占整个统计样本的21.95%,在有法律职业伦理教育要求的院校中,占60%。那些设置有相关课程,但未明确是法律职业伦理课程的有6所,占整个统计样本的21.96%,在有法律职业伦理教育要求的院校中,占40%。同时,还需要指出的是,在41所院校中,明确规定法律职业伦理为法学本科生必修课的为吉林大学法学院、苏州大学法学院、华南理工大学法学院三所院校,沈阳师范大学法学院根据培养方向不同,将该课程设为选修中的必选课程,基本可以视同为必修课程。这样,在整个样本体系中,设置法律职业伦理必修课的比例就是9.76%,在15所设置该课程的院校中占26.67%。其他的11所院校,虽然设置了该课程,但课程属性为选修课,在41份统计样本中占 26.83%,在 15 所设置该课程的院校中占 73.33%。”①这份 2019 年的研究成果足以说明中国法学院校对法律职业伦理及课程的认识与态度。

二、法律职业伦理课程与法律职业伦理养成

一方面,中国法律人没有养成遵守法律职业伦理的观念和行为;另一方面,中国法学院校不重视法律职业伦理教育。因此就很容易在两者间建立起逻辑关系,即法律职业伦理的缺失是因为法学教育不重视法律职业伦理,法律职业伦理可以通过法学教育来养成。因此,在 2018 年 10 月 18 日教育部、中央政法委公布的《关于坚持德法兼修　实施卓越法治人才教育培养计划 2.0 的意见》中,“改革任务和重点举措”第一条就是:“厚德育,铸就法治人才之魂……加大学生法律职业伦理培养力度,面向全体法学专业学生开设‘法律职业伦理’必修课,实现法律职业伦理教育贯穿法治人才培养全过程。坚持‘一课双责’,各门课程既要传授专业知识,又要注重价值引领,传递向上向善的正能量”。当然,世界上其他国家也是这样来解决法律职业伦理缺失的问题。例如,因在 1974 年水门事件中有多名法律人违背法律职业伦理,在经过法律职业界的讨论后,全美律师协会强制其认证的法学院开设法律职业伦理课程。

可是设置了法律职业伦理课程,并辅之以合理的教学方法,不一定就能确使经过法学教育的法律人将法律职业伦理内化自行遵守。因为有诸多能够影响法律职业伦理内化的因素:社会环境的影响(包括经济、政治、文化、网络环境)、相关法律制度及其运行状况的影响、法律职业整体状况的影响、法律职业伦理规范及其运行机制的影响、教育状况的影响、自身因素的影响(包括人生观、价值观、认知和认同程度、自控力、需求满足程度、性格、家庭)等等。②法律职业伦理教育只是其中的一种助益因素,并不具有决定性的意义。

首先,法律职业伦理教育职能解决“知不知道”“懂不懂”的问题,但没有办法解决能否坚守与执行的问题。“法律职业道德教育的目标不在于直接造

① 刘坤轮:《“学训一体”法律职业伦理教学模式的实践与创新》,《政法论坛》2019 年第 2 期。

② 参见李本森主编:《法律职业伦理》(第三版),北京大学出版社 2016 年版,第 299 页。

就职业上的道德人,而在于促进对法律职业道德的认识。"①法律职业伦理属于道德教育领域,教育并不能保证道德会得到遵守。正如波斯纳所认为的那样:道德哲学教授的道德水平并不一定高于受众,讲授并不具有说服力;即使接受了伦理教育的怀有理想主义毕业生,毕业后也可能成为法律商业主义的信徒,伦理教育并不能保证培养出一个道德高尚的人。②

其次,法律职业伦理教育在众多影响因素中并不占有绝对性的地位。中国的法律职业共同体面临着司法行政化的运作逻辑和市场逻辑的侵袭,还面临着诸多的风险和压力。即使笃信法律和法律职业伦理的法律人,一旦遇到了影响自身工作、责任和生存问题时,很有可能会放弃遵守法律职业伦理。毕竟再具有职业理想的法律人在面临自身生存的困境时,也可能会为了保存自己而舍弃对法律职业伦理的坚守。

最后,法律职业伦理养成绝不仅是法学教育的问题,而是法律共同体内部生态、法律制度环境,乃至整个社会环境的问题。也就是说,法律职业伦理养成是诸多因素合力的结果,在其他条件不具备时,仅仅依赖法律职业伦理教育很难塑造出合乎法律职业要求的法律人。甚至从极端的角度看,即使法律职业伦理教育极其成功,能够培养出完全笃信法律职业伦理的法学毕业生,可是法律职业共同体内部生态环境恶劣、法律制度与法律职业伦理抵触、社会环境不能支持法律职业伦理,也不会造就出全部能够坚守法律职业伦理的法律人;反过来,如果法律职业共同体内部生态良好——有共同的职业理想、行为方式,共享一套价值观等,法律制度和社会环境支持鼓励法律人按照法律职业伦理行为,即使没有法律职业伦理教育,假以时日,进入法律职业中的法律人也会认同和遵守法律职业伦理。

那么是不是就可以放弃法律职业伦理教育了呢?答案是否定的。法律职业伦理教育与其他因素之间是一种相互支持和促进的关系,一种相互成就的关系。在法律职业共同体成长、体制变化、社会日渐尊重与法律职业伦理教育

① 张志铭:《法律职业道德教育的基本认知》,《国家检察官学院学报》2011年第3期。

② 参见[美]理查德·A.波斯纳:《道德和法律理论的疑问》,苏力译,中国政法大学出版社2001年版,第80—87页。

的互动中,法律职业伦理教育的功能会逐渐得到实现,其他条件也会逐渐得到成就。众多因素的良性互动一定会趋向法律职业伦理的养成。这也是社会进化与发展的正常状态,从来就没有一蹴而就的事情。即使不考虑相互促进的情况,法律职业伦理教育也需要得到重视。用杨兆龙先生的话来说,有总比没有好。“关于法律伦理的科目,是法律学校课程中所不可缺少的。我们虽不敢说学校里有了这一科,学生的人格或道德就一定会怎样的改善。但是课程结果之好坏,视乎教授的方法是否适当与否;若是教授得法,那么关于法律伦理的课程,于培养学生的人格,却是大有帮助的;即使不能收完全的效果,至少总比没有这种课程好得多。”①而且,面对法律职业伦理失范现象,法律职业伦理教育也应承担相应的责任。“法律职业伦理教育没有受到应有的重视。司法队伍和法律服务队伍中存在的大量问题固然有制度性因素的作用,但是在从事法律学习时没有受到统一的职业伦理教育是重要原因之一。这已经是事关全局性的问题,对法治建设产生深远的负面影响。”②那么法律职业伦理教育就必须考虑,法律职业伦理为什么能够被教授呢?

三、法律教育教授法律职业伦理的理由

从法律职业伦理培养的整个链条看来,法学教育应该而且必须承担教授法律职业伦理的任务。在法科学生“知道”“懂得”“理解”法律职业伦理理论和知识的基础上,增强按照法律职业伦理分析问题和选择恰当行为的能力,将法律职业伦理内化为应该遵守的行为规范,并为养成遵守法律职业伦理的习惯做准备。

首先,必须承认,法律职业伦理在知识层面是能够被教授的。

之所以能教,是因为法律职业伦理教育的目的是法律人在实际法律活动中能够践行法律职业伦理,而践行的前提必须是知道法律职业伦理的内容,知道法律职业伦理的来源和价值,知道法律职业伦理对自己的功用。“知”是“行”的前提。虽然没有经过“践行”的“知”是不完整的“知”,但也

---

① 《杨兆龙法学文集》,艾永明、陆锦璧编,法律出版社 2005 年版,第 233 页。

② 周伟:《法治国建设进程:21 世纪中国的法制发展研讨会综述》,《中国法学》2002 年第 4 期。

是“行”和深化“知”的必备基础。对于“知”而言，效果最直接有效莫过于教育了。

而且，随着法律职业伦理的制度化和规则化，其形态已经从价值与原则转变为可以操作的技术性规范。例如，我国《律师法》第三十八条规定：“律师对在执业活动中知悉的委托人和其他人不愿泄露的有关情况和信息，应当予以保密。但是，委托人或者其他人准备或者正在实施危害国家安全、公共安全以及严重危害他人人身安全的犯罪事实和信息除外。”此类技术性规范将法律职业伦理转变为法律规则，完全可以教授。“法律职业伦理的客观化、技术化和可操作化的特点，及其所带有的惩戒性质，使得法律职业伦理具备更大的可培养性，使得法律职业伦理以更加直观、具体的方式呈现出来，甚至以行业规范条文的方式得以体现，不再如一般道德那样只具有较弱的规范效力。这种客观化、技术化和可操作化的特点，使得法律职业伦理的培养较少受教师个人观点的影响，同时也方便展开更加科学的授课模式，极大地便利了法律职业伦理教育的普及与质量的提升。法律职业伦理具备行业惩戒的功能，这也使法律职业伦理教育可以通过惩戒案例等客观形式表现出来，使法科生能够以更加直观、具体的方式接受法律职业伦理的培养。”①也就是说，在知识形态上，法律职业伦理如同法律一样，适合采用教育的方式进行。

之所以能教，原因是法律职业伦理存在可以教授的载体——法律制度与法律职业伦理。法律职业伦理与法律制度、法律职业技术相伴而生。没有法律职业伦理充实的法律职业技术，只是一种可以达至任何目的手段；没有法律职业技术承载的职业伦理，应用时极有可能陷入忽视法律规定的价值之争。也就是说，现在以法律职业知识和技术为中心的法学教育，完全可以在讲授法律职业知识和技术的同时，讲授法律职业伦理。而且从培养合格法律人的角度来讲，法学教育必须教授法律职业伦理，否则其教育的目的和功能就不可能得到实现。

其次，法学教育尤其是法学本科教育，必须教授法律职业伦理。

---

① 陈云良：《新时代高素质法治人才法律职业伦理培养方案研究》，《法制与社会发展》2018年第4期。

虽然法律人可以从多处获取法律职业伦理规则，但是能够将法律职业伦理理念、规则等内容按照逻辑讲清楚和明白的机构只有在校的法学教育。从教育的角度来说，不能寄希望于法律人在执业中自己来逐渐摸索法律职业伦理。在中国可以培育法律职业伦理的机构有很多，例如，职前教育和入职后的培训教育。鉴于师资力量、时间、课程的配套设计和是否契合于教育规律等因素，高等学校的法学本科教育最适合进行法律职业伦理教育。职前和职后教育培训中，往往会以思想政治教育来替代法律职业伦理教育，要求法律人能够掌握党和国家的各种政法方针政策，确立服务于国家建设，服从大局。此种方法由于内容抽象，很可能虚化法律职业伦理培训。有学者曾经以律师职后教育目标说明这个问题："通过集中教育活动，使广大律师普遍受到一次深刻的政治思想教育、法制教育、职业道德和执业纪律教育，坚定中国特色社会主义理想信念，忠实履行中国特色社会主义法律工作者职业使命的自觉性明显提高。"①故可以说，在高校法学教育中设置法律职业伦理课程，让法科学生懂得法律职业伦理的理论和知识是法律职业伦理教育的最优途径。因此有人认为："虽然许多法学院说他们无法教授道德品质，但他们必须教，因为没有其他人能教。"②

第三节　法律职业伦理课程的设计

法律职业伦理课程是让法律人知晓法律职业伦理理论与知识、形成良好的行为判断与选择能力的最优途径。这个判断建立在法律职业课程设置和教授能够符合法律职业伦理养成的规律上。故接下来需要考虑的问题是，法律职业伦理教育应该教授什么内容？这些内容该怎么安排，应该选择什么样的方法来讲授？

---

① 刘晓霞：《法律人职业伦理培养的现状分析与进路探寻》，《西部法学评论》2014 年第 5 期。

② 杨欣欣主编：《法学教育与诊所式教学方法》，法律出版社 2002 年版，第 183 页。

一、法律职业伦理课程的内容

毋庸置疑,法律职业伦理课程肯定要将法律职业的一般伦理要求和因分工而产生的各个具体职业的伦理规范作为中心。一般伦理要求,例如,崇尚法律、公正等。因为在制度中具体角色设定的不同,各个法律职业被赋予了不同的伦理要求。例如,我国《法官职业道德基本准则》总则第二条对法官的基本伦理作出了明确的规定,“法官职业道德的核心是公正、廉洁、为民。基本要求是忠诚司法事业、保证司法公正、确保司法廉洁、坚持司法为民、维护司法形象”。《律师执业行为规范》第六条则针对律师的基本伦理作了相应的规定,“律师应当诚实守信、勤勉尽责,依据事实和法律,维护当事人合法权益,维护法律正确实施,维护社会公平和正义”。根据两者的具体伦理要求,不难看出它们之间是存在着一些区别的。

从具体的内容上来说,不但要讲授伦理规范内容,更要将其背后的原理等理论内容作为重点来讲授。单纯伦理规范并不会引起法学学生的认可,其背后的理由与理论往往导致其对规范的认同。但是法律伦理课程不能仅仅局限于这些内容,还必须将下列内容囊括进来。

首先,课程必须讲授法律职业伦理之于社会公共利益与普通人的价值。一提到法律职业伦理,就会在与普通人道德伦理的区别中强调法律职业伦理的“非道德性”。“职业伦理的非道德性,是指职业伦理逐渐脱离大众道德评价和个体道德体验的轨道,变得与道德的差距越来越大,甚至成为与大众道德评价与个体道德体验毫无关联的执业行为规范。落实到法律人的职业实践中,即在具体的伦理行为规范中,要求法官只需对法律条文负责、律师只需对委托人忠诚,而对待正义以及公众利益方面,不需要承担任何道德义务;通过遵从职业伦理的具体规定(而非那些要求‘追求人类正义’的大词),法官对于两造当事人、律师对于委托人通过法律手段实现道德上邪恶目的的做法漠然置之,无须对此承担任何道德上的责任。”①仿佛法律职业伦理完全失去了社会与个人的价值与道德。人们经常会问的一个问题就反映了这种看法——“律师为什么要替坏人辩护?”其实不然,这只是法治与法律为增进社会公共

① 李学尧:《非道德性———现代法律职业伦理的困境》,《中国法学》2010 年第 1 期。

利益而对法律职业的一种特殊设定。“法律伦理不是个人道德，也不见得是社会的道德标准，而是一套设计来让人人公平享有法律服务的规定。这是法律专业在社会认可下，制定来服膺该专业特殊要求，以服务更高的社会目标与福祉的规定。”①在个人道德与利益、社会公共利益与法律职业、法律职业伦理之间需要通过法治来联结。法律职业伦理是法治建设中对法律人应该如何行为的设定。“法治概念的最高层次是一种信念，相信一切法律的基础，应该是对于人的价值的尊重……法治的理想，就是去创造和维持一套原则、规例、程序和机构，以保障每个人的权益，防止它受到政府或其他人的侵犯，使每个人都有机会过一种合乎人的尊严的生活。”②美国著名法学家博登海默有个形象的比喻也说明了这个逻辑：“如果法律制度的主要目的在于确保和维护社会肌体的健康，从而使人民过上有价值的、活跃的生活，那么就必须把法律工作者视为‘社会医生’，其服务应当有益于法律终极目标的实现。”③也就是说，法律职业伦理的“非道德性”只是在表象与个人、社会道德标准抵牾，但是在社会体系要素的功能分化的意义上，法律职业及其伦理却是以保护社会的公共利益和个人利益为目的，在根本的意义上是社会公共利益和个人利益的，是符合社会道德的。

其次，课程必须讲授法律职业共同体的相关理论和知识。法律职业伦理来源于对法律职业角色、法律职业功能的设定。只有将法律职业共同体的相关理论、知识和历史作为教学的内容，才能将法律职业伦理形象立体化地梳理起来，才能讲清楚为什么法律职业共同体成员愿意遵守法律职业伦理。对目前中国法律职业共同体而言，遵守法律职业伦理基本都是外在的规制，而缺少法律职业的荣誉意识。法律职业伦理教育的重要目标就是使共同体成员对法律职业所蕴含的对法治和社会价值能够产生深刻的体会，并认同应当遵守的伦理，塑造基于职业及其功能所产生的荣誉意识和责任意识。其中，要把法律职业主义和法律商业主义及两者的关系作为重要的内容来讲授，正确认识律

① ［美］布莱恩·甘迺迪：《美国法律伦理》，郭乃嘉译，商周出版社 2005 年版，第 48 页。

② 陈弘毅：《法治、启蒙与现代法的精神》，中国政法大学出版社 1998 年版，第 68 页。

③ ［美］E.博登海默：《法理学：法律哲学与法律方法》，邓正来译，中国政法大学出版社 1999 年版，第八十三节“法律教育之目的”。

师获取高收入与利他主义的关系①。

再次,课程必须讲授法律人遵守法律职业伦理的原因。法律人除了基于伦理要求应当遵守伦理外,还可以基于保护自己的原因遵守伦理要求。应当遵守法律职业伦理的原因这里不再赘述。"法律职业伦理由于为法律职业者提供了周详的行为规范,并且在这种行为规范与其他类型的行为规范存在龃龉时,还将作为具有相当程度排他性的行动理由"②,也就是说,当法律人遭遇到其他规范与法律职业伦理相冲突时,选择遵守法律职业伦理的行为后,不应当承担为此带来的责任。法律职业伦理是法律人的"护身符"。在逻辑上,违背职业伦理是法律人承担责任的最主要理由。我国法官的错案追究制到审判责任制的变化,一定程度上就是遵循了这个逻辑。而且在现实生活中,法律人也开始使用法律职业伦理来规避不当的责任来保护自己。下面从一个判决书截取出来的话语就带有这样的意图。"由于本案被告人在犯罪手段上非常特殊……我们不能确认和保证本判决是唯一正确的,我们唯一能保证的是:合议庭三名法官作出这一细致和认真的判断是基于我们的良知和独立的判断,是基于我们对全案事实的整体把握和分析,是基于我们对法律以及法律精神的理解,是基于我们对实现看得见的司法正义的不懈追求。"③

最后,必须通过课程形成法律职业伦理的适用技术。如前所述,法律职业伦理规范已经具体化为具有可操作的法律规则与法律原则。因此在设置课程时,应该将法律职业伦理的适用技术作为重要内容来学习,为法律人选择正确的规则和行为方式确定技术基础。

---

① "法律商业主义的基本思想就是把法律人向委托人提供法律服务的活动理解为商业活动,把法律服务供给和消费的领域理解为法律市场。"而法律职业主义要求法律人以公共服务为目的。两者之间存在共识与相通之处。"法律商业主义论者认可法律职业主义所强调的法律职业的专业性特征","法律商业主义论者同样反对违背职业伦理的行为","法律商业主义也认为法律职业是一种维护法律和正义的职业"。具体论述请参见黄文艺、宋湘琦:《法律商业主义解析》,《法商研究》2014 年第 1 期。

② 董静姝:《论法律职业伦理的现代困境》,《新疆大学学报(哲学·人文社会科学版)》2016 年第 4 期。

③ 刘婷婷:《判决书中的人文情怀》,《人民法院报》2015 年 6 月 9 日。

这不是最优的设计，在能够确定课程目的的前提下，教师完全可以根据自己对法律职业伦理的理解和学生的特点来确定讲授内容。

二、法律职业伦理课程的课程设计

良好的教学目的必须有恰当的课程设计与适当的教学方法与之配套，才能得到实现。对于课程设计而言，按照教育部高等学校法学类专业教学指导委员会在 2018 年对法学专业核心课程进行的调整，必须设置专门的法律职业伦理课程。

此外，还应该将法律职业伦理教育贯穿于全部的法学专业课程，贯穿于法科学生学习过程中的全部课程，包括法理学、法史学等理论课程和刑法学、民法学等部门法课程。教育部、中央政法委公布的《关于坚持德法兼修　实施卓越法治人才教育培养计划 2.0 的意见》中所提到的"一课双责"就是这个想法。加拿大的贯穿式课程设置更为明确。"贯穿性教学法是加拿大法律职业伦理教育中的一个重要的教学方法，也就是在所有的实体法中系统地教授学生法律职业伦理问题。"①这是符合对法律职业伦理的认识。一方面，法律职业伦理来源于法治对法律职业角色的设定和法律的特性。法理学等课程的理论教学可以从更为根本的层面来认识法律职业伦理。例如，具体的法律职业内容和对法律的理解之间存在必然的逻辑关联。"由于法律职业伦理来自于法律的开放性，因此对于法律这个性质的不同理解，将会在实质上决定法律职业伦理的主旨。"②在德沃金和哈特不同的法理解背后，存在着不同的法律人设定和不同的法律职业伦理要求。另一方面，具体的法律职业伦理与法律职业技术相伴而生。没有法律职业技术作为法律职业伦理讲授的承载主体，法律职业伦理课程的讲授可能会沦落为一种没有抓手的伦理规范要求课程。将法律职业伦理与法律职业技术配套来教授，可以加深对法律职业伦理的认识和认同程度。因此在具体的部门法课程中教授法律职业伦理，是法律制度及

---

① 刘坤轮：《"学训一体"法律职业伦理教学模式的实践与创新》，《政法论坛》2019 年第 2 期。

② 陈景辉：《忠诚于法律的职业伦理——破解法律人道德困境的基本方案》，《法制与社会发展》2016 年第 4 期。

法律职业技术教学的题中应有之义。在讲授各门法律课程时，完全可以点明与各个具体制度配套的法律职业伦理的要求。这符合部门法课程的实际状态。在讲授具体法律制度时，部门法制度中欲实现的伦理目的以及所包含的伦理都会转换为法律职业伦理，以实现法律制度的目的或者弥补法律制度的缺陷。“法律制度的内在伦理与法律从业者职业伦理是内在统一、不可分割的，前者是后者的基础，后者则服从于前者。只有在透彻理解前者的基础上，才能为后者的发展奠定坚实的基础。”①正如有学者认为，“在美国，如何纠正检察官偏执的控方当事人角色，平抑其强烈的攻击性，避免错误追诉的不当倾向，一直是困扰司法制度的难题。美国诉讼法学家斯特尔认为，这是抗辩制诉讼结构自身难以克服的顽疾，体制内缺乏灵丹妙药，但体制外的职业伦理规范恰恰起到了有益的补充作用”②。

当然，在法律诊所等实践课程中来学习法律职业伦理能起到提升理解与适用的能力。还可以通过专题讲授的方式来讲授课程，也可根据实际需要设置一些选修课程或者设置在一些特色课程中来教授法律职业伦理。例如，在法律与电影等类型的课程中，展现法律职业伦理的魅力，感染学生以提升对职业伦理的认同度。

三、法律职业伦理课程的授课方法

教学方法是联结教学目的与教学效果的桥梁。没有恰当的教学方法就不会有良好的教学效果，也不会实现教学的目的。面对法律职业伦理教育目标——了解和掌握法律职业伦理的理论知识和规范内容、恰当根据法律职业规范选择恰当的行为、认同法律职业伦理内容——的不同，应该选择不同的教学方法。

对于法律职业伦理的相关理论知识和规范内容，必须采用传统的讲授方法和其他能够让学生了解和掌握法律职业伦理内容的方法，例如，苏格拉底诘问法、讨论法等。在教学方法中，传统的讲授法仿佛陷入过街老鼠人人喊打、

① 齐延平：《论现代法学教育中的法律伦理教育》，《法律科学》2002 年第 5 期。

② 王守安、董坤：《美国检察官职业伦理规范建设与启示》，《人民检察》2016 年第 15 期。

人人生厌的状态。且不说讲授法可以和所有其他的教学方法相结合，就单纯讲授法来说，也具有需要教师和管理者认真对待的价值。教师全方位地将教学内容以适当的方式呈现给学生，是最便捷、最完整的教学方法。对于法律职业伦理的理论知识和规范来说，传统的讲授法具有不能替代的功用。此外，为了加深对法律伦理理论知识和规范的理解，应该将苏格拉底诘问法、讨论法等引入课程教学中。

对于法律职业伦理应用内容，即法律人对职业伦理规范的解释与应用等问题，应该采用法律诊所、模拟法庭等方法。这和法学教育中的法律职业技术教学所采用的方法一致——一种适应于技能培育的方法。“从技能培育的角度看，法学院的教学方式——讲课是不当的，教育学的共识是讲课不能培育技能，唯一的培育方法是让学生在教师介入的情况下不断地练习。”①但是，“仅仅练习是不够的，甚至是有害的，这是因为个人保留的知识是他本人产生的，如果学生在练习时发生理解错误，他就会学习到错误的东西。这种错误一旦形成是很难纠正的。因此，技能培育要求校方不仅提供给学生练习的机会，还必须提供教师实时指出错误，给学生重新再做的机会”②。这种教学方法能够通过学生的反应将知识的适用落到实处。通过这种不断练习中纠正错误的方式，让学生习得法律职业伦理规范的恰当适用方式。

对于认同法律职业伦理的目的来说，应该采用讲授、法律诊所、模拟法庭等方法，让学生知道和认同法律职业在历史和现代法治社会中的作用，法律职业共同体所应具有的职业荣誉感和责任感，知道法律职业在现实生活具体案件中的地位与功能，进而将法律职业伦理内化于心。当然对于法律职业伦理的认同和养成来说，能够感染学生的方法更为适当。例如，通过电影、具体的案例来激发学生的责任意识和职业认同感。

【法治故事】

因很多律师陷入水门事件中，美国律师协会（ABA）决定，法学院必须提

① 何美欢：《理想的专业法学教育》，《清华法学》2006 年第 3 期。

② 何美欢：《理想的专业法学教育》，《清华法学》2006 年第 3 期。

供法律职业伦理的相关课程以解决律师伦理沦丧问题。自此，法律职业伦理成为各法学院的必修课程。可是法律人违背职业伦理的行为并没有得到杜绝。从 1990 年 1 月到 2001 年 12 月，美国州法院的法官共计 110 名被免职。免职的原因千奇百怪，有向当事人借钱、提供虚假单据、无故缺席不上班（4 个半月中缺席 96 天半）、言行不当（说“每个女人都不时需要敲敲打打”）、升职无望后脾气暴戾、性骚扰（骚扰法院雇员，给该雇员邮寄的一封信中夹带着使用过的避孕套）、猥亵女下属、诈骗保险公司、滥发传票以及逮捕令、索贿受贿、庭审中睡着、言行不当（散布种族主义、男权主义或是淫秽材料）、该回避未回避、恐吓当事人、恐吓其他法官（在另外一名法官的办公室燃放鞭炮，威胁要杀死他）、行为粗鲁（原文是“伊利诺伊州法院委员会决定免除一名法官的职务，因为他长时间地、厚颜无耻地、令人难以容忍地表现得毫无法官的修养和得体举止”）、使用假签名、出言不逊、拒绝审理案件（超过 8 个月的时间中拒绝审理 100 多个案件）、担任法官的同时担任律师；篡改诉讼文书、法庭上肢体攻击当事人、收取回扣、对出庭的女律师作出含有性意味的手势以及语言、敲诈刑事犯、习惯开庭迟到一到一个半小时、要求女实习生脱衣服、赌博、种族歧视、召妓、偷窃、偷税、为争财产而适用武器恐吓、藏毒、虐待、将其房屋作为赌博场所、吸毒、信用卡诈骗、要求当事人为他介绍的人找工作、与吸毒犯同居并参与该案件的审理然后与之结婚、为洗钱出谋划策、经营公司、担任三家公司的总裁、作伪证；等等。①

【问题与思考】

1. 尝试分析法律职业伦理之于法治的功用。

2. 根据法律职业伦理缺失的原因，结合自身的经历与经验，论述法律职业伦理养成的条件。

3. 法学教育是否应该教授法律职业伦理？法律职业伦理教育在法律职业伦理养成诸多影响因素中所占地位如何？

---

① 参见怀效锋主编：《司法惩戒与保障》，法律出版社 2006 年版，第 310—312 页。

4. 在法律职业伦理课程即将结束之时，请评估自己在未来的职业生涯中对待法律职业伦理的态度。

5. 你认为法律职业伦理课程应该如何设置，采用何种教学方法？

第十六章　法律职业伦理的保障机制

法律职业伦理建立在信念、角色和责任基础之上，包含了基于从事法律专业要求、法律职业共同体发展、追求社会正义、捍卫和维护法治传统等所应当具备的美德从而构建出来的行为规范体系。这一规范体系，既是法律人从事法律职业的行为准则，也是法律人应努力塑造的自我品格。现代法律职业伦理规范多以成文的、规范的形式表达，即法规、职业纪律、职业道德等规范性文件表达；既包括官方的规范，也包括行业内部自治性规范；既包括规范性文件，也包括非规范性文件行业处分决定、行政处罚、有关法律职业者犯罪的判决等。法律职业伦理是为法律职业者设定共同的行为规范，它主要是一种实践性规范，但它的真正实现离不开一系列的机制保障。

第一节　为何需要法律职业伦理的保障机制

一、保障法律职业伦理的实现

首先，法律职业伦理是维系法律职业共同体社会地位和声誉的重要承载载体。法律职业伦理是社会分工发展的必然结果。现代社会是高度分工的社会，社会分工的结果，就是诞生了不同的职业和职业阶层。不同的职业和职业阶层的存在，同时也是现代法律制度设计的结果。职业伦理诞生于社会分工，它是为了维护“相互之间的正常职业关系而应遵从的行为准则”，是个人与社会连接的规则。① 职业伦理是某一职业与社会达成的整体契约。职业伦理源

① 参见刘晓兵：《法律职业伦理及其实现》，载刘晓兵、程滔编著：《法律人的职业伦理底线》，中国政法大学出版社 2017 年版，第 1 页。

自公平契约。公平契约的实质含义是："契约所规定的人的权利和义务，并非单纯是由契约当事人双方合意决定的，而是由整个社会就保持和维护全体利益和价值而形成的分配机制来决定的。""契约所规定的不只是一种法权关系，社会形成的规范既具有法律效应，也基于同情而具有情感效应"。① 法律职业共同体属于利益共同体、知识技能共同体、承载法治理想的事业共同体和价值维系的共同体，"共同体形成的最基本的特征，是基于共同或相似的社会特征、价值取向、共同利益或目标，内在基础是互为取向的行为，外在表现是成员的相互认同。没有这种共同或相似的基础，共同体不能称之为共同体"②。

其次，法律职业伦理规则实际上是整个社会经过长期的探索、遵从法治规律而逐步提炼和总结出来的法律职业阶层应当遵守的行为准则，它实际上也是法治发展的必然要求和结果。徒法不足以自行，法律的实施离不开高素质的法律职业阶层。所以，法律职业伦理实际上也是对法治得以实现的重要践行者——法律职业阶层从事法律行为提出的最为基本的要求。

最后，法律职业伦理还是法律职业得以存续的构成性要素。因为职业法律家群体必须具备三个条件：坚决维护人权和公民的合法权益；具有深厚学识，并掌握娴熟的专业技术；具有资格认定、纪律惩戒、身份保障等一整套规章制度。③ 因而，建立法律职业伦理保障机制，也是为了保障法律职业伦理的实现。

二、促进法律职业共同体的理性发展

其一，法律职业伦理并非全部是社会强加于法律人的规范。实际上，更多法律职业伦理规范出自于法律人的自我理性选择和自我认同。职业伦理规范的存在，有助于增加职业的"合法性"，塑造职业共同体良好的社会形象。因为任何一个理性的职业群体都会认识到，缺少必要的自我规范约束，任何职

① 渠敬东：《职业伦理与公民道德——涂尔干对国家与社会之关系的新构建》，《社会学研究》2014 年第 4 期。

② 余涛：《转型社会中的法律职业共同体》，《山东科技大学学报(社会科学版)》2013 年第 3 期。

③ 参见季卫东：《法治秩序的建构》，中国政法大学出版社 1999 年版，第 198—199 页。

业群体都不可能行稳致远。而任何一种基于法律分工的职业，如不能够按照社会分工和法律预设目标发展，则该职业就不可能规范地发展，也不可能真正地形成一个共同体。法律职业共同体是法治实践的重要力量，法律职业伦理也是法治实现的不可或缺的先决条件。如果法律职业伦理无法实现，法律预设的各种价值目标就无法实现，国家的整个法治运行也终将失去支撑力量。

其二，设定法律职业伦理是为了更好地防治腐败，克服人的商业逐利属性。法律职业具有各种职业所具有的商业逐利共同属性，这在律师职业中体现得更为明显。商业化是律师在社会中的主要角色。作为以高度专业化知识为基础分化与孕育出来的一种现代职业，律师职业的“商业性”主要体现在其有偿性、契约性、竞争性等多方面。在高度商业化的社会，律师也被很多人视为出卖法律知识和技能而赚取收益的职业，也因而被很多人称为“法律商人”。而高收费、巧言令色、强词夺理等现代传媒对于律师职业的文学化、夸张化的描述，则使得律师这一群体在人们心中的商业化形象更加突出。加之部分律师不是专注于从法律上寻找维护当事人合法权益的依据，而是沉迷于勾兑权力、拉拢关系，从而沦为法律掮客，丧失了法律人维护正义的职业精神与社会良知而挣昧心钱，这些行为更加深了公众对于整个律师行业的误解，认为律师只顾赚钱，为了钱，律师可以不择手段，甚至赤裸裸“为坏人说话”，在公众心目中，律师职业成了一个没有节操的行当。一些律师职业理想的堕落，对职业操守的放弃，更使律师给公众留下了贪婪、不忠诚、傲慢、粗鲁、冷漠等更加负面的形象。①

其三，“法律人文主义”可以增进法律职业的社会正当性。比如，律师既是“经济人”，但同时也应当是伦理人、政治人、文化人，更应当是以社会正义的实现为最高宗旨的法律人，因而应当扮演更多重社会角色，担负更多的社会责任。律师、医生、牧师等职业，最为根本的价值是为公共服务，因而其职业义务应更多地强调利他主义和伦理性，这样，建立在维护人权和促进社会正义基

---

① 参见［美］德博拉·L.罗德：《为了司法/正义：法律职业改革》，张群等译，中国政法大学出版社 2009 年版，第 1—13 页。

础上的律师职业才有更多的正统性基础。①

其四，遵守职业伦理有助于群体形象的塑造，提升社会公众对法律职业的整体接受度。如，律师职业面临的低社会接受度，甚至被部分人敌视的窘境，固然很大程度上与历史文化中的民族心理沉淀、社会公众的误解等有关，但不少原因则来自律师业自身存在的种种问题。没有职业精神、不讲规矩、与司法机关有腐败关系，②或者在办案件过程中，以“潜规则”作为主要行为方式和生存之道，或行贿法官，或操纵法庭；或虽然有专门的知识、丰富的法律经验、滔滔不绝的辩论口才但其心目中始终只有“金钱”，则必然给民众留下口诛笔伐的靶子。此外，实践中常常有媒体曝出，一些法官、检察官因为进行权力交换而被绳之以法。诸多事实表明，强化法律职业伦理建设，最大化地克服法律人的商业属性，促进法律职业共同体的规范化、理性化发展，在当下的中国更为紧迫。

三、有助于把权力关进制度的笼子里

首先，职业伦理有助于实现法律职业人“技能”与“德性”的同步发展，帮助法律人认识“善”，实现“善”的目标。法治是一个以追求公平正义为目标的事业，但法治所追求的公平正义的实现，必须依赖于立法者、执法者、司法者等法律具体实施者的法律素质、政治素质和伦理素养。

其次，加强法律职业伦理的保障机制建设，把法律、法规、行业规范等众多文件中设定的法律职业伦理真正付诸实施，有助于预防和减少法律职业群体的腐败。法律职业伦理缺失，就会导致滥用职权、贪赃枉法、知法犯法等行为；严重威胁司法公信力，成为法律实施和法治运行的巨大障碍。③ 而如果出现司法腐败，则法治的运行将彻底失去应有的制度保障，社会公平正义将彻底失去实现机制，因为司法是社会公平正义的最后一道制度性防线。

---

① 参见季卫东：《法治构图》，法律出版社 2012 年版，第 296—297 页。

② 参见[俄]尤·彼·加尔马耶夫：《俄罗斯刑事诉讼律师违法活动面面观》，刘鹏等译，中国政法大学出版社 2013 年版，第 2 页。

③ 司法腐败，是指司法工作人员利用职权，违反法律规范和职业道德规范，以不正当手段谋取个人或小团伙利益的行为。参见方剑明：《司法腐败研究》，《研究生法学》1999 年第 4 期。

第二节　保障法律职业伦理实现的主要机制

法律职业伦理不是某一单个法律人的决定，而是法律职业共同的集体性选择，是由法律职业决定的应当遵循的共同准则和对该专业成员的普遍性、共同性要求。法律职业伦理与普通人的伦理规范之间是什么关系？是否等同或者完全不同？总体来看，法律人的职业伦理实际上包含了两个层面的内容，其一是作为普通人的伦理，其二是职业的伦理。

首先，受法律价值以及法律从业者职业要求的影响，法律职业伦理与普通人的伦理有一定差异。这是因为，职业伦理非个人的事务，而是专业的道德；法律职业伦理应该是基于法律职业制度而形成的或设立的伦理规范。法律职业伦理与大众伦理之间可能会有分歧、有冲突。涂尔干认为，对于职业生活来说，不同职业组织所规定的义务往往差别很大，教授与商人、士兵与牧师都各自履行自己的职业，其规范性的要求不仅不同甚至有对立；职业伦理与公民道德不同，它必须诉诸一种集体的权威，诉诸共同生活的集体情感和价值基础。① “社会一般伦理是对人们平等无差别的伦理要求，职业伦理则是有差别的、具体的”，“但是律师职业伦理与社会伦理又时常出现不一致的现象，不仅使律师执业时内心发生矛盾，也经常导致外界对律师的谴责之声。产生冲突的根源在于律师职业的经济性、群体利己性、制度性设计的内在理性”②。鉴于此，社会公众对“好人”的评价标准就无法适用于“律师”，因为律师遵从的是自身的职业规范。这一原理同时适用于法官、检察官。

其次，法律职业伦理与普通人的伦理之间虽然有一定区别，但是，如果法律职业者违反了后者，却可能成为公众指责法律职业者的把柄。绝大多数的案件中，法律职业伦理和普通人的常识伦理往往是相统一的，二者并非总是冲

---

① 参见渠敬东：《职业伦理与公民道德——涂尔干对国家与社会之关系的新构建》，《社会学研究》2014 年第 4 期。

② 高亚男：《论律师职业伦理与社会一般伦理的冲突与化解》，《江苏科技大学学报（社会科学版）》2018 年第 4 期。

突的。这是因为，个人品质存在严重瑕疵的人绝不会成为一名合格、称职的法律人。社会及公众对于法律职业的角色期望，不仅仅局限于从事法律职业者的职业能力，更多地表现为对法律职业人道德素质是否秉公、是否清廉、是否尽职。还应当注意到，二者的差异不是绝对的，因为随着社会的发展，一些普通人的伦理可能会被转化为法律职业伦理。

再次，法律职业人的伦理涉及三个层面：其一，道义论，行为必须符合先前设定的行为规则；其二，结果论，行动带来的结果作为评价对象；其三，德性论，行为人具有美德。总体上，道义论更符合律师职业道德。① 法律职业伦理的要求要高于或严于对普通大众的道德底线要求。但也可能存在"拟向关系"——如律师为所谓的"杀人恶魔"辩护。可见，好律师未必是好人，好人也未必是好律师。法律职业伦理内在有多个层面：事实认定方面的伦理；法律适用方面的伦理；忠诚于当事人利益的伦理（保守秘密、保护隐私）；忠诚于法律的伦理——维护法律精神的伦理；遵守职业规范的伦理，敬业、尽职；遵守职业道德和职业纪律；忠诚于法律和法治的伦理；等等。且因为职业的不同，法律职业者的伦理规范可分为法官职业伦理、律师职业伦理、检察官职业伦理，等等。

法律职业伦理具有独特性。法律人从事法律职业，应当遵循追求公正、忠于法律、维护法律职业共同体的团结和声誉的基本要求。因为违反法律和法律职业伦理的行为，不仅损害个人的职业声誉，还会损及同行乃至整个共同体的声誉和权威。但法律职业也有内部分工，不同的职业其职业伦理的侧重点有所不同，如法官须保持中立，检察官应忠于社会的公共利益，律师需要维护当事人最大利益。受法律正义、法治价值影响，法律职业伦理有其独特性。如著名的辛普森案，法院判定辛普森的行为不构成犯罪，但在受害方提起的民事诉讼中，法院最终却判决辛普森向受害方赔偿。其背后的逻辑，就是因为民事案件和刑事案件遵从的是不一样的证明标准，刑事案件要排除合理怀疑，而民事诉讼则遵循的是盖然性规则、优势证据规则。再如，律师具有商业性，同时，

① 参见王凌皞：《应对道德两难的挑战 儒学对现代法律职业伦理的超越》，《中外法学》2010年第5期。

律师的角色要求其必须在客户和国家、市场与法律之间、利他与利己之间进行平衡，角色内在地存在“二律背反”问题。其角色的复杂性也很难使得当事人和社会公众信任，要规范律师与委托人之间的关系，就涉及律师的能力、代理的范围、律师收费、保密义务、利益冲突等诸多方面规定；律师应当努力实现委托人利益的最大化，但律师也有责任不滥用法律程序；此外，为了维护公共利益和法律秩序，律师应当为社会提供一定的公益性的法律服务。① 再如，对检察官来说，传统上，刑法注重的是“国家—犯罪人”的二元关系，但是随着社会的发展，人们认识到，刑事案件公诉当中，应当将被害人利益纳入诉讼视野，因而，刑事案件公诉就需要考量“国家—犯罪人—被害人”这三元关系；公诉人的目的主要不应当是证明被告人有罪，而是应当实现社会公正。此外，还应当注意，虽然法律人也要讲政治，但不能简单地将政治伦理作为法律伦理来推行。实际上，法律人讲政治的最好方法，就是严格按照体现国家意志的法律来办理案件，讲法律、讲法治就是最大的政治。

法律职业伦理既是一种认知理性，还是一种实践理性，同时也是法律实践的基准。但法律职业伦理并非与生俱来、天然存在，也并非天然可以获得的自然理性，而主要是通过后天习得的“人为理性”。法律职业伦理是逐步习得的、逐步建构的、逐步铸造的，法律职业伦理的形成依赖于后天培训、规训、惩罚和激励等机制来保障。法律职业伦理的实现，需要从加强法律职业伦理教育、强化职业伦理监督实施、加强对违反法律职业伦理者的惩戒等多方面来推进。

一、法律职业伦理的教育培养机制——法学教育与法律职业资格考试

法律职业伦理的塑造是一个逐步内化式教育才能够完成的长期的工作。法律职业伦理的内化式塑造的首要的、基本的方式，就是法学教育。法学教育包括法律知识教育、法律技能教育、职业伦理教育三个相互联系不可分割的层面。法律职业伦理具有可培养性，原因在于：“法律职业伦理的客观化、技术

① 参见北京市律师协会组编：《境外律师行业规范汇编》，中国政法大学出版社2012年版，第163—260、538、60、236、371页。

化和可操作化的特点，及其所带有的惩戒性质，使得法律职业伦理具备更大的可培养性，使得法律职业伦理以更加直观、具体的方式呈现出来，甚至以行业规范条文的方式得以体现，不再如一般道德那样只具有较弱的规范效力。”①

（一）开设法律职业伦理课程

这是法学教育的通行做法。法律职业伦理是法学教育的组成部分，法学教育的目标，不仅要使学生掌握法律的基本规则、基本原理，还应当有助于提升法律职业者的职业伦理素养、职业能力。自20世纪70年代开始，美国的法学教育标准中就规定，法学院教育应该开设关于法律职业伦理教育的内容，加大法律职业者职业素养的培养。② 目前，我国教育部颁布的法学教育标准明确将“法律职业伦理”列为法学专业学生专业必修课之一。

（二）法律职业伦理的教学内容与教学方法

1. 法律职业伦理的基本教学内容。主要包括：法律职业者的从业管理规定、禁止性规范，包括律师、检察官和法官的行业管理规定等。如律师职业伦理③培养中，就需要将处理和当事人的关系、利益冲突、广告宣传、售卖法律服务等内容，作为教学内容。此外，与法律伦理实践相关的技能如法律事实分析与认定、程序参与、法律检索与沟通、文书写作技能、谈判能力、庭审技巧、综合管理能力，以及风险管理、时间管理、文件管理、案件管理（流程、时间、案卷信息）等，④都是法律职业伦理教育应当关注的内容。

2. 在教学方法上，除了讲授基本原理，还可采取诊所式案例研讨方法，分析案件的法律原理、制定起诉策略、模拟证人咨询及谈判；就会见当事人、辩诉交易、保释、证据开示、实施调查等⑤进行专业化的指导。

3. 法律职业伦理的教育内容应当具体化。法律职业伦理应尽可能与具

---

① 陈云良：《新时代高素质法治人才法律职业伦理培养方案研究》，《法制与社会发展》2018年第4期。

② 参见郭剑平：《我国法律职业伦理教育存在的问题与对策》，《高教论坛》2018年第3期。

③ 美国施行单一的司法准入制度，即检察官、法官以及职业律师都是从普通律师做起的，所以，美国法律职业伦理首先就是从法学院的律师职业伦理开始培养的。参见张鸿巍：《美国检察制度研究》，人民出版社2011年版，第295页。

④ 参见许身健：《卓越法律人才教育培养计划之反思与重塑》，《交大法学》2016年第3期。

⑤ 参见张鸿巍：《美国检察制度研究》，人民出版社2011年版，第295页。

体的法律实践情景相结合，在具体的法律实践语境中进行法律职业伦理教育。法律职业伦理多数是在具体的诉讼或者非诉讼过程中遭遇问题、困境情况下需要作出选择或行为时应当遵循的规范。如法庭出庭规则、会见被告人的要求、与当事人的沟通和交流等，对当事人的诉讼风险告知、案卷管理和开庭时间的管理，对当事人信息的保密，诉讼过程与诉讼之外工作的合理结合，等等。一些非诉讼工作中，也应遵守非常具体的伦理规范。如，在国际工程承包当中，律师要开展尽职调查，就涉及政治风险（征收风险、汇兑限制风险、战争和内乱风险、恐怖主义风险、政府违约风险、延迟支付风险、法律修改风险）、金融风险（如汇率风险等）、信用风险、技术标准风险、自然环境风险（地质、高温、飓风等）、完工风险、人力资源管理风险、环保与动物保护风险、市场风险、经营和维护风险等①诸多层面内容。可见，法律职业伦理的内容，常常与具体的法律业务、法律工作、法律程序密不可分。

（三）法律职业伦理的培养体系

法律职业伦理的培养，需要多层次的教育体系支撑，包括高等法学教育制度、统一司法考试制度、统一法律职业技能培训制度等。法律职业伦理教育制度，应当是由法学院教育、继续教育制度相互衔接的一体化教育体系。法律职业伦理教育虽然首先应当在法学院展开，但职业伦理教育却贯穿于法律职业终身。由于社会不断变迁、法律整体在向前发展，不同国家关于法律职业伦理的认识也在不断深化，因而法律职业伦理教育必然是一种需要终身教育的事业。

（四）法律职业伦理的教育贯穿于全过程

法律职业伦理的教育，应贯穿于法律专业学习的整个过程、贯穿于多个环节中，包括理论教学、实践教学、法律实习、实践执业等环节。可以说，实际上从进入大学法学院的第一天起，法科学生们都在接受法律职业伦理的教育。这是因为，法律职业伦理固然与个人人品存在很大关系，但是，通过法学院进行的法律职业伦理的培养，首先是"法律"的专业知识、法律技能、法律语言、法律思维方式、法律实体和程序规定中内在的各种伦理和原理。这些伦理和原理，反映在每一部部门法当中，以及基本的法学原理和理论中。因而，单独

① 李俭编著：《法律尽职调查完全手册》，法律出版社 2017 年版，第 286—294 页。

开设课程讲授法律职业伦理虽然非常必要和重要，但法律职业伦理不完全简单采用单一的单独课程，而应当贯穿于部门法教育相结合当中。法律职业伦理教育应当与部门法教育相结合，因为不同部门法有不同的基本原理、诉讼证据规则、内在价值追求。

（五）法律职业教育的基本目标

法律职业伦理教育的基本目标，是理解法律职业伦理的基本原理、掌握法律职业伦理的基本规定，并逐步内化为自己的法律意识、内心确信，转化为职业行为规范。通过法律教育，使法科学生明确法律职业伦理对法治发展、法律职业自身发展的基本价值；理解并逐步接受法律职业伦理的基本规范；树立基本的法律职业伦理意识，清醒地认识到违背法律职业伦理的严重后果——损害法律职业人员的个人名誉、破坏职业群体声誉、降低社会公众对职业群体的信任，严重时，行为人可能因此遭受行业纪律处分、承担民事赔偿责任、行政处罚甚至是被处以刑事责任。此外，作为一种教学方式，法律职业伦理教育还应当让法学专业学生了解作为一个法律人所要面对的伦理困境，并在特定情形下形成自己的价值观；通过训练，让法学专业学生对法律职业在社会中的角色有进一步的认识；刺激学生积极从事审慎判断的能力。① 当然，法律职业伦理教育的最终目的就是要鼓励未来的法律人更多地思考自己想要的生活方式、想要从事的职业，并如何更好地“对一个公正的社会理想有所贡献”②。

二、职业伦理的准入把关、培训和法律方法与法律技能的训练机制

（一）职业伦理准入与把关

首先，除了法学院校的专业课程设置中增加“法律职业伦理”内容外，在法律职业考试中，也应当增加法律职业伦理的内容。通过法律职业伦理的理论考察、案例分析考察等方式，考核学生对于法律职业伦理基本理论和原理等内容的掌握程度、强化未来法律从业人员对法律职业伦理的认知。

其次，入职前的品行把关。不论是法院、检察院或者是律师事务所招聘，均

① See Ian Johnstone, Mary Patricia Treuthart, “Doing the Right Thing: An Overview of Teaching Professional Responsibility”, *Journal of Legal Educ*, 1991, (1).

② Deborah L.Rhode, “Teaching Legal Ethics”, *Saint Louis University Law Journal*, 2007, (4).

应对申请入职者的个人品格进行考察，要求申请入职者全面如实填写个人相关信息。考察内容可包括入职前是否曾有犯罪记录、曾否被判刑、有否被监禁、曾否破产、曾否诉讼或任职经历等。此外，还应当对申请入职人员进行毒品测试等体检，防止不诚实的人或有心理缺陷者被授予从事法律服务的资格。①

最后，基于公职人员的伦理标准考察。法官、检察官虽然不是公务员，但是在考核录用时，实际上参照了公职人员录用的基本标准进行了知识考核。在伦理标准考察方面，可就是否违反收受贿赂、不当兼职、财产交易、利益冲突、公正执行职务、馈赠、在外活动、诈欺或滥权等相关法令规章进行伦理考核。②

（二）对新入职者的职业伦理培训

除了应当遵循一般的法律职业伦理，法官、检察官和律师在新入职时，还应接受本职业领域的专业伦理培训。通过培训，使入职者掌握所要从事职业的基本伦理规范和伦理要求，形成从事职业所需要的基本规范意识。入职前的职业伦理培训，可结合具体从事的工作开展，可通过典型案例教育、从业经验丰富的专业人员的经验交流等多样化的教学方式进行。新入职后日常培训机制与法学院职业伦理教育不同的是，它应当是针对法官、检察官或者律师某一具体领域的业务而展开的伦理培训，具有专业特定性、实践性、警示性等特征。针对新入职者进行的职业伦理培训的内容主要应当包括：法律、法规、规章、政策、习惯、行业惯例、协会章程、地方协会管理规定等。当然，入职后的法律伦理培训，可采取以老带新的经验传授、业务讲座、工作研讨等多种方式展开。

1. 有关法官职业伦理的主要法律法规和规范性文件

主要包括：

《中华人民共和国法官法》（全国人民代表大会常务委员会，2019）

《中华人民共和国法官职业道德基本准则》（最高人民法院，2010）

《法官行为规范》（最高人民法院，2010）

《最高人民法院关于进一步改进司法作风的六项措施》（最高人民法院，2012）

---

① 参见宋冰编：《读本：美国与德国的司法制度及司法程序》，中国政法大学出版社 1999 年版，第 186 页。

② 参见王守安、董坤：《美国检察官职业伦理规范建设与启示》，《人民检察》2016 年第 15 期。

《最高人民法院关于进一步改进机关工作作风的实施办法》

《最高人民法院关于在全国法院开展改进司法作风教育活动的通知》（最高人民法院，2013）

《法官职务序列设置暂行规定》（中组部、最高人民法院，2011）

《人民法院工作人员处分条例》（最高人民法院，2009）

《最高人民法院关于“五个严禁”的规定》（最高人民法院，2009）

《最高人民法院关于违反“五个严禁”规定的处理办法》（最高人民法院，2009）

《最高人民法院关于在审判工作中防止法院内部人员干扰办案的若干规定》（最高人民法院，2014）

《关于人民法院落实廉政准则防止利益冲突的若干规定》（最高人民法院，2012）

《关于对配偶子女从事律师职业的法院领导干部和审判执行岗位法官实行任职回避的规定（试行）》（最高人民法院，2012）

《关于进一步规范司法人员与当事人、律师、特殊关系人、中介组织接触交往行为的若干规定》（最高人民法院、最高人民检察院、公安部、国家安全部、司法部，2016）

《关于规范法官和律师相互关系维护司法公正的若干规定》（最高人民法院、司法部，2004）

此外，2013年12月12日，最高人民法院发布《关于纠正节日不正之风的“十个不准”规定》。“十个不准”规定要求，各级法院及全体法院干警在每年元旦、春节、清明、劳动节、端午、中秋、国庆等节日期间，不准以过节名义滥发实物、现金及支付凭证；不准用公款购买、印制、邮寄、赠送贺年卡、明信片、年历等物品；不准用公款购买烟花爆竹、烟酒、月饼等年货节礼，或者以过节名义用公款搞相互走访、送礼、宴请等活动；不准用公款大吃大喝、游山玩水或者用公款豪华铺张举办庆典、晚会等活动；不准收受可能影响公正执行公务的礼品、礼金、支付凭证等财物；不准参加可能影响公正执行公务的宴请、旅游、健身、娱乐等活动；不准违规使用公车或者将公车外借他人使用；不准向案件当事人及其委托人借车用于探亲访友或外出游玩等活动；不准跑官要官、买官卖官;不准从事与法院工作人员身份不相符的活动,或者涉足与法院工作人员身份不相符的场所。①

2. 有关检察官职业伦理的主要法律法规和规范性文件

主要包括:

《中华人民共和国检察官法》(全国人大常委会,2019)

《中华人民共和国检察官职业道德基本准则(试行)》(最高人民检察院,2018)

《检察官职业行为基本规范(试行)》(最高人民检察院,2010)

《检察机关执法工作基本规范》(最高人民检察院,2013)

《最高人民检察院机关严肃纪律作风的规定》(最高人民检察院,2017)

《最高人民检察院贯彻落实中央八项规定实施细则的若干规定》(最高人民检察院,2017)

《关于坚持全面从严治党自觉接受派驻监督的意见》(最高人民检察院,2016)

《检察机关党风廉政建设责任制实施办法》(最高人民检察院,2011)

《检察机关领导干部廉洁从检若干规定(试行)》(最高人民检察院,2010)

《关于深入推进检察机关廉政风险防控机制建设的实施意见》(最高人民检察院,2012)

《检察人员八小时外行为禁令》(最高人民检察院,2013)

《最高人民检察院禁酒令》(最高人民检察院,2018)

《严禁检察机关在内部公务活动和交往中用公款请客送礼的规定》(最高人民检察院,2015)

《关于规范检察人员与律师交往行为的暂行规定》(最高人民检察院,2018)

《关于严禁检察人员违规使用机动车辆的六项规定》(最高人民检察院,2010)

《中共最高人民检察院党组巡视工作规划(2018—2022 年)》(最高人民

① 参见张先明:《最高法院发布节日期间“十个不准”规定》,http://www.court.gov.cn/jianshe-xiangqing-5909.html,访问日期:2020 年 4 月 22 日。

检察院,2018)

《最高人民检察院机关严肃纪律作风的规定》(最高人民检察院,2017)

3. 有关律师职业伦理的主要法律法规和规范性文件

主要包括:

《中华人民共和国律师法》(全国人大常委会,2017)

《律师事务所管理办法》(司法部,2018),该办法针对律师事务所的设立条件、许可程序、变更和终止、执业和管理规则等进行了规定。

《律师职业道德和执业纪律规范》(司法部,2001)

《律师执业管理办法》(司法部,2016)

《中华全国律师协会律师执业行为规范》

《律师和律师事务所违法行为处罚办法》(司法部,2004)

《司法部关于加快建立律师诚信制度的通知》(司法部,2002)

《律师执业行为规范(试行)》(中华全国律师协会,2009)

《全国律协关于进一步加强和改进律师行业惩戒工作的意见》(中华全国律师协会,2013)

《中华全国律师协会关于加强律师行业诚信制度建设的意见》(中华全国律师协会,2004)

《全国律协关于进一步加强以诚信建设为重点的律师行风建设的意见》(中华全国律师协会,2013)

《关于成立全国律师行业行风监督委员会工作方案》(中华全国律师协会,2013)

《全国律师行业行风监督委员会工作规则(试行)》(中华全国律师协会,2013)

《律师协会会员违规行为处分规则(试行)》(中华全国律师协会,2017)

《律师协会会员奖励办法》(中华全国律师协会,2003)

此外,《刑法》第 305 条"伪证罪"、第 389 条"行贿罪",也是律师执业实践中容易触犯的两个法条,因而应注意加强学习。

4. 有关法律职业伦理的党内法规、监察法、政策性文件

其一,法律法规:

《中华人民共和国监察法》(全国人民代表大会,2018)

其二,党内法规:

《中国共产党廉洁自律准则》(2015)

《中国共产党纪律处分条例》(2018)

其三,政策与文件:

《中共中央关于全面推进依法治国若干重大问题的决定》(2014)

《关于新形势下加强政法队伍建设的意见》(2017)

《法官、检察官单独职务序列改革试点方案》(2015)

《法官、检察官工资制度改革试点方案》(2015)

《关于深化律师制度改革的意见的通知》(中共中央办公厅、国务院办公厅,2016)

《关于加快推进公共法律服务体系建设的意见的通知》(中共中央办公厅、国务院办公厅,2019)

《关于促进律师参与公益法律服务的意见》(司法部,2019)

(三)法律方法与法律技能的训练机制

其一,法律从业者之所以要接受法律方法和法律技能训练,是因为法律人所要追求的目标依赖于正确的方法和技能才能够实现。其深层原因在于,法律职业伦理与日常伦理有所区别,一个大众眼中的好人,如果没有进行过合理的法律方法和技能训练,可能无法真正完成法律及法律职业伦理所追求的目标。比如,法律职业伦理贯穿式教育对于加强学生对无罪推定、疑罪从无、公平正义等基本原则的理解有很大的帮助作用。法律职业伦理是一种程序性伦理。“如法官不得因当事人的贫穷或者富有而持不同的态度。在程序内不得对当事人抱有同情心。不得因为当事人罪恶重大而拒绝接受委托等,律师不得向法庭提供因接受委托而了解的当事人的案情等等。要防止审判人员的主观偏见影响审判,要求审判人员在审判中要做到不因人的外貌长相而影响审判,听讼不分贵贱等等。”①再如,律师替一个他明知有罪的人辩护完全妥当,且因此收取费用、接受酬劳,不应因此而受到良心或者社会公众谴责。

① 谢晖、陈金钊:《法理学》,高等教育出版社2005年版,第330—335页。

其二,法律人所遭遇的角色道德困境。法律人的职业本身就是要解决价值冲突和利益矛盾。[①] 如律师经常要在忠于委托人责任与“国家责任”之间的忠诚困境、公共责任与商业化之间的认同困境之间进行权衡。法治要实现,单单有好的法律规定还不够,还必须有接受并内化了社会价值的法律“操盘手”——法律职业者。立法者所确立的法律价值只有借助于法律职业者的转化工作,才可能把抽象的社会正义转化为个案正义。法律方法追求法律的形式正义与实质正义的双重实现。由于法律职业者并不可能是一个机械的法律操作者,而是一个有着目的与价值偏好的社会价值承载者,所以,从司法判决来看,法律推理的运用必然一方面是三段论逻辑的外在形式运作;另一方面是社会价值的内在运行,法律推理是一个形式与实质同时运行与兼顾的思维过程。法律方法的运用有助于法律职业人员对于社会价值的吸纳。法律方法是站在法治的立场上,根据法律分析事实、解决纠纷的思维方法与操作技能。法律方法以维护法治而不是解构法治为目的,是法官对法治表达忠诚的唯一方式。法律方法可以解决三个层面的问题:立场、信念与方法。作为信念的法律方法,试图从方法论的角度解决法治的可能性问题。[②] 曾经有法官提出了一个与法律方法有关,但并非法律方法自身的问题,那就是,法律方法对那些徇私枉法、徇情枉法的法官、检察官或者律师不产生任何作用,方法是中性的工具,所以,法律方法会被异化,不可能都是站在法治的立场上被使用的。应当承认,对那些掌控当事人生杀大权或者利益而又不打算依法办案的法官或者检察官来说,法律方法对他们不发挥任何作用,因为对他们来说,法律方法早已经被异化,失去了其存在的领地与正当性。[③] 问题在于,律师、法官、检察官绝大部分还是兢兢业业的,他们还心存铁肩担道义的向往与追求。在这一部分法律职业者当中,不乏想办好案件但又没有掌握法律方法的人。换句话说,追求正确判决的法官并不在少数,但是,并不是每一位有这种追求的法官都能实现其目标。法官辛辛苦苦办错案的情形在实践中屡见不鲜,主要原因在于,

---

① 参见李学尧:《非道德性:现代法律职业伦理的困境》,《中国法学》2010 年第 1 期。

② 参见陈金钊:《法治与法律方法》,山东人民出版社 2003 年版,“序言”。

③ 参见韩德强:《论法律方法的异化及其成因——兼析司法过程中司法资源的市场化配置》,《河南省政法管理干部学院学报》2005 年第 2 期。

这些法官没有掌握正确的法律方法，所以，他们往往显得心有余而力不足。所以，要想避免办错案情形的批量发生，就需要法律职业者尤其是法官应当具有正确的法律思维，掌握正确的法律方法与技能。通过法律方法，法律职业者将立法者的理想蓝图逐渐变为了现实的法治大厦，法官们将立法者所没有涉及的领域与漏洞给予了弥补、将模糊的法律变为了清晰的规则。

其三，为了保障法律职业伦理，需要将对法律从业者进行的法律方法和技能训练放置在真实、具体的案例中。通过对诸如彭宇案、张雪莹诉蒋伦芳案、药家鑫案、里格斯诉帕尔默案等众多真实案例事实以及裁判者面临的各种道德困境和社会道德冲突的论辩，培养法律人在面对复杂案件时，所应当具有的证据收集、诉讼技巧、法律发现、法律分析、法律推理、法律技能以及应有社会道德和价值观的洞察能力和判断能力。

三、法律职业伦理的预警、监督和惩戒机制

（一）预警和监督机制

其一，法院系统的职业伦理的预警和监督机制。主要包括：最高人民法院的司法巡查机制。自 2012 年开始，最高人民法院对各高院开始了司法巡查，各高、中级法院也分别对下级法院开展了司法巡查。此外，全国各省、自治区、直辖市法院增设专职廉政监察员 1443 名。各级法院还开展领导干部述职述廉、财务检查。① 结合“忠诚、为民、公正、廉洁”的政法干警核心价值观教育实践活动，全国法院开展了廉洁司法教育活动，同时采取任前谈话、提醒谈话、诫勉谈话等方式，对干警开展个性化廉政教育。最高人民法院及各高院、中院和基层法院建立了审务督察机构，配备专职督察人员和兼职督察人员，开展日常督察、专项督察、审务评议，对纪律作风方面存在的问题进行查纠。② 通过巡察，“摸清情况、发现问题、督促整改、推动工作”。法院系统还加强了法官违

① 参见张先明：《最高法院启动第二轮司法巡查工作》，http://www.court.gov.cn/jianshe-xiangqing-5901.html，访问日期：2020 年 4 月 23 日；张先明：《人民法院 2012 年反腐倡廉工作深入推进》，http://www.court.gov.cn/jianshe-xiangqing-5217.html，访问日期：2020 年 4 月 23 日。

② 参见张先明：《人民法院 2012 年反腐倡廉工作深入推进》，http://www.court.gov.cn/jianshe-xiangqing-5217.html，访问日期：2020 年 4 月 23 日。

规违纪预警系统建设，推行执行案件“一案双查”、作风纪律“大督察”；坚持“零容忍”惩治司法腐败，①围绕违纪违法案件查办、司法巡查和审务督察；坚持挺纪在前、严格执纪，强调持之以恒纠正“四风”，以人民群众感触最直接的立案、信访等“窗口性”工作为重点，坚决整治形式主义、官僚主义，持续改进司法作风。最高人民法院高度重视从严管党治党，加强日常监督，把监督融入日常，对苗头性、倾向性问题及时发现、及时提醒、及时改进，切实做到监督常在、形成常态，让干警真正接受和习惯在受纪律监督和约束的环境中工作生活；坚决追责问责，让“失责必问、问责必严”成为常态。② 坚持从严教育、从严管理、从严监督，教育、引导广大干警始终坚持依法履职、秉公用权、廉洁办案，自觉接受监察机关监督，确保公正廉洁司法。③

其二，检察院系统职业伦理的巡视预警和监督机制。检察职业的基本精神是“忠诚、为民、担当、公正、廉洁”。近年来，检察机关内部监督的举措主要包括：

健全反腐倡廉制度机制。先后制定《检察机关党风廉政建设责任制实施办法和责任制追究暂行办法》《检察机关领导干部廉洁从检若干规定（试行）》《关于深入推进检察机关廉政风险防控机制建设的实施意见》，颁布《检察人员八小时外行为禁令》《禁酒令》《严禁检察机关在内部公务活动和交往中用公款请客送礼的规定》《关于规范检察人员与律师交往行为的暂行规定》《关于严禁检察人员违规使用机动车辆的六项规定》等制度。

派驻监督。《关于坚持全面从严治党自觉接受派驻监督的意见》对最高人民检察院机关各级党组织接受派驻监督的工作方式进行了明确：定期报告工作情况；积极配合监督检查；认真落实监督意见；主动加强工作协调；协同建

---

① 参见周昂：《刘海泉在福建法院调研时强调 深入学习贯彻党的十九届四中全会精神推动人民法院纪检监察工作高质量发展》，http://www.court.gov.cn/jianshe-xiangqing-206751.html，访问日期：2020年4月22日。

② 参见黄伟：《刘海泉在北京法院系统调研时强调：将监督融入日常把纪律挺在前面切实强化司法责任制下司法权监督制约》，http://www.court.gov.cn/jianshe-xiangqing-150062.html，访问日期：2020年4月22日。

③ 参见潘堃：《周强：加强司法审判与国家监察有机衔接》，http://www.court.gov.cn/jianshe-xiangqing-85082.html，访问日期：2020年4月21日。

立“四种形态”动态台账；及时报备监督执纪情况；自觉加强办案工作衔接；严格执行相关制度规定。① 突出抓好对执法办案活动的监督，紧密结合深化司法体制改革，继续围绕修改后刑诉法、民诉法实施过程中的薄弱环节，针对容易发生执法不严、司法不公问题的重点领域和关键岗位，严格执行廉政风险防控、执法办案说情报告、规范检察人员与律师、当事人、中介和特殊关系人接触交往行为等有关规定，进一步建立健全廉政隐患摸排预警、重点岗位轮岗交流、防止利益冲突等制度，最大限度减少权力出轨、个人寻租的机会。不仅注重检察系统的监督，还注重加强社会监督。据统计，检察人员违纪违法案件线索主要来源为，一是群众来信，占 70%左右；二是直接发现（主要指检察机关、纪委机关或公安机关发现），占 20%左右；三是网络举报，近两年占 10%以上。

强化廉洁从检教育。组织编辑《检察人员违纪违法案例选编》和《警示与镜戒》，深刻剖析检察人员违纪违法典型案例，以案释法。对违反规定参加奢靡娱乐活动典型案件进行通报，组织全国检察机关开展纪律作风专项整顿和警示教育。

强化内部监督工作。建立了述职述廉、上级院主要负责人和下级院主要负责人谈话、上级院派员参加下级院党组民主生活会等制度。组织对省级院进行巡视、督察，督促落实各项工作。加强对执法办案活动的监督，深入推行“流程监督”“网上监督”“重点案件回访”等措施，推进执法过错责任追究，建立以规范检察权运行为核心的监督工作机制。

建立举报机制。在 12309 举报网站开设检察干警违纪违法举报专区；健全违纪违法案件线索统一管理，建立案件线索数据库和重要案件线索上提一级备案制度；同时推行不实举报澄清机制，为一些受到诬告错告的检察人员澄清事实。

加强分类分级管理，加强线索受理、办理、反馈等制度建设。对检察人员特别是领导干部身上暴露出的不严格、不规范特别是不公正、不廉洁问题早发

---

① 参见徐日丹：《最高检出台意见明确纪检派驻监督五方面重点内容》，https://www.spp.gov.cn/spp/zdgz/201610/t20161011_169049. shtml，访问日期：2020 年 3 月 6 日。

现、早提醒、早纠正，防止养痈遗患，防止小错铸成大错、小问题变成大问题。①

加强巡视。最高人民检察院印发《中共最高人民检察院党组巡视工作规划(2018—2022年)》。巡视工作着力检查是否着力发现司法不严格、不规范、不公正、不文明问题等情况；围绕党的纪律建设，重点检查党规党纪执行情况，结合检察机关实际，要检查是否强化"三个规定""禁酒令""八小时外行为禁令"等纪律执行情况；围绕夺取反腐败斗争压倒性胜利，重点检查领导干部廉洁从检和整治自身司法腐败问题等情况，结合检察机关实际，要检查是否着力发现和推动查处干预司法办案、违规办案、泄露案件秘密，以及贪赃枉法、收钱捞人、充当黑恶势力"保护伞"等问题。巡视聚焦干预司法办案、违规办案、充当黑恶势力"保护伞"等问题。②

加强纪律作风监督。《最高人民检察院机关严肃纪律作风的规定》，规定共15条，在重申相关纪律作风要求基础上，从严肃政治纪律作风、办案纪律作风、工作纪律作风、生活纪律作风和廉政纪律作风等方面提出禁止性要求。比如《规定》要求，严禁违反规定过问、干预其他检察官、其他人民检察院或者其他司法机关正在办理的案件，为案件当事人说情；严禁私自会见案件当事人或其辩护人、代理人、申诉人、亲友及特定利害关系人；严禁违反规定向案件当事人推荐特定的律师作为本人办理案件的诉讼代理人、辩护人，或者要求、暗示当事人更换律师等。③

其三，律师行业协会对律师的预警和监督机制。律师行业加强职业伦理预警和监督的目标是，通过职业道德建设，促进律师规范执业、诚信执业，增强社会责任感，树立正确的职业观和价值观。

成立全国律师行业行风监督委员会。全国律协颁布了《关于成立全国律师行业行风监督委员会工作方案》《全国律师行业行风监督委员会工作规则

---

① 参见郭洪平：《最高检纪检监察机构负责人就检察人员违纪违法典型案件通报答记者问》，https://www.spp.gov.cn/spp/zdgz/201409/t20140925_80963.shtml，访问日期：2020年3月6日。

② 参见姜洪：《张军：深入开展系统内巡视工作切实把管党治党的政治责任扛起来》，https://www.spp.gov.cn/spp/tt/201810/t20181013_395092.shtml，访问日期：2020年3月6日。

③ 参见戴佳：《最高检出台严肃机关纪律作风"15条禁令"》，https://www.spp.gov.cn/spp/zdgz/201501/t20150128_89259.shtml，访问日期：2020年3月7日。

(试行)》,从党政部门、司法机关、群团组织、社会团体、科研院所和企事业单位推荐的基层优秀代表中聘请了行风监督员,成立了全国律师行业行风监督委员会。成立律师行业行风监督委员会的意义在于:有助于督促律师依法规范诚信执业,维护公正廉洁司法,推进全民守法,在全社会树立法律的尊严和权威;防止和纠正律师的不当行为损害人民合法权益,维护广大人民群众切身利益;树立律师队伍良好形象。我国律师队伍主流是好的,但律师诚信建设中还存在着一些问题:"有的律师职业道德水平不高,诚信观念不强,对当事人委托事项不能尽职尽责办理,乱收费或者收了费不办事;有的包打官司,随意许诺,甚至欺骗当事人;有的在执业过程中不能保守当事人秘密,随意泄露当事人隐私;有的在诉讼活动中贿赂司法人员,办'关系案''人情案''金钱案',妨碍司法公正等,这些问题严重影响了律师队伍的健康发展,也在一定程度上影响了社会主义法治形象。"①

全国律师行业行风监督委员会的职责包括:参与中华全国律师协会律师行风建设有关政策、措施的研究和制定工作;负责向中华全国律师协会提出加强和改进律师行风的建议和意见;及时向中华全国律师协会反映本组织系统内或社会群众对律师行业管理工作的意见或建议;监督律师执业活动,反映律师在诚信等方面存在的问题。委员会将定期或不定期召开行业行风监督员委员会工作会议,专项听取委员的意见或建议;根据工作需要,组织委员参加律师行业的活动,了解律师行业的动态;组织委员走访、视察律师事务所。

全国律师行业行风监督委员会委员的权利包括:根据工作需要,查阅、获得有关文件和资料;参加或者列席中华全国律师协会组织的有关会议;对行风建设工作提出批评、建议和意见;听取和了解所提意见、建议和举报等事项的办理情况。

需要注意的是,近年来,部分律师在执业过程中,出现了一些新的不当行为方式,如律师业圈内有将刑事辩护律师分为"形式派"、"勾兑派"和"死磕派"三种类型的提法,②在一定程度上反映了律师自律性不足等问题;部分律

① 中国律师网:《全国律协负责人就成立全国律师行业行风监督委员会答记者问》,http://www.acla.org.cn/article/page/detailById/19156。

② 参见钱杨:《死磕派律师如何死磕》,《人物》2014年3月21日。

师抢在司法机关之前发声、选择性地发布信息，发布对自身有利的信息，隐瞒对自己不利的案件内容，炒作案情、误导公众、传播谣言、渲染情绪、互相抱团，成为很多网络“大V”操纵舆论的惯用手法。① 对此，2016年司法部通过修改《律师执业管理办法》对司法实践中出现的比较突出的一些律师失范问题进行了规范。如，部分律师庭外造势行为、律师对在审案件的庭外发表言论等。2017年全国律协修订的《律师执业行为规范》第六条第二款规定：“律师不得利用律师身份和以律师事务所名义炒作个案，攻击社会主义制度，从事危害国家安全活动，不得利用律师身份煽动、教唆、组织有关利益群体，干扰、破坏正常社会秩序，不得利用律师身份教唆、指使当事人串供、伪造证据，干扰正常司法活动。”

其四，社会监督机制。除了行业的预警、管理和监督，社会公众的监督对于法律职业伦理的实现也是非常重要的，主要包括：当事人监督；社会公众监督；媒体监督机制。

（二）惩戒机制

对违反法律职业伦理者进行惩戒的方式，主要包括行业惩戒、行政处分、纪检监察处分、刑事责任、民事责任等。当然，不同行业的具体惩戒方式也有所不同。

其一，法官违反职业伦理的惩戒机制。法官违反职业伦理，轻则会被法院系统给予处分、重则会被给予党纪政纪处分，甚至是被判处刑罚。对法官违反职业伦理的行为，实践中也经常可以见到一些被通报的典型案例。为了加强对广大干警的警示教育，最高人民法院近期公布的典型案例包括：接受请吃；与社会人员相约到茶楼带彩打牌；春节假期之后继续自行放假，并以元宵节前办不成事为由对诉讼当事人推诿搪塞；将法院警车借给其他单位临时使用；清明节放假期间私自驾驶警车到公墓为其亲属迁坟等。② 最高人民法院还要求，各级法院要积极采取专项检查、随机抽查、暗访检查等方式，对中央八项规

① 参见韩振等：《律师执业乱象调查：玩转法律，损伤法治》，《决策探索（下半月）》2014年第10期。

② 参见张先明：《最高人民法院通报6起工作作风不正的典型案例》，http://www.court.gov.cn/jianshe-xiangqing-5900.html，访问日期：2020年3月25日。

定精神和最高人民法院六项措施的执行情况进行经常性的检查，及时发现和查纠各种不正之风。

其二，检察官违反职业伦理的惩戒机制。检察官违反职业伦理，同样可能会被给予处分、给予党纪政纪处分，甚至是被判处刑罚。近期通报检察系统违法违纪的典型案例主要包括：借婚丧喜庆事宜及春节之机收受礼金、借出差之机私自出境旅游、借开会之机旅游、超标准使用办公用房、违规发放燃油补助、超范围和超标准公务接待、违规公务接待、违反禁酒令、公车私用等问题。①

其三，律师惩戒制度。2017 年，全国律师协会制定了《全国律协关于进一步加强和改进律师行业惩戒工作的意见》。该意见出台的目标在于，维护正常的法治秩序，使律师在诉讼和非诉讼活动中能够充分、严格、依法有效地行使职责，维护当事人合法权益，维护法律的正确实施，维护社会公平和正义。

为加强惩戒，多地律师协会调查委员会对本地司法行政部门移送初查的纪律投诉案件，信访部门移送的涉及纪律投诉的信访案件，法院、检察院、公安机关等移送的涉及违规违纪线索，以及律协受理的纪律投诉案件进行初步调查，并将初步调查结果以调查报告形式报律协纪律（惩戒）委员会（暨律协投诉中心）。多地律师协会还推出“警示台”制度，并成立纪律调查委员会，定期公布违规受处分的律师及律所，将惩戒、教育与预防相结合，以案说法，让更多律师了解和学习律师执业规范，降低律师违规行为的发生率，更好地维护律师形象。②

实践中，违反律师职业伦理规范的常见行为包括：代理不尽责；违规收案、收费；违反司法行政管理或行业管理规定，如包括虚假宣传、虚假承诺、诋毁同业律师、私设分支机构、拒绝配合律协调查等；以不正当方式影响依法办案，如律师在看守所会见中的各种违规行为、律师在庭审过程中的各种违规行为、律师对在审案件的不当庭外宣传等；利益冲突问题等。③ 近年来，律师因为违法、违纪被行业处分、行政处罚或者判刑的情形不在少数。部分典型案例如：

① 参见王治国、戴佳：《最高检：进一步严明纪律和规矩确保春节期间风清气正》，https://www.spp.gov.cn/spp/tt/201802/t20180211_365936.shtml，访问日期：2020 年 3 月 25 日。

② 参见中国律师网：《推出“警示台”制度——上海律协召开纪律惩戒工作新闻发布会》，http://www.acla.org.cn/article/page/detailById/26487，访问日期：2020 年 4 月 21 日。

③ 参见吴洪淇：《律师职业伦理规范建设的回顾与前瞻》，《交大法学》2018 年第 2 期。

(1)某律师因合同诈骗罪被判处刑罚,市司法局作出“吊销律师执业证书”的行政处罚决定;律师协会作出了“取消会员资格”的行业纪律处分。① (2)签订民事案件代理合同后,未经过当事人同意,私自转委托,当地律师协会作出了“公开谴责”的纪律处分。② (3)文某因为强奸罪,被当地司法局处以“吊销律师执业证书”的行政处罚决定。③ (4)郭某某律师在会见犯罪嫌疑人时,向其提供纸、笔,让其书写信件,被看守所发现并举报。④ (5)周某某律师泄露当事人隐私、不当披露案件信息;雷某某律师贬损同行;李某某律师不当披露案件信息、为争揽业务,向委托人作虚假承诺。⑤ (6)有律师因为在“中国征地拆迁律师网”虚假宣传自己“被全国性媒体誉为著名律师、大律师”,并与投诉人签订委托代理合同,后被举报。律师协会认为其违反了《律师执业行为规范》第六条“恪守律师职业道德”和第七条“律师应当诚实守信”等规定,最终依据《律师协会会员违规行为处分规则(试行)》第九条、第十一条,当地律师协会给予被处分人“公开谴责”行业处分。⑥

实施对律师和律师事务所违规行为惩戒是《律师法》赋予律师协会的一项重要职能,也是律师协会实现行业管理最为重要的手段之一。2017 年,全国律协首次编辑印发《律师和律师事务所违规行为惩戒案例》。该案例编写的目的,是为了进一步开展对违规行为惩戒工作的指导和监督,促进律师协会之间工作经验交流,推动惩戒工作程序的规范和统一。该案例作为一本对惩戒工作具有指导意义的示范性文本,可以作为新入行实习律师职业道德、执业

① 参见中国律师网:《北京市律师协会处分决定书(京律纪处〔2017〕第 8 号)》,http://www.acla.org.cn/article/page/detailById/20313,访问日期:2020 年 4 月 25 日。

② 参见中国律师网:《宁夏律师协会关于对宁夏言成律师事务所蒋伏军违规行为处分的决定书》,http://www.acla.org.cn/article/page/detailById/20316,访问日期:2020 年 4 月 25 日。

③ 参见中国律师网:《四川省律师协会处分决定书(川律协惩处字〔2017〕第 01 号)》,http://www.acla.org.cn/article/page/detailById/20314,访问日期:2020 年 4 月 25 日。

④ 参见中国律师网:《苏州市律师协会决定书(苏律〔2017〕第 1 号)》,http://www.acla.org.cn/article/page/detailById/20315,访问日期:2020 年 4 月 25 日。

⑤ 参见中国律师网:《上海市律师协会处分决定书(沪律发〔2017〕8 号)》,http://www.acla.org.cn/article/page/detailById/20311,访问日期:2020 年 4 月 25 日。

⑥ 参见中国律师网:《珠海市律师协会处分决定书(珠律纪字〔2017〕1 号)》,http://www.acla.org.cn/article/page/detailById/20312,访问日期:2020 年 4 月 25 日。

纪律教育的读本和对广大律师的警示教育素材。①

当然，在对律师进行查处、惩戒过程中，应当注意保护律师的合法权益。2017 年，全国各省律协设置了维护律师执业权利中心、投诉受理查处中心，专门受理律师维权申请和对律师的投诉。

四、纪检监察机制和党内法规惩处机制

《中华人民共和国监察法》第一条规定其立法目的之一为“加强对所有行使公权力的公职人员的监督”；第三条规定“各级监察委员会是行使国家监察职能的专责机关，依照本法对所有行使公权力的公职人员（以下称公职人员）进行监察，调查职务违法和职务犯罪，开展廉政建设和反腐败工作，维护宪法和法律的尊严”；第十一条规定“监察委员会依照本法和有关法律规定履行监督、调查、处置职责：（一）对公职人员开展廉政教育，对其依法履职、秉公用权、廉洁从政从业以及道德操守情况进行监督检查；（二）对涉嫌贪污贿赂、滥用职权、玩忽职守、权力寻租、利益输送、徇私舞弊以及浪费国家资财等职务违法和职务犯罪进行调查；（三）对违法的公职人员依法作出政务处分决定；对履行职责不力、失职失责的领导人员进行问责；对涉嫌职务犯罪的，将调查结果移送人民检察院依法审查、提起公诉；向监察对象所在单位提出监察建议”。第十五条规定，监察机关有权对“人民法院、人民检察院”中的公职人员和有关人员进行监察。

党的十八届四中全会作出的《中共中央关于全面推进依法治国若干重大问题的决定》中，就法律职业伦理问题提出新要求，即要“依法规范司法人员与当事人、律师、特殊关系人、中介组织的接触、交往行为。严禁司法人员私下接触当事人及律师、泄露或者为其打探案情、接受吃请或者收受其财物、为律师介绍代理和辩护业务等违法违纪行为，坚决惩治司法掮客行为，防止利益输送”，“对司法领域的腐败零容忍，坚决清除害群之马”。

目前，与法律职业伦理规范密切相关的党规主要包括《中国共产党章程》

---

①　参见中国律师网：《全国律协关于编写〈律师和律师事务所违规行为惩戒案例〉的通知》，http://www.acla.org.cn/article/page/detailById/19217，访问日期：2020 年 4 月 25 日。

《中国共产党廉洁自律准则》《中国共产党纪律处分条例》等。《中国共产党章程》规定了党员的义务、党的组织制度及党的纪律等内容。党章第四十条规定党的纪律主要包括政治纪律、组织纪律、廉洁纪律、群众纪律、工作纪律、生活纪律；第四十一条规定对党员的纪律处分有警告、严重警告、撤销党内职务、留党察看、开除党籍五种。《中国共产党廉洁自律准则》规定了党员廉洁自律规范和党员领导干部廉洁自律规范。《中国共产党纪律处分条例》第四条规定，党的纪律处分工作应当坚持“（一）坚持党要管党、全面从严治党。加强对党的各级组织和全体党员的教育、管理和监督，把纪律挺在前面，注重抓早抓小、防微杜渐。（二）党纪面前一律平等。对违犯党纪的党组织和党员必须严肃、公正执行纪律，党内不允许有任何不受纪律约束的党组织和党员”等原则。第八条规定，对党员的纪律处分包括：警告；严重警告；撤销党内职务；留党察看；开除党籍等五类。

五、褒扬、奖励和引导机制

对法律职业伦理，不能够简单地停留在教育、预防、监督、惩戒的水平。因为这些要求，总体上属于基本要求、最低要求。但法律职业伦理同时还体现了法律职业者的普遍的道德追求，更富道义色彩。法律职业伦理还具有一定的开放性，如，“正义的追求”要求法律职业人士应具有更高的价值追求。法律职业者应当更具社会责任感、正义感、公益心，应该有为贫困人民更多地提供无偿法律帮助的义务，更多地为国家法治的发展和完善建言献策。法律职业者不仅应当是个遵纪守法的普通公民，很多时候，应当成为法律价值的卫道者、传道者。此外，随着社会的发展，还应当遵从法律价值，引领公众进一步树立国家意识，引领国家、社会价值观发展和进步。如面临安乐死、动物权利、克隆人、人工智能、人脸识别技术、网络虚拟财产、人体基因编辑等立法、司法伦理问题，就需要法律人坚守法治立场，通过个案的判决、政策的调整，引领整个国家价值观念的重塑，甚至是从全人类视角，论证法律价值，引领社会发展。

褒扬奖励有助于树立律师、法官、检察官的荣誉感、职业自豪感。近年来，法院系统通过“百篇优秀裁判文书”“百场优秀庭审”评选，向社会公布保护未成年人权益十大优秀案例；优秀法官办案标兵，授予“全国模范法官”“全国优秀法官”荣誉称号等方式，对业务能力精湛、严格遵从法律职业伦理的法官进行表彰。① 最高人民检察院也通过表彰“全国优秀检察官”、评选“年度法治人物”②等方式来弘扬职业伦理。

中华全国律师协会通过对“为律师行业管理工作作出无私奉献”的律师予以嘉奖③或者根据《律师协会会员奖励办法》为特定律师授予“（全国）优秀律师”荣誉称号④等方式，弘扬法律职业伦理。为充分发挥律师在推进全面依法治国中的重要作用，更好满足人民群众日益增长的法律服务需求，律师协会应当引导律师参加公益诉讼。相关文件包括：中共中央办公厅、国务院办公厅印发《关于深化律师制度改革的意见的通知》《关于加快推进公共法律服务体系建设的意见的通知》及司法部《关于促进律师参与公益法律服务的意见》。律师参与公益法律服务遵循依法、无偿、专业、勤勉尽责的原则。公益法律服务种类主要包括：（一）为残疾人、农民工、老年人、妇女、未成年人等特殊群体提供无偿法律服务；（二）为城乡群众和基层群众性自治组织提供无偿法律服务；（三）担任普法志愿者、法治副校长、法治辅导员等，参与公益性法治宣传活动；（四）在社会专业救助机构担任志愿者，开展无偿法律服务；（五）在公共法律服务平台或者通过其他渠道提供免费法律咨询服务，参与法治扶贫活动，到边疆地区、欠发达地区和少数民族地区担任志愿律师；（六）协助党政机关开展信访接待、涉法涉诉案件化解、重大突发案（事）件处置等工作；（七）提供公益性律师调解服务，志愿参与人民调解、行政调解、司法调解和行业性、专业性调解；（八）从事公益法律服务政策研究、立法论证、学术交流、人才培养等工作；（九）为社会公益组织提供无偿的法律咨询或者法律服务；（十）从事其

---

① 参见孙航：《全国法院首届“百篇优秀裁判文书”获奖名单揭晓》，https://www.chinacourt.org/index.php/article/detail/2019/03/id/3794023.shtml，访问日期：2020 年 3 月 26 日。

② 参见闫晶晶：《检察官施净岚当选 CCTV2019 年度法治人物》，https://www.spp.gov.cn/spp/zdgz/201912/t20191205_440505.shtml，访问日期：2020 年 3 月 26 日。

③ 参见中国律师网：《中华全国律师协会关于对王灿发等 26 名律师“为律师行业管理工作作出无私奉献”予以嘉奖的决定》，http://www.acla.org.cn/article/page/detailById/20285，访问日期：2020 年 3 月 26 日。

④ 参见中国律师网：《中华全国律师协会关于授予佟丽华等 107 名律师“全国优秀律师”荣誉称号的决定》，http://www.acla.org.cn/article/page/detailById/20300，访问日期：2020 年 3 月 26 日。

他形式的公益法律服务等。

六、其他关联机制

法律职业伦理的培养,离不开良好的社会氛围和关联社会制度的保障。首先,目前法官、检察官的任命权,依然掌握在地方权力机关手中,法院财政也受制于地方,均会给法官、检察官的职业伦理的遵守带来一定压力。此外,公众的守法状况;外部保障机制如禁止领导干部非法插手案件制度等,都会对法律职业伦理能够完全得到遵守或多或少产生一定影响。其次,为法官、检察官设置合理的薪酬制度、待遇晋升制度等,对维护法律职业伦理都是必要的。如西方国家的终身制,法官、检察官薪酬较高,终身制、高薪,容易让法官、检察官有荣誉感、安全感,更少被非法律因素干扰,减少权力寻租。这些制度虽然不可能去照抄照搬,但是,其合理之处却可以借鉴。最后,对严重违反法律职业伦理的人员,应当按照相应的退出机制将其从队伍中除名。

总之,法治的运行离不开高水平的法律职业者,而高水平法律职业者必须具有高水平的法律职业伦理。法律职业伦理也是社会公众评价法律职业行为正当性与否的规范依据,良好的法律职业伦理,有助于更好地满足社会公众对公平正义的追求。维护社会公平正义是法律职业者法定义务和基本的职责,同时也是法律人的理性价值选择。

法律职业伦理的逻辑证成首先就是致力于社会福祉,以自己掌握的专门知识和技能"最好"地服务于社会大众的"需要"。① 职业伦理设定,就是要求从业者遵守相关规范,让法律从业者明确自己应当和社会建立一种什么样的关系。

法律职业伦理是法律工作者的"工作伦理",它虽然主要依靠法律规定而建立,依赖于教育、培训、警示、监督、惩戒及各种社会外在机制保障,但法律职业伦理首先是一种自我约束的伦理,这一伦理规范,可以在法律不发挥作用的情形下,成为法律职业人员的自我约束规范。所以,法律职业伦理更应当成为

① 参见王申:《法律职业伦理规范建设必须回应新时代的道德需求》,《南京社会科学》2019 年第 1 期。

事前规范，而非简单的事后惩戒规范。还应当注意到，法律法规只能够把最为基本的、最低的要求明确规定出来，不可能把所有的行为规范设定出来。

法律职业伦理不应当仅仅是监督、惩戒的规范。因为法律职业者不仅应当是职业伦理的外在观察者，还应当是法律职业伦理的内在服从者，是个案正义的实践者，国家、社会价值的引领者，人类福祉的追求者。如律师执业规范也经历了由单纯的强制性规范向强制性规范与任意性规范相结合模式的变迁。法律职业是一个人可以赖以谋生的职业，更应是一个可以实现社会价值和理想的职业。

还需要特别强调的是，法律职业伦理虽然具有一定的普适性，但更具本土性。“伦理比法律更具有鲜明的民族性和地域性，法律职业伦理教育的内容必须基于中国现阶段的法治和伦理水平，脱离中国国情照搬西方法律职业伦理规范，容易与中国民众日常道德体系相悖。”①

【典型案例】

1. 2014 年 4 月 30 日，周某某（甲方）与 A 律所（乙方）因借款合同纠纷四案，委托 A 律所的 W 律师为代理人。双方约定：W 律师为甲方的代理人，参与案件的谈判、和解、调解、一二审诉讼、执行；乙方律师的代理权限为代为承认、变更诉讼请求，进行和解，提出上诉，申请执行，代为签署相关文件；甲方应付律师费为 28 万元；本案在办理过程中如发生诉讼费、查询费、公告费、评估费、执行费等第三方收取的费用，均由甲方承担；乙方如变更诉讼请求或进行和解、调解、撤诉，需征得甲方书面同意；紧急或甲方无法出具书面意见情况下，乙方可发手机短信征求甲方意见。2014 年 5 月 20 日，W 律师以周某某诉讼代理人的身份，到一审法院签订《财产保全通知书》，通知书载明上述银行账户于 2014 年 5 月 20 日被冻结，并告知其上述冻结期为六个月（至 2014 年 11 月 19 日止）；查封、冻结期限届满前，本案如还在审理中（包括上诉二审）或

---

① 陈云良：《新时代高素质法治人才法律职业伦理培养方案研究》，《法制与社会发展》2018 年第 4 期。

进入执行阶段,必须向一审法院申请继续查封、冻结,否则被自动解除查封、冻结,责任由当事人(申请人)承担。上述查封后,周某某本人及W律师均没有提出续封申请,直至2015年3月9日前几日,才申请一审法院对上述账户继续冻结;一审法院于2015年3月9日向桂林银行股份有限公司梧州分行发出上述四个案件的《协助冻结存款通知书》,对HF公司的账户进行冻结,但实际冻结0元。后周某某将A律所起诉到了法院,要求赔偿其损失。

本案的争议焦点产生于周某某及A律所均没有在诉讼保全到期前提出续封申请,导致保全的财产被转移后,A律所是否应该全额承担保全财产被转移的责任,A律所应否赔偿周某某主张的在诉讼保全到期前未提出续封申请导致的损失及利息。二审法院最终判决:被上诉人A律师事务所自本判决发生法律效力之日起十日内赔偿上诉人周某某损失5613412.8元及利息。①

2. 2014年4月,北京市律师协会对外通报李某某等人强奸案相关辩护及代理律师最终处分决定,指出该案律师存在泄露当事人隐私、不当披露案件信息、不当发表贬损同行的言论等违规行为,有损律师行业形象,造成了不良的社会影响。②

【问题与思考】

1. 法律职业伦理应当成为法律人的内在规范还是外在规范?
2. 法律职业伦理有什么独特性?
3. 有关法律职业伦理的规范性文件都包括哪些?
4. 律师在日常执业中,应当避免哪些常见错误?
5. 法律职业伦理的终极目标是什么?

---

① 参见搜狐网:《广东省广州市中级人民法院(2017)粤01民终11455号民事判决书》,https://m.sohu.com/news/a/197646410_305502/,访问日期:2020年3月27日。

② 参见王斌、王开广:《北京通报李某某案违规律师最终处分决定》,http://www.acla.org.cn/article/page/detailById/12249,访问日期:2020年3月27日。

后　记

基于培养法治人才伦理素养的迫切需要，2019 年 12 月初，人民出版社编审王青林开始策划《法律职业伦理》的编写项目，并委托我来组建编写团队、担任主编。随后，我邀请了全国 15 所高校有相关研究专长的中青年学者，组成了一支优秀精干的编写团队。在设计总体框架和草拟编写大纲之后，交由大家讨论通过并开始编写。具体分工如下：

绪论，华东政法大学教授马长山；

第一章，上海交通大学凯原法学院教授李学尧（第一节部分内容、第二节），中国人民大学法学院教授陈景辉（第一节部分内容）；

第二章，清华大学法学院教授陈新宇；

第三章，中国人民大学法学院教授陈景辉（第二节、第三节、第四节），上海交通大学凯原法学院教授李学尧（第一节）；

第四章，浙江大学光华法学院教授王凌皞；

第五章，华东政法大学教授马金芳；

第六章，浙江工商大学法学院教授陈林林；

第七章，山东大学法学院教授李忠夏；

第八章，南京大学法学院副教授陈坤；

第九章，厦门大学法学院教授郭春镇；

第十章，上海师范大学法政学院教授蒋传光；

第十一章，西南政法大学教授周尚君；

第十二章，中南财经政法大学教授陈柏峰；

第十三章，上海政法学院副教授李泽；

第十四章，华东政法大学科学研究院研究员陆宇峰；

第十五章，吉林大学法学院教授钱大军；

第十六章，西北政法大学教授杨建军；

两位副主编对全书进行了校阅，最终由主编统稿、定稿。

在半年多的编写时间里，经历了新冠肺炎疫情从暴发到好转的整个过程，编写团队的各位老师不仅心系抗疫，也封闭居家、辛苦写作。在此，向团队各位老师的慷慨支持和辛勤劳动深表感谢！同时，也对王青林编审对本书的付出和努力深表感谢！

由于时间仓促，加之水平有限，本书的不足和错讹之处在所难免，恳请广大师生和读者多加批评指正。

马长山

2020 年 6 月 9 日于上海·松江学府斋

责任编辑:王青林

图书在版编目(CIP)数据

法律职业伦理/马长山 主编. —北京:人民出版社,2020.8(2023.9 重印)
ISBN 978-7-01-022408-4

Ⅰ.①法… Ⅱ.①马… Ⅲ.①法伦理学-教材 Ⅳ.①D90-053

中国版本图书馆 CIP 数据核字(2020)第 148346 号

法律职业伦理

FALÜ ZHIYE LUNLI

马长山 主编

人民出版社 出版发行
(100706 北京市东城区隆福寺街 99 号)

北京汇林印务有限公司印刷 新华书店经销

2020 年 8 月第 1 版 2023 年 9 月北京第 3 次印刷
开本:710 毫米×1000 毫米 1/16 印张:29.75
字数:451 千字 印数:10,001-15,000 册

ISBN 978-7-01-022408-4 定价:69.00 元

邮购地址 100706 北京市东城区隆福寺街 99 号
人民东方图书销售中心 电话 (010)65250042 65289539